I0435514

יידישער
גראַמען-לעקסיקאָן

(35,000 ווערטער)

צוזאַמענגעשטעלט

פון

נ. סטוטשקאָוו

פאַרלאַג „לעקסיק"

ניו יאָרק, 1931.

YIDDISH RHYMING LEXICON

געזעצט און צעבלעטערט פון י. בוראַקאָוו

געדרוקט אין דער אַסטאָריאַ פרעס
61 איסט 4טע גאַס, ניו יאָרק.

4

טאָוול פאַרפערטיקט פון די יונייטעד ענגרייווערס

פאָרוואָרט

אין זיינע זכרונות וועגן אליקום צונזער *), — נאָכדעם ווי ער איז פאַרטיג מיט די שבחים אויף זיין (צונזער'ס) חשבון, — דערציילט ש. ל. ציטראָן, אַז איינמאָל, אַריינקומענדיג צו צונזער'ן אין הויז, האָט ער ביי זיינעם (צונזער'ס) אַ יינגל דערזען אַ געשריבן ביכל אין האַנט. צופעליג האָט ער דאָס ביכל געעפנט, און צו זיין „ערשטוינען" דערזען, אַז דאָס ביכל אַנטהאַלט לאַנגע רשימות פון ווערטער, וועלכע גראַמען זיך איינער מיטן אַנדערן, ווי למשל: בטחון, צעקראָכן, אָנדערוואָכן א. א. וו. „פון דאַמאָלס אָן" —זאָגט ציטראָן — „איז אליקום אַראָפּגעפאַלן אין מיינע אויגן מיט צען שטאָפּלען נידעריגער ווי געוועזן." ער וועט עס אים אָבער חלילה נישט געבן צו מערקן. דאַרויף איז ציטראָן אַ מענש מיט טאַקט... אָבער ביי אַ געלעגנהייט קען ער זיך נישט איינהאַלטן און גיט אים (צונזער'ן) אַ יידישלאַכע „אָנצוהערעניש"...

— „אין אַ צייט אַרום," — דערציילט וויטער ציטראָן, — „האָב איך ביי אַ געוויסער געלעגנהייט אַ פרעג געטאָן אליקום'ען, צי ס'איז טאַקע אמת וואָס מען זאָגט, אַז ס'זיינען דאָ אַזעלכע משוררים, וועלכע האָבן ביי זיך פאַרטיגע פאַרנאָטירטע רייסטערס מיט אַלערליי גראַמען ?"

און... הערט און שטוינט! אַנשטאָט צונזער זאָל זיך אָנשטויסן וועגן וואָס דאָ גייט און ... רויט ווערן, ענטפערט ער אים גאָר:

— „גאַנץ געוויס! אַ משורר קען גאָר אָן אַזאַ רייסטער נישט אויס-קומען!"

— „כ'האָב מיט אים" — זאָגט ציטראָן — „נישט געוואָלט אַריינגיין אין קיין דיספוטן און אויפווייזן אים, ווי נישט ריכטיג און ווי לעכערלאַך דאָס איז: איך האָב אים נאָר געפרעגט: קענט איר מיר אויף טשיקאַוועס אָנווייזן כאָטש איינעם פון אונזערע משוררים, וועלכער האָט זיך באַנוצט מיט אַזאַ רייסטער ?"

— „אַך" — האָט אים אליקום געענטפערט — „איך ווייז אייך שוין אָן. אָט נעמט למשל דעם העברעאישן משורר דר. יצחק קאַמינער; כ'האָב ביי אים אַליין געזען אַ גאַנצן העפט מיט העברעאישע גראַמען, ווי: בם, עם, רם, שם א. א. וו. א. א. וו."

מיט וואָס דער געשפּרעך האָט זיך געענדיגט, דערציילט נישט ציטראָן, נאָר מיר שטויסן זיך אָן, אַז מער האָט ער שוין אָפּנים דעם סוד (וועגן צונזער'ס גראַמען רייסטער) נישט געהאַלטן בלויז פאַר זיך אַליין... ווייל ווי

*) ש. ל. ציטראָן: דריי ליטעראַרישע דורות.

ער אַליין דערציילט, האָט עס שיר נישט געהאַלטן דערבײַ, אַז ער (ציטראָן) און זיין גרופּע זאָלן זיך צוליב דעם אָפּזאָגן פון דער יובּילײַ־פּייערונג, וואָס איז גראַד צו יענער צייט געפּלאַנט געוואָרן פאַר צונזער'ן. „אין מיינע אויגן" — זאָגט ציטראָן — „האָט עס שיר נישט אויסגעזען ווי אַ חילול הקודש."

צום באַדויערן (און אפשר צום גליק...), איז מיר ש. ל. ציטראָנ'ס מעמואַרן־בוך געקומען אונטער דער האַנט ערשט לעצטנס, ווען מיין „יידישער גראַמען־לעקסיקאָן" איז שוין געווען פאַרטיג צום דרוק. מעגלאַך, אַז ווען איך זע אים פריער, וואָלט ער אפשר ביי מיר אָפּגענומען דעם חשק פון צו פּטר'ן 5 יאָר צייט אויף צוזאַמענצושטעלן אַ „גראַמען־רייסטער", וואָס דאָס באַנוצן זיך מיט אים איז שיר נישט אַ „חילול הקודש"... אָבער, ווי געזאָגט, האָב איך דערפון נישט געוואוסט... איך האָב געזען, אַז ביי די אומות העולם זיינען דאָ אַזעלכע „גראַמען־רייסטערס" שוין הונדערטער יאָרן, אַז נישט קיין קלענערע אינסטיטוציע ווי די שפּאַנישע וויסנשאַפטלאַכע אַקאַדעמיע האָט אַרויסגעגעבן אַ שפּאַנישן גראַמען־לעקסיקאָן; האָב איך געטראַכט... אָבער וואָס איז דער חילוק וואָס איך האָב געטראַכט, אַבי דאָס „אומגליק" איז געשען. אָט ליגט פאַר אייך אַ „יידישער גראַמען־לעקסיקאָן" — און זאָל מען מיך שמייסן דערפאַר!...

דער קרעדיט פאַר האָבן געשאַפן דעם ערשטן גראַמען־לעקסיקאָן, קומט דעם איטאַליענער Pellegrino Moreto, וועלכער האָט אין יאָר 1528 אַרויס־געגעבן זיין Rimario di tutte le cadentie di Dante e Petrarca, און ווי אַ באַלוינונג פאַר זיין אַרבעט, האָט אים דער שיקזאַל באַשאָנקען מיט אַ פּאָעטיש־באַגאַבטער טאָכטער (אָלימפּיאַ פולוויאַ מאָראַטאַ). מיט דריי יאָר שפּעטער, האָט אַ צווייטער איטאַליענער Giammoria Lanfranco אַרויסגע־געבן זיין Rimario di tutte le concordanze di Petrarca. אָבער ביידע דער־מאָנטע ווערק זיינען פון אַ גאַנץ קליינעם פאַרנעם, וויל אייגנטלאַך זיינען זיי נישט קיין גראַמען־לעקסיקאָנען, ווי מיר פאַרשטייען עס איצט, נאָר פּשוט'ער: „זאַמלונגען" פון גראַמען, וואָס די פאַרפאַסערס האָבן צונויפ־געקליבן ביי צוויי דיכטער (דאַנטע און פּעטראַרקאַ). פון אַ גרעסערן פאַרנעם איז שוין דער Rimario פון Benedetto di Falco, וועלכער נעמט שוין אַרום די ווערק פון דאַנטע, פּעטראַרקאַ, אַריאָסטאָ, סאַנאַנזאַראָ, מאַקיאַוועלי און אַנדערע איטאַליענישע דיכטער. פון דאַן אָן באַווייזן זיך פון צייט צו צייט פאַרשיידענע לעקסיקאָנען, ווי די פון:

Onofrio Bononzio (1556), Girolamo Ruscelli (1559), Adeno Nisieli (1641), Tommaso Stigliani (1658) און אַנדערע, וועלכע באַציען זיך סיי אויף איינציגע קלאַסיקער, סיי אויף דער גאַנצער פּאָעטישער ליטעראַטור.

אין פֿראַנקרייך, איז דער ערשטער פֿאַרזוך פֿון אַ גראַמען־לעקסיקאָן געמאַכט געוואָרן פֿון Jean le Fèvre אין יאָר 1572. זיין Dictionnaire des rymes françoises איז שוין געווען אַ שריט פֿאָראויס, אין פֿאַרגלייך מיט די ווערק פֿון זיינע איטאַליענישע פֿאָרגענגער. זיין „גראַמען ווערטער־בוך" באַציט זיך שוין ניט אויף ווערק פֿון איינצלנע דיכטער, וועלכע האָבן צופֿעליג געברויכט דעם אָדער יענעם גראַם, נאָר אויף דער גאַנצער פֿראַנצויזישער שפּראַך. אַלע זיינע נאָכפֿאָלגער אויף דעם געביט זיינען שוין געגאַנגען אין זיינע פֿוס־טריט און זייערע ווערק געבויט אויף דעם זעלבן פּרינציפּ און קויט דער זעלבער מעטאָדע. צווישן זיי זיינען די באַדייטענדסטע:

Pierre le Gaynard מיט זיין Promptuaire d'unissons און Richelet מיט זיין Dictionnaire des rimes. רישעלע'ס בוך, וואָס איז דאָס ערשטע מאָל אַרויס אין יאָר 1667 און איז אין פֿאַרשיידענע צייטן פֿאַרמערט און פֿאַרבעסערט געוואָרן פֿון Berthelin, Wailly און Drevet האָט אויסגעהאַלטן איבער אַ טוץ אויפֿלאַגן און איז ביז דער לעצטער צייט געווען זייער פּאָפּולער אין פֿראַנקרייך. אָבער לעצטענס האָט אים Guinard מיט זיין Dictionnaire des rimes פֿאַרטריבן פֿון ביכער מאַרק. פֿון די אַנדערע ווערטער־ביכער וואָס זיינען אין פֿאַרשיידענע צייטן דערשינען אין דער פֿראַנצויזישער שפּראַך, זיינען ווערט דערמאָנט צו ווערן, די ווערק פֿון:

Dellanneau (1849), De la Madeleine (1852), Martinon (1910), Sommer (1915).

אין דער ענגלישער שפּראַך פֿאַרנעמט דעם אויבן־אָן אויף דעם געביט John Walker מיט זיין Rhyming Dictionary וואָס האָט געהאַט זיין ערשטע אויפֿלאַגע אין יאָר 1775. דאָס בוך (וואָס האַלט ביי טויזנט זייטן) האָט אָבער איין גרויסן חסרון, וואָס עס איז מ ע ר ווי אַ גראַמען־לעקסיקאָן. אין דעם בוך זיינען אַלע ווערטער פֿון דער ענגלישער שפּראַך קלאַסיפֿיצירט פֿון אונטן אַרויף (פֿון סוף צום אָנהויב), און ביז מען געפֿינט אַ גראַם קען פֿאַרגיין דער אַפּעטיט אים צו זוכן... אָבער נישט קוקענדיג אויף אַלע זיינע פֿעלערן, האָט ער אין משך פֿון איבער הונדערט יאָר אויסגעהאַלטן אָן אַ שיר אויפֿלאַגן און איז געווען איינער פֿון די פּאָפּולערסטע ווערטער־ביכער אין דער ענגלישער שפּראַך. לעצטנס אָבער, האָבן אַנדערע, מער צוגעפּאַסטע אויסגאַבן פֿאַרנומען זיין פּלאַץ, פֿון וועלכע די סאַמע וויכטיגסטע זיינען:
דער „גראַמען ווערטער־בוך" פֿון Brewer (אַ צוגאָב צו זיין Orthometry); English rhymes, by Weed-Barnum (1896); The Rhymster, by Thom. Hood (1929); The Rhymer's Lexicon, by Andrew Loring (1929); Aid to rhyme, by B. Redfield, און אַנדערע.

אין דער דייטשער שפּראַך האָט זיך דער ערשטער גראַמען־לעקסיקאָן

באַוויזן אַזוי פרי ווי אין יאָר 1504, אַרויסגעגעבן פון עראַזמוס אַלבער. געטראָגן האָט דאָס בוך אַ כפל־שמונה'דיגן לאַטייניש נאָמען:

Novum dictionarii genus, in quo ultimis seu terminalibus...

א. א. וו. א. א. וו., און איז לויטן אינהאַלט געווען צו גלייכער צייט אַ דייטש־לאַטייניש ווערטער־בוך, און דערפאַר פון זייער קליינעם נוצן. ערשט מיט הונדערט יאָר שפּעטער, האָט פיליפ פאָן צעזען אַרויסגעגעבן אַן ענלאַך ווערק, מיט נישט קיין קלענערן דייטשישן נאָמען:

Anzeiger der deutschen gleichlautenden und einstimmigen männlichen und weiblichen Wörter.

און אויך געהאַט אַ קליינעם דערפאָלג. נישט קיין בעסער מזל האָט אויך געהאַט זיין נאָכפאָלגער, יאָהאַן הויבנער, מיט זיין „פּאָעטישעס האַנד־בוך", אַרויסגעגעבן אין יאָר 1696. ווייל איבערהויפּט איז אין יענער צייט דער גראַם געווען ניט קיין שטאַרק־אָנגעלייגטער גאַסט אין דער דייטשער פּאָעזיע. אַ אינטערעס צום גראַם אַנטשטייט ערשט אין 19־טן יאָרהונדערט. דאַן באַווייזט זיך שעפער'ס Hochdeutches Wörterbuch nach den Endsilben geordnet (1800). פּערנאַר'ס Verskunst und Reimlexicon און דאָס ריזיגע ווערק (300,000 ווערטער) פון „פּערורגינאַס סינטאַקס" (1826). פון דאַן אָן, דערשיינען פון צייט צו צייט פאַרשיידענע אַנדערע אויסגאַבן, פון וועלכע עס איז אינטערעסאַנט צו דערמאָנען צוויי, מיט זייער פּרעטענציעזע נעמען: „די קונסט צו ווערן אַ דיכטער" פון אָטאָ מילער, און „דאָס האַנד־בוך פון דער פּאָעטישער קונסט" פון יונג. לעצטנס, איז אין „רעקלאַמס אוניווערסאַל־ביבליאָטעק" דערשינען אַן אויסגאַבע פון ווילי סטעפּוטאַט, אונטערן נאָמען: Deutsches Reimlexicon.

אַ גראַמען־לעקסיקאָן פון דער שפּאַנישער שפּראַך איז צו ערשט דערשינען אין יאָר 1628, דאַן ערשט אין 1867 אַ גרעסערע אויסגאַבע פון Juan Landa אונטערן נאָמען Novissimo Diccionario de la Rima און די איבערדערמאָנטע אויסגאַבע פון דער שפּאַנישער וויסנשאַפטלאַכער אַקאַדעמיע: Diccionario de la Rima אַרויסגעגעבן צוזאַמען מיט דעם אַקאַדעמישן ווערטער־בוך פון דער שפּאַנישער שפּראַך, אין יאָר 1883, און שפּעטער אין אַ באַזונדער אויסגאַבע אין 1913.

צו איינציגע לעקסיקאָנען האָבען אויך:

די אונגאַרישע שפּראַך: Veg-tagokra szedetett Szo-tar אַרויסגעגעבן אין 1810 פון Christoph Simais.

די שוועדישע שפּראַך: Svenskt rimlexikon

די רוסישע שפּראַך: „פּאָלני סלאָוואַר רוסקיך ריפם", אַרויסגעגעבן אין יאָר 1912 פון נ. אַבראַמאָוו.

און אחרון אחרון חביב, אונזער אייגענע העברעאישע שפּראַך קען פאַר־צייכענען אויף איר חשבון צוויי עלטערע גראַמען־לעקסיקאָנען: דעם „שרשרת גברת" פון שלמה די אוליוירה (אַמסטערדאַם, 1683), און דעם „יד חרוזים" פון גרשום בן משה חפץ (ווענעדיג, 1700). *)

ווי עס איז צו זען פון דעם קורצן איבערבליק, פאַרנעמט דער „גראַמען־לעקסיקאָן" אַ גאַנץ בכבוד'יגן פּלאַץ אין דעם ביכער־אוצר פון אַלע אייראָ־פּעאישע שפּראַכן. און אַז ער איז נישט קיין צופעליגע דערשיינונג, נאָר אַ געברויכבאַרער נוצלאַכער „אַרטיקל", אויף וועלכן ס'איז דאָ אַ „נאָכפראַגע", קען דינען דער פאַקט, וואָס טייל פון די דאָזיגע לעקסיקאָנען האָבן אויס־געהאַלטן אַזוי פיל ווי 25 אויפלאַגן און מער. פרעגט זיך: ווער באַנוצט זיך מיט זיי? עס זאָל הייסן, אַז דער „גראַמען־לעקסיקאָן" באַדינט הויפּטזאַכלאַך די אַזוי־גערופענע „גראַמען־פלעכטער", אַז דער „אמת'ער" דיכטער האָט פאַר אים קיין געברויך נישט. צי דאָס איז באמת אַזוי, דאָס ווייסט איין גאָט און... די דיכטער. ווי זאָגט דער פראַנצויזישער קונסט־קריטיקער דיובאָ: „וואָס איז נוגע דעם גראַם, קענען זיי (די דיכטער) אים גאַנץ לייכט בייקומען, מיט דער הילף פונם „גראַמען־לעקיסקאָן", ווייל — זיי מעגן זיך זאָגן וואָס זיי ווילן — זיי האָבן אַלע דעם דאָזיגן בוך אין זייער הינטערשטן קאַבינעט. **)

אָבער אַזוי צו אַזוי, זיכער איז, אַז די דיכטער וואָס באַנוצן זיך מיט אים, טוען עס בגנבה, ווי זיי וואָלטן זיך געשעמט מיט זייער טאַט... און די פראַגע איז: צי דאַרף דאָס באַנוצן זיך מיט אַ „גראַמען־לעקסיקאָן" (פון אַ דיכטער) באמת באַטראַכט ווערן פאַר אַ שאַנד, אָדער גאָר פאַר אַ „חילול הקודש". צי איז דאָס נישט מער ווי אַ פאָראורטייל וואָס שטאַמט פון איבער־טריבענער דיכטערישער „פרומקייט"?...

עס איז אמת, אַז די גרויסקייט פון דעם דיכטער באַשטייט נישט אין זיין פייאיקייט צו מאַכן גראַמען, נאָר ליגט הויפּטזאַכלאַך אין זיין וועלט־אַנשויאונג, אין זיין אינדיווידואַליטעט, אין זיין קינסטלערישער קראַפט. „אין דער פייאיקייט פון דעם אינטעלעקט זיך מיט באַזונדערער דייטלאַכקייט צו קענען אָפּגעבן אַ חשבון פון די אייגענע פאַרשטעלונגען און די זעלבע צו פאַרקערפּערן אין בילדער." ***)

אָבער כדי די דאָזיגע בילדער זאָלן ווי געהעריג איז קענען קומען צום

---

*) אגב. אַ פאַרענדיגטן כתב יד פון אַ העברעאישן גראַמען־לעקסיקאָן, פון גרעסערן פאַרנעם, אונטערן נאָמען „אוצר חרוזים", האָב איך לעצטנס געהאַט די געלעגנהייט צו זען ביי דעם העברעאישן שריפטשטעלער א. ד. אייזענשטיין.

**) Dubos. Reflexion sur la poesie et la peinture.

***) Paul Heinze. Deutsche Poetik.

אויסדרוק, איז קלאָר, אַז דער דיכטער דאַרף באַזיצן די נויטיגע „מאַטעריעלע" מיטלען, אַז ער דאַרף האָבן אין זיין מאַכט דאָס „וואָרט", דאָס איינציגע כּלי־זיין אין זיין קינסטלערישן אַרסענאַל. ווייל דאָס „וואָרט" פאַרן דיכטער, איז פּונקט ווי פאַרן קאָמפּאָזיטאָר זיינע נאָטן, פאַרן מאָלער — זיין פאַרב און פּענזל, פאַרן סקולפּטאָר — זיין האַמער און שטיין. און פּונקט ווי דער דיכטער בכלל, דאַרף באַזיצן אַן אומגעהייערן זאַפּאַס פון ווערטער, מיט וועלכע ער זאָל זיין ביכולת איבערצוגעבן די קלענסטע קנייטשעלאַך פונעם מענטשלאַכן געדאַנק און געפיל, אַזוי דאַרף דער דיכטער וואָס שאַפט אין גראַמען בפרט, צו דעם אַלעמען, נאָך האָבן די פייאיגקייט לייכט און אַן אָנשטרענגונג צו געפינען פאַר יעדן וואָרט זיין פּאַסיגן שכן, דעם גראַם, דעם „מוזיקאַלישן אַקצענט פון זיין דיכטערישער קאָמפּאָזיציע."

אָבער איז דאָס נישט צופיל פאַרלאַנגט פון איין מענטשן?

מעג דאָך דער אַרכיטעקט האָבן אויף זיין שרייב־טיש אַ האַנד־בוך, אין וועלכן ער קען צו יעדער צייט נאָכקוקן אַ פאַרגעסענע מאַטעמאַטישע פאָר־מולע? פאַר וואָס זאָל דאָס דעם דיכטער נישט דערלויבט זיין? מוז עס דער דיכטער דורכאויס זיין אָנגעוויזן אויפן זכרון? דער מענטשלאַכער מאָרך איז דאָך נישט קיין מאַשין, וואו די ווערטער ליגן אויסגעלייגט אין אַ סיסטעמאַטישער אָרדענונג, אַזוי, אַז דו דאַרפסט נאָר אַ קוועטש טאָן אַ קנעפּל און דאָס נויטיגע וואָרט פליט דיר גלייך אַנטקעגן! „דאָס וואָרט ליגט מיר אויפן צונג" — הערט איר גאַנץ אָפט — „און איך קען עס נישט כאַפּן." איז דאָך דער דיכטער אויך נישט מער ווי אַ בשר ודם, פון פלייש און בלוט, קען זיך דאָך ביי אים אויך טרעפן אַזאַ פאַל, צו ניין? דענקט איר, אַז ס'איז בעסער, דער דיכטער זאָל ווי אַ צעדולטער אַרומלויפן איבער זיין קאַבינעט און קנייטשן דעם שטערן ביז ער וועט כאַפּן דאָס וואָרט, וואָס „ליגט אים אויפן צונג", אָדער ס'איז בעסער ער זאָל עפענען דעם גראַמען־לעקסיקאָן און עס גלייך דערזען? מעג דאָך דער מאָלער, בעת ער טוט זיין „מלאכת הקודש" האָבן לעבן זיך אַ פאַרטיגן אויסוואַל פון אַלערליי פאַרבן און פּענזלען. פאַרוואָס זאָל דאָס דעם דיכטער נישט דערלויבט זיין? דענקט איך נישט, אַז ס'וואָלט געווען געזינטער פאַרן דיכטער (און אויך פאַר זיין ווערק), אַז אַנשטאָט זיך צו פאַרנעמען מיט דער „טעכנישער" נודנער מלאכה פון זוכן אַ גראַם, זאָל ער בעסער קאָנצענטרירן זיינע געדאַנקען אויף די מער וויכטיגע אויפגאַבן פון זיין קינסטלערישן שאַפן?

דאָס איז וועגן דעם גראַם גופא. הייגט וואָס איז מכח דער טעכניק פון גראַם?

„ס'איז פאַראַן דאָך דער חילוק וואָס מען מאַכט צווישן דער דיכטערי־שער מלאכה און אַנדערע שכנ'ישע אָדער ווייטע מלאכות." . . . „פאַר יעדן

איז (געוויין) קלאָר, אַז דער מאָלער, דער אַרכיטעקטאָר, דער סקולפּטאָר דאַרפן זיין גוטע ספּעציאַליסטן, דאַרפן גוט וויסן די געזעצן לויט וועלכע ס'ווערט פאָרמירט זייער קינסטלערישער שטאָף.״ *)

„שוין זשע איז דיכטערישע טעכניק פון פּאָעט אויך אַזוי פיל איינפאַכער, איידער די טעכנישע זייט פון מוזיק, מאָלעריי, סקולפּטור, אַרכיטעקטור?״ **)

און ווען מען רעדט וועגן דיכטערישער ט ע כ נ י ק, דאַרף מען נישט פאַרגעסן, אַז דאָס מיינט מען, נישט נאָר די לערע וועגן פערז־מאָס, מעטער און ריטם, נאָר אויך די לערע וועגן ג ר אַ ם. און איז נישט אַ „גראַמען־לעקסיקאָן״ דער פּאַסיגסטער האַנט־בוך פאַר דעם דאָזיגן געגנשטאַנד? אין דעם „אַריינפיר״ צו דעם לעקסיקאָן וועלן מיר האָבן די געלעגנהייט צו זען אַז דאָס איז אַזוי.

— „מיט דעם „גראַמען־לעקסיקאָן״ אייערן וועט איר אָנפּלאַדזשען אַ וועלט מיט גראַפאָמאַנען,״ — הער איך ווי אַנדערע ווייצלען זיך. די מטבעה האָט צוויי זייטן. מעגלאַך, אַז גראַד דער „גראַמען־לעקסיקאָן״ וועט ביי אַ סך אַפּנעמען דעם חשק צו „מאַכן לידער״, ווייל ס'וועט ווערן אויס „קונץ״ און וועט פאַרלירן דעם רייץ פון „שאַפונג״. און אויב איך האָב אַ טעות, טרייסט איך זיך דערמיט, וואָס אַ דאַנק דעם „גראַמען־לעקסיקאָן״ וועלן כאָטש זייערע ג ר אַ מ ע ן זיין צו דערליידן...

און אין דער האָפענונג, אַז מיין בוך וועט ברענגען מער נוצן איידער שאָדן, גיב איך עס מיט אַ קלאַפּנדיג האַרץ איבער דער עפנטלאַכקייט.

ביי דער געלעגנהייט וויל איך מיר דערלויבן אויסצודריקן אַ האַרציקן דאַנק צו מיינע פריינד פון דער טעאַטער־פּראָפעסיע און אַנדערע, וועלכע האָבן מיט זייערע „סובסקריפּשאָנס״ מעגלאַך געמאַכט דאָס דערשיינען פון דעם בוך.

און נאָר אַ גרויסן יישר כח דעם „בחור הזעצער״ פריינד י. בוראַקאָוו, וועלכער איז בייגעקומען אַלע טעכנישע שוועריקייטן מיט וועלכע דאָס אויפ־זעצן פון אַזא לעקסיקאָן איז פאַרבונדן און האָט געטאָן זיין אַרבעט מ ע ר ווי בשלמות.

ניו יאָרק, מאַי, 1931.

נ. סטוטשקאָוו.

---

*) ד. האָפשטיין, פ. שאַמעס: „טעאָריע פון ליטעראַטור״.

**) וואַלערי ברויסאָוו, ציטירט פון דאָרטן.

אריינפיר

דער ציל פון דעם אריינפיר איז נישט צו געבן קיין אפהאנדלונג, אדער גאר קיין טעאריע וועגן יידישן גראם*). נאר אנצואווייזן אויף אלע זיינע פארמעס און ספעציפישקייטן (ווי זיי קומען פאר אין די ווערק פון אונזערע דיכטער). וועלכע זיינען גענומען געווארן אין באטראכט ביים צוזאמענשטעלן פון דעם דאזיגן לעקסיקאן.

1. אויסוואל פון ווערטער.

ווי פאר יעדן זאמלער, איז פאר מיר די ערשטע פראגע געשטאנען, די פראגע וועגן „אויסוואל פון שטאף". אין דעם פאל: ווערטער. אלזא, פון וואס פאר א ווערטער דארף א יידישער „גראמען-לעקסיקאן" באשטיין? אז די פראגע איז נישט אזוי פשוט, ווי עס קען זיך לכתחילה אויסווייזן, דאס וועלן מיר באלד זען. די פרעמד-שפראכיגע לעקסיקאנען, וועלכע האבן מיר אין אנדערע פרטים, טיילווייז געדינט ווי וועג-ווייזערס, האבן מיר אויף דער פראגע קיין באשטימטן ענטפער נישט געקענט געבן. ווייל וויפיל לעקסיקאנען, אזוי פיל צוגאנגען צו דער פראגע. די גאר אלטע, ביי זיי איז „א רענדל א ווארט": לויט זיי, דארף א „גראמען-לעקסיקאן" אנטהאלטן נאר די סאמע „געהויבנסטע" ווערטער, ווי: הימל, שטערן, טרויער, בענק-שאפט, טרוים א. א. וו. „עסן", „שלאפן" וכדומה אזעלכע „מגושמ'דיגע" ווערטער— חלילה! דאס איז א פארשוועכונג געגן דער „געטלאכער פאעזיע"... די שפעטערדיגע, זיינען שוין א ביסל מילדער און ווייניגער איבערקלייבעריש, אבער קיין טאלק קען מען ביי זיי אליץ נישט דערגיין. וואס ביי איינעם איז כשר, איז ביים צווייטן טרייף, וואס ביי איינעם איז שיין, איז ביים צווייטן מאוס. זאגט איינער, אז „אייגענעמען" מעג מען אריינגעמען, קיין „טעכ-נישע" טערמינען נישט, קומט דער צווייטער און זאגט פונקט פארקערט. קורץ, איך האב געזען אז איך וועל מוזן שאפן מיין אייגנעם, ייִדישן צוגאנג צו דער פראגע. און נאך א לאנגן יישוב הדעת האב איך באשלאסן, אז אין ייִדישן גראמען-לעקסיקאן זאלן אריין אלע ווערטער, וואס זיינען נאר דרוקבאר. נישט נאר אזעלכע „מגושמ'דיגע" ווערטער, ווי: „עסן" און „שלאפן", נאר אפילו אזעלכע

---

*) אויספירלאך וועגן דער טעאריע פון גראם, זע: ד. האפשטיין, פ. שאמעס: „טעאריע פון ליטעראטור".

„מאוס'ע" ווערטער ווי: „פלוי", „קנאבל", „קראצן" וכדומה... נישט נאר „אייגענעמען" און טעכנישע טערמינען, נאר אפילו ארכאאיזמען, בארבאריזמען, דיאלעקטיזמען א. א. וו., א. א. וו. מיט איין ווארט: אלע ווערטער, וואס ו ו ט ר ן געברויכט, וואס ז י י נ ע ן אדער וואס ק ע נ ע ן געברויכט ווערן אין יידיש. און געטאן האב איך עס, ערשטנס, צוליב דעם: „מי שמך לאיש שר ושופט". ווער בין א י ד, וואס איך זאל פסק'ענען, וואס ס'איז כשר און וואס ס'איז טרייף; און צווייטנס, ווייל דער באגריף פון כשר און טרייף, שיין און מאוס, הויך און נידעריג, בנוגע ווערטער, איז בכלל א ביסל א צוגעלעגנער...

„די סאציאלע נאטור פון דער שפראך באשטימט די שפראכלאכע עסטעטיק." . . . „איז יעדער דיכטונג, איז אין געוויסע עפאכעס פון איר אנטוויקלונג פאראן איינגעשטעלטע טראדיציאנעלע גראם-פארמעס. אין יידיש, למשל, זיינען גאנץ געוויינלאך געווען אזוינע גראמען ווי: הארץ-שמארץ, שטיין-ביין א. אנד." . . . „די נייע יידישע דיכטונג איז געקומען מיט נייע טעמעס און שטימונגען, וואס האבן מיט זיך אויך געבראכט נייע באגריפן און פארשטעלונגען, וועלכע האבן באקומען זייער אויסדרוק אין א שלל נייע ווערטער, ווארט-בילדונגען און ווארט-אויסדרוקן. דאס אלץ האט געמוזט זיך אויך אפשפיגלען אויף דעם גר א ם, סיי אויף זיין מארפאלאגישן בוי, סיי אויף זיין ל ע ק ס י ש ן באשטאנד." *)

און אז די נ י י ע ו ו ע ר ט ע ר זיינען נישט תמיד פון א „געהויבענעם" כאראקטער, דאס קען מען זיך לייכט איבערצייגן, ווען מען מאכט א שפאציר איבער דער נייער (דערהויפט סאוועטישער) יידישער דיכטונג.

וואס איז נוגע די פרעמד ווערטער, די פראווינציאליזמען א. א. וו., איז ערשטנס, זיינען זיי פאר דער לייכטערער ליריק (וואס א גראמען-לעקסיקאן דארף אויך אין זינען האבן) ווי: הומאריסטישע ציימונגס-לידער, געגראמטע פעליעטאנען, עפיגראמען, טעאטער-לידער א. א. וו. — ממש אן אוצר; און צווייטנס, קען זיך אפילו די בעסערע דיכטונג טייל מאל אן זיי נישט באגיין. איבערהויפט, ווען איר טעמע איז שטייגער לעבן.

און אלע שטופן פונם פ ו ש ק א ר ט פ ע ד ל ע ר
און אלע סליאדן פונם נ י ו ס ב א י טראט
און גאר די טרערן פונם גאסן בעטלער
און גאר די הייזעריגקייט פון „א י ק ע ש ק ל א ט".

ה. לייוויק.

און ווידער, הלואי מ'זאל זיי נישט דארפן, שאדן קענען זיי געווים נישט. דאס זעלבע קען אויך געזאגט ווערן בנוגע די העברעאיזמען, וועלכע

*) דארטן.

זיינען שוין אפשר אין אַ צו־גרויסער מאָס פאַרטראַטן אין דעם לעקסיקאָן. און דערצו, האָב איך פשוט נישט געהאַט דאָס האַרץ זיי אויסצולאָזן, אַט די ליבהאַרציגע ווערטער פון אונזערע טאַטעס און זיידעס... די צייט — האָב איך מיר געטראַכט, — שטויסט זיי ביסלאַכווייז אַרויס פון אונזער לעבן, זאָלן זיי כאָטש אין יידישע ווערטער־ביכער געפינען זייער תיקון...

אַ שוועריקייט איז נאָר אַנטשטאַנען, ווען ס'איז געקומען צו דער קלאַסיפיקאַציע פון די גראַמען גרופּעס. עס האָט זיך אַרויסגעוויזן, אַז אין אַ טייל גרופּעס ווערן די געברויכבאַרע ווערטער ממש דערטרונקען אין דעם ים פון די ווייניג געברויכבאַרע, אַזוי, אַז מען זעט זיי גאָרנישט אַרויס. (וואָס דאָס איז לכל הדעות אַ גרויסער חסרון). אָבער נאָך פאַרשיידענע עקספּערימענטן, האָב איך צו דעם געפונען אַן אויסוועג. און דהיינו: די סאַמע (לויט מיין מיינונג) וויכטיגסטע ווערטער פון יעדער גראַמען גרופּע האָב איך אָפּגעגעבן דעם אויבן־אָן און זיי אויסגעשטעלט אין ווערטיקאַלער ליניע, מיט גרעסערער שריפט, און די ווייניגער וויכטיגע, הינטער זיי, אין האָריזאָנטאַלער ליניע, מיט קלענערער שריפט, אַזוי, אַז די וויכטיגע ווערטער וואַרפן זיך גלייך אין די אויגן, בעת די איבעריגע דאַרף מען שוין זוכן.

אין דער זעלבער (קלענערער) שריפט קומען אויך די פאַרשיידענע גראַמאַטיקאַלישע בילדונגען, אידיאָמען, אַסאָנאַנסן, קאָמבינירטע גראַמען א. א. וו.

און כדי צו מאַכן דאָס בוך נאָך קאָמפּאַקטער, האָב איך אַ געוויסע צאָל נישט זייער וויכטיגע גראַמען גרופּעס אויסגעטיילט באַזונדער און זיי געגעבן ווי אַן הוספה צום סוף פונם בוך.*)

אין אויסשטעלן די ווערטער, האָב איך זיך ביי קיין צו שטאַרק פּינקטלאַכער סיסטעם נישט געהאַלטן (ווייל דאָס איז נישט איבעריג וויכטיג), אָבער מער ווייניגער קומען די ווערטער (לויט'ן אלף בית) אין דעם פאָלגענדיגן סדר: זאַך־ווערטער (סובסטאַנטיוון), אייגנשאַפטס־ווערטער, פּירווערטער, אייגענעמען א. א. וו.. און גאָר צו לעצט צייט־ווערטער (ווערבן).

האָמאָנימען, ד. ה. ווערטער, וועלכע האָבן איינע און די זעלבע קלאַנגען נאָר פאַרשיידענע באַטייטן, ווי למשל: „באַק“ (טייל פון פּנים) און איך „באַק“ (ברויט); „מאָן“ (פון אַ המן־טאַש) און איך „מאָן“ (געלט), ווערן טיילמאָל, פון קלאָרקייט וועגן, איבערגע'חזר'ט. דאָס זעלבע איז אויך מיט די צייט ווערטער, וועלכע ענדערן זיך אין באַטייט

*) אַזוי, אַז אויב איר געפינט נישט אַמאָל אַ וואָרט אינם הויפּט־טייל, ווערט נישט פאַרצווייפלט... זייט זיכער, אַז איר וועט עס געפינען אין דער הוספה, אָדער אין דער רשימה פון די ווערטער וועלכע האָבן קיין גראַמען נישט (וואָס געפינט זיך צום סאַמע סוף פון דעם בוך).

א דאנק די פאַרשיידענע פּ ר ע פ י ק ס ן, ווי למשל: ער „פאַסט“ (א תענית), און ער „פאַרפאַסט“ (אַ בוך); ער „שטיקט“ (אַ שטיקעריי), און ער „דערשטיקט“ (אַ מענטשן).

סובסטאַנטיוון. וואָס האָבן צווייערליי מ ע ר ־ צ אָ ל סמנים, ווי: „גלאָקן“—„גלעקער“, „פּלאַנען“—„פּלענער“, „צײן“—„ציינער“, זיינען קלאַסיפי־צירט לויט ב י י ד ע סמנים.

2. די קלאַסיפיקאַציע.

די קלאַסיפיקאַציע־סיסטעם פון אַ גראַמען־לעקסיקאָן איז אַ גאַנץ אַנדערע, ווי די, פון אַ געוויינלאַכן ווערטער־בוך. און אָט פאַר וואָס. מיר נעמען, למשל, דאָס וואָרט „שניי“. ווען מיר זוכן דאָס דאָזיגע וואָרט אין אַ ווערטער־בוך, הייסט עס אַז מיר זוכן דאָס וואָרט ג ו פ אַ, און נאָר ד אָ ס וואָרט, נישט קיין אַנדערס (ווייל מיר ווילן וויסן דעם טייטש פון „שניי“), און אַזוי ווי מיר ווייסן, אַז דאָס וואָרט („שניי“) פאַנגט זיך אָן מיט אַ שין (ש), איז פאַר אונדז קלאָר, אַז מיר דאַרפן עס זוכן ביי די שין׳ס. אין אַ גראַמען־לעקסיקאָן אָבער, זוכן מיר נישט דאָס וואָרט ג ו פ אַ, פאַרקערט, דאָס וואָרט („שניי“) אינטערעסירט אונדז נישט (ווייל מיר האָבן עס שוין). וואָס מיר זוכן איז גראָד אַ נ ד ע ר ע ווערטער, וואָס זאָלן זיך גר אַ מ ע ן מיט דעם וואָרט „שניי“, אָדער בעסער געזאָגט, ווערטער וואָס זאָלן האָבן אַ ק ל אַ נ ג ע ן ע נ ל אַ כ ק י י ט צום וואָרט „שניי“. ובכן, הייסט עס, אַז מיר דאַרפן זוכן נישט דאָס וואָרט גופא, נאָר די קלאַנגען ענלאַכקייט, וואָס דאָס דאָזיגע וואָרט („שניי“) האָט מיט די אַנדערע ווערטער.

אין וואָס זשע באַשטייט די דאָזיגע ענלאַכקייט און ווי אַזוי זוכט מען זי? אָט ווי אַזוי.

מיר נעמען דאָס וואָרט „שניי“ און מיר זוכן צו דעם צו (פון זכרון) אַ פּאָר ענלאַכע ווערטער וואָס זאָלן זיך גראַמען דערמיט, ווי: „גיי“, „דריי“ „צוויי“, „שטיי“ א. א. וו., און מיר באַטראַכטן זיי. איז וואָס זעען מיר? מיר זעען, אַז זייער קלאַנגען ענלאַכקייט שטאַמט פון זייער ב ש ו ת פ ו ת׳־ד י ג ן ו ו אָ ק אַ ל ק ל אַ נ ג „יי“ (גיי, דריי, צוויי, שטיי). איצט נעמען מיר אַז אַנדער ווערטער־גרופּע, ווי: „ביורא“, „דנאַ“, „וויאַ“ א. א. וו., און מיר זעען ווידער דאָס אייגענע, אַז זייער קלאַנגען ענלאַכקייט שטאַמט פון זייער בשותפות׳דיגן וואָקאַלן קלאַנג „אַ“. דאָס זעלבע איז מיט די ווער־טער: „זי“, „פרי“ „בלי“, „צי“ א. א. וו. (בשותפות׳דיגער וואָקאַלער קלאַנג „י“). און דאָס פירט אונדז צו דעם געדאַנק, אַז די קלאַנגען ענלאַכקייט פון צוויי געגראַמטע ווערטער באַשטייט אין ז י י ע ר ב ש ו ת פ ו ת׳ד י ג ן ו ו אָ ק אַ ל ן ק ל אַ נ ג. און אַז אָט דעם וואָקאַלן קלאַנג דאַרפן מיר זוכן,

נ י ש ט די ווערטער, ד. ה., אז א גראַם צום וואָרט „שנייי“ דאַרפֿן מיר זוכן נישט אין „ש“, נאָר אין „ײַ“, אַ גראַם צום וואָרט „דנאָ“ דאַרפֿן מיר זוכן, נישט אין „ד“ נאָר אין „אָ“, אַ גראַם צום וואָרט „פֿרי“ דאַרפֿן מיר זוכן נישט אין „פֿ“ נאָר אין „י“, א. א. וו. אין אַנדערע ווערטער הייסט עס, אַז אַ גראַם דאַרף מען זוכן נישט לויט דער ג ר אַ פֿ י ש ע ר (שרייב) סיס־טעם, נאָר לויט דער פֿ אָ נ ע ט י ש ע ר (וואָקאַלער) סיסטעם. און אַזוי ווי אין דער יידישער שפּראַך האָבן מיר אַכט וואָקאַלן, איז אונזער גראַמען־לעקסיקאָן איינגעטיילט אין אַ כ ט ו ו אָ ק אַ ל ע אָ פּ ט י י ל ו נ ג ע ן. און יעדעס וואָרט פֿון דער יידישער שפּראַך דאַרף געזוכט ווערן אין איינע פֿון די דאָזיגע אַכט אָפּטיילונגען.

כדי צו מאַכן עס נאָך קלערער, וועלן מיר נעמען די ווערטער: „באַן“, „באַק“, „בוד“, „בוים“, „ביז“, „בײַז“, „בײַל“ און „בער“. ווי איר זעט, פֿאַנגען זיך אַלע ווערטער אָן מיט אַ „בית“. אין אַ געוויינלאַכן ווערטער־בוך וואָלטן מיר די אַלע ווערטער געפֿונען אין דער אָפּטיילונג פֿון אות „ב“, אין אונזער גראַמען־ווערטער־בוך וועלן מיר די זעלבע ווערטער (אַ דאַנק זייערע פֿאַרשיידענע וואָקאַלע קלאַנגען) געפֿינען אין אַכט פֿאַרשיידענע אָפּטיילונגען. „באַן“ אין אָפּטיילונג „אַ“, „באַק“ אין אָפּטיילונג „אַ“, „בער“ אין אָפּטיילונג „ע“ א. א. וו.

איצט נעמען מיר אַזאַ וואָרט ווי: „דיפּלאָמאַט“, און מיר פֿרעגן: דאָס וואָרט האָט דריי וואָקאַלע קלאַנגען: „י“ „אָ“, און „אַ“. אין וועלכער אָפּטיילונג דאַרפֿן מיר עס זוכן? אין „י“, „אָ“, אָדער „אַ“? דער ענטפֿער איז: אין „אַ“. דערפֿאַר, ווייל „אַ“ איז דער אַ ק צ ע נ ט י ר ט ע ר וו אָ ק אַ ל פֿון דעם וואָרט. מיר זאָגן נישט די׳פּלאָמאַט, מיר זאָגן אויך נישט דיפּלאָ׳מאַט, נאָר מיר זאָגן דיפּלאָמאַ׳ט. אין אַנדערע ווערטער הייסט עס, אַז אַ גראַמען־וואָרט דאַרף מען זוכן לויט זיין אַקצענ־טירטן וואָקאַל.

ווי אַזוי אָבער געפֿינט מען אַ וואָרט אין יעדער אָפּטיילונג באַזונדער? דערצו דאַרף מען שוין וויסן גענויער, וואָס ס׳איז אַזוינס אַ ג ר אַ ם. אין קורצן, קען מען אַ גראַם דעפֿינירן אַזוי: אַ גראַם איז אַ קלאַנגען־ענלאַכקייט פֿון צוויי (אָדער מערער) ווערטער, וועלכע זיינען אַ י ד ע נ ט י ש אין זייער ענדונג, אָנהויבנדיק פֿון דעם אַקצענטירטן וואָקאַל. למשל: „זאַט“ און „פּאַטריאַרכאַט“. שטרייכט אויס פֿון ביידע ווערטער אַלע אותיות ביז דעם אַקצענטירטן וואָקאַל, און ביידע וועלן האָבן די זעלבע ענדונג „אַט“. טוט דאָס זעלבע מיט „זאַל“ און „נאַציאָנאַל“ און ביידע וועלן האָבן די זעלבע ענדונג „אַל“. „קוויט“ און „טראָמפּוויט“ — און ביידע וועלן האָבן די זעלבע ענדונג „וויט“. דערפֿון איז קלאָר, אַז אַ חוץ דעם אַקצענטירטן

וואָקאַל דאַרף מען אויך זוכן דעם קאָנסאָנאַנט וואָס קומט נאָכן וואָקאַל (דעם „ט“, דעם „ל“ א. א. וו.), און דערפאַר איז יעדע וואָקאַלע אָפּטיילונג פון אונזער לעקסיקאָן נאָך איינגעטיילט אין גראַמען־גרופּעס, וועלכע גייען ווי אין אַ געוויינלאַכן ווערטער־בוך לויטן אַלף בית. אַב, אַבע, אַבל, אַג, אַד, אָוו א. א. וו. אָב, אָבע, אָבל, אָגל, אָד, אָוו א. א. וו. ווען איר זוכט למשל אַ גראַם צום וואָרט „קינד“, דאַרפט איר קודם כל אויפמישן די אָפּטיילונג „י“ און דאָרט אָנהויבן זוכן: יב, יג, יד, יוו, א. א. וו., ביז איר קומט צו „ין“. אָבער „ין“ אַליין איז פאַר אייך ווייניג, ווייל אייער וואָרט האָט נאָכן „נ“ אַ „ד“ (קינד). איז זוכט זשע ווייטער: ין, ינג, ינגען, ינגער, ינד. אָט דאָס איז די גרופּע וועלכע איר דאַרפט. דאָ וועט איר געפינען אַלע ווערטער וועלכע ענדיגן זיך מיט „ינד“, ווי: ווינד, זינד, רינד, בלינד א. א. וו. אָדער נעמען מיר דאָס וואָרט „סילועט“. דער אַקצענטירטער וואָקאַל פון דעם וואָרט איז „ע“, דער קאָנסאָנאַנט נאָכן וואָקאַל איז „ט“, צוזאַמען — „עט“. איז זוכט זשע: עב, עג, עד, עוו, ביז איר קומט צו „עט“. און אַזוי כסדר.

לויט זייער אַקצענט ווערן גראַמען געטיילט אין איינזילביגע, צוויי־זילביגע און דרייזילביגע.

איינזילביגע (אָדער מענלאַכע) גראַמען, הייסן די, וועלכע האָבן דעם אַקצענט אויף דער לעצטער זילבע פונם וואָרט, ווי: באַן, אַ־קע־אַן, שאַר־לאַ־טאַן א. א. וו.

צווייזילביגע (אָדער ווייבלאַכע) גראַמען, הייסן די, וועלכע האָבן דעם אַקצענט אויף דער פאַרלעצטער זילבע פון דעם וואָרט, ווי: בלע־טער, גע־טער, וועלטער א. א. וו.

דרייזילביגע (אָדער דאַקטילישע) גראַמען, הייסן די, וועלכע האָבן דעם אַקצענט אויף דער דריטער זילבע פונם סוף, ווי: ווי־גע־לע, שפּי־גע־לע, זינ־גענ־דיק, שפּרינ־גענ־דיק א. א. וו.*)

*) פאַר צווייזילביגע גראַמען ווערן אויך פאַררעכנט אַזעלכע גראַמען, ווי „הער איך־שווער איך“, „לויף נישט־קויף נישט“ (מיטן אַקצענט אויף „הער“ און „לויף“) א. א. וו. נישט קוקנדיג אויף דעם, וואָס די געגראַמטע ווערטער (הער־שווער, לויף־קויף) זיינען איינזילביגע, ווערן זיי דורך זייער אָרט אין דער שורה (אַ דאַנק די נישט־אַקצענטירטע ווערטער „איך“ און „נישט“) פאַרוואַנדלט אין צווייזילביגע.

און זיי בלייבן און זיי טאַנצן, רוהיג קיינער שטערט ניט\
ביז ער גיט אַ וואונק פון ערגעץ, און דער חתן ווערט ניט.\
מ. ראָזענפעלד.

אויפן זעלבן אופן ווערן אַזעלכע גראַמען, ווי: „וויל איך ניט“־פיל איך ניט“ א. א. וו. פאַררעכנט פאַר דרייזילביגע.

געזוכט ווערן די צוויי־ און דרייזילביגע גראַמען אויפן זעלבן אופן ווי די איינזילביגע. למשל: דאָס וואָרט „גערעכטער“ וועט איר געפינען אין דער אָפּטיילונג „ע“, גרופּע „עכטער“: „וויַבער“ אין דער אָפּטיילונג „יַ“, גרופּע „יַבער“: „מיַדעלע“ אין דער אָפּטיילונג „יַ“, גרופּע „יַדעלע“ א. א. וו.

העברייאישע ווערטער (וועלכע זיינען געדרוקט אין דעם לעקסיקאָן מיט זייער אָריגינעלער אָרטאָגראַפיע) דאַרפן, ביים זוכן, זיך פאָרגעשטעלט ווערן ווי זיי וואָלטן געווען געשריבן לויט דער יידישער אָרטאָגראַפיע (און אומ־באַדינגט לויטן ליטווישן דיאַלעקט). למשל: איר ווילט געפינען אַ גראַם צום וואָרט „נשמה“, דאַרפט איר זיך פאָרשטעלן אַז דאָס וואָרט איז געשריבן „נעשאָמע“ און איר וועט עס געפינען אין דער אָפּטיילונג „אָ“ גרופּע „אָמע“. סתירה (סטירע) — אָפּטיילונג „ִי“, גרופּע „ִירע“, און אַזוי כסדר.

די קאָנסאָנאַנטן: ב–פּ, ג–ק, ד–ט, וו–ף, ז–ס ווערן ביים גראַמען זעלטן אונטערשיידט.*)

אַזוי גראַמט מען געוויינלאַך: „גראַב–קאָפּ“, „זיג–גליק“, „קינד–ווינט“ א. א. וו.

> אַרויסגעפאַלן פון בוד איז מיר אין ש ו י ם
> אַ זכר פון אַ יוגענד־טרוים — אַ טויטע ר ו י ז.
>
> יהואָש.

אָבער אין גראַמען לעקסיקאָן זיינען זיי קלאַסיפיצירט אין באַזונדערע גרופּעס. (אַנַסער אין פאַלן, ווען יעדע, אָדער איינע פון די גרופּעס, האָבן וויניג ווער־טער). דערביי אָבער ווערט ביי יעדער גרופּע אָנגעגעבן איר עקוויוואַלענט. למשל: „ִינג“ (פגל. ִינק), „עג“ (פגל. עק) א. א. וו. ווען אָבער נאָך די אויבנדערמאָנטע קאָנסאָנאַנטן קומט אַ „ט“, אָדער אַ „ק“, ווערן זיי כמעט תמיד צוזאַמענגעגאָסן. אַזוי, למשל, זיינען אין איין גרופּע „אָבט“ און „אָפּט“, „אָגט“ און „אָקט“. און אַזוי כסדר.

כדי צו שפּאָרן פּלאַץ, מייד איך אויס ווי ווייט מעגלאַך ווידערהאָלונגען פון ווערטער, וועלכע קענען געבילדעט ווערן (מיט דער הילף פון סופיקסן) פון ווערטער וועלכע געפינען זיך אין אַנדערע, שכנות'דיגע גרופּעס. למשל, אין דער גרופּע „אַטן“ גיב איך אָן נאָר די ג ר ו נ ד־ו ו ע ר ט ע ר וואָס האָבן די דאָזיגע ענדונג, ווי: משא ומתן, שאַלאַטן, מתחתן א. א. וו. מען וואָלט אָבער געקענט צו דער דאָזיגער גרופּע צוגעבן אַן אומגעהייערן צעטל

*) אָבער נאָר אין איינזילביגע גראַמען, ווי „גאָלד–געוואָלט“, „גלאַז–וואָס“ א. א. וו. אין צווייזילביגע, ווי: „וויַזן–וויַסן“, „ליַדן–ליַטן“ א. א. וו., ווערן זיי דייטלאַך אונטערשיידט, און אויב געגראַמט, הייסן זיי אַ ס אָ נ אַ נ ס ן.

פון ווערטער, וואָס געפינען זיך אין די גרופּעס „אַט“ און „אַטע“, ווען מען זאָל צו זיי נאָר צושטעלן דעם סופיקס „ן“ (האַרמאַט...ן, מאַגנאַט...ן, דעם טאַטע...ן א. א. וו.). אָבער דאָס וואָלט געהייסן, אַז דער לעקסיקאָן זאָל אנשטאָט דריי הונדערט זייטן האָבן דריי טויזנט זייטן. דערפאַר גיב איך אַז הינטער דער גרופּע „אַטן“ נאָר עטלאַכע ביישפּילן, ווי: האַרמאַט—ן, דעם טאַטע—ן א. א. וו און גיב צו אַ פאָרמולע: „גר. (גראַם) אַט, אַטע—ן“, וואָס דאָס זאָל הייסן: „נעם אַלע ווערטער פון די גרופּעס „אַט“ און „אַטע“, לייג צו זיי צו אַ „ן“ און דו וועסט באַקומען גראַמען צו „אַטן“. און אַזוי כסדר.

3. פּינקטלאַכע און נישט־פּינקטלאַכע גראַמען.

לויט זייער קלאַנגען־באַשטאַנד ווערן גראַמען געטיילט אויף: פּינקטלאַכע און נישט־פּינקטלאַכע.

פּ י נ ק ט ל א כ ע גראַמען הייסן די, וועלכע האָבן: א) דעם זעלבן באַטאַנטן וואָקאַל: ב) די זעלבע אומבאַטאַנטע קלאַנגען נ אָ כ ן באַטאַנטן וואָקאַל, און ג) פאַרשיידענע קאָנסאָנאַנטן פ אַ ר ן באַטאַנטע וואָקאַל. ביי־שפּילן: „באַלד—וואַלד“, „זאָרגן—מאָרגן“, „שווימען—שטימען“ א. א. וו.*)

פּ י נ ק ט ל א כ ע - ד ע פ ע ק ט י ו ו ע.

און ווען איך גיי אין וויסטן ט אָ ל
פון ווייטן רופט צו מיר אַ ק ו ל. יהואָש.

פון אויבן־אויף דאַכט זיך — אַ פּינקטלאַכער גראַם (אָל־אָל), אָבער נאָר אויבן־אויף, ווייל — נאָר אין ש ר י פ ט. אין ק ל אַ נ ג האָט ער גאָר אַ גרויסן חסרון. בעת פאַרן ליטווישן יידן קלינגט ער זייער וואויל tol–kol קלינגט ער פאַרן פּוילישן (און וואָלינער)**) יידן שוין גאָר נישט אַזוי וואויל.

---

*) פאַר פּינקטלאַכע גראַמען רעכנט מען אויך די פאַלן, ווען ס׳גראַמען זיך הילכיגע און דומפּע קאָנסאָנאַנטן, ווי: ב—פּ, ג—ק, ד—ט א. א. וו. (זע אויבן).

ווערטער וועלכע האָבן די זעלבע קאָנסאָנאַנטן פ אַ ר ן באַטאָנטן וואָקאַל, ווי: (ער) וועט—געוועט, (איך) הער—פאַרהער, באַצירן—שפּאַצירן א. א. וו., הייסן ר י י כ ע גראַמען און זיינען נישט פון באַזונדערער קוואַליטעט. פון בעסערער קוואַליטעט זיינען שוין די, וועלכע האָבן פאַר די אַלצאַיינע קאָנסאָנאַנטן פ אַ ר ש י י ד ע נ ע קאָנסאָנאַנטן, ווי: פראָסט—פאַראָסט, צווייג—שווייג, בלאַנק—שלאַנק א. א. וו. אין „גראַמען־לעקסיקאָן“ האָב איך נישט געפונען פאַר נויטיג זיי באַזונדער צו גרופּירן, ווייל דאָס וואָלט געשטערט די מער־וויכטיגע גרופּירונגען.

**) צווישן דיביידע דיאַלעקטן (פּויליש און וואָליניש) איז אין גרונד דאָ אַזאַ קליינער אונטערשייד, בנוגע די וואָקאַלע קלאַנגען, אַז איך מאַך צווישן זיי קיין חילוק נישט און אומעטום וואו איך זאָג פּויליש, מיין איך אויך וואָליניש.

ווייל דער פּוילישער לייענט דאָס ערשטע וואָרט tul און דאָס צווייטע kol. און אַזוי ווי אין אַ גראַם שפּילט די הויפּט־ראָלע דער ק ל אַ נ ג (די מוזי־קאַלישקייט פונם פערז) און נישט דער א ו י ס ל י י ג פונם וואָרט*). און אַזוי ווי לעת עתה האָבן מיר נאָך נישט קיין איינהייטלאַכן דיאַלעקט (און ווער ווייסט צי מיר וועלן אים אַמאָל האָבן), קען אַזאַ גראַם ווי: „טאָל"–„קאָל" מיט רעכט אָנגערופן ווערן אַ ד ע פ ע ק ט י ו ו ע ר.

איצט נעמען מיר צוויי אַנדערע שורות.

עט, פאַרגעסן וואָס אַ מ אָ ל ...
תכריכים וועט געבן מיר ק ה ל. י. ל. פּרץ.

דאַכט זיך, די זעלבע ענדונג „אָל" (ווי ביי יהואש'ן), און זעט ווי קיינער פון די דיאַלעקטן איז נישט געקריוודעט. סיי פאַרן פּוילישן און סיי פאַרן ליטווישן איז דער גראַם אַ וואויל־קלינגענדיגער. דער ליטווישער וועט אים לייענען amol–kol און דער פּוילישער amul–kul.

דער זעלבער דיאַלעקטישער אָפּנייג קומט פאָר נישט נאָר ביי ווערטער מיטן וואָקאַל „אָ", נאָר אויך ביי ווערטער מיט די וואָקאַלן „ו" „וי" און „ע".**)

צום ביישפּיל: גלות, דיספּוט, וואוט, מוט א. א. וו., לייענט סיי דער ליטווישער און סיי דער פּוילישער — u; בלוט, הוט, מינוט, גוט א. א. וו. לייענט דער ליטווישער — u און דער פּוילישער — i.

בוקעט, געשפּעט, מאַגנעט, סילועט, סקעלעט א. א. וו., לייענט סיי דער ליטווישער סיי דער פּוילישער — e; ברעט, געבעט, שפּעט, שטעט א. א. וו., לייענט דער ליטווישער — e און דער פּוילישער — ei.

מיט „וי" איז פונקט אַ פאַרקערטע שפּיל: קרויט, שרויט, בויד, מויד א. א. וו., לייענט סיי דער ליטווישער סיי דער פּוילישער — oi.)***
ברויט, טויט, נויט, רויט א. א. וו., לייענט דער פּוילישער ווי — oi און דער ליטווישער ווי — ei.

אַז די דאָזיגע דעפעקטיווע גראַמען רייסן טייל מאָל ממש דאָס אויער,

---

*) ווי אַ באַווייז קען דינען די ענגלישע שפּראַך, וואו אַזעלכע ווערטער ווי: girl, curl, pearl ווערן פאַררעכנט פאַר פּינקטלאַכע גראַמען, כאָטש זייער אויס־לייג איז פאַרשיידן.

**) איך וואָלט געקענט ברענגען אונצייליגע ביישפּילן פון דעפעקטיווע גראַמען מיט די אַלע אויסגערעכנטע וואָקאַלן, אָבער צוליב מאַנגל אין פּלאַץ, וועל איך זיך באַנוגענען בלויז מיט ווערטער־ביישפּילן..

***) דאָ גייט זיך דער פּוילישער און וואָלינער דיאַלעקט טיילווייז פאַנאַנדער. אין פּוילישן דיאַלעקט קלינגען די ווערטער מער ווי „אָו" (krout–boud).

דאָס — גלויב איך — ווייסט יעדער, וואָס האָט נאָר אַמאָל בייגעוואוינט אַן עפנטלאַכן קאָנצערט, אָדער פאָרלעזונג. אָ ד ע ר דער זינגער (אָדער דעקלאַ־מאַטאָר) האַלט זיך די גאַנצע צייט ביי זיין דיאַלעקט און זינגט (אָדער לייענט) mụt (מוט) און git (גוט), אָדער ער טוט אייך אַ טובה, און פּונקט צו דער שורה ווערט ער אַ ליטוואַק!... (וואָס דאָס קלינגט נ אָ ך ערגער).

און דער חסרון איז נאָך, וואָס נישט יעדער דיכטער קען זיך פאַנאַנדער־קלייבן אין דעם מיש־מאַש פון די דיאַלעקטן (ווען ער זאָל שוין אַפילו וועלן אויסמיידן אַזעלכע דעפעקטיווע גראַמען). און באמת, גיי וויים, ווען דער פּוילישער לייענט „אָ“ ווי — o און ווען ווי — u, אָדער ווען דער ליטווישער לייענט „וי“ ווי — oi און ווען ווי — ei.

מיטן גראַמען־לעקסיקאָן ביי דער האַנד, קענען אָבער אַזעלכע דעפעקטיווע גראַמען לייכט אויסגעמיטן ווערן. און אַט ווי אַזוי. ווען איר וועט עפענען דעם גראַמען־לעקסיקאָן, וועט איר זען, אַז אין די אָפּטיילונגען „אָ“, „ו“, „וי“, און „ע“ זיינען אַ טייל ווערטער באַצייכנט מיט שטערנדלאַך ביי די זייטן. און אַט די שטערנדלאַך קענען דינען ווי דיאַלעקטישע וועג־ווייזערס. זיי ציינגן, אַז אַט אין די דאָזיגע ווערטער (מיט די שטערנדלאַך) גייען זיך די דיאַלעקטן פאַנאַנדער און מ'דאַרף זיי נישט גראַמען מיט די ווערטער אָן די שטערנדלאַך. ווי אַ ביישפּיל וועלן מיר נעמען די גרופּע:

אָ פּ ן

אָפן
האָפן
אַנטלאָפן
געטראָפן א. א. וו.
*צפון
*שטראָפן
*שלאָפן א. א. וו.

איר קענט גראַמען „האָפן“ מיט „אַנטלאָפן“, „*שלאָפן“ מיט „*שטראָפן“; איר קענט אָבער נישט גראַמען (אויב איר ווילט זיין פּינקטלאַך) „האָפן“ מיט „*שטראָפן“, אָדער „אַנטלאָפן“ מיט „*צפון“, ווייל דאַמאָלס וועט איר האָבן אַ דעפעקטיוון גראַם. דאָס זעלבע איז מיט „ו“. איר קענט גראַמען „מוט“ מיט „גלוט“, „*בלוט“ מיט „*טוט“. איר קענט אָבער נישט גראַמען „מוט“ מיט „*בלוט“, אָדער „גלוט“ מיט „*טוט“. און אַזוי כסדר.

דער זעלבער סיסטעם איז אויך אָנגעהאַלטן געוואָרן לגבי די ווייניג־געברויכטע ווערטער, וואָס קומען הינטער יעדער גראַמען־גרופּע, אין קלענערער

שריפט. דער צייכן (0) באַטייט, אַז די ווערטער פון דער גרופּע קלינגען גלייך אין ביידע דיאַלעקטן. דער צייכן (*) באַטייט, אַז אין די ווערטער גייען זיך די דיאַלעקטן פונאַנדער.

נ׳ י ש ט פ י נ ק ט ל א כ ע ג ר א מ ע ן. צו די נישט־פּינקטלאַכע גראַמען געהערן, קודם כל, די ד י אַ ל ע ק ט י ש ע גראַמען, ווי: „געקומען— שטימען", „טויט—גוּט" א. א. וו. אין קוואַליטעט זיינען זיי פּונקט אַזוי גוט (אָדער אַזוי שלעכט), ווי די פּינקטלאַכע־דעפעקטיווע. דער חילוק איז נאָר, וואָס ביי יענע ווערט מערסטנטיילס געקריוודעט דער פּוילישער דיאַלעקט און ביי די — דער ליטווישער.

די דיאַלעקטישע גראַמען פאַרנעמען אין אונזער דיכטונג אַזאַ בכבוד׳יגן פּלאַץ, אַז ווען מען זאָל וועלן ברענגען נאָר איין מוסטער פון יעדן דיכטער, וואָלט מען געקענט מיט זיי אָנפילן אַ גאַנץ נישקשה׳דיק ביכל... דערפאַר וועל איך זיך באַנוגענען נאָר מיט איינעם אָדער צוויי מוסטערן פאַר יעדן פאַל באַזונדער (און נישט קלייבן, נאָר ווי זיי קומען מיר אונטער דער האַנט).

„אָ" געגראַמט מיט „וּ". די דאָזיגע גראַמען באַגעגנט מען מערסטנס ביי די גאַליציאַנער. אָבער אויך די פּוילישע און וואָלינער זיינען נישט פריי דערפון.

. . . אויבן און אונטן איז ג ל י י ד.
ס׳גייען די דיעלעס אין בית דין של מעלה
גאַנץ זיכער אין רוסישער ש פּ ר אַ ד.   י. ל. פּרץ.

„וּ" געגראַמט מיט „ײַ". דאָס איז א ספּעציפיש גאַליציאַנישער גראַם, וועלכן מען באַגעגנט אָבער זייער זעלטן.

צו וועלן שטערן פאַלן, צו וועלן שטערן ש ײַ נ ע ן,
צו וועט מיין האַרץ היינט לאַכן, צו וועט מיין האַרץ
היינט וו וּ נ ע ן.   ש. י. אימבער.

„אָ" (פּוילישער — u) געגראַמט מיט „ו".

ווי פאַרשן זיי וואַלטן דעם וועג און די ש פּ ו ר,
אום דייטלאַך צו וויסן, אויב לויפן מען ט אַ ר.   י. מעסטעל.

„ו" געגראַמט מיט „י". דאָס איז דער סאַמע פאַרשפּרייטסטער גראַם, מיט וועלכן עס שווימלט ממש, סיי די אַלטע, סיי די נייע יידישע פּאָעזיע. ביי פּרץ׳ן, צום ביישפּיל, באַגעגנט מען דעם דאָזיגן גראַם, כמעט אויף שריט און טריט.

זיי קוקן און שמייכלען גוטמוטיג ווי ק י נ ד ע ר,
קיין צייט איז צו פרעגן, פאַרגעסן דאָס וו אַ ו נ ד ע ר.   י. ל. פּרץ.

אָדער:

און װײַט, װאו בײדע גרױסע א ו מ ו ת,
ערד און הימל זײַנען זיך שױן נ מ א ס. — ל. קװיטקאָ.

על פּי שׂכל, האָט דער גראַם געדאַרפֿט זײַן אַ רײן־פּױלישער, װײַל נאָר בײַ די פּױלישע לײענט זיך דער „ו" װי „י". אָבער אַפּנים, אַז װען עס קומט צו אַ גראַם װערן אָפּגעװישט אַלע גרענעצן. װערט דער פּױלישער אַ ליטװאַק און דער ליטװאַק אַ פּױלישער.

אױ, צאַנק איך דאָ אין קלײזל
װי אַ ליכטל שװאַך און ט ו נ ק ל,
ביז איך װעל אַזױ מיר אױסגײן
אין דער שטיל אין מזרח װ ו י נ ק ל. — א. רײזען.

„ע" (פּױלישער — ei) געגראַמט מיט „ײ". דאָס איז אױך אַ ספּעציפֿיש פּױלישער גראַם, װאָס מען באַגעגנט גאַנץ אָפֿט.

. . . זוכן סטרונעלעך און סטרונעס פּ ע ל ן
זײ רײַסן בערג, די טעג — און ס'בלײַבן ה ײ ל ן. — ל. קװיטקאָ.

אָדער:

צו כ'האָב דיך ליב? דו מעגסט מיר ג ל ו י ב ן (ײ)
צו דו ביסט מיר טײַער? טײַערער װי מײַן ל ע ב ן. — י. ל. פּרץ.

„ײ" (ליטװישער — ei) געגראַמט מיט „ײ". פֿאַר ד ע ם גראַם, קומט דער גאַנצער קרעדיט די ליטװאַקעס. מען באַגעגנט אים אַזױ אָפֿט, אַז טײל מאָל מאַכט עס דעם אײַנדרוק, אַז, אָדער זײ ק ע נ ע ן אַנדערש נישט גראַמען, אָדער זײ שפּילן זיך אָפּ אױף די פּױלישע פֿאַר זײער „ו"־„י"...

ניטאָ, אַד ניטאָ די אַמאָליגע ד ו ר ו ת
ניטאָ די נסיונות, ניטאָ די ע ב י ר ו ת. — א. ליעסין.

אָדער:

שפּרײט מײַן אױנט שטילן טרױם צ ו ש פּ ר ײ ט ע ר
איצטער גליען בלוטיגער און ר ו י ט ע ר... — מאַני לײב.

נאָר, פּאַרדאָן: זײ אומזיסט חושד געװען. איך האָב בײַ ל. קװיטקאָ, דעם װאָלינער, אױך געפֿונען אַזאַ גראַם.

דער לעצטער „א י י נ ע ר"
אין נאַכט א ז ו י נ ע ר.

און צום לעצט נאָך אַ קוריאָז. דאָ איז דער דיכטער אין א י י ן שורה

אַ פּוילישער און אין דער צ ו ו י י ט ע ר אַ ליטוואַק. (וואָס טוט מען נ י ש ט צוליב אַ גראַם!)

און אַז דער טרויער דויערט דאָ נאָר ר ג ע׳ס
איז אויף וואָס, אויף ווען זיין ב ר ו ג ז?... מ. כאַשטשעוואַצקי.

די אַלע אויבנדערמאָנטע אויסצוגן זיינען געבראַכט געוואָרן מיטן איינ־ציגן צוועק: צו באַווייזן, אַז די דיאַלעקטישע גראַמען זיינען נישט קיין צופעליגע דערשיינונג אין אונזער פּאָעטישער ליטעראַטור, נאָר אַז זיי באַ־לאַנגען צו די פּאָעטישע פרייהייטן (Poetic licenses) מיט וועלכע אונזערע דיכטער באַנוצן זיך זייער אָפט. און אַזוי ווי דער ציל פון אַ גראַמען־לעקסיקאָן איז צו העלפן דעם ווערסיפיקאַטאָר מיט וואָס עס איז נאָר מעגלאַך, האָב איך געפונען פאַר נויטיג אויך די דאָזיגע גראַמען איינצושליסן אין דעם גראַמען־לעקסיקאָן. און געטאָן האָב איך עס אויף אַזאַ אופן, אַז זיי זאָלן לחלוטין נישט שטערן די גאַנצקייט און די פּינקטלאַכקייט פון דער קלאַסי־פיקאַציע. און דהיינו: הינטער יעדער גראַמען־גרופּע גיב איך אָן (אין פּעטיט) איר דיאַלעקטישן עקוויוואַלענט אָט אויף אַזאַ אופן:

־ִינדער

בלינדער
גרינדער
זינדער
קינדער א. א. וו.

(פּ.) וואונדער, באַזונדער א. א. וו.

ד. ה., אַז אין אַ נויט קען זיך דער פּוילישער באַנוצן מיט די ווערטער אויף „ונדער". דאָס זעלבע פאַרקערט:

ו י ר ע

*בורא
*בכורה
*מורא
*סחורה א. א. וו.

(ל.) ברירה, גזירה א. א. וו. (זע: ־ִירע).

ד. ה., אַז אין אַ נויט קען זיך דער ליטוואַק באַנוצן מיט די ווערטער אויף „־ִירע". אין דער אָפּטיילונג „־ִי" גיב איך אָן צוויי עקוויוואַלענטן, דעם פּוילישן און דעם ליטווישן:

־יטער

באַגלייטער
לייטער
ברייטער
גרייטער
צווייטער א. א. וו.

(פּ.) ברעטער, שפּעטער, פאַרטרעטער א. א. וו.
(ל.) טויטער, רויטער, נוקם ונוטר א. א. וו.

ד. ה.. אַז דער פּוילישער קען גראַמען „באַגלייטער" מיט — ברעטער, שפּעטער א. א. וו. און דער ליטווישער קען גראַמען „באַגלייטער" מיט — טויטער, רויטער א. א. וו.

צו די נישט־פּינקטלאַכע גראַמען געהערן אויך: א) די פאַרשיידנ־אַקצענטיגע גראַמען, און ב) די אַסאַנאַנסן.

אַ פ אַ ר ש י י ד נ אַ ק צ ע נ ט י ג ע ר גראַם איז דער, ביי וועלכן דער אַקצענט אין יעדן פון די געגראַמטע ווערטער פאַלט אויף אַן אַ נ ד ע ר וואָקאַל. למשל: פראַ׳גע־ני׳דערלאַגע, אַראָמאַ׳ט־וואַר׳שטאַט, געבראַ׳כט־אויפ׳געמאַכט א. א. וו.

און קומט אָן די נאַכט, מען דאַרף זיך א ו י ס ב ע ט ן *)
דאָן הייבט אָן די מוטער, דעם טויט אויף זיך ב ע ט ן. א. רייזען.

אין „גראַמען־לעקסיקאָן" קומען די דאָזיגע פאַרשיידנאַקצענטיגע גראַמען צום סוף פון יעדער גראַמען־גרופּע אין קלענערער שריפט.

אַ ס אָ נ אַ נ ס ן, הייסן אַזעלכע גראַמען, וועלכע האָבן איינע און די זעלבע באַטאָנטע וואָקאַלן, אָבער ביי וועלכע די ענדונגען נ אָ כ ן באַטאָנטן וואָקאַל פאַלן זיך נישט צונויף. למשל: „איך־ליכט", „ניגון־פליגל"" „נאַקן־וואַקל" א. א. וו.

אַזעלכע אַסאָנאַנסן פלעגט מען באַגעגענען מערסטנטיילס אין פאָלקס־לידער:

אַלע וואַסערלאַך לויפן אוועק
די גריבעלאַך בלייבן ל י י ד י ג.
אוי, וואו נעמט מען אַזאַ מענטשן,
וואָס זאָל פאַרשטיין מיין ו ו י י ט אָ ג!...

זעלטן אין דער פּאָעזיע:

*) מען זאָגט נישט אויסבע׳טן, נאָר אויס׳בעטן (אָ בעט).

זאָלן שווינדלען פאַר די אויגן.
פיס און פּיאַטעס הויך און ש ט אַ ר ק!
פונקען זאָלן פון שטיינער שפּריצן.
אַנצינדן זאָל זיך דער מ אַ ר ד!... ח. נ. ביאַליק.

אָבער „אין דער מאָדערנער יידישער דיכטונג, באַזונדערס אין דער דיכטונג פון ראַטן־פאַרבאַנד, האָט דער אַסאָנאַנס באַקומען די ברייטסטע אַנווענדונג, און מען טרעפט אים אין די פאַרשיידנסטע וואַריאַציעס. אין איינצע אַסאָנאַנסן איז די נישט־פּינקטלאַכקייט קוים צו באַמערקן, פאַראַן אָבער אַזוינע שלום־קאָמבינאַציעס, וועלכע גיבן נאָר אַן אָנצוהערעניש אויף אַ גראַם, ווי למשל: „פאַררינלט־ניגון", „וויִיצו־פּלייצע", „מונטערע־ווינטערן", „דרייסטער־ווייסט ניט" א. א. וו."

זעלבסטפאַרשטענדלאַך, אַז אַזעלכע „אָנצוהערענישן" קענען נישט קלאַסי־פיצירט ווערן, און זיי ווערן דאָ דערמאָנט מער פון אינפאָרמאַציע וועגן. עס זיינען אָבער אויך פאַראַן אַזעלכע אַסאָנאַנסן, וועלכע פאַלן זיך נישט צונויף, בלויז אין זייערע א ו מ ב אַ ט אָ נ ט ע ו ו אָ ק אַ ל ן, ווי למשל: „מדינה־קאַסינאַ", „גלאַטיק־סטאַטעק" א. א. וו. די אַסאָנאַנסן זיינען אַריין אין דעם גראַמען־לעקסיקאָן און זיינען קלאַסיפיצירט געוואָרן אונטער זייערע קלאַנגען־ענלאַכע גראַמען־גרופּעס. אַזוי צום ביישפּיל, גייען אין דער גרופּע: „אַ נ ע" אַריין אַזעלכע ווערטער, ווי: נירוואַנאַ, דיאַנאַ, פּאַטאַ מאָרגאַנאַ א. א. וו. אין דער גרופּע: „ו י ל י ם" — אַזעלכע ווערטער, ווי: עולם, גולם, חולם א. א. וו.

צו אַ באַזונדער קאַטעגאָריע געהערן די אַזוי־גערופענע ק אָ מ ב י נ י ר ט ע (אָדער צוזאַמענגעזעצטע) גראַמען. דאָס זיינען גראַמען, וועלכע ווערן צונויפגעשטעלט פון צוויי (אָדער מערער) ווערטער, ווי למשל: „מלאך־פאַל איך", „איצטער־קריצט ער", „בעבעכעס־לעב איך עס" א. א. וו.

אין דער עלטערער יידישער דיכטונג באַגעגנט מען אַזעלכע גראַמען זייער זעלטן, און די וואָס מען באַגעגנט, זיינען פון דער סאַמע איינפאַכסטער קאָנסטרוקציע.

ער וועט שיקן צוואַנציג ד אָ ל ע ר,
זיין פאָרטרעט דערצו,
און וועט נעמען, לעבן ז אָ ל ע ר,
אונז אַהינצינו. שלום עליכם.

אין דער לעצטער צייט אָבער, זיינען זיי שטאַרק אַריין אין דער מאָדע, און צייכענען זיך אויס מיט זייערע אויסטערלישע קאָמבינירונגען.

אַ מייסטער אויף דעם געביט איז געווען ר' מרדכי'ע (טשעמערינסקי), ביי וועמען עס שווימלט ממש מיט די דאָזיגע גראַמען־קאָמבינאַציעס.

און גיי לאַ ד אַ י ם,
דעם פּיפּיגן ב ן אַ ד ם...

אָדער:

אויסגעפּוצט זיך מ כ ת ר צ ח,
נאָר עס ב ע ט ז י ך א. א. וו.

אָבער לעצטנס, האָט אים פּרץ מאַרקיש (אים צו לאַנגע יאָר) ווייט, ווייט איבערגעיאָגט אין דער דאָזיגער קונסט. ביי מאַרקיש'ן זעט מען בחוש, ווי ער איז פאַרליבט אין די דאָזיגע קאָמבינאַציעס. נישטאָ אַ ליד, וואו ער זאָל זיך באַגיין אָן זיי. און ווי דערפינדעריש ער איז!

ווינטל, ווינטל, נאָך נישט ג ר אַ ז י ק,
זיינען איצט די פאַשע ע ר ט ע ר.
מיט מיין הארץ, ווי מיט אַ ב ל אַ ז אַ ק,
אָטעם איך דאָ אויף זיי: ה ע ר ט א י ר?

אָדער:

כ'בין שוין צוויי מאָל היינט ג ע וו ע ז ד אַ
און נאָך זיין וועל איך אַ פ אַ ר מ אַ ל.
— גיט זיך ווינטעלע אַ וו ע נ ד ע
— גיט זיך ריטשקעלע אַ מ ו ר מ ל...

באַזונדערס גוצלאָך (טייל מאָל אפילו אומפאַרמיידלאָך) זיינען אַזעלכע קאָמבינירטע גראַמען, ביי ווערטער, וועלכע האָבן ווייניג, אָדער גאָר קיין גראַמען נישט. אַט למשל, איז צו „אַרבעט" נישטאָ קיין גראַם, און זעט ווי מאַרקיש גיט זיך אַן עצה:

נו, געגומען צו דער אַ ר ב ע ט,
ווער אין אויגן שוואַרצע פ אַ ר ב ה אַ ט!

אין „גראַמען־לעקסיקאָן" פאַרנעמען די דאָזיגע קאָמבינירטע גראַמען אַ גאַנץ אָנזעעוודיק אָרט. נאָר אום איינצושפּאָרן פּלאַץ טו איך מיט זיי דאָס זעלבע, וואָס מיט די גראַמאַטיקאַלישע בילדונגען, דהיינו: צום סוף פון דער גראַמען־גרופּע גיב איך אָן עטלאַכע ביישפּילן פון מעגלאַכע גראַמען־קאָמבי־נאַציעס און דערביי אַ פאָרמולע, ווי אַזוי זיי ווייטער צו בילדן. למשל:

? מ ע ם

צימעם

נמאם

בנעימות א. א. וו.

איך רים עס, איך פאַרשטשימע עס א. א. וו.

(גר. ? ם. ? מ ע – ע ם).

דאָס זאָל הייסן: נעם די ווערטער פון די גרופּעס „?ם" און „?מע", לייג צו זיי צו דאָס וואָרט „עס" און דו וועסט באַקומען גראַמען צו — „צימעם", „נמאם" א. א. וו. טייל מאָל באַנוצן איך זיך בלויז מיט א פאָרמולע, ווי למשל:

ו י כ ע ט

שוחט

שוחד

אויכעט א. א. וו.

(גר. ו י ד – ה אַ ט).

דאָס זאָל הייסן: נעם די ווערטער פון דער גרופּע „ויד", לייג צו זיי צו דאָס וואָרט „האַט", וועסטו באַקומען אַזעלכע קאָמבינאַציעס, ווי „בויד האַט", „יויד האַט", „רויד האַט" א. א. וו.

זעלבסטפאַרשטענדלאַד, אַז מיט די דאָזיגע פאָרמולעס שעפּן זיך נישט אויס אַלע מעגלאַכע גראַמען־קאָמבינאַציעס. איך ווייז נאָר אָן די סאַמע עלעמענטאַרע פאָרמעס זייערע. דאָס איבעריגע לאָז איך צו דער דערפינדעריש־קייט און פייאיגקייט פון דעם ווערסיפיקאַטאָר.

אַפּקירצונגען און סמנים

א. א. וו. — און אַזוי ווייטער.

אָד. — אָדער.

א. אַנד. — און אַנדערע.

גר. — גראַם.

(נ.) — נאָמען.

(פּ.) — פּויליש.

(ל.) — ליטוויש.

* (לעבן אַ וואָרט) — באַטייט, אַז אין ד ע ם וואָרט גייען זיך פונאַנדער די דיאַלעקטן (פּויליש און ליטוויש).

(*) (לעבן אַ ווערטער־גרופּע) — באַטייט דאָס זעלבע פאַר דער גאַנצער גרופּע.

(0) (לעבן אַ ווערטער־גרופּע) — באַטייט אַז די ווערטער פון דער גרופּע קלינגען גלייך אין ביידע דיאַלעקטן.

אַ

כאַלוואַ
מאַטניאַ
פּעטשאַ
אַזאַ
אַלאַ
אַהאַ!
אוואַ!
באַ!
האַ?
האַפּצאַצאַ!
הוהאַ!
הוראַ!
טראַלאַלאַ!
כאַ כאַ!
נאַ!
קוואַ קוואַ!
קראַ קראַ!
ראַטאַטאַ!
שאַ!

(0) אַמפּלואַ, אַנגאַזשמאַ, בואַ, בוזאַ, בורזשואַ, גאַלאָוואַ, טשיסונטשאַ, טשמאַ, טשעפּוכאַ, טשעקאַ, טשערטאַ, מאַמאַ, מולאַ, סודיאַ, סטאַרשינאַ, פּאַ־פּאַ, קאַזנאַ, אַ לאַ... טאַ טאַ! ראַז דוואַ! מום רע, פּגע רע.

(פּ.) שנײַדערײַ, שוסטערײַ, א. א. וו. (זע: ײַ).

אַב (פּגל. אַפּ)

שוואַב
שטאַב
שקראַב

(0) דזשאַב, דראַב, קאַראַב, ראַב, איך באַב, בוכשטאַב.

(פּ.) ווײַב, לײַב, שרײַב א. א. וו. (זע: ײַב).

אַבט (זע: אַפּט)

אַבל

מבול
מחבל
פּאַבל
איך גראַבל

(0) דזשאַבל, דיריזשאַבל, מקבל, מי־זעראַבל, קאָמפּאָרטאַבל, קאַפּאַבל, רעספּעקטאַבל, טאַבעל, קאַבעל (גר. אַ ב – ל.)

(פּ.) ווײַבל, טײַבל א. א. וו. (זע: ײַב).

אַבע

באַבע
גבאי
ברוך הבא
עולם הבא
זשאַבע
הושענא רבה
אַדרבא
להבא
אבא (נ.)

(0) מדרש רבה, ספרא רבא, דראַבע, האַנטאַבע, וואַרצאַבע, שטאַבע, די ראַבע, איך שקראַבע, אויסגאַבע, אויפ־גאַבע, לגבי, לאַבי, מכבי.

אַבעס

שבת

(0) די זשאַבע־ס, דער באַבע־ס, דעם גבאי־ס א. א. וו. (זע: אַבע).

(פּ.) טײַבע׳ס (נ.), שײַבעס.

אַבער

אַראַבער
בעסאַראַב(י)ער

מחבר
קאַנדעליאַבער
מקבר
איך דבר

(0) דזשאַבער, שלאַבער, איך זאַלאַ־בער, איך שבר, אַקטיאַבער, סענט־יאַבער, נאַיאַבער, דעקאַבער, אינ־האַבער, ליבהאַבער. (גר. א ב, א ב ע - ע ר, ר.)

(פּ.) ווייבער, לייבער א. א. וו. (זע: ײַב).

אַ ב ק ע (זע: אַ פּ ק ע)

אַ ג (פּגל. אַ ק)

זיגזאַג
פֿאַרלאַג
תרי״ג
מיטן תג
אסרו חג
איך וואַג

(0) באַשלאַג, סאַרקאָפאַג, פּלאַג, האַאַג (נ.), פּראַג (נ.).

(פּ.) פּייג, צווייג א. א. וו. (זע: ײַג).

אַ ג ד (זע: אַ ק ט)

אַ ג ן

מנגן
קראַגן
פּראַגן
קלאַגן

(0) באַשלאַגן, זאַגן, זיגזאַגן, סאַרקאָ־פאַגן, פֿאַרלאַגן, וואַגן, (מיט אַלע תגין), קאָפּענהאַגען (נ.), סאַגאַן.

(פּ.) פּייגן, שווייגן א. א. וו. (זע: ײַג).

אַ ג ע

לאַגע
פּראַגע
פּראַגע (נ.)
שרגא (נ.)

(0) משוגע ומשגע, אַלפּאַגע, בליאַגע, בראַגע, בראַדיאַגע, זאַגע, טראַגע, מאַ־לאַגע, סקריאַגע, פּליאַגע, פֿליאַגע, קלאַגע, שפּאַגע, איך צעגאַוויאַגע, נידערלאַגע, שיקאַגאָ (נ.)

אַ ג ע ר

גראַגער
לאַגער
איך באַלאַגער

(0) שלאַגער, האַאַג׳ער (נ.), פּראַג׳ער (נ.), שיקאַגאָ׳ר (נ.). (גר. א ג, א ג ע - ע ר).

(פּ.) שווייגער, צייגער א. א. וו. (זע: ייג).

אַ ד (פּגל. אַ ט)

חשד
כתב יד
מאַסקעראַד
מתנת יד
פּאַראַד
צד
קאַמעראַד
שמד
נע ונד
תיכף ומיד

(0) ולד, ועד, אומן יד, האוחז ביד, חכמת היד, של יד, מיד ליד, כלאחר יד, גראַד, דאַקלאַד, דזשאַד, ווינאַגראַד, זאַד, טשאַד, בעזלאַד, לימאָנאַד, מאַד, מאַרמעלאַד, נאָמאַד, נאַריאַד, סליאַד,

סמראַד, סקלאַד, פּאָדריאַד, פּריקלאַד, פּאַסאַד, פּאַצעיאַד, ריאַד, שאָקאָלאַד שפּאַד, באַגדאַד (נ.), בערשאַד (נ.), פּעטראָגראַד (נ.), איך לאַד, איך שאַד.

(פּ.) זייד, קרייד א. א. וו. (זע: ײַד).

אַ ד י ק

צדיק
קאַדיק
איך באַגנאַדיק

(0) דזשאַדעק, זאַדעק, פּאָריאַדעק, וולאַדעק (נ.). (גר. אַ ד – י ק).

(פּ.) געשמיידיק, שניידיק.

אַ ד י ש

קדיש
מחדש
מקדש
תתחדש

(0) לאַדיש, נאָמאַד–יש, קאַמעראַד–יש א. א. וו. (גר. אַ ד, אַ ד ע–י ש.)

אַ ד ל

אַדל
טאַדל
מגדל
משתדל
פּראַדל (נ.)

(0) יתגדל, מאַדל, סקלאַד–ל, פּאָד־ריאַד–ל א. א. וו. (גר. אַ ד – ל).

(פּ.) ביידל, קריידל א. א. וו. (זע: ײַדל).

אַ ד ן

ידען
לאַדן (אַ)
נדן
שאַדן
שמד'ן
נבוזראַדן (נ.)

(0) באַדען באַדען (נ.), די כתב יד'ן, מאַסקעראַד–ן, קאַמעראַד–ן, פּאַראַד–ן א. א. וו. (זע: אַד).

(פּ.) שניידן, פאַרמיידן א. א. וו. (זע: ײַדן).

אַ ד ע

באַלאַדע
באַריקאַדע
בריגאַדע
סטאַדע
סערענאַדע
עסטראַדע
נע ונד'ע
אַודאי
פּראַדע (נ.)
קאַנאַדע (נ.)
זיך מתודה
איך יאַדע

(0) אַמבאַסאַדע, באַלוסטראַדע, בלאָ־קאַדע, גראָמאַדע, דאָסאַדע, טיראַדע, לאַמפּאַדע, לימאָנאַדע, לעוואַדע, מאַר־מעלאַדע, נאַגראַדע, פּאַליסאַדע, פּאָ־מאַדע, פּלעיאַדע, פּראָמענאַדע, פּריאַדע, קאַוואַלקאַדע, קאָלאָנאַדע, קאַנאָנאַדע, קאַסקאַדע, קרעפּליאַדע, ראַדע, שאָקאָלאַדע, שאַראַדע, שטאָרצ־ליאַדע, גניאַדע, גראַדע, אַ ליאַדע (ווער).

איך האַדע, איך טשאַדע, איך נאָ־סיאַדע (זיך), איך פּאַדע, איך פּאָ־פּאַדע (זיך), איך צעפּאַדע, איליאַדע,

אָלימפּיאַדע, אַרלעקינאַדע, בופאַנאַ־דע, יערעמיאַדע, מעסיאַדע א. א. וו.
דעספּעראַדאַ, טאָרנאַדאַ, מיקאַדאַ, עלדאָראַדאַ, פּאַרטי, שדי. (גר. אַ־דו, ד י).
(פּ.) געביידע.

אַ ד ע ק (זע: אַ ד י ק)

אַ ד ע ר

פּליאַדער
מנדר
מסדר
אַמבאַסאַדאָר
גביר אַדיר
נאַ דיר!
קאַדר

(0) חב"ד'ער, גראַדער, אַ ליאַדער, נע־ונד'ער, איך באַדער, באַגדאַד'ער, בער־שאַד'ער, פּעטראָגאַד'ער, קאַנאַדער. (גר. אַ ד, אַ ד ע־ע ר, אַד. אַ־ד ע ר, ד י ר).
(פּ.) שניידער, שליידער א. א. וו. (זע: ייִד).

אַ ד ק ע (זע: אַטקע)

אַ וו (פּגל. אַ ף)

כבוד אב
כתב
מהלך רב
ערב רב
שקלאַוו
בראַוו
זשוואַוו

(0) בן הרב, הון רב, לאַו, תורה שבכתב, אוסטאַוו, זואַוו, סאַסטאַוו, סטאַוו, סלאַוו, ספּלאַוו, שטשאַוו, אָק־טאַוו (נ.), באָלעסלאַוו (נ.)

אַ וו י ש

מאָלדאַוויש
סלאַוויש
סקאַנדינאַוויש

(0) קלאַוויש, פּאַוויש, שקלאַוויש. (זע: אַוו, און אַווע).
(פּ.) גאוה'יש, תאוה'יש, פּייוויש (נ.).

אַ וו ן

איך דאַוון
מתכוון

(0) קאַוואָן, די שקלאַוו־ן, דעם קור־טשעראַווע־ן א. א. וו. (זע: אַוו, און אַווע).

אַ וו ע

פּאַווע
קאַווע
בראַווע
זשוואַווע
טשיקאַווע
קוטשעראַווע
כך הוה
חוה
איך האַווע

(0) אָבלאַווע, אופּראַווע, אָקטאַווע, בולאַווע, וויסטאַווע, זאַבאַווע, זאַס־טאַווע, כּאָליאַווע, לאַווע, ספּראַווע, פּאָטראַווע, קאַנאַווע, קודריאַווע, קור־ליאַווע, שטשיפּיליאַווע, סלאַווע (נ.), ליבאַווע (נ.), מיטאַווע (נ.), מלאַווע (נ.), פּאָלטאַווע (נ.).

איך אָביאַווע, איך אָטפּראַווע, איך איזבאַווע (זיד), איך איספּראַווע (זיד),

איך דאָבאַווע, איך זאַסטאַווע, איך סאָסטאַווע, איך פּאָפּראַווע, איך פּלאַ־ווע, איך פּריבאַווע, איך פּאַרפּראַווע, בראַוואָ!

(פ.) גאוה, תאות.

אַ ו ו ע ר

אויר
חבר
זשאַווער
איך גאַווע'ר

(0) מעביר, חוק ולא יעבור, בראַווער, זשוואַווער, טשיקאַווער, קודריאַווער, קוטשעראַווער, שטשיפּיליאַווער, ליבאַווער, מיטאַווער, מלאַווער, פּאָל־טאַווער. (גר· אַ ו ו, אַ ו ו ע – ע ר, ר).

אַ ו ו ק ע

פּיאַווקע
דוקאָ
חוה'קע
איך האַווקע
נאַפּקע
שאַפּקע

(0) אָטפּראַווקע, בולאַווקע, זאַבאַווקע, זאַסטאַווקע, יאַווקע, לאַווקע, מער־זאַווקע, סטאַווקע, ספּראַווקע, פּרי־באַווקע, קאַזיאַווקע, (אין) אָטסטאַווקע, (אויף) פּאָפּראַווקע, סלאַווקע (נ.), נאַגראַפּקע, קאַראַפּקע.

וויסטאַווקע, טרוסקאַווקע, כאָליאַווקע, פּאָדסטאַווקע, קוקאַווקע, שיקאַווקע.
(פ.) פּיווקע (נ.).

אַ ז (פגל. אַ ס)

אַלמאַז
גאַז
טאָפּאַז
עקסטאַז
אַז
בלע"ז
קאַווקאַז

(0) מוציא לעז, ט"ז, וויאַז, זאַקאַז, טאַז, טאַראַנטאַז, סקאַז, פּריקאַז, פּאַז, (אויף) פּאָקאַז, קניאַז, מאַז.
(פ.) אייז, גרייז א. א. וו· (זע: ײַז).

אַ ז י ע

אינוואַזיע
אַפּאַזיע
אָקאַזיע
בורזשואַזיע
גימנאַזיע
פאַנטאַזיע
אַזיע

(גר· אַז – י ע).

אַ ז ל

מזל
איך גזל
באַזעל (נ.)

(0) בר מזל, שלימזל. (גר. אַ ז – ל).
(פ.) מייזל, קרייזל א. א. וו. (זע: ײַזל).

אַ ז ן

בלאַזן
חזן
פראַזן

(0) די אַלמאַז–ן, גאַז–ן, טאָפּאַז–ן, עקסטאַז–ן א. א. וו. (זע: אַז).

(פּ.) אייזן, ווייזן א. א. וו. (זע: ײַזן).

אַזע
וואַזע
עולם הזה
פּראַזע
מבֿזה
אשכּנזי

(0) באַזע, גאַזע, זאַראַזע, זראַזע, סאַזע, פּאַזע, איך דערקאַזע.

אַזעס
עזות
אַזים
באַזים

(0) באַזעס, וואַזעס, זאַראַזעס, זראַזעס, סאַזעס, סקאַזעס, אשכּנזי׳ס, איך דערקאַזע עס. (גר. אַז, אַזע־עס, איז).
(פּ.) ווייז עס, באַווייז עס א. א. וו. (זע: ײַז).

אַזער
חזיר
מזהיר
איך חזר

(0) קאַווקאַזער. (גר. אַז, אַזע־ער, איר).
(פּ.) הייזער, ווייזער א. א. וו. (זע: ײַזער).

אַזקע (זע: אַסקע)

אַזש (פגל. אַש)
באַגאַזש
באַנדאַזש
מאַסאַזש
עטאַזש
עקיפּאַזש
פּאַזש
קוראַזש

(0) אַרביטראַזש, באַלאַטאַזש, בלאַמאַזש, בלינדאַזש, דרענאַזש, טיראַזש, טריקאַטאַזש, מאַזש, מיראַזש, מעטראַנפּאַזש, סאַבאַטאַזש, סאַקוואַיאַזש, סטאַזש, סטראַזש, פּאַסאַזש, פּייזאַזש, פּליאַזש, פּוראַזש, קאַלפּאַרטאַזש, קאַמאַפלאַזש, קאַרטאַנאַזש, קאַרסאַזש, שאַנטאַזש, ערמיטאַזש (נ.)

אַזשקע (זע: אַשקע)

אַט (פגל. אַד)
אַדוואָקאַט
אַראָמאַט
אַריסטאָקראַט
בלאַט
דעלעגאַט
דעפּוטאַט
האַרמאַט
טאַט
כוואַט
מאַגנאַט
סאָלדאַט
סענאַט
פּשט
קאַנדידאַט
רעזולטאַט
שטאַט
אַקוראַט
גלאַט
דעליקאַט
זאַט

מאַט
פּריוואַט
כמעט
בפרט
הרי את
שבט
נאַט!
שאַט!
געהאַט
גע׳שמד׳ט
פאַרשאַט
איך ראַט
איך פאַרראַט
איך באַשטאַט

(0) אַזיאַט, אַקראָבאַט, ביוראָקראַט, דיפּלאָמאַט, דעמאָקראַט, יאַט, לאַורעאַט, ליטעראַט, מולאַ׳ט, מעצענאַט, פּיראַט, פּלוטאָקראַט, פּסיכאָפּאַט. פּרעלאַט, רענעגאַט, כאַלאַט, פּאַט, סעפּאַראַט, פּאַניע בראַט, (אויף) פּראָקאַט.

אַדרעסאַט, אויטאָמאַט, אַטענטאַט, אַטעסטאַט, אינטערנאַט, אַפּאַראַט, גראַנאַט, דובליקאַט, דוקאַט, טראַקטאַט, טאָמאַט, טריומווויראַט, לאַט, לעגאַט, מאַגיסטראַ׳ט, מאַנדאַט, מארינאַט, מושקאַט, סאַלאַט, סוראָגאַט, סינדיקאַט, סעקרעטאַריאַט, עטאַט, פּאַט, פּלאַגיאַט, פּלאַט, פּלאַקאַט, פּראָלעטאַריאַט, פּרעפּאַראַט, פאַבריקאַט, פאַלסיפיקאַט, פאָרמאַט, קאַזעמאַט, קאַליפאַט, קאָמוניקאַט. קאָמיסאַריאַט, קאַנאַ׳ט, קאָנסולאַט, קאַראַט, קוואַדראַ׳ט, קוויאַט, קילאָוואַט, קלימאַט, קראַוואַט, ראַבאַט, ראַבינאַט, ראַזוואַט, רעפעראַט, שאַכמאַט.

שטאַאַט, שפּאַגאַט.

פעטשאַט, נאַפּליעוואַט! וואַריאַט, וואַרשטאַ׳ט, פּאָוויאַט א. אנד.

(פ.) לייט, צייט א. א. וו. (זע: ײַט).

אַטאָר (פּגל. אַטער)

אַגיטאַטאָר
אימפּעראַטאָר
אַמאַטאָר
אַסימיליאַטאָר
אָראַטאָר
אָרגאַניזאַטאָר
גובערנאַטאָר
דיקטאַטאָר
דעקאָראַטאָר
ווענטילאַטאָר
לאָקאַטאָר
סענאַטאָר
פּראָוואָקאַטאָר
קאָמבינאַטאָר
רעפאָרמאַטאָר
עקוואַטאָר

(0) אַדמיניסטראַטאָר, אַוויאַטאָר, אַוזורפּאַטאָר, אימיטאַטאָר, אימפּראָוויזאַטאָר, איניציאַטאָר, אָפּעראַ׳טאָר, אַקאָמפּאַניאַטאָר, אָרדינאַטאָר, אַרענדאַטאָר, גלאַדיאַטאָר, דעקלאַמאַטאָר, טראַנספאָרמאַטאָר, ליקווידאַטאָר, נאָוואַטאָר, עקזאַ׳מינאַטאָר, עקספּלואַטאַטאָר, עקספּראָפּריאַטאָר, פּאָפּולאַריזאַטאָר, פּולווערי זאַטאָר, פּלאַגיאַטאָר. פּלאַנטאַטאָר, פּסיכיאַטאָר, קאָאָפּעראַטאָר, קאָלאָניזאַטאָר, קאָנספּיראַטאָר, קוראַטאָר, רעגולאַטאָר, רעסטאָראַ׳טאָר.

איזאָלאַטאָר, אילוסטראַטאָר, אינטערפּרעטאַטאָר, אַמבולאַטאָר, דעסטי־

לאַטאָר, טאָטאַליזאַטאָר, לעגיסלאַטאָר, מאַניפּולאַטאָר, מולטיפּליקאַטאָר, עלע־וואַטאָר, פּראָקוראַטאָר, פֿאַלסיפֿיקאַ־טאָר, קאָמפּילאַטאָר, קאָנסערוואַטאָר, קולטיוואַטאָר, רעגיסטראַטאָר, רעצי־טאַטאָר, פּאָלאָניזאַטאָר, רוסיפֿיקאַ־טאָר א. א. וו. (זע: אַציע).

אַטים

באַלעבאַטים
בתים

(0) איך אַטעם, גם אתם, אולטי־מאַטום, דאַטום, פּאַטום, איך באַ־שטאַט אים, איך פֿאַרראַט אים, איך ראַט אים, עס פֿאַרשאַדט אים, ער לאַדט אים א. א. וו. (גר. אַ ט, אַ ט ע – א י ם).

אַטיע

דיפּלאָמאַטיע
כרעסטאָמאַטיע
אַפּאַטיע
אַנטיפּאַטיע
סימפּאַטיע
אַריסטאָקראַטיע
ביוראָקראַטיע
דעמאָקראַטיע

(0) גאַלימאַטיע, האָמעאָפּאַטיע, טעלע־פּאַטיע, אויטאָקראַטיע, פּלאַטיע, שטיא, קאַטיע (נ.). (גר. אַ ט – י ע).

אַטיק

חכם עתיק
גראַמאַטיק
לונאַטיק
מאַטעמאַטיק
פֿאַנאַטיק
גלאַטיק

(0) פּידאַטיק, פּעטשאַטיק, אַקראָבאַ־טיק, דאָגמאַטיק, נומיזמאַטיק, סטאַ־טיק, פֿלעגמאַטיק, קוואַדראַטיק, אַד־ריאַטיק (נ.)

אַסטאַטעק, זאַדאַטעק, לאַטעק, סטאַ־טעק, פּאַטעק. (גר. אַ ט – י ק).

(פּ.) פּאַרצייטיק.

אַטיש

אויטאָמאַטיש
אַנטיפּאַטיש
אַפּאַטיש
אַריסטאָקראַטיש
באַלעבאַטיש
ביוראָקראַטיש
דיפּלאָמאַטיש
דעמאָקראַטיש
דראַמאַטיש
סימפּאַטיש
סיסטעמאַטיש
עמפּאַטיש
פֿאַנאַטיש
פֿלעגמאַטיש

(0) גראַמאַטיש, דאָגמאַטיש, האָמעאָ־פּאַטיש, כראָמאַטיש, מאַטעמאַטיש, סטאַטיש, סימפּטאָמאַטיש, פּסיכאָ־פּאַטיש, פּראָבלעמאַטיש, פּראָגראַמאַ־טיש. יאַט־יש, סאָלדאַט־יש א. א. וו. (גר. אַ ט – י ש).

(פּ.) ליטיש, פּאַרצייטיש א. א. וו. (זע: ייטש).

אַטל

מבטל
איך בטל

איך צעפּאַטל
מאַטל (נ.)

(0) אַ באַטל, יאַט־ל, כאַלאַט־ל, שפּאַגאַט־ל א. א. וו. (גר. אַ ט – ל).
(פּ.) ביַיטל, טיַיטל א. א. וו. (זע: יַיטל).

אַ ט ן

בראַטן
משא ומתן
שאַלאַטן
מתחתן
ראַטן
באַראַטן
פֿאַרראַטן
פֿאַרשאַטן
באַשטאַטן
קאַרפּאַטן (נ.)

(0) דאַטן, דעבאַטן, ציטאַטן, קאַטן, קראַטן, די שטאַאַטן, דעם טאַטע־ן, דעם גלאַט־ן, די אַדוואָקאַט־ן א. א. וו. (גר. אַ ט, אַ ט ע – ן).
(פּ.) זייטן, צייטן, א. א. וו. (זע: ייט).

אַ ט ע

וואַטע
טאַטע
פּיאַטע
שמאַטע
אַקוראַטע
גלאַטע
געהאַטע
גע'שמד'טע
דעליקאַטע
זאַטע
מאַטע
סעפּאַראַטע
פּריוואַטע
לעת עתה
זלאַטע
איך לאַטע

(0) בלאַטע, דאַטע, דעבאַטע, וויפּלאַטע, טראַטע, טשאַטע, כאַטע, לאָבאַטע, לאָפּאַטע, מאַרענאַטע, מיאַטע, סאַלאַטע, סאָנאַטע, סעראַטע, פּאַלאַטע, פּלאַטע, פּאַציאַטע, ציטאַטע, קאַנטאַטע, קראַטע, ראַטע.

האָרבאַטע, דזשאָבאַטע, שטשערבאַטע, מאָרדאַטע, פּוזאַטע, פּאָפּעליאַטע, פּאָלאָסאַטע, קאַרפּאַטע, סמאַרקאַטע, פּיסקאַטע, פּענקאַטע, הינקעוואַטע, יאָלדעוואַטע, לעקישעוואַטע, נאַרישעוואַטע, סטילעוואַטע, פּאַרכעוואַטע, פּליכעוואַטע, פּאָנפּעוואַטע, קאָלטענעוואַטע, קודלעוואַטע, קילעוואַטע, שוואַנצעוואַטע, תמ'עוואַטע, איך פּראַטע.

איקעוואַטע, באָטשקעוואַטע, באָקעוואַטע, גוליעוואַטע, האָנאָרעוואַטע, חולה'וואַטע, חזיר'עוואַטע, לעקעכעוואַטע, משוגע'וואַטע, סוקעוואַטע, סטויפּעוואַטע, סטרופּעוואַטע, פּאַסקעוואַטע, פּיפּקעוואַטע, פּלוטאָוואַטע, פּרישטשעוואַטע, פּראַנצעוואַטע, צאַצקעוואַטע, קאָסעוואַטע, קאַשטענעוואַטע, קלאָטשקעוואַטע, רודאָוואַטע, שגצ'עוואַטע, שישקעוואַטע.

לעגאַטאָ, מאָדעראַטאָ, סטאָקאַטאָ, פּיטשיקאַטאָ, פּערמאַטאָ, ברוך אתה, ישיבה של מטה, חתום מטה, התעוררותה דלתתה, פּערסאָנאַ גראַטאַ, טראַוויאַטאַ.
(פּ.) באַניַיטע, באַפריַיטע א. א. וו. (זע: יַיט).

אַ ט ע ס

גאַטעס
רעמאַטעס
מתת (נ.)
סאָקראַטעס (נ.)

(0) כוואַטעס, פאַניע בראַטעס, קוויאַטעם, פאַטאָס, קרבן חטאת, גראַטיס, סטאַטוס, איך באַשטאַט עס, איך ראַט עס א. א. וו. די גראַטע־ס, די כאַטע־ס א. א. וו. (זע: אַט, און אַטע).

אַ ט ע ק (זע: אַטיק)

אַ ט ע ר (פגל. אַ ט אָ ר)

טעאַטער
קאַטער
קוואַטער
קראַטער
מוותר
מתיר
איך מאַטער
איך פטר
איך פלאַטער

(0) אַקוראַטער, בלאַטער, גלאַטער, געשמד׳טער, דעליקאַטער, זאַטער, מאַטער, סעפּאַראַטער, פּריוואַטער, פּראַטער (נ.), באַשטאַט ער, פאַרראַט ער, האָרבאַטע־ר, פוזאַטע־ר, א. א. וו. (גר. אַ ט, אַ ט ע - ע ר, ד ע ר).

(פ.) קרייטער, פאַרשייטער א. א. וו. (זע: ייט).

אַ ט ק ע

יאַטקע
לאַטקע
פאַלאַטקע
שמאַטקע
זלאַטקע
שמד׳קע
פראַדקע

(0) אָפּלאַטקע, גראַטקע, וואַטקע, ווזיאַטקע, זשאַטקע, טאַטקע, כאַטקע, לאָפּאַטקע, פאַני מאַטקע, סאַראַסאַטקע, סטאַטקע, סעראַטקע, פּאַטקע, פּיאַטקע, פּיסקליאַטקע, פּעטשאַטקע, פּאַצעיאַטקע, קאָנפעדראַטקע, קליאַטקע, קראַוואַטקע, קרופּטשאַטקע, ראָגאַטקע, שאַטקע, מיאַטקע, סמיאַטקע, וויאַטקע (נ.), קאַמטשאַקע (נ.), ננתקה.

גראַדקע, זאַסאַדקע, זאַקלאַדקע, לאַמפּאַדקע, ליבאָראַדקע, מאַרמעלאַדקע, סקלאַדקע, פּאָדקלאַדקע, פּאָמאַדקע, פּלאָשטשאַדקע, פּערעסאַדקע, קאַדקע, קלאַדקע, שאָקאָלאַדקע, האַדקע, איך בדק׳ע.

אַקראָבאַטקע, אַריסטאָקראַטקע, דיפּלאָמאַטקע, וואַריאַטקע, כוואַטקע, ליטעראַטקע, מאַגנאַטקע, מולאַטקע, מעצענאַטקע, סאָלדאַטקע, פּסיכאָפּאַטקע, קאַנדידאַטקע א. א. וו. (גר. אַ ט־ ק ע).

אַ ט ק ע ס

גאַטקעס
פאָדאַטקעס

(0) אָסטאַטקעס, זאַדאַטקעס, סטאַטקעס, די יאַטקע־ס, די לאַטקע־ס א. א. וו. (זע: אַטקע).

אַ ט ש

יונגאַטש
סמאַרקאַטש
פאַרטאַטש

פיסקאַטש
קוואַטש
איך פּאַטש

(0) באַכמאַטש, באָראַדאַטש, גראַטש, האָרבאַטש, לאַטש, מאַטש, סקאַטש, סראַטש, פּראַטש, פּאָטיאַטש, פּערדאַטש, קאַלאָדאַטש, פּיטש פּאַטש, בורטשאַטש (נ.), איך וואַטש, גאַראַדזש, דזשערקאַטש, סטראָהאַטש, פּוהאַטש, פּאָנפּאַטש.

(פּ.) דייטש, סטייטש א. א. וו. (זע: ייטש).

אַ ט ש ע

דאַטשע
קליאַטשע
איך פּאַרטאַטשע
איך פּאַרקאַטשע
איך קאַטשע

(0) זאַראַטשע, סדאַטשע, כאַטשע (נ.), איך טאַראַטשע, איך טלאָמאַטשע, איך מאַטשע, איך נאַזנאַטשע, איך סטראַטשע, איך פּאָבאַטשע, איך פּראַטשע, איך צבוע׳טשע, איך צעגראַטשע, איך צעמיאַטשע, איך צעפּלאַטשע, באָקאַטשיאָ (נ.). (גר. אַ ט - ז ש ע).

אַ ט ש ק ע

טאַטשקע
קאַזאַטשקע
קאַטשקע
איך באַטשקע
איך מאַטשקע
איך פּאַטשקע

(0) באַליאַטשקע, גראַטשקע, דראַטשקע, וואַטשקע, טשאַטשקע, סטאַטשקע, ספּיאַטשקע, סראַטשקע, פּאָלעוואַטשקע, איך קוואַטשקע.

באַטראַטשקע, בורלאַטשקע, זעמליאָטשקע, טרייפניאַטשקע, טשודאַטשקע, כיטראַטשקע, סיביריאַטשקע, פּאָטאַטשקע, פּאָליאַטשקע, פּאַרטאַטשקע, פּינטאַטשקע, פּראַטשקע, פּראָסטאַטשקע, פּויליאַטשקע, צבועטשקע, ליטוואַטשקע.

אַ ך

געמאַך
דאַך
וואַך
זאַך
כרך
מאָנאַך
סכך
פּאַך
קראַך
שאַך
שבח
שליאַך
שמאַך
שפּראַך
תנ״ך
אַ סך
פּלאַך
שוואַך
אַך!
טראַך!
לאָז געמאַך!
איך (באַ)וואַך
איך דערוואַך
איך לאַך
איך מאַך
איך פאַרמאַך

איך פאַרפלאַך

(0) אַלמאַנאַך, באַך, ליאַך, סטראַך, פעלאַך, ב"ח, ר"ד, ש"ד, גזירת ת"ח, היינו הך, כך וכך, מה בכך, (אויפן) סמך, „יאַך".

(פ.) איך, גליך, רייך א. א. וו. (זע: ייך).

אַ כ ט

טראַכט(אַ)
יאַכט
מאַכט
נאַכט
פּאַכט
פּראַכט
פאַרדאַכט
פראַכט
שאַכט
שלאַכט
זאַכט
(אין) אַכט
(מיט) באַדאַכט
געבראַכט
פאַרבראַכט
מיר דאַכט
איך טראַכט
איך באַטראַכט
איך פאַרטראַכט
איך אַכט
איך פאַראַכט
ער וואַכט
ער דערוואַכט
ער לאַכט
ער מאַכט
ער פאַרמאַכט
ער פּאַכט
ער פאַרפלאַכט
ער קראַכט
ער שוואַכט
ער שמאַכט

(0) אומגעבראַכט, אויסגעבראַכט, אויפגעבראַכט, אַראָפּגעאַכט, פאַראורזאַכט, אין אַנבאַטראַכט.

(פ.) לייכט, פּייכט א. א. וו. (זע: ייכט).

אַ כ ט ל

אַכטל
וואַכטל
שאַכטל
שפּאַכטל

אַ כ ט ע

משפּח'טע
פלאַכטע
שליאַכטע

(0) אסמכתא, שאַכטע, בוכטע־באַראַכטע, שאַכטע די בראַכטע, די אַכט־ע, די באַטראַכט־ע א. א. וו. (זע: אַכט).

(פ.) לייכטע, פּייכטע א. א. וו. (זע: ייכטע).

אַ כ ל

קאַכל
תנ"כ'ל
איך אכל

(פ.) יאַיכל, מאכל, ביכל, טייכל.

אַ כ ע

טשערעפּאַכע
ראַכע
פלאַכע
שוואַכע

(0) בליאַכע, ניעראַכע, פּאַפּאַכע. פלאַכע, פליאַכע, איך טראַכע.
(פּ.) גלייכע, רייכע א. א. וו. (זע: ייַכע).

אַ כ ע ס

נחת
משולחת
יד אחת
צולהכעיס

(0) מיחס, מתיחס, שעה מוצלחת, מעור אחת, עיר הנידחת, „יאַכעס“, לאַכעס, ליאַכעס, איך באַוואַד עס, איך פאַרמאַד עס, טשערעפּאַכע־ס א. א. וו. (גר. אַ ד, אַ כ ע – ע ס, ס, אַ י ז).
(פּ.) שייכות, גלייך עס א. א. וו. (זע: ייד).

אַ כ ע ר

זנאַכער
פאַריקמאַכער
שאַכער
פלאַכער
שוואַכער

(0) דבר אחר, כעלות השחר, איך סחר, איך שטאַכער. (גר. אַ ד – ע ר, אַ י ר).
(פּ.) בייכער, רייכער, גלייכער א. א. וו. (זע: ייַכער).

אַ ל

באַל
באָקאַל
גאַל
גענעראַל
וואַל
וואָקזאַל
זאַל
כלל
כּף הקל
מאַטעריאַל
מאָראַל
מעטאַל
נאַכטיגאַל
סיגנאַל
סקאַנדאַל
(וואַסער)פאַל
פינאַל
קאַנאַל
קאַפּיטאַל
קוואַל
קוואַרטאַל
קינזשאַל
קרימינאַל
שטאַל
שלל
איבעראַל
בדיל הדל
(איז) מל
קאַפּאַל
איך באַל
איך פּראַל
איך פאַל
איך קנאַל
איך שאַל
איך שטראַל
איך שנאַל
*
אידעאַל
אָריגינאַל
באַנאַל
ברוטאַל
געניאַל

לאָיאַל
לאָקאַל
ליבעראַל
נאַציאָנאַל
נאָרמאַל
נייטראַל
סענטימענטאַל
עגאַל
קאָלאָסאַל
ראַדיקאַל
רעאַל

(0) אנשי בליעל, בעל, ויחל, טל, בכלל, יוצא מן הכלל, לטובת הכלל, מאמר חז״ל, הנ״ל, ז״ל, מהר״ל (נ.).

אַדמיראַל, אַטוואַל, אימפּעריאַל, אינטערוואַל, אָריענטאַל, אַרסענאַל, דאַל, וואַנדאַל, וואַסאַל, וואָקאַל, זשורנאַל, טריבונאַל, כאָראַל, לינעאַל, מאַדריגאַל, מיאַל, נאַכאַל, סאַנדאַל, פּאָדוואַל, פּעדעסטאַל, פּערסאָנאַל, פּרינציפּאַל, קאָנאָוואַל, קאַניבאַל, קאַפּראַל, קאָראַל, קאַרניוואַל, קריסטאַל, ריטואַל, רעגאַל, שאַקאַל, שעפּטאַל, שפּאַל.

אוניווערסאַל, האָריזאָנטאַל, טעאַטראַל, טעריטאָריאַל, לעגאַל, מאָנומענטאַל, נאַטוראַל, סאָציאַל, ספּיראַל, פּראָווינציאַל, פּראָפעסיאָנאַל, פּאַטאַל, פונדאַמענטאַל, פעאָדאַל, צענטראַל, צערעמאָניאַל, קאַטאַסטראָפאַל, קאָלעגיאַל, קאַרדינאַל, קלעריקאַל, ראַציאָנאַל, אוראַל (נ.), בייקאַל (נ.), טראַנסוואַל (נ.), פּאָרטוגאַל (נ.), האָספּיטאַל, שיקזאַל.

אָוואַל, וואואַל, כמאַל, מאָסקאַל, מעדאַל, סמאַל, עמאַל, פּעדאַל, ראָיאַל, שאָל, פּעוראַל.

אַלאַך

גלח
מהלך
מלאך
קאַלאַך
משלח

(0) בשלח, באַפּאַל איך, מל'ע איך א. א. וו. (גר. אַל, אַלע־איך).
(פּ.) ליילאַך, צעביל איך א. א. וו. (זע: ייל).

אַלב

זאַלב
פּאַלב
קאַלב
שוואַלב
האַלב
זאַלפּ
סקאַלפּ
אַלפּ

אַלד — אַלט

געוואַלד
וואַלד
עמעראַלד
פּאַלד
באַלד
אַנשטאַלט
געהאַלט
געשטאַלט
אַלט
פאַרגאַלט
קאַלט
איך אונטערהאַלט
איך באַהאַלט
איך פאַרהאַלט
איך פאַרוואַלט

איך שפּאַלט
ער באַלט
ער מל'ט
ער צעפּראַלט
ער פּאַלט
ער באַפּאַלט
ער צעפּאַלט
ער קנאַלט
ער שאַלט
ער שטראַלט
ער שנאַלט

(0) ער שאַלט און וואַלט, אַספּאַלט.

(פּ.) אוילט, צעבוילט א. א. וו. (זע: יילט).

אַ ל ט ע ר

אונטערהאַלטער
בוכהאַלטער
מיטלאַלטער
ספּיאַלטער
פּאַרוואַלטער
קאַלטער

(0) האַלט ער, פּאַלט ער א. א. וו. (גר. אַ ל ט – ע ר).

(פּ.) אוילט ער, בוילט ער א. א. וו. (זע: יילט).

אַ ל י ע

טאַליע
כוואַליע
ליאַליע
קאַליע
גדליה
איך כמאַליע
איך סמאַליע

(0) האַליע, סאַליע, פּאַליע, איך וואַליע, איך פּאַליע, איך קראַכמאַליע, גאַלאַ.

באַטאַליע, באַליע, וואַקכאַנאַליע, פּמליא, קאַנאַליע, „קאַנצעראַליע“, אַמאַליע (נ.), אויסטראַליע (נ.), איטאַליע (נ.), טאַליאַ (נ.).

אַ ל י ש

מאָראַליש
מוזיקאַליש
ריזיקאַליש
איך חליש

(0) פּאַראַליש, איך פּאַליש, וואָקאַליש, טעאַטראַליש, כאָראַליש, כלה'יש, מעטאַליש, סינאַגאָגאַליש, פּאַטריאַרכאַליש, פיזיקאַליש, אויסטראַליש, אָריענטאַליש, בענגאַליש, פּאָרטוגאַליש א. א. וו. (גר. אַ ל, אַ ל ע – י ש).

אַ ל מ ע ן

אַלמן
בית עלמין
פּאַלמען
פּסאַלמען
זלמן
קלמן
שלמון

(גר. אַ ל – מ ע ן).

אַ ל ן

בעלן
איניציאַלן
אַנאַלן
מינעראַלן
שפּאַרגאַלן
באַלן

מל׳ן
צעפּראַלן
באַפאַלן
פאַרפאַלן
צעפאַלן
קנאַלן
שאַלן
שטראַלן
שנאַלן

(0) די גענעראַל־ן, דעם ברוטאַל־ן א. א. וו. (גר. אַ ל – ן).

(פ.) איילן, פאַרווײַלן א. א. וו. (זע: ײַל).

אַ ל ע

חלה
כלה
כף הקלע
אַלע
ביאַלע (נ.)
מאַלע (נ.)
צאַלע (נ.)
מגלה
ממלא
(איז) מל׳ע
איך צעפּראַלע

(0) זאַוואַלע, סאַלע, סקאַלע, פּאַכ־וואַלע, פּיליאַלע, צענטראַלע, קאַזאַלע, קאַטעדראַלע, וויאַלע, סטאַלע, שמיאַ־לע, באַנאַל־ע, ברוטאַל־ע א. א. וו. (גר. אַ ל – ע).

(פ.) יעלה, מעלה, שאלה, בית דין של מעלה, חכם בלילה א. א. וו. (זע: ײַלע).

אַ ל ע ם

דלות
טלית
אַלעם

(0) התגלות, חלות, כלות, שטיוואַ־לעם, מאַלע׳ם (נ.), צאַלע׳ם (נ.), איך פאַל עס, די סקאַלע־ם א. א. וו. גר. אַ ל, אַ ל ע – עם, ם, אַ י ז).

(פ.) התפעלות, יעלות, שיר המעלות שאלות.

אַ ל ע ר

דאַלער
מאַלער
פראַלער

(0) קאַלער, וויאַלער, סטאַלער, שמיאַ־לער, אוראַלער (נ.), בייקאַלער (נ.), באַנאַל־ער, נאַציאָנאַל־ער א. א. וו. (זע: אַל).

(פ.) מיילער, קיילער א. א. וו. (זע: ײַלער).

אַ ל ץ

זאַלץ
שמאַלץ
אַלץ
איך שנאַלץ
וואַלץ
מאַלץ
פאַלץ

(0) האַלדז, אַז אַלטס, אַ קאַלטס, האַלטס! פאַלטס! דעם וואַלד־ס, דעם אַנשטאַלט־ס א. א. וו. (גר. אַ ל ד, אַ ל ט – ס).

אַ ל ק ע

גאַלקע
בת מלכה
מלוה מלכה

סמיקאַלקע
פיאַלקע
צאַלקע (נ.)

(0) באַלקע, בעזפּאַלקע, בריזגאַלקע, האַלקע, מאַטשאַלקע, מיאַלקע, סקאַלקע, פּראַלקע, קראַכמאַלקע, רוסאַלקע.

האַלקע, וואַלקע, טאַילקע, ליאַלקע, מאַסקאַלקע, סטאַלקע, גדליה׳קע (נ.), סאַלקע (נ.). (גר. אַ ל — ק ע).

אַ ל ק ע ם

מלקות
הסתלקות

(0) אַנטאַלקעס, וואַלקעס, מאַרשאַלקעס, פּידפּאַלקעס, פּריקאַהאַלקעס, די האַלקע־ס, די פּאַלקע־ס א. א. וו. (זע: אַלקע).

אַ ם

אַם
באַלזאַם
בשר ודם
טאַראַראַם
טעם
ים
לאַם
מאַדאַם
עלילת דם
ראַם
תם
גערעאַם
מן הסתם
איך גראַם
איך פּאַרדאַם
איך פּאַרזאַם
איך פּאַר׳סם
איך (פּאַר)צאַם
איך (פּאַר)קאַם
איך פלאַם
איך צע׳דם
איך ראַם
איך שאַם
איך שטאַם

(0) גרם, המון עם, כח המדמ(ה), חכם, פּגם, רבינו תם, הגם, כחול הים, מעבר לים, טועם טעם, להד"ם, סופר סת"ם, מהר"ם, רמב"ם, רשב"ם.

איסלאַם, בלאַם, דאַם, דראַרעדאַם, טראַם, יאַ טעבע דאַם, כאַם, מאַדאַפּאַלאַם, מאַנאַגראַם, עפּיגראַם, פּליאַם, פּראָגראַם, קילאַגראַם, קראַם, שוואַם, שליאַם, שראַם, שטראַם, באַם! האַם האַם! אַמסטערדאַם (נ.), סיאַם (נ.), לאַנגזאַם, אויפמערקזאַם, אַרבעטסזאַם א. א. וו.

אַ מ ט

אַמט
באַ׳טעמ׳ט
פּאַרגאַמט
צע׳תמ׳ט
ער גראַמט
ער פּאַרדאַמט
ער פּאַרזאַמט
ער פּאַר׳סמ׳ט
ער פּאַרצאַמט
ער פּאַרקאַמט
ער פלאַמט
ער צע׳דמ׳ט
ער ראַמט
ער שאַמט
ער שטאַמט
זאַמד

אַמל

איך זאַמל
איך שטאַמל
(גר. אם – ל).
(פ.) זוימל, שטרוימל.

אַמע

דאַמע
דראַמע
טעלעגראַמע
ליאַמע
מאַמע
פּאַנאָראַמע
פּראָגראַמע
רעקלאַמע
בבא קמא
גערעמע
מן הסתמא
נחמה (נ.)
שליאַמע (נ.)
שמאי
לבן הארמי
מטמא
איך טאַראַראַמע

(0) כח המדמה, ברה כחמה, ליקוי חמה, על אחת כמה וכמה, רמאי. גאַמע, דיאַגראַמע, סאַלאַמע, סטענאָגראַמע, פּאַמאַינע יאַמע, פּאַנאַמע, פּליאַמע, קליאַמע, שטראַמע, דינאַמאָ. אויסנאַמע, אויפנאַמע, איננאַמע, הייבאַמע, נאַכנאַמע, לאַנגזאַמע. אויפמערקזאַמע, אַרבעטסזאַמע א. א. וו.

אַמען

עקזאַמען
צוזאַמען
באַ׳טעמ׳ען
גראַמען
טאַראַראַמען
ליאַמען
פאַרדאַמען
פאַרזאַמען
פאַר׳סמ׳ען
פאַרצאַמען
פאַרקאַמען
פלאַמען
צע׳דמ׳ען
צע׳תמ׳ען
ראַמען
שאַמען
שטאַמען

(0) מזדמן, אמען, באַלזאַמען, גאַמען, דאַמען, דיאַגראַמען, טעלעגראַמען, ימ׳ען, מאַדאַמען, מאָנאָגראַמען, סטענאָגראַמען, עפּיגראַמען, פּראָגראַמען, קילאָגראַמען, רעקלאַמען, שוואַמען, פּליאַמען, שראַמען, דער מאַמען, דעם געראַמען, דעם שטראַמען, נחמה׳ן (נ.), שליאַמע׳ן (נ.), שמאי׳ן, אמאַן (נ.), מאַמאַן (נ.), דעם לאַנגזאַמען, אויפמערקזאַמען, אַרבעטסזאַמען א. א. וו.

אַמעס

שמש
דלד אמות
כמות
שולמית
מרמז
תמוז

(0) בלאַמעס, גאַמעס, דאַמעס, דיאַגראַמעס, דראַמעס, טעלעגראַמעס, כאַמעס, ליאַמעס, ליקוי חמה׳ס, סטענאָגראַמעס, פּאָדזשאַמעס, פּאַנאַמעס,

פּאַנאָראַמעס, פּליאַמעס, פּראָגראַמעס, קליאַמעס, רעקלאַמעס, שראַמעס, תמ'עס, דער מאַמעס, נחמה'ס (נ.), שליאַמע'ס (נ.), שמאַי'ס, לבֿן הארמי'ס, דעם רמאַי'ס, איגנאָראַמוס, גאודעאַמוס, היפּאָפּאָטאַמוס. איך גראַם עס, איך פֿאַרזאַם עס א. א. וו. (גר. אַ ם, אַ מ ע – ע ס, ס. א י ז).

אַמער

האַמער
חמור
קאַמער
קליאַמער
געראַמער
שטראַמער

(0) משמר, סיאַמער (נ.), אַמסטער־דאַמער (נ.), אַרבעטסזאַמער, אויפֿ־מערקזאַמער א. א. וו. (גר. אַ ם, אַ מ ע – ע ר, ר).

(פּ.) מאמר.

אַמף

דאַמף
קאַמף
קראַמף

אַמקע

דאַמקע
מאַמקע
קליאַמקע
נחמה'קע (נ.)
איך באַמקע
איך טשאַמקע

(0) כאַמקע, ליאַמקע, פּראָגראַמקע, ראַמקע, שליאַמקע (נ.).

אַן

אַעראָפּלאַן
אָקעאַן
אָרגאַן
באַן
געשפּאַן
גראַביאַן
דאָן זשואַן
וואולקאַן
זמן
טומאַן
טיראַן
טשעמאָדאַן
כוליגאַן
(יונגער)מאַן
מן
נדן
פּאַן
פּאָנטאַן
קאַפּיטאַן
ראָמאַן
רעסטאָראַן
(קאַפּע)שאַנטאַן
שאַרלאַטאַן
שוואַן
דאַן
פֿאַראַן
איוואַן (נ.)
איך דערמאַן
איך פּלאַן
איך שפּאַן

(0) אַפּטאַן, דאַנטאַן, מאָמענטאַן, ספּאָנטאַן, איז דן, איך אַהן, רחמנא ליצלן, כל זמן, עד כאן, סגן, ר"ן, ק"ן, ביז וואַנ(ען).

אונטערטאַן, אוראַגאַן, אַטאַמאַן, באַ־

לאַגאַז, באַלוואַז, באַראַבאַז, באַראַז, בויאַז, בוריאַז, בושמאַז, גאַלגאַז, גראַז, דיוואַז, דעקאַז, דראַגאַמאַז, הוריקאַז, וואַטיקאַז, וועטעראַז, וועליקאַז, טאַ־ליסמאַז, טאַפּטשאַז, טאַראַז, טאַראַ־קאַז, טוואַז, טורבאַז, טיוליפּאַז, טי־טאַז, טראַז, כאַז, לאַגראַז, לאַז, לאַ־פּאַצאַז, מאַראַז, מאַרציפּאַז, מוסלמאַז, מעלאַמאַז, מערידיאַז, נאַגאַז, סאַפּראַז, סאַפּיאַז, סולטאַז, סטאַז, סעדראַז, סענ־זשאַז, עקראַז, פּאַז, פּאַראַוואַז, פּאַר־טיזאַז, פּאַרצעלאַז, פּעליקאַז, פּראַפּאַז, קאַבאַז, קאַטאַרזשאַז, קאַטשאַז, קאַ־ליאַז, קאַנקאַז, קאַראַוואַז, קאַראַז, קוריטזאַז, קראַז, רופּיאַז, שאַגראַז, שאַמאַז, שאַראַבאַז.

יאַז (נ.), מאַקסימיליאַז (נ.), מיטראַ־פּאַז (נ.), סטעפּאַז (נ.), אַסטראַכאַז (נ.), אַפגאַניסטאַז (נ.), באַלקאַז (נ.), בירא בידזשאַז (נ.), הינדאַסטאַז (נ.), טורקעסטאַז (נ.), טעהעראַז (נ.), יאַ־פּאַז (נ.), כנעז (נ.), לימאַז (נ.), מאַנ־בלאַז (נ.), מורמאַז (נ.), מילאַז (נ.), סודאַז (נ.), עריוואַז (נ.), קובאַז (נ.), קורדיסטאַז (נ.), ראַמאַדאַז (נ.).

(פּ.) דיין זיין א. א. וו. (זע: יין).

אַ נ ג (פּגל. אַ נ ק)

גאַנג
(גע)דראַנג
געזאַנג
געפּאַנג
זאַנג
צוואַנג
קלאַנג
ראַנג
שטאַנג
שלאַנג
באַנג
לאַנג
איך באַלאַנג
איך דערלאַנג
איך פאַרלאַנג
איך פאַנג
איך עמפּאַנג

(0) אוראַנגוטאַנג, שלינג און שלאַנג, פלאַנג, אַנפאַנג, צוזאַמענהאַנג.

אַ נ ג ל

אַנגל
געראַנגל
טריאַנגל
מאַנגל

(גר. אַ נ ג — ל).

אַ נ ג ס ט

אַנגסט
באַלאַנגסט
דערלאַנגסט
פאַרלאַנגסט
פאַנגסט
עמפּאַנגסט
בלאַנקסט
דאַנקסט
וואַנקסט
צאַנקסט

אַ נ ג ע ן

באַנגען
גאַנגען
געזאַנגען
(גע)דראַנגען
זאַנגען

פלאַנגען
צוואַנגען
קלאַנגען
ראַנגען
שטאַנגען
שלאַנגען
געגאַנגען
באַגאַנגען
דערגאַנגען
פאַרגאַנגען
צעגאַנגען
באַהאַנגען
געהאַנגען
פאַרהאַנגען
צעהאַנגען
באַלאַנגען
דערלאַנגען
פאַרלאַנגען
געפאַנגען
עמפאַנגען
אָנפאַנגען

אַ נ ג ע ר

לאַנגער
דערלאַנגער
שוואַנגער

(0) אָנפאַנגער. (גר. אַ נ ג – ע ר).

אַ נ ד (פגל. אַ נ ט)

בראַנד
לאַנד
פאַרבאַנד
ראַנד
שאַנד
(באַ)שטאַנד
פאַרשטאַנד
(אַלער)האַנד
באַנאַנד

(0) פאַנד, שטראַנד, קאָנטראַבאַנד, אויפשטאַנד, געגענשטאַנד, ווידער־שטאַנד.

אַ נ ד ל

האַנדל
מאַנדל
קאַנדל
איך פאַרהאַנדל
איך וואַנדל
איך פאַרוואַנדל

(גר. אַנ ד – ל).

(פ.) נײַנדל, שײנדל, ברײנדל (נ.).

אַ נ ד ע

באַנדע
גירליאַנדע
וועראַנדע
קאָמאַנדע
שאַנדע

(0) סקראַנדע, פראָפּאַגאַנדע, אויף גראַנדע, אוגאַנדע (נ.), וואַנדא (נ.). (גר. אַ ן – ד ו, ד י).

אַ נ ד ע ר

אָרלעאַנדער
סאַלאַמאַנדער
אַן אַנדער
באַנאַנדער
אַלעקסאַנדער

(0) פּאָליסאַנדער, שאַנדער באַנדער, דערמאַן דיר, דער מאַן דער א. א. וו. (גר. אַ נ ד, אַ ן – ע ר, ד י ר, ד ע ר).

אַנט (פגל. אַנד)

בריליאַנט
גוואַנט
דיאַמאַנט
האַנט
וואַנט
טאַלאַנט
פּראָוויאַנט
פּראַנט
קאַנט
אימפּאָזאַנט
אינטערעסאַנט
אַמוזאַנט
אַראָגאַנט
באַמאַנט
באַקאַנט
גאַלאַנט
געשפּאַנט
טאָלעראַנט
עלעגאַנט
פּיקאַנט
פאַרוואַנדט
קוראַנט
ער דערמאַנט
ער פלאַנט
ער שפּאַנט

*

אַדיוטאַנט
אימיגראַנט
אינטריגאַנט
אַרעסטאַנט
גיגאַנט
דילעטאַנט
ליפעראַנט
מוזיקאַנט
ספּעקולאַנט
עמיגראַנט
פּאָליציאַנט
פּראָטעסטאַנט
פּראַקטיקאַנט
פאַבריקאַנט
קאָמעדיאַנט
קוואַרטיראַנט
ריזיקאַנט

(0) איגנאָראַנט, אינטענדאַנט, אַפּלי־קאַנט, אָפּיציאַנט, בענעפיציאַנט, דיס־פּוטאַנט, דעביוטאַנט, דעקלאַראַנט, זשיראַנט, כיראָמאַנט, לייטענאַנט, מיליציאַנט, סימולאַנט, סעקונדאַנט, סעקטאַנט, סערזשאַנט, פּאָליטיקאַנט, פּאַליסטראַנט, פּעדאַנט, פאַמיליאַנט, פיגוראַנט, קאָמענדאַנט, קאָמערסאַנט, קאָנצערטאַנט, רעפּרעזענטאַנט.

דיסקאַנט, דעסאַנט, וואַריאַנט, טראַנ־ספּאַראַנט, עלעפאַנט, פּרייז קוראַנט, פּאָליאַנט, קאָנסאָנאַנט, קראַנט, שמאַנט, וואַקאַנט, עקסטראַוואַגאַנט, שאַרמאַנט, ער אַהנט, סאַלאַנט (נ.).

(פּ.) היינט, פיינט, פריינט, ער שיינט, זאַלבעניינט א. א. וו. (זע: יינט). —

אַנטיק

אַטלאַנטיק
ראָמאַנטיק
פּירקאַנטיק

(גר. אַנט — יק).

אַנטיש

ביזאַנטיש
גיגאַנטיש
דילעטאַנטיש
סעקטאַנטיש
פּעדאַנטיש

פּראַנטיש
ראָמאַנטיש

(0)טראַנס־אַטלאַנטיש, כיראָמאַנט־יש, קאָמערסאַנט־יש א. א. וו. (גר. אַ נ ט – י ש).

אַ נ ט ל

אַנטל
מאַנטל

(0) פראַנט־ל, קאָמעדיאַנט־ל א. א. וו. (זע: אַנט).

(פּ.) פריינטל, נײַנטל.

אַ נ ט ע

טאַנטע
טראַנטע

(0) מישקאַנטע, אַנטאַנטע, באַנטע, קאָנסטיטואַנטע, דאַנטע (נ.), אַנדאַנטאָ, עספּעראַנטאָ. די אימפּאָזאַנטע, אינטערעסאַנטע, אַמוזאַנטע, אַראָגאַנטע, באַמאַנטע, גאַלאַנטע, געשפּאַנטע, טאָלעראַנטע, עלעגאַנטע, פּיקאַנטע, פּאַרוואַנדטע, קוראַנטע, דערמאַנטע, געפּלאַנטע, וואַקאַנטע, עקסטראַוואַגאַנטע, שאַרמאַנטע, געאַהנטע.

(פּ.) נײַנטע, פאַרשײַנטע.

אַ נ ט ע ר

פליאַנטער
געזאַנדטער
קאַנטאָר
סאַלאַנטער (נ.)

(0) אינטערעסאַנט־ער, פּלאַנט ער א. א. וו. (זע: אַנט).

אַ נ ט ק ע

גוואַרנאַנטקע
ספּעקוליאַנטקע
קאָמעדיאַנטקע
קוואַרטיראַנטקע

(0) ראַנדקע, אַדיוטאַנט־קע, אינטריגאַנט־קע א. א. וו. (זע: אַנט).

אַ נ י ם

אופנים
זמנים
חתנים
כהנים

(0) ביז הזמנים, נקבים קטנים, איך דערמאַן אים, איז מקנא אים. (גר. אַ ן, אַ נ ע – א י ם).

אַ נ י ע

האַדעוואַניע
האַרעוואַניע
ווינשעוואַניע
ניאַניע
קאָמפּאַניע
מאַניע (נ.)
פאַניע (נ.)

(0) אובראַניע, אָסנאָוואַניע, באַניע, גוליאַניע, זוואַניע, סאָבראַניע, סווידאַניע, סטאַניע, סטריגעוואַניע, פּאָוורסטאַניע, פּאַניע, קאַטלעקאַניע, רושטאָוואַניע, וואַניע (נ.), טאַניע (נ.), סאַניע (נ.).

טינקעוואַניע, מאַלעוואַניע, וויכאָוואַניע, מאָרדעוואַניע, סטאַראַניע, פּאָלעוואַניע, פילנעוואַניע, פּראַצעוואַניע, פּוטרעוואַניע, קאָוואַניע, קירעוואַניע, ריגעוואַניע, ריסעוואַניע, שאַליעוואַניע, שאַנאָוואַניע, שנוראָוואַניע.

איך באַראַבאַניע, איך גראַביאַניע, איך טאַראַבאַניע, איך טשוואַניע (זיך), איך כלאַניע, איך סכאַרבאַניע (זיך), איך סקאַמפּאַניע (זיך), איך פּאַר־וויאַניע, איך פּאַראַניע (זיך), איך קליאַניע.

אַנ-יע

אכסניה
מאַניע
חנניה
צפניה

(0) נתניה, דער תניא, איך קנ׳יע, הא לחמא עניא, מעלאַניע (נ.), אַלבאַניע (נ.), בריטאַניע (נ.), גערמאַניע (נ.), דאַניע (נ.), טראַנסילוואַניע (נ.), שפּאַניע (נ.), אוראַניאַ (נ.).

אַניק

באָטאַניק
מעכאַניק
פּאַניק

(0) אכסנ׳יק, וויכאַוואַניק, כאַבאַניק, סטאַניק, פּאַסלאַניק, קאַכאַניק, קאַפּ־טאַניק, רעטשאַניק, ספר פּראַניק, מאַניאַק. (גר. אַ ן - י ק).

גאַנעק, גלאַנעק, פּוגאַנעק, רובאַ־נעק, רומיאַנעק, יאַנעק (נ.), מנהיג.
(פּ.) טשײניק, תענוג, װײניק, איך פּײניק.

אַניש

אָרגאַניש
וואולקאַניש
טיראַניש
מעכאַניש
ראָמאַניש
שפּאַניש

(0) באָטאַניש, וועגעטאַריאַניש, ליו־טעראַניש, מאַכמעדאַניש, פּוריטאַ־ניש, רעפּובליקאַניש, אינדיאַניש, אמעריקאַניש, אַפריקאַניש, גאַליציאַ־ניש, גערמאַניש, יאַפּאַניש א. א. וו. (גר. אַ ן, אַ נ ע ר - י ש).
(פּ.) רײניש, לאַטײניש.

אַנס

אוואַנס
באַלאַנס
דיליזשאַנס
דיסאָנאַנס
גיואַנס
פּאַיאַנס
פינאַנס
ראָמאַנס
רעוועראַנס
רענעסאַנס
שאַנס

(0) אַליאַנס, אמבולאַנס, אַסאָנאַנס, פּאַסיאַנס, פּרעפּעראַנס, קאָנטראַדאַנס, רעזאָנאַנס, פּאַר עקסעלאַנס, האַנס (נ.), דעם קאַפּיטאַנ–ס, איוואַנ–ס א. א. וו. (גר. אַ נ - ס).

אַנע

באַנאַנע
וואַנע
קאַנע
ראַנע
תנא
חנה
מהנה
מזונה

מקנא

מה נשתנה

(0) ברוך שפּטרני, מודה אני, משנה, מתקנא.

אָבעזיאַנע, אָטאָמאַנע, אָכראַנע, אַלטאַנע, בולאַנע, הוליאַנע, וואַלעריאַנע, סולטאַנע, סמיעטאַנע, פּאָדאַנע, פּאַטלעזשאַנע, פּיאַנע, פּאַלבאַנע, טומאַנע, מאָמענטאַנע, סטעמפּליוואַנע, סערוועטשאַנע, ספּאָנטאַנע, פּאָהאַנע, פּאָטשעראַנע, קאַרבאָוואַנע, מאַנע (נ.), באַדאַנע (נ.), האַנע (נ.), טאַטיאַנע (נ.), ברחל בתך הקטנה.

סאָפּראַנאָ, פּיאַנאָ, נירוואַנאַ, פּאַטאַמאָרגאַנאַ, דיאַנאַ (נ.), האַוואַנאַ (נ.).

(פּ.) בת היענה, הושענא, טענה, מענה, עבד כנעני, דוינע, זוינע, מוינע, ברוינע, טרוינע א. א. וו. (זע: יינע).

אַנען

דערמאַנען

פלאַנען

באַשטאַנען

געשטאַנען

פאַרשטאַנען

שפּאַנען

ביז דאַנען

ביז וואַנען

פּאַראַנען

(0) באַמאַנען, אַהנען, חנה'ן, די מאַנען, אַעראָפּלאַנען, אָרגאַנען, באַנען, געשפּאַנען, וואולקאַנען, טיראַנען, נדנען, פּאַנען, פּאָנטאַנען, ראָמאַנען, רעסטאָראַנען, שאַנטאַנ־ען, שוואַנ־ען א. א. וו. (גר. אַ נ — ע ן).

(פּ.) טענה'ן, שוינען, ברוינע'ן, טרוינע'ן א. א. וו. (זע: יינען).

אַנעס

באַלוואַנעס

באַראַנעס

בויאַנעס

גראַביאַנעס

כוליגאַנעס

פּורמאַנעס

מאַנם

(0) התמנות, הוצאות קטנות, נקיות קטנות, חכמנית, חולנית, האַנעס(ט).

די אויגאַנעס, דאָן זשואַנעס, טשעמאָדאַנעס, שאַרלאַטאַנעס, איוואַנעס, מיעשטשאַנעס, טאַפּטשאַנעס, טאַראַקאַנעס, לאַפּאַצאַנעס, פּאַנעס, קאַבאַנעס, קאַטאָרזשאַנעס, קאַטשאַנעס, רופיאַנעס. (זע: אַן).

די באַנאַנעס, וואַנעס, קאַנעס, ראַנעס, אָבעזיאַנעס, אָטאָמאַנעס א. א. וו. (זע: אַנע).

איך דערמאַן עס, איך פּלאַן עס, חנה'ס, דעם תנא'ס א. א. וו. (גר. אַ ן, אַ נ ע – ע ס, אַ י ז).

(פּ.) הושענות, טענות, מענות, ברוינע'ס, טרוינע'ס. (זע: ײַנע).

אַנעק (זע: אַ נ י ק)

אַנער

אינדיאַנער

אַמעריקאַנער

אַפריקאַנער

גאַליציאַנער

וועגעטאַריאַנער

מאַכמעדאַנער

פּאַרטיזאַנער

רעפּובליקאַנער

(0) אַפּטאַנער, דאַנטאַנער, מאָמענ־טאַנער, ספּאַנטאַנער, אולאַנער, אַנגלי־קאַנער, וואָלטעריאַנער, ליוטעראַנער, פּוריטאַנער, פּרעסביטעריאַנער, פּראַנ־ציסקאַנער, זשאַנר.

אַסטראַכאַנער, אַפגאַניסטאַנער, אָר־לעאַנער, בראַזיליאַנער, דאָמיניקאַנער, ווענעציאַנער, טאָסקאַנער, טורקעס־טאַנער, טראָיאַנער, מאַראָקאַנער, מי־לאַנער, מעקסיקאַנער, נעאַפּאָליטאַנער, סודאַנער, סיציליאַנער, ספּאַרטאַנער, קאָרסיקאַנער, קובאַנער, אייזענבאַנער.

(גר. אַן, אַ נ ע – ע ר).

(פּ.) כיינער, ציגיינער, דיינער, זיינער, מיינער א. א. וו. (זע: יינער).

אַ נ ץ

וואַנץ
עלעגאַנץ
פּאָמעראַנץ
פינאַנץ
קראַנץ
איך דערגאַנץ
איך גלאַנץ
איך טאַנץ
איך פלאַנץ

(0) שאַנץ, שוואַנץ, פראַנץ (נ.), קאָנ־סטאַנץ (נ.).

איגנאָראַנץ, אינטענדאַנץ, אינסטאַנץ, אָראַגאַנץ, דיסטאַנץ, טאָלעראַנץ, סוב־סטאַנץ, עקסטראַוואַגאַנץ, רעפערענ־טאַנץ.

גאַנדז, פראַנדז, אַ אינטערעסאַנטס, אַ באַקאַנטס, דערמאַנטס! פלאַנטס! שפּאַנטס!

דעם לאַנד־ס, דעם פראַנט־ס א. א. וו.

(גר. אַ נ ד, אַ נ ט – ס).

אַ נ צ ע ר

פאַנצער
פלאַנצער
שפּאַנצער
אַ גאַנצער

(גר. אַ נ ץ – ע ר).

אַ נ ק (פגל. אַ נ ג)

באַנק
געדאַנק
געטראַנק
געשאַנק
געשטאַנק
פראַנק
שראַנק
בלאַנק
קראַנק
שלאַנק
איך דאַנק
איך וואַנק
איך צאַנק

אַ נ ק ע

באַנקע
הוליאַנקע
לעזשאַנקע
ציגאַנקע
בלאַנקע
קראַנקע
שלאַנקע
דאַנקע!
חנה׳קע

(0) חכמי הלעזשאַנקע, אָבעזיאַנקע, אַלטאַנקע, זעמליאַנקע, טאַראַנקע, לאָ־כאַנקע, סאָלאָמיאַנקע, סאַלאַנקע, סאַנקע, פלאַניקע, פאַלבאַנקע, פילי־זשאַנקע, קאָפּטשאַנקע, שאַרמאַנקע,

שפּאַנקע, סאַפּאָזשאַנקע, סערמיאַנקע, פּאַרטיאַנקע.

אַביליאַנקע, בסאַנקע, גראַביאַנקע, דוואָריאַנקע, וואַלעריאַנקע, כוליגאַנ־קע, מאַסיקאַנקע, נאַנקע, סמאַסאַנקע, סמיעטאַנקע, פורמאַנקע, פּאַרטיזאַנ־קע, קאַטאָרזשאַנקע, קאַכאַנקע, קורטי־זאַנקע, קראָוויאַנקע, שאַרלאַטאַנקע.

מאַליעוואַנקע, ניאַנקע, וואַנקע (נ.), טאַנקע (נ.), מאַנקע (נ.), פאַנקע (נ.), באַנקאַ, בלאַנקאַ, פראַנקאַ, אַמערי־קאַנ־קע, אַפריקאַנ־קע א. א. וו. (גר. אַ ז, אַ נ ע ר – ק ע).
(פּ.) בריינקע.

אַ נ ק ע ן

פלאַנקען
פּלאַנקען
געדאַנק־ען
חנה'קע־ן א. א. וו.
(זע: אַנק, און אַנקע).

אַ נ ק ע ר

אַנקער
בלאַנקער
קראַנקער
שלאַנקער

(0) שאַנקער. (גר. אַ נ ק, אַ נ ק ע־ ע ר).

אַ ס (פגל. אַ ז)

באַס
גאַס
פאַס
פּאַס
קוואַס
קלאַס
בר דעת
עץ הדעת
חלאת
כעס
מרשעת
משוגעת
צרעת
קנס
ש"ס
בשעת
צפת
בלאַס
נאַס
איך האַס
איך פאַרפאַס
איך פאַר'קנס
איך שפּאַס

(0) פּוסט און פּאַס, חטאת, ישוב הדעת, טס, מכורעת, מס, מ"ס, פּחת, הבז עם הבת, כדין וכדת, הנני העני ממעש, על מנת לקבל פּרס.

אַנאַנאַס, זאַפּאַס, טראַמאַס, מאַס, קאַליאַס, פּאַרנאַס, פּעגאַס, אַזאַס! יאַס (נ.), איך פאַרפאַס, איך צעטאַס, איך ראַס, אַפּצאַס, לאַמפּאַס.

דעם בורזשואַ'ס, דעם גאַלאָוואַ'ס, דעם טשמאַ'ס, דעם מולאַ'ס, דער מאַמאַ'ס, דעם סודיאַ'ס, דעם סטאַר־שינאַ'ס, דעם פּאַפּאַ'ס, קאַזנאַ'ס א. א. וו. (גר. אַ' – ס).

(פּ.) ווייס, איך בייס, איך קנייס, איך רייס, איך שלייס, איך שמייס א. א. וו. (זע: ייס).

אַסט

גאַסט
האַסט
לאַסט
מאַסט
ענטוזיאַסט
פּאַלאַסט
קאָנטראַסט
געבלאַסט
פּאַר׳כעס׳ט
פּאַר׳קנס׳ט
איך פּאַסט
ער האַסט
ער צעטאַסט
ער פּאַסט
ער פּאַרפּאַסט
ער פּאַרפאַסט
ער שפּאַסט

(0) באַלאַסט, גימנאַסט, טשאַסט, סנאַסט, פּלאַסט, פאַנטאַסט, ראַסט, שפּיצאַסט, מאַזט.

(פּ.) ער בייסט, ער קנייסט א. א. וו. (זע: ייסט).

אַסטיק

באָמבאַסטיק
גימנאַסטיק
סכאָלאַסטיק
פּלאַסטיק
פאַנטאַסטיק
האַסטיק

(0) כליאַסטיק, גומי־לאַסטיק, מאַס־טיק, אוטשאַסטאַק. (גר. אַסט — יק).

אַסטיש

באָמבאַסטיש
גימנאַסטיש
דראַסטיש
סאַרקאַסטיש
סכאָלאַסטיש
עלאַסטיש
ענטוזיאַסטיש
פּלאַסטיש
פאַנטאַסטיש

(גר. אַסט — יש).

אַסטן

קאַסטן
באַלאַסטן
פּאַסטן

(0) די קאָנטראַסט־ן, דעם פּאַר־האַסט־ן א. א. וו. (זע: אַסט).

אַסטע

קאַסטע
פּאַסטע
איך צעכראַסטע

(0) טשאַסטע, געבלאַסטע, פּאַר׳כעס׳טע, שפּיצאַסטע, פּאַר׳קנס׳טע, פּאַסט דו, שפּאַסט דו א. א. וו. (גר. אַסט — ע, דו).

(פּ.) שפּייסט דו, שרייסט דו א. א. וו. (זע: ײַסט).

אַסטער

אַלבאַסטער
פּיאַסטער
פּלאַסטער
קאַדאַסטער

(0) שאַסטער, פּאַסטאַר, געבלאַסטער, פּאַסט ער, שפּאַסט ער א. א. וו. (זע: אַסט).

אַסיק

פּאַסיק
קלאַסיק
שפּאַסיק
משיג
מתעסק

(0) זאַסיק, גאַס־יק. (גר. אַס־יק).

(פּ.) בייסיק, פּלייסיק, דרייסיק.

אַסן

גרימאַסן
טעראַסן
מאַסן
מיליאַסן
ראַסן
געלאַסן
האַסן
צעטאַסן
פּאַסן
פּאַרפּאַסן
פּאַסן
פּאַרפּאַסן
פּאַר׳קנס׳ן
איך נתן

(0) אויסגעלאַסן, כעסן, דעם בלאַסן, דעם נאַסן, די גאַסן, זאַפּאַסן, חלאת׳ן, משוגעת־ן, קלאַס־ן א. א. וו. (גר. אַס־ן).

(פּ.) דעם ווייסן, בייסן, רייסן, שלייסן, שמייסן א. א. וו. (זע: ייסן).

אַסע

גרימאַסע
טעראַסע
מאַסע
משא
קאַסע
ראַסע
בלאַסע
נאַסע
הדסה

(0) בהמה גסה, מגע ומשא, מטעות ומסעי, גראַסע, טאַסע, קאַלבאַסע, פּוסט און פּאַסע, איך טראַמאַסע, איך קוואַסע, עין לא ראתה, יאַסי (נ).

(פּ.) בור מדאוריתא, ברייתא, מעשה, מצוות לא תעשה, בכדי שיעשה, בכוסו בכיסו ובכעסו.

אַסער

וואַסער
פּאַסער
פּאַרפּאַסער
בלאַסער
נאַסער
איך אַסר
איך באַוואַסער
איך מסר

(ט) מענטשן־האַסער, בריליאַנטן־פּאַסער, יאַסי׳ער, צפת׳ער, קול מבשר, מצוה לחסר. (גר. אַס־ער).

(פּ.) מעשר, קנייסער, שמייסער א. א. וו. (זע: ייסער).

אַסק

בליאַסק
טראַסק
פּליאַסק
פּראַסק

(0) טאַסק, טראַמאַסק, כליאַסק, פּליאַסק, דאַמאַסק (נ.), בראַזג.

אַסקע

לאַסקע
מאַסקע
איך טאַסקע
איך טראַסקע
איך פּראַסקע

(0) פּליאַסקע, פּאַסקע, קאַליאַסקע, קאַסקע, פּלאַסקע, איך בליאַסקע, איך בליאַסקע, איך פּליאַסקע, איך קאַראַס־קע (זיך), איך שתק'ע, פּיאַסקאַ, אַלאַסקאַ (נ.).

סאַמאָוויאַזקע, סקאַזקע, קאַווקאַזקע.

(פּ.) הייזקע.

אַפּ (פּגל. אַב)

עטאַפּ
קאַצאַפּ
שאַפּ
קנאַפּ
כאַפּ לאַפּ
איך (דער)טאַפּ
איך כאַפּ
איך צאַפּ
איך (פאַר)קלאַפּ
איך דערשנאַפּ

(0) גאַפּ, דראַפּ, כליאַפּ, ליאַפּ, נאַראַפּ, סאַטראַפּ, סטראַפּ, סלאַפּ, עסקולאַפּ, פּאַפּ, צאַראַפּ, צלאַפּ, קאַטשעלאַפּ, קאַפּ, קראַפּ, שאַראַפּ! שליאַפּ! איך סטאַפּ, לאַליפּאַפּ.

אַפּט

ער (דער)טאַפּט
ער (פאַר)כאַפּט
ער צאַפּט
ער (פאַר)קלאַפּט
ער (דער)שנאַפּט

(0) ער סטאַפּט, ער פּאַרפּאַפּט, באַ־גאַבט, זי באַבט.

(פּ.) ער קנייפּט, באַוויבט, באַליבט א. א. וו. (זע: ייב).

אַפּל

מפּיל
קאַפּל
שטאַפּל
המפּיל
איך פּלאַפּל
איך צאַפּל

(0) אויג־אַפּל, פּאַפּל, נעאַפּאַל (נ.), צלאַפּ־ל, קאַצאַפּ־ל א. א. וו. (גר. אַפּ — ל).

אַפּס

שנאַפּס

(0) די דראַפּס, סטאַפּס, סטראַפּס, סלאַפּס, קאַפּס, דזשאַבס, דער פּאַבס(ט), דעם קאַצאַפּ־ס, דעם דראַב־ס א. א. וו. (גר. אַב, אַפּ־ס).

(פּ.) דער וויב'ס, דעם לײַב'ס א. א. וו. (זע: ײַב).

אַפּע

מאַפּע
קאַנאַפּע
קליאַפּע
שקאַפּע
קנאַפּע
איך צעדראַפּע
איך לאַפּע
איך סאַפּע
איך קוואַפּע (זיך)

(0) יאפּע, פּאפּע, טשאפּע, (אויף־
גאפּע, קוצעלאפּע, איך טאלאפּע, איך
כליאפּע, איך פּאטשאפּע, איך פּאר־
גאפּע (זיך), איך פּארליאפּע (זיך), איך
צאראפּע, איך צעליאפּע, איך קאפּע,
איך שליאפּע, פּאפּאַ, קאפּי, יגיעת כפּו,
דא קאפּאַ.

אַפּער

כאַפּער
מכפּר
איך פלאַפּער

(0) קאפּער, טאפּער, (בלוט) צאפּער, (המן) קלאפּער, אַ קנאפּער. (גר. אַפּ, אַפּע־ער).

(פּ.) קנײַפּער.

אַפּקע

לאַפּקע
קאַנאַפּקע
קאַצאַפּקע
שליאַפּקע
באַבקע
איך קאַראַבקע (זיך)

(0) טריאפּקע, סאפּקע, פּאפּקע, קליאפּקע, שאפּקע, שקאפּקע, איך טא־לאפּקע, איך פּארליאפּקע (זיך), אראבקע, דראבקע, זשאבקע, יאבקע, קאבקע, אבא׳קע (נ.). (גר. אַב, אַפּ־קע).

(פּ.) טײַבקע (נ.).

אַף (פגל. אַוו)

אַף
געלאַף
גראַף
תקיעת כּף
שלאַף
פיף פאַף!
איך גאַף
איך באַשאַף
איך (פאַר)שאַף
איך (פאַר)שקלאַף

(0) באטראף, דף, זשיראף, טראף, עפּיטאף, קאיאף, שקאף, פּאמעשאף.

אויטאגראף, ביאגראף, ביבליאגראף, העקטאגראף, טעלעגראף, מימעאגראף, פּאראגראף, פּאנאגראף, קאליגראף, קינעמאטאגראף, קסילאגראף א. א. וו.

(פּ.) פייף, שטייף, איך באגרייף, איך שלייף.

אַפּט

האַפּט
זאַפּט
טאַפּט
נאַפּט
קראַפּט
איך פאַרהאַפּט
ער גאַפּט
ער באַשאַפּט
ער פאַרשאַפּט
ער פאַרשלאַפּט
ער פאַרשקלאַפּט

(0) מאנגעלהאפּט, מוטערשאפּט א. א. וו.

(פּ.) ער פייפט, שטייפט, שלייפט, באַגרייפט.

אַפּטן

קאַפּטן
האַפּטן
פאַרהאַפּטן

(0) די זאַפּטן, דעם פֿאַרשאַפּטן, דעם פֿאַרגאַפּטן, דעם פֿאַרשלאַפּטן, דעם פֿאַרשקלאַפּטן. (זע: אַפּט).

אַ פּ ט ע

כלב'טע
פֿאַרגאַפּט-ע
פֿאַרשאַפּט-ע א. א. וו.
(זע: אַפּט).

אַ פּ ט ע ר

מפטיר
קלאַפּטער
אַווטאָר

(0) כּפּטור, דער פֿאַרשקלאַפּט-ער, שאַפּט ער א. א. וו. (זע: אַפּט).

אַ פּ י ע

אָרטאָגראַפֿיע
ביאָגראַפֿיע
ביבליאָגראַפֿיע
געאָגראַפֿיע
טיפּאָגראַפֿיע
ליטאָגראַפֿיע
סטענאָגראַפֿיע
פּאָרנאָגראַפֿיע
פֿאָטאָגראַפֿיע
קאַליגראַפֿיע

(0) פּאַראַפֿיע, איך פּאַטראַפֿיע, אַר־כעאָגראַפֿיע, טעלעגראַפֿיע, כאָרעאָ־גראַפֿיע, מאָנאָגראַפֿיע, עטנאָגראַפֿיע, צינקאָגראַפֿיע, קאָסמאָגראַפֿיע, קינאָ־מאַטאָגראַפֿיע, קסילאָגראַפֿיע א. א. וו. (גר. א ף — י ע).

אַ פּ ל

טאַפּל
קנאַפּל
(זע: אַף).
(פֿ.) פּייפּל, שרייפּל.

אַ פּ ן

האַפּן
וואַפּן
גאַפּן
באַשאַפּן
פֿאַרשאַפּן
פֿאַרשקלאַפּן

(0) די אַפּ-ן, גראַפּ-ן, דעם שלאַפּ-ן א. א. וו. (זע: אַף).
(פּ.) באַגרייפּן, פּייפּן, שטייפּן, שלייפּן.

אַ פּ ע

וואַפּע
קאַפּע
שאַפּע
שלאַפּע
יפו (נ.)
(פּ.) שטייפּע.

אַ פּ ק ע (זע: אַווקע)

אַ ץ

זאַץ
טאַץ
לאַץ
מאַטראַץ
פּאַיאַץ
פּאַלאַץ
פּלאַץ
קאַץ
שייגאַץ
באַץ!
איך פּלאַץ

איך קראַץ
איך ראַץ
איך שאַץ

(0) באַזאַץ, ערזאַץ, ראַץ, שפּאַץ, איך דאַץ (אָפּ), חזרת הש״ץ, מ״ץ, כ״ץ.

אַז אַקוראַט׳ס, אַ גלאַט׳ס, אַ דעליקאַט׳ס, אַ זאַט׳ס, די לאַטס, די פּלאַטס, די של יד׳ס, נאַטס! שאַטס! דעם קאַמעראַד־ס, דעם אַדוואָקאַט־ס א. א. וו. (גר. אַ ד, אַ ט — ס).
(פּ.) איך שנײַץ, באַפרײַטס! א. א. וו. (זע: ײַט).

אַציע

אָוואַציע
אימיטאַציע
אַסיגנאַציע
אָפּעראַציע
אַקאַציע
אָרגאַניזאַציע
גראַציע
דעלעגאַציע
דעמאָנסטראַציע
דעפּוטאַציע
דעקאָראַציע
דעקלאַמאַציע
וואַקאַציע
ליציטאַציע
מאָביליזאַציע
מאַכינאַציע
מאַניפעסטאַציע
נאַציע
סטאַציע
סיטואַציע
סענסאַציע
ספּעקולאַציע
עמיגראַציע
פּלאַנטאַציע
פּראָוואָקאַציע
פּראָקלאַמאַציע
קאָמבינאַציע
קאָנספּיראַציע
קוראַציע
רעגיסטראַציע
רעסטאָראַציע
רעפּוטאַציע
רעקאָמענדאַציע

(0) אָבליגאַציע, אַגיטאַציע, אַדמיניסטראַציע, אילומינאַציע, אילוסטראַציע, אימיגראַציע, אַפּליקאַציע, אַפּעלאַציע, דעמאָראַליזאַציע, דעסטילאַציע, דעקלאַראַציע, לעגיטימאַציע, מאַגיסטער־פּאַרמאַציע, מאַניפּולאַציע, נאָטאַציע, פעדעראַציע, צירקולאַציע, קאָליאַציע, קאַסאַציע, קאָראָנאַציע, קאָרפּאָראַציע, קרעאַציע, ראַציע, רעציטאַציע, וואַריאַציע.

אימפּראָוויזאַציע, אינטאָנאַציע, אינספּיראַציע, אינפאָרמאַציע, אַסימילאַציע, אָקופּאַציע, אָריענטאַציע, האַלוצינאַציע, ווענטילאַציע, טראַנספאָרמאַציע, ליקווידאַציע, נאַציאָנאַליזאַציע, עמאַנציפּאַציע, עקספּלואַטאַציע, עקספּראָפּריאַציע, פאַבריקאַציע, ציוויליזאַציע, קאָאָפּעראַציע, קאָלאָניזאַציע, קאַנאַליזאַציע, קאָנפיסקאַציע, רעזיגנאַציע, נעגאַציע.

אַוויאַציע, אידענטיפיקאַציע, אינטערפּעלאַציע, אינטערפּרעטאַציע, אינסינואַציע, אינקאָרפּאָראַציע, אַמאָרטיזאַציע, אַמעליאָראַציע, אַסאָציאַציע, אַרגומענטאַציע, גראַטולאַציע, דיסערטאַציע, דיפערענציאַציע, דעגענע־

רַאציע, דעפּאָרטאַציע, דעקלינאַציע, וויבראַציע, זשעסטיקולאַציע, מאָדולאַציע, מענסטרואַציע, נאָמינאַציע, סאָציאַליזאַציע, סימולאַציע, עדוקאַציע, עוואַקואַציע, עלעקטריזאַציע, פּראָלאָנגאַציע, פאַלסיפיקאַציע, קאָמוניקאַציע, קאָמפּענסאַציע, קאָמפּראָמיטאַציע, קאָנווערזאַציע, קאָנצענטראַציע, קוואַליפיקאַציע, קלאַסיפיקאַציע, ראַטיפיקאַציע, רעגולאַציע, רעגלאַמענטאַציע, רעסטאַוראַציע·

אַבדיקאַציע, אַסעקוראַציע, גראַוויטאַציע, גראַטיפיקאַציע, דעגראַדאַציע. דעוואַלוואַציע, ווערסיפיקאַציע, לעגאַציע, מאָדיפיקאַציע, מולטיפּליקאַציע, נאַוויגאַציע, ספּעציפיקאַציע, עקזאַלטאַציע, פּאָפּולאַציע, פּאָפּולאַריזאַציע, פּובליקאַציע, פּונקטאַציע, פּערזאָניפיקאַציע, פּערעטרובאַציע, פּראָפּינאַציע, פּראָפּאַנאַציע, פּאָרטיפיקאַציע, צענטראַליזאַציע, קאָאָפּטאַציע, קאָאָרדינאַציע, קאַלקולאַציע, קאָמפּילאַציע, קאָנגרעגאַציע, קאָנסולטאַציע, קאָנפירמאַציע, קאַפּיטולאַציע, רעהאַביליטאַציע, רעזערוואַציע, רעזיגנאַציע, רעפּאַראַציע, רעפּרעזענטאַציע, רעפּאָרמאַציע, רעקרימינאַציע, פּאָלאָניזאַציע, רוסיפיקאַציע א. א. וו. (גר. אַ ץ - י ע).

אַ צ ע

מצה

פּראַצע

צאַצע

מפּצה

(0) גלאַצע, ראַצע, לאַד זי, שאַד זי, שמד זי, באַשטאַט זי, פאַרראַט זי א. א. וו· (גר. אַ ד, אַ ט - ז י, ז יי).

(פּ.) רייצע, שרייט זי א. א. וו. (זע: ײַט).

אַ צ ע ם

מצות

עם הארצות

(0) גלאַצעם, צאַצעם, איך קראַץ עם, איך שאַץ עם א. א. וו. ראַט זי עם, שאַד זי עם א. א. וו. (זע: אַץ).

(פּ.) רײַצע'ס (נ.), שרײַט זי עם א. א. וו. (זע: ײַץ).

אַ צ ק ע

צאַצקע

קאָזאַצקע

כוואַטסקע

סאָלדאַטסקע

(0) מצה'קע, פּאָסמאַצקע, פּליאַצקע, כאַצקע (נ.), באַטראַצקע, באָסיאַצקע, בורלאַצקע, בורזשאַצקע, דוראַצקע, טקאַצקע, כאָלאָסטיאַצקע, לײדאַצקע, פּראָסטאַצקע, צבוע'צקע, קולבאַצקע, קונדאַצקע, משומד'סקע, סטאַטסקע, סענאַטסקע א. א. וו. (גר. אַ ט - ס ק ע).

אַ ק (פּגל. אַ ג)

באַק

בראַק

דחק

טרייפניאַק

זאַק

מחק

פּאַסקודניאַק

פּיטאַק

פּסק

פראָסטאַק
פראַק
פרומאַק
צבועק
קאָניאַק
קולאַק
ראַק
שלאַק
געשמאַק
(מיטן) טשאַק
טיק טאַק
איסאַק (נ.)
איך באַק
איך האַק
איך פאַק
איך קנאַק

(0) בני ברק, בשעת הדחק, מקיים פסק, חזק, רק, לפ״ק, חי ק״ק, תשר״ק.

אַראַק, באָסיאַק, באַראַק, באָרדאַק, בורזשאַק, בלאַק, דוראַק, האָפּאַק, הייַ־דאַמאַק, וואָלקאָלאַק, זנאַק, פּאָרט־טאַבאַק, טשודאַק, טשוואַק, יאַק, כראַק, לאַק, ליאַק, מישיאַק, מראַק, סאָלאָמיאַק, סאַק, סטאַק, סטראַשאַק, פידזשאַק, פאַרבאַק, פליאַק, קאַבאַק, קליאַק, קראַקאָוויאַק, שאַפּאָקליאַק, שאַק, שליאַק, שפאַק.

אָסאָבניאַק, באַטראַק, בורלאַק, ביוואַק, דיאַק, ווערבניאַק, זעמליאַק, טופיאַק, טשעטווערטאַק, טשערדאַק, כאָלאָסטיאַק, סיביריאַק, סלאָוואַק, פוסטיאַק, קושאַק, קרזשאַק.

אידלאַק, הוליאַק, הולפאַק, טשומאַק, כיטראַק, כלאָפאַק, בערליאַק, ליטוואַק, לייבסערדאַק, מאַניאַק, סטיסאַק, סטראַזשאַק, סיניאַק, סקווערניאַק, פּאַ־ליאַק, פינטאַק, פריסמאַק, פויליאַק, פערדאַק, קאָזאַק, קאָלפאַק, קלויזניאַק, רוסאַק, ריווטשאַק, שטורמאַק, שעל־מאַק, אונטערשלאַק, פאַסטערנאַק.

אַ ק ט

אַנטראַקט
אַקט
טאַקט
טראַקט
פאַקט
פאַקט
קאָנטאַקט
קאָנטראַקט
יאַגד
שמאַראַגד
אַבסטראַקט
עקזאַקט
קאָמפאַקט
ער באַקט
ער האַקט
ער פאַקט
ער קנאַקט
ער וואַגט

(0) אויטאָדידאַקט, עקסטראַקט, קאַ־טאַראַקט.

(פ.) צייגט, שווייגט א. א. וו. (זע: ייג).

אַ ק ט י ש

טאַקטיש
פראַקטיש
פאַקטיש

(0) אויטאָדידאַקטיש, האַק־טיש. (גר. אַ ק – ט י ש).

אַ ק ט ע ר

איינאַקטער
כאַראַקטער
פאַקטער
טראַקטאָר
פאַקטאָר
קאָנטראַקטאָר
רעדאַקטאָר

(0)דאַקטער, אַבסטראַקטער, עקזאַקטער, קאָמפּאַקטער, האַקט ער, פאַרפּאַקט ער א. א. וו. (גר. אַ ק ט – ע ר).

(פּ.) ציגט ער, שוויגט ער א. א. וו. (זע: ייג).

אַ ק י ם

ממתקים
מרחקים

(0) כרכים, ממעמקים, על פּי דיני עכו"ם, מתחכם, ראַקאָם, כאָטש האַק אים, אַ מכה אים א. א. וו. (גר. אַ ק, אַ' ק ע – א י ם).

אַ ק ל

יאַקל
סך הכל
ספּעקטאַקל
פּאַקל
שהכל
ויקהל
הכל בכל
איך וואַקל

(0) יודע הכל, כופר הכל, קונה הכל, אחרי ככלות הכל, איך מקל, אָראַקול, מיראַקל, קאַראַקול, פּיטאַק–ל, פּידזשאַק–ל א. א. וו. (גר. אַ ק – ל).

(פּ.) פּויקל, בּויקל (נ.).

אַ ק ן

נאַקן
סכין
מתקן
באַקן
האַקן
פּאַקן
קנאַקן

(0) סטאַקינ(ג), די באַראַק–ן, באָרדאַק–ן, סלאָוואַק–ן, פּאָליאַק–ן, קאַבאַק–ן, קאָזאַק–ן, שליאַק–ן, דעם געשמאַק–ן, איסאַק–ן א. א. וו. (גר. אַ ק – ן).

אַ ק ס

אַקס
וואַקס
זאַקס
לאַקס
פּלאַקס
מאַקס (נ.)

(0) באַקס, פּאַקס, שלאַקס(רעגן), די בלאַקס, די סאַקס, די סטאַקס, באָראַקס, בופּלאַקס, קלימאַקס, אַ געשמאַק'ס, איסאַק'ס (נ.), דעם פּאָסקודניאַק–ס, דעם צבועק–ס א. א. וו. (גר. אַ ק – ס).

אַ ק ע

אַטאַקע
בהמה דקה
ויצעקו
מכה
פּאָקראַקע
תפילה זכה
טאַקע
געשמאַקע

מזכה
איך כראַקע

(0) יאַקע, דראַקע, הוליאַקע, כאַקע, פּאַדזיאַקע, פּיסאַקע, פּליאַקע, האַקע באַקע, איך אַהאַקע, איך באַלאַקע, איך טשאַקע, איך פאַרדראַקע, איך קאַליאַקע, איך קוואַקע, איך קראַקע, טשעכאָוסלאָוואַקיע (נ.), מאָנאַקאָ (נ.), קול דממה דקה.

(פּ.) מאַכעריקע, בליקע א. א. וו. (זע: ייקע).

אַקעט

נאַקעט
פּאַקעט

(0) זשאַקעט, ער באַלאַקע־ט, ער כראַקע־ט א. א. וו. (זע: אַקע). (גר׳ אַק – האַט).

אַקעס

ליטוואַקעס
מכות
פּיטאַקעס
פּליאַקעס
צבוּע׳קעס
ראַקעס
וחלקלקות

(0) די אַטאַקעס, אידלאַקעס, באָסיאַקעס, הוליאַקעס, היידאַמאַקעס, ויצעקו׳ס, טרייפניאַקעס, יאַקעס, ליאַקעס, פּאַסקודניאַקעס, פּאָקראַקעס, פּראָטסאַקעס, פּרומאַקעס, שוואַקעס, איך באַק עס, איך האַק עס א. א. וו. די טשומאַק־עס, די סיניאַק־עס א. א. וו. די דראַקע־ס, פּאַדזיאַקע־ס א. א. וו. (זע: אַק, און אַקע).

אַקער

מנקר
פּיאַקער
קנאַקער
געשמאַקער
מבקר
איך אַקער
איך פלאַקער

(0) שטיין־האַקער, טשאַקער, כראַקער, לאַקער, סאַקער, פּאַקער, ראַקער, ת״ק׳ער, בן יקיר, יאַקאָר, טשעכאָסלאָוואַקיע׳ר, מאָנאַקאָ׳ר. (גר. אַק, אַקע־ער, ר, איר).

אַקציע

אַבסטראַקציע
אַטראַקציע
אַקציע
טראַנזאַקציע
סאַטיספאַקציע
פראַקציע
רעאַקציע
רעדאַקציע

אַר

בולוואַר
גבר
גזר
געפאַר
האַר
ווירוואַר
נאַר
סאַמאָוואַר
צאַר
ציגאַר
צער
קאָמיסאַר

קאַשמאַר
שכר
שר
(דער)פּאַר
וואולגאַר
איך אַר
איך גאַר
איך גענאַר
איך דאַר
איך ערפּאַר
איך שאַר
איך פֿאַרשפּאַר

(0) גמר, שטר, לא דובים ולא יער, כל דאלים גבר, באַר, דאַר און קוואַר, שטאַר, זאָגאַר, איך שנאַר.

אינוועטאַר, אַלטאַר, אַנטיקוואַר, אַרענדאַר, באַזאַר, באָיאַר, באַר, באַר־באַר, בודואַר, בולגאַר, בונטאַר, גאָסו־דאַר, גלאָסאַר, דעגטיאַר, האָנאָראַר, האָספּאָדאַר, הוזאַר, וועטערינאַר, זשאַנדאַר, זשאַר, טאַטאַר, טראָטואַר, יאַגואַר, יאַר, יוביליאַר, כאַבאַר, מאַ־דיאַר, נאָטאַר, סאַניטאַר, סטאַר, סלאָוואַר, סעמינאַר, סעקרעטאַר, סקי־פּידאַר, עמיסאַר, עקזעמפּליאַר, פּאָ־זשאַר, פּאָרטסיגאַר, פּאָנאַר, פּאַנפּאַר, פּאָרמוליאַר, פּוטליאַר, צירקוליאַר, קאָ־טשעגאַר, קאַלענדאַר, קאָמונאַר, קאָ־מענטאַר, קאַר, קאַשעוואַר, קולינאַר, קוסטאַר, קרעטשמאַר, רעזערוואואַר, רעפּערטואַר, שווייצאַר, שמאַטיאַר, סאָלידאַר, עלעמענטאַר, פּערפּענדיקו־לאַר, פּרעלימינאַר, יאַנוואַר, אָ רע־וואואַר! באָן סואַר! פּאָטשטאַר.

אונגאַר, באָנדאַר, מאַכליאַר, מאַליאַר, סטאַליאַר, סמאָליאַר, פּוליאַר, קאָמאָר, קאַמגאַר, פּעברואַר, וואונדערבאַר, צווייפּלבאַר א. א. וו.

(פּ.) מבאר, מבער, מגיר, מטהר, משער, אין לשער.

אַ ר ב

קאַרב
האַרב
איך אַרב
איך גאַרב
איך פֿאַרדאַרב
איך פֿאַרב
איך שטאַרב

(0) סקאַרב, קאַרפּ, שקאַרפּ.

אַ ר ב ן

שאַרבן
אַרבן
גאַרבן
פֿאַרדאַרבן
פֿאַרבן
קאַרבן
שטאַרבן
דעם האַרבן

אַ ר ב ס ט

האַרבסט
אַרבסט
גאַרבסט
דאַרבסט
פֿאַרדאַרבסט
פֿאַרבסט
שטאַרבסט

אַ ר ב ע ר

באַרבער
גאַרבער

פֿאַרבער
שפּאַרבער

(0) ראַבאַרבער, פּאַלאַר־בער, האַרב־ער, פֿאַרדאַרב־ער א. א. וו. (גר. אַ ר ב – ע ר, אַה. אַ ר – ב ע ר).

אַ ר ג (פֿגל. אַ ר ק)

באַרג
איך וואַרג
איך קאַרג

(0) זאַרג, סאַרג, אַרג, אַלטוואַרג, גאַרטענוואַרג, גרינוואַרג, יונגוואַרג, צוקערוואַרג, קליינוואַרג, רויוואַרג, רויכוואַרג, שוכוואַרג, שפּילוואַרג א. א. וו.

אַ ר ג ע

מאַניפּאַרגע
נחות דרגא
אַרגע
קאַרגע
איך הרג'ע
איך זאַרגע

(0) סקאַרגע, צאַרגע, איך טאַרגע, לעטאַרגיע, לאַרגאָ, קאַרגאָ.

אַ ר ד (זע: אַ ר ט)

אַ ר ד ן

ירדן
באַקענבאַרדן
ביליאַרד–ן
מיליאַרד–ן א. א. וו.

(זע: אַרד).

אַ ר ט

אוואַנגאַרד
ביליאַרד
מיליאַרד
נאַרד
גלות ספרד
אַזאַרט
האַרט
צאַרט
(אַלעה)אַרט
מיך אַרט
ער גאַרט
ער גענאַרט
ער דאַרט
ער וואַרט
ער ערפּאַרט
ער פֿאַרשאַרט
ער שטאַרט
ער פֿאַרשפּאַרט

(0) גאַרד, יאַרד, מאַנסאַרד, קאַרד, לאָמבאַרד, לעאָפּאַרד, בערנאַרד (נ.), עדוואַרד (נ.).

אַפּאַרט, כאַרט, סאַרט, סמאַרט, אַלאַ־קאַרט, מאַרט, ער שנאַרט, ער דאַרט און קוואַרט, געגענוואַרט.

אַ ר ט י ק

אַרטיק
פּאַרטיק

(0) אייגנאַרטיק, געגנוואַרטיק, גרויס־אַרטיק, טאַרטאַק, באַרטעק (נ.).

אַ ר ט ל

גאַרטל
קאַרטל
קוואַרטל

(גר. אַ ר ט – ל).

אַרטע

וואַרטע
קאַרטע
קוואַרטע

(0) מארטא (נ.), ספארטא (נ.), הארט־ע, געגארט־ע א. א. וו. (זע: אַרט).

אַרטער

טשאַרטער
מאַרטער
גענאַרט־ער
צאַרט־ער א. א. וו.
(זע: אַרט).

אַרים

וואַרים
דערבאַרים (זיך)

(0) זשאַנדארם, ליארם, פארם, איך אומארם, איך גענאר אים, איך פאר־שפאר אים א. א. וו. איך פארע אים, איך זאנארע אים א. א. וו. (גר. א ר, א ר ע – א י ם).

אַריע

אַריע
אריה
זכריה
שמריה
בולגאַריע
שווייצאַריע

(0) אימפּרעסאריע, באַוואריע, מאַ־לאריע, סעמינאריע, פאריע, קאַנצע־לאריע, שקלא וטריא, שוויענטע מאריע. (גר. א ר – י ע).

אַריש

אַגראַריש
אַריש
דאָקומענטאַריש
דיסציפּלינאַריש
וועגעטאַריש
טעסטאַמענטאַריש
ליטעראַריש
פּאַרלאַמענטאַריש
פּראָלעטאַריש
רעגלאַמענטאַריש

(0) אונגאריש, באיאריש, בארבאריש, בולגאריש, בונטאריש, טאטאריש, מאַ־דיאריש, נאריש, סאניטאריש, ציר־קוליאריש, קוסטאריש, שווייצאריש א. א. וו. (גר. א ר – י ש).

אַרך

פּאַטריאַרך
מאָנאַרך
מאַרך

(0) ווארד, פארד, איך שנארד, אַלי־גארד, יערארד, טעטראַרד, עפארד, עקזארד.

אַרם (זע: אַרים)

אַרס

פאַרס
מאַרס

(0) א דארס, די סטארס, קארס, דעם הארס, דעם צאר־ס א. א. וו. (גר. א ר – ס).

אַרע

גיטאַרע
וואַרע

כמארע
מראה
פארע
שפארע
תנא ברא
דארע
וואולגארע
קארע
שארע
אהר׳ע (נ.)
טאמארע (נ.)
פרעה
איך סטארע (זיך)
איך פארפארע

(0) באיארע, גארע, טארע, כארע, לארע, נארע, פיגארע, שליארע, באארע, דארע און קווארע, סאלידארע, סאניטארע, עלעמענטארע, פרעלימינארע, רארע, שטארע, כעפרא דארעא, מלכותא דארעא, בארבארע (נ.), סאהארע (נ.), סאמארע (נ.), סארע (נ.), וואסארע? גערארע! איך זאנארע, איך זשארע, איי עם סארי, וואונדערבארע, צווייפעלבארע א. א. וו.

(פ.) טהרה, מערה, קערה, כחוט השערה, נקרא לנערה א. א. וו.

אַרעם

גיטארעם
כמארעם
מראות
סוכארעם
סטאליארעם
שפארעם
שרייבארעם
מסרם
מזרז

(0) אפטייקארעם, ארענדארעם, באיארעם, באנדארעם, בוטשארעם, גארעם, טארעם, כארעם, מאכליארעם, מוליארעם, נארעם, סליעסארעם, סמאליארעם, פאטשטשארעם, פיגארעם, פעלדשארעם, קאמארעם, קוכארעם, קרעטשמארעם, שאפארעם, שאראווארעם, שליארעם, שלעפארעם, שמאטיארעם, שענקארעם, פוליארעם, צארעם, מַשארעם, באארעם, דעם תנא ברא׳ם, אהרע׳ם, בארבארע׳ם, טאמארע׳ם, פרעה׳ם, סארע׳ם לאזארום (נ.), זאראז, איך פארשאר עס, איך פארע עס א. א. וו. (גר. א ר, א ר ע - ע ס, ס, א י ז).

(פ.) טהרות, מערות, קערות, סימני נערות.

אַרפּ (זע: אַרב)

אַרף

הארף
איך דארף
איך ווארף
איך שארף

אַרפע

הארפע
שארפע
איך שרפ׳ע
מארפא (נ.)

אַרפעם

טרפות
הארפעם (די)

(0) איך דארף עס, איך ווארף עס, איך שארף עס, איך שרפ׳ע עס, מארפא׳ס (נ.).

אַרץ

האַרץ
שמאַרץ
שוואַרץ

(0) אַרץ, קאַרץ, קוואַרץ, שטאַרץ, מאַרץ, איך פּאַרץ, איך פאַרשאַרץ, די גאַרדס, די יאַרדס, די קאַרדס, אַ האַרט׳ס, אַ צאַרט׳ס, פאַרנאַרט׳ס! פאַרשאַרט׳ס! א. א. וו. (גר. אַרד, אַרט - ס).

אַרק (פגל. אַרג)

(גע)מאַרק
סמאַרק
פּאַרק
קאַרק
שאַרק
שטאַרק

(0) זשאַן ד׳אַרק (נ.), דענעמאַרק (נ.), פּולוואַרק, קאַנאַר(י)ק.

אַרקע

אַרקע
באַרקע
מאַרינאַרקע
מאַרקע
סוכאַרקע
פּאָטשטאַרקע
קוכאַרקע
קרקע
רעמאַרקע
שטאַרקע
אהר׳קע (נ.)
איך סמאַרקע

(0) בולגאַרקע, באַוואַרקע, האָספּאַ־דאַרקע, טאַרקע, מוליאַרקע, סטאָליאַר־קע, סיאַרקע, סיליאַרקע, סקוואַרקע, פּריפּאַרקע, פיגאַרקע, קאָנטראַמאַרקע, קאָשאַרקע, שליאַרקע, יאַרקע, טאַ־מאַרקע (נ.), איך זרק׳ע, איך זשאַרקע (זיד), איך שאַרקע.

אַרענדאַר־קע, טאַטאַר־קע, מאַכליאַר־קע, קרעטשמאַר־קע א. א. וו.. (גר. אַר - קע).

אַרש

מאַרש
קאַרש
שאַרזש

אַרשן

איך דרשן
איך ירש׳ן

(0) בעל דרשן, די מאַרשן, קאַרשן.

אַש (פגל. אַזש)

אַש
(המן)טאַש
יו״ש
מישמאַש
פלאַש
רח״ש
ראַש
איך איבערראַש
איך וואַש
איך נאַש
איך רעש

(0) אַפּאַש, באַש, דרש, חשש, טשאַר־דאַש, סטראַש, פּאַלאַש, קאַלאַש, קאַ־מאַש, קאַראַנדאַש, שאַלאַש, שאַש, כצפּיחת בדבש, שאַבאַש! איך פּאַש, איך צעטאַש.

אַ ש ע

קאַשע
קשיה
באַשע
כאַשע
מאַריאַשע
מאַשע
מנשה
רש״י
איך סטראַשע
איך פּאַשע

(0) אפּאַשע, (פּראָסטאַ) קוואַשע, די ראַשע, איך צעקאַראַשע, איך צע־קוואַשע, איך שאַשע, מר בר רב אשי (נ.), מאַמאַשאַ, פּאַפּאַשאַ, יאַשאַ (נ.), סאַשאַ (נ.), פּאַשאַ (נ.).

אַ ש ע ם

נפשות
קשיות

(0) אַשעס, באַשע־ס, כאַשע־ס א. א. וו. איך וואַש עס, איך נאַש עס א. א. וו. (זע: אַש, און אַשע).

אַ ש ע ר

נאַשער
נתעשר
איך כשר
איך פֿאַרקאַשער

(0) איז להעשיר, אַ שאַש־ער א. אַ. וו. (גר. אַ ש ־ ע ר).
(פּ.) באשר.

אַ ש ק ע

מאָנאַשקע
מוראַשקע
משקה
באַשקע
כאַשקע
מאַריאַשקע
מאַשקע
ראַשקע

(0) באַראַשקע, טשאַשקע, פּיסטאַשקע, פּליאַשקע, קאַלעמאַשקע, קאַרקאַשקע, קאַשקע, ראַמאַשקע, ראַספּאַשקע, יאַש־קע (נ.), סאַשקע (נ.), פּאַשקע (נ.), איך בליאַשקע, איך פּראַשקע, איך שאַשקע.
בומאַזשקע, ליאַזשקע, פּאָדטיאַזשקע, פּוראַזשקע, פּליאַזשקע.

אָ

ביוראָ
דנאָ
לשמה
אָ !
אַלזאָ
וויאָ !
יאָ
*טלאָ
*קראָ
*שעה
*בלאָ
*גראָ
*דאָ
*נישטאָ
*ברוך הבא

(0) ימח שמה, והוא ימשול בה, דאַ־מינאָ, דעפּאָ, זשאַבאָ, טאַבלאָ, טריו־מאָ, טריקאָ, לאַאָ, לאַטאָ, מאַנטאָ, פּאַלטאָ, ראָקאָקאָ, שאַטאָ, אַנגראָ, קאָמילפאָ, אַפּראָפּאָ, סטאַטוס קוואָ, פּראָ, פּריטאָ, קוויפּראָקאָ, איך דראָ, סאַפּאָ (נ.), פּלוטאָ (נ.), רוסאָ (נ.), באָרדאָ (נ.), וואַטערלאָ (נ.), שאָו, קאַקאָ, סלאָו, האַלאָו, נאָו. (פּ.) גוי, טוי, פּרוי, גענוי, לוי, רוי, איך בוי, איך ברוי, איך פּאַרטרוי.

(*) חיי שעה, רוח רעה, לתרבות רעה, שוא, עולם הבא, בזה ובבה, ויתן לך, לך לך, יעבור עלי מה, מקדמת דנאָ. מהרש"א (נ.), הגר"א, מלכה שבא.
(פּ.) אינזשעניו, אינטערוויו, מעניו, סו, פּאַספּאַרטו, פּאַרוועניו, קאַנגאַרו, קאַקאַדו, ראַגו, ראַנדעוואו, רעוויו, שאַמפּו, (די) פלו, אַנטר נו, או ! בו ! טפּרו ! פּיו ! נו, קוקעריקו !

אָ ב (פּגל. אָ פּ)

באָב
סנאָב
ראָב
גראָב
איך האָב
איך לאָב (זיך)
איך פאַרלאָב
*גאָב
*האָב
*אָב
*אַראָב
*איך באַגראָב
*איך שאָב

(0) גאַרדעראָב, דזשאָב, דראָב, זשאַ־לאָב, זשלאָב, יודאָפּאָב, מיקראָב, קלאָב, שקראָב. (פּ.) טויב, שויב, איך זשאָיב, איך קלויב.
(פּ.) דוב, זרוב, טשוב, לוב, שליוב, שקאַרלוב.

אָ ב ל

קנאָבל
נאָבל
*שנאָבל

(0) באָבל, סקאָבל, דאָבל, סאָבאָל.
(גר. אָ ב – ל).
(פּ.) יובל.

אָ ב ע

אָסאָבע
פּראָבע
גראָבע
דאָבע (נ.)
איך כליאָבע
איך שקראָבע
*באָבע

(0) גאַרדעראָבע, טרושטשאָבע, זשאַ־לאָבע, כוראָבע, כוואָראָבע. איך דזשאָבע, איך פאַרקאַציעראָבע, איך צעדראָבע, איך שטשאָבע. (פּ.) טויבע (נ.).

(פּ.) בובע, טרובע, קובע, קלובע, שובע, גרובע, ליובע (נ.), קובאַ (נ.), איך האַ־לובע.

אָ ב ע ר

אָבער
גראָבער
אָקטאָבער
איך דעראָבער
*האָבער
*ליבהאָבער

(0) באָבער, ראָבער. (פּ.) זשאַיבער, זויבער. (גר. אָ ב, אָ ב ע – ע ר).

אָ ב ק ע (זע: אָ פּ ק ע)

אָ ג (פגל. אָ ק)

דיאַלאָג
דעמאַגאָג
מאָנאָלאָג
נעקראָלאָג
עפּילאָג
פּסיכאָלאָג
פּעדאַגאָג
פּראָלאָג
קאַטאַלאָג
ראָג
*וואָג
*טאָג
*פּאַרטאָג
*באַלאָג
*פּאַרלאָג
*שפּאָג
*פּראָג (נ.)
*איך זאָג
*איך פאַרזאָג
*איך פאַרטראָג
*איך טראָג
*איך יאָג
*איך מאָג
*איך פאַרמאָג
*איך נאָג
*איך פלאָג
*איך פאַרצאָג
*איך צוואָג
*איך קלאָג
*איך שלאָג

(0) גוג מגוג (נ.), סיג, גראָג, זאַלאָג, לאָג, נאַלאָג, סטאָג, פּאַדלאָג, פּיראָג, טאַגאַנראָג (נ.). (פּ.) צויג.

אידעאָלאָג, אַנטראָפּאָלאָג, אַסטראָ־לאָג, אַרכעאָלאָג, באַקטעריאָלאָג, ביאָ־לאָג, געאָלאָג, גענעאָלאָג, זאָאָלאָג, טעאָלאָג, טעכנאָלאָג, פּילאָלאָג, פּראַ־זעאָלאָג א. אנד.

(פּ.) אין באַצוג, באַטרוג, פלוג, צוג, איך לוג.

אָ ג ט (זע: אָקט)

אָ ג י ם

*מופלגים
*מנהגים
*בשר ודגים

(*) נהרגים, סיגים, זאָג אים, טראָג אים א. א. וו. (זע: אָג).

אָ ג י ע (פגל. אָ ג ע)

אידעאָלאָגיע
ביאָלאָגיע

געאָלאָגיע
דעמאַגאָגיע
זאָאָלאָגיע
טעאָלאָגיע
טעכנאָלאָגיע
טערמינאָלאָגיע
טרילאָגיע
פּסיכאָלאָגיע
פּעדאַגאָגיע
פֿילאָלאָגיע

(0) אַנטאָלאָגיע, אַנטראָפּאָלאָגיע, אַס־טראָלאָגיע, אַרכעאָלאָגיע, באַקטעריאָ־לאָגיע, גענעאַלאָגיע, כראָנאָלאָגיע, מיטאָלאָגיע, מינעראַלאָגיע, מעטע־אָראָלאָגיע, סאָציאָלאָגיע, עגיפּטאָ־לאָגיע, עטימאָלאָגיע, עטנאָלאָגיע, פּאַ־טאַלאָגיע, פּסיכאָ־אַנאַלאָגיע, פּראָזע־אָלאָגיע, קאָסמאָלאָגיע, קלימאַטאָ־לאָגיע א. אַנד.

אָגל

*האָגל
*לאָגל
*נאָגל
*איך וואָגל

(*) גאָגל מאָגל.

(פּ.) פלוגל, שמוגל.

אָגן

באַטראָגן
געקראָגן
*וואָגן
*מאָגן
*זאָגן
*פּאַרזאָגן
*טאָגן
*טראָגן
*פּאַרטראָגן
*צעטראָגן
*יאָגן
*פּאַריאָגן
*פּאַרמאָגן
*נאָגן
*פּלאָגן
*פּאַרצאָגן
*צוואָגן
*קלאָגן
*פּאַרקלאָגן
*שלאָגן
*דערשלאָגן
*צעשלאָגן

(*) די פּאַרטאָגן, פּאַראַכטאָגן, עגון, אורח הגון.

(0) די דיאַלאָג־ן, מאָנאָלאָג־ן א. א. וו. (גר. אָ ג — ן).

(פּ.) באַצוגן, פלוגן, צוגן, לוגן.

אָגע (פּגל. אָגיע)

חגא
טאָגע
טרעוואָגע
סינאַגאָגע
פּאָדלאָגע
פּוס נאָגע
סטראָגע
סאַראַטאָגא (נ.)
*דור הפלגה
*הנהגה
*השגה
*בהדרגה
*בזדון ובשגגה

(פּ.) דייטשוגע, וויוגע, פּאָדרוגע, פּרוי־סלוגע, פוגע, פראַמוגע, דערניוגע, קאַ־לוגע (נ.), גו גו!

אָ ג ע ר

*אַכטטאָגער
*זאָגער
*יאָגער
*שוואָגער
*מאָגער
*הגר (נ.)
*פראָגער (נ.)

(0) אַגער, סטראָגער, טאַגאַנראָגער (נ.), סאַראַטאָגער (נ.). (גר. אָ ג – ע ר).

(פּ.) ליוגער, קאַלוגער (נ.).

אָ ד (פּגל. אָ ט)

יסוד
סוד
עפּיזאָד
קאַראַהאָד
בראָד (נ.)
*באָד (א)
*געגאָד
*סאָד
*ראָד
*גראָד
*איך באָד
*איך לאָד
*איך שאָד

(0) קרן היסוד, אחד! גד (נ.), אָבּ־כאָד, דיאָד, ווזוואָד, זאַוואָד, יאָד, ליאָד, נאַראָד, סבראָד, סקוואָד, פּאָד, פּאָכאָד, פּאַראַכאָד, פּלאָד, פּעריאָד, פּערעוואָד, פריכאָד, קליינאָד, ראַסכאָד, אַלאַ מאָד, נאַפּעראָד. (פּ.) בויד, מויד.

(*) דזשאָד, זאָד, סינאָד, סמראָד, פּזשאָד, קאָמאָד, שופּלאָד.

(פּ.) ווערבליוד, זוד, טרוד, עטיוד, סוד, פּרוד.

אָ ד י ם

*פּאָדים
*בגדים
*חסדים
*משומדים
*פּחדים
*צדדים

(*) חשדים, מכובדים, מלומדים, נכבדים, עבדים, גמילת חסדים, גז ילדים, לאחדים, פּרא אָדם, בני אָדם, חיי אָדם (נ.), ראָדאָם (נ.), איך באָד אים, איך לאָד אים, איך שאָד אים. (גר. אָ ד, אָ ד ע – א י ם).

אָ ד י ע

מעלאָדיע
פּאַראָדיע
ראַפּסאָדיע
האָדיע!
דאָדיע (נ.)

(0) (זיין) בלאַגאָראָדיע, איך בראָדיע, איך פּלאָדיע. (גר. אָ ד – י ע).

אָ ד י ש

מעטאָדיש
מעלאָדיש
פּעריאָדיש
*לאָדיש
*(אַלט) מאָדיש
*(מקום) קדוש
*דבר חדש
*מלא וגדוש

(0) זאַראָדיש, עפּיזאָד־ש, פּאַראָד־יש, ראַפּסאָד־יש. (גר. אָ ד, אָ ד ע – י ש).

(פּ.) ווערבליודיש.

אָ ד ל

גד'ל (נ.)
*נאָדל
*כהן גדול
*האָדל (נ.)

(פּ.) בודל, פּודל, שטרודל, שפּרודל, איך דודל, איך דרודל, איך באַזודל.

אָ ד ן

באָדן (אַ)
מעטאָדן
געזאָדן
*אָדון
*לאָדן
*פּקדון
*פלאָדן
*שאָדן
*באָדן (זיך)
*געלאָדן

(0) מאָדן, די זאַוואָדן, עפּיזאָדן, פּאַראַכאָד—ן, קאַראַהאָד—ן א. אַ. וו. (גר. אָ ד – ן).

(פּ.) ווערבליוד—ן, עטיוד—ן א. א. וו. (זע: אָד.)

אָ ד ע

אָדע
וויגאָדע
מעטאָדע
פּאַגאָדע
פּעריאָדע
*אגדה
*הגדה
*התמדה
*מאָדע
*קאָמאָדע
*כּלאָ ידע
*מעשי ידי
*האָדע (נ.)

0) גאַספּאָדע, וואַיעוואָדע, ליאָדע, סאָדע, סוואָבאָדע, סקאָוואָראָדע, פּאָדוואָדע, פּאַראָדע, קאָלאָדע, שקאָדע, איך פּלאָדע.

פּ.) בליודע, דודע, לאַמעדודע, פּאָסודע.

אָ ד ע ם

*מעמדות
*הדם (נ.)

(*) אגדות, הגדות, התמדות, די מאָדע—ס, די קאָמאָדע—ס א. א. וו. איך באָד עס, אַ שאָד איז א. א. וו. (זע: אָד, און אָדע).

(פּ.) בליודעס, דודעס, ווערבליודעס, לאַמעדודעס.

אָ ד ע ר

יאָדער
לאָדער
שמאָדער
אָדער
בראָדער (נ.)
איך פּאָדער
איך צעהאָדער
איך צעקנאָדער
*אָדער (אַ)
*איך שנדר

(*) גראָד—ער, לאָד—ער, אין שטאָט דער, נישטאָ דער א. א. וו. (גר. אָ ד, אָ ד ע – ע ר, אָד. אָ, אָ ט – ד ע ר, ד י ר).

(פּ.) פּודער, כודער מודער, איך גודער.

אָ ד ק ע (זע: אָ ט ק ע)

אָוו (פגל. אָת)

יצר טוב
מזל טוב
כבוד אב
לרוב
*רב
*חודש אָב

(0) אבן טוב, תפלת שוא, ס'רוב, בכי טוב, ליובאָוו, טאַמבאָוו (נ.), פסקאָוו (נ.), ראָוו, ראָסטאָוו (נ.), שקלאָוו (נ.). (*) ואו, תיו, תשעה באב, עגל הזהב. (פ.) ווענזואָוו (נ.).

אָווים

*גנבים
*כלבים
*כתבים
*לולבים
*מקורבים
*קצבים

(*) כזבים, מערבים, נקבים, ערבים, בתי מושבים, עובד כוכבים. (גר. אָוו, אָווע–אים).

אָוול

*אָבל
*טאָוול
*בבל (אַ)

(0) באָוול. (*) נבל, גלות בבל, בלאָ־וואָל.

אָוון

אַלקאָוון
בעטהאָוועז (נ.)
*יון
*עזבון
*עם חכם ונבון

(0) דעם דובאָווע־ן, דעם מאַיאָווע־ן א. א. וו. (זע: אָווע).

אָוונט

*אָוונט
*פּאַר'יונ'ט

אָווניק

גראַנדאָווניק
הורטאָווניק
טשינאָווניק
ליובאָווניק
סאַנאָווניק
פּאַלקאָווניק
*למד ואו'ניק

(0) גווינטאָווניק, דוכאָווניק, וואַרטאָווניק, ליעדאָווניק, מאַיאָווניק, סאַדאָווניק.

אָווע

סאָווע
פּאַדקאָווע
וואַטאָווע
מאַיאָווע
סאַסנאָווע
סקאַרבאָווע
ראַפּטאָווע
איך כאָווע
איך קאָווע
*מחשבה
*נביא
*נדבה
*אש להבה
*בהרחבה
*שוה בשוה
*אביי ורבא
*יעלה ויבוא

*כותל מערבי
*צלבה

(*) גזירה שוה, מבוי, ערבה, מעשה מרכבה, דיני דבבא, לעתיד לבוא, אליהו הנביא. (פּ.) בלאָווע.

(0) אָסנאָווע, מאָווע, סטאָיקאָווע, סקלעפּאָווע, פּאַלאָווע, פּאָקאָיאָווע, רעוויראָווע, אָסינאָווע, אָרזשעבאָווע, באַלאָווע, באַראַנקאָווע, בורעקאָווע, גערבאָווע, דובאָווע, דובעלטאָווע, דישליאָווע, האָנאָראָווע, הורטאָווע, ווישניאָווע, טשאָפּאָווע, יאָסינאָווע, יוכטאָווע, לאָמבאַרדאָווע, מאַרצאָווע, מאַשינאָווע, מיליאָנאָווע, נאַראָדאָווע, סטעאַרינאָווע, עטאַטאָווע, עלעקטראָווע, פּאַטשטאָווע, פּאָסטעמפּאָווע, פּאַראָווע, פּוכאָווע, פּלאַכאָווע, פּלאַצאָווע, פּאַכאָווע, פּאַנטאָווע, פּעפּעראָווע, פּראַנטאָווע, פּרוכטאָווע, צעכאָווע, קאַזלאָווע, קאַלאַראָווע, קוואַרטאַלאָווע, קוטשעראָווע, ריסיאָווע, רעמיזאָווע, אָווע טאָווע, וואָווע (נ.), ליאָווע (נ.), דובראָווע (נ.), איך לאָווע, איך מליאָווע, איך פּאַרנאַראָווע, איך קליאָווע, איך ראָווע. (ל.) איך פּאַרטראָווע.

אָוועס

*מלאך המות
*קאַטאָוועס
*קבר אָבות
*קצבות
*בהרחבות

(*) מערבית, מחשבות, נדבות, ערבות, זכות אָבות, אימת מות, סם המות, (די) דריי בבות, די גזירה שוה'ס, די יעלה ויבוא'ס, חובת הלבבות (נ.), פּירוד לבבות, אלפים ורבבות, אביי ורבא'ס, אליהו הנביא'ס, צלבה'ס. (ל.) טעות (טאָוועס).

(0) די סאָווע־ס, איך כאָווע עס א. א. וו. (גר. א ו ו, א ו ו ע ־ ע ס, ס. א י ז).

אָוועָר

*עבר
*בעל דבר

(0) קאָוועָר, ראָוועָר, שאָוועָר, טאַמבאָוועָר, ראָסטאָוועָר, שקלאָוועָר, מאַרצאָווע־ר, מאַיאָווע־ר א. א. וו. (זע: אָווע). (גר. א ו ו, א ו ו ע ־ ע ר).

אָווקע

וויִנטאָווקע
זאַבאַסטאָווקע
טאַרגאָווקע
לאָווקע
ליאָווקע (נ.)
ווישניאָווקע
סטראַכאָווקע
סאָפּקע
פּילאָזאָפּקע
*וואַטאָווקע
*זשידאָווקע
*מאַיאָווקע
*פּאַטשטאָווקע
*פּסח'אָווקע
*צלבה'קע

(0) דאַכאָווקע, דיעשאָווקע, דניאָווקע, ברייניאָווקע, סקאָווקע, פּאַדיאָווקע, קלאַדאָווקע, ראַגאָווקע.

ווערבאָווקע, טרעניראָווקע, מאַטיוויראָווקע, מאַרשיראָווקע, מושטיראָווקע,

מעבלירּאָווקע, סאַרטיראָווקע, עמאַלי־
ראָווקע, פּאָליראָווקע, צינקאָווקע, קאַ־
מאַנדיראָווקע, רעטושאָווקע, שנוראָוו־
קע.
(*) אַלטאָווקע, דיקטאָווקע, פּאַקאַיאָוו־
קע, שטינקאָווקע, שפּריצאָווקע, לאַ־
פּאָווקע, מאַלינאָווקע.

אָ ז (פגל. אָ ס)

ווירטואָז
מאַטראָז
קוריאָז
גראַנדיאָז
איך לאָז
איך פאַרלאָז
איך צעלאָז
*בלאָז
*גלאָז
*גראָז
*האָז
*נאָז
*שטראָז
*שלאָז
*יקנה"ז

(0) אבאָז, אַפּאַפעאָז, אַפּלאָז, אַפּרי־
קאָז, אַפּיציאָז, באָז, באַמאָז, דיאַגנאָז,
היפּנאָז, טובערקולאָז, מאַקאַוואָז, נאַ־
וואָז, נאַרקאָז, סקלעראָז, פּאַראַוואָז,
פּסיכאָז, פּראַגנאָז, שמאַראַוואָז, סער־
יאָז, ראָז, אַפּקארז, ביקאָז, אינהאַלטס־
לאָז, ארבעטסלאָז א. א. וו. (פ.) הויז,
טויז, לויז, מויז, קרויז, איך ברויז,
ברוי־הויז, קאַלכאָז, סאָווכאָז.
(פ.) אַרבוז, גוז, טוז, סאַיוז, קאַראַפּוז,
גרוז, טשאַרנעהוז, קאָנפּיוז, איך אַנט־
שפּוז, איך יוז, איך עקסקיוז, איך רע־
פּיוז.

אָ ז ט (זע: אָסט)

אָ ז ל

שעיר לעזאזל
לולב הגזול
איך מאָזל
(זע: אָז).
(פ.) אַרבוז־ל, קאַראַפּוז־ל. (זע: וז).

אָ ז ן

דערלאָזן
פאַרלאָזן
צעלאָזן
*ירגזון
*בחפזון
*צעבלאָזן

(0) דאָזן, קאָזן, מימאָזן, פּאָזן, די
אַפּריקאָזן, ווירטואָזן, מאַטראָזן, פּאַ־
ראַוואָזן, קוריאָזן, דעם סעריאָז־ן, דעם
גראַנדיאָז־ן, דעם ראָז־ן א. א. וו.
(*) הויזן־בלאָזן, ברכת המזון, חלזון,
לשובע ולא לרזון, רזין דרזין, די
גראָזן, די האָזן, שטראָז־ן, שלאָז־ן
א. א. וו. (גר. אָ ז — ן).
(פ.) אַרבוזן, גוזן, סאַיוזן, קאָנפּיוזן,
יוזן, עקסקיוזן, רעפּיוזן, קאַראַפּוזן.

אָ ז ע

בעריאָזע
דאָזע
מימאָזע
פּאָזע
פּראָזע
קאָזע
*בזוי
*הכרזה
*העזה

(0) לאָזע, מעטאַמאָרפאָזע, גראַנדיאָזע, טובערקולאָזע, סעריאָזע, קוריאָזע, ראָזע (נ.), שפּינאָזא (נ.).

(פּ.) אַבוזע, בלוזע, מוזע, פוזע, שליוזע, זוזע, מעדוזע (נ.), איך גרוזע.

אָזער

*בלאָזער
*נזיר
*פּזר
*אלעזר (נ.)

(0) גראַנדיאָזער, סעריאָזער, קוריאָזער, ראָזער, קאָזער, דאָזער, אינהאַלט־לאָזער, ארבעטסלאָזער א. א. וו. (גר. אָז, אָזע־ער).

אָזשקע (זע: אָשקע)

אָט (פגל. אָד)

אידיאָט
אַנעקדאָט
באַיקאָט
באַנקראָט
גאָט
געבאָט
דעספּאָט
טראָט (א)
פּאַטריאָט
קאָמפּאָט
שאָט (א)
לוט
אָט
ער האָט
איך באָט
איך פאַרבאָט
איך שפּאָט
*דראָט
*נאָט
*שטאָט
*אַנשטאָט
*עס געראָט
*איך בראָט
*איך ראָט
*אויף באַראָט

(0) ירבעם בן נבט, אַבאַראָט, אַטשאָט, גאַוואָט, דאָן קיכאָט, האַטענטאָט, זאָט, יאָט, מאָט, סאָט, סאַן קיולאָט, סטשאָט, סמאָט, עשאַפאָט, פּאַטשאָט, פּולעמיאָט, פּילאָט, פאַגאָט, פלאָט, קאָט, קאַלוועראָט, קאַמלאָט, קאָמפּ־לאָט, קאַפּאָט, קלאַפּאָט, קראָט, רע־דינגאָט, ראַסטשאָט, ער דראָט. (פּ.) פלויט, שרויט, קאָוט, קרויט, ער פאַר־טרויט.

(*) דלאָט, שפּראָט, געבלאָ'ט, גע־גראָ'ט.

(פּ.) אַטריבוט, אינסטיטוט, באַלאָמוט, בוט, ברוט, גלוט, דיספּוט, דעביוט, וואוט, וואָרטוט, טשמוט, יאָקוט, לאָפּע־טוט. ליליפּוט, מאַרשרוט, נוט, מאַזוט, מוט, סאַלוט, סוט, סורדוט, סטאַטוט, פּראָסטיטוט, פּריוט, פוט, קאָיוט, קאַלאַ־קוט, קנוט, רעקרוט, שוט, אַבסאָלוט, קאַ־פּוט, רעזאָלוט, באַכמוט (נ.).

אָטים

*משפטים
*פרטים
*פשטים
*שבטים
*איך אָטעם

(*) חייטים, עשרת השבטים, איך ראָט אים, וואָס שאָט אים א. א. וו. (גר. אָט – אים).

אָ ט י ש

אידיאָטיש
גאָטיש
דעספּאָטיש
היפּנאָטיש
כאַאָטיש
עקזאָטיש
עראָטיש
שפּאָטיש
*שטאָטיש

(0) אנעקדאָטיש, ביגאָטיש, ראָז קי־כאָטיש, האָטענטאָטיש, נאַרקאָטיש, פּאַטריאָטיש, קאָקאָטיש, פּאָטאָש. (גר. אָ ט, אָ ט ע – י ש).

אָ ט ל

מאָטל (נ.)
*בטל
*זאָטל
*נאָטל (נ.)
*איך מאָטל

(0) אריסטאָטעל (נ.), באָטעל, איד־יאָט־ל, קאַפּאָט־ל א. א. וו. (זע: אָט).

(פּ.) לאַפּעטוטל, ליליפּוטל, סוטל, סור דוטל. (זע: וט).

אָ ט ן

באָטן
געבאָטן
פֿאַרבאָטן
געוואָטן
געזאָטן
באַטראָטן
פֿאַרטראָטן
פֿאַרקנאָטן
פֿאַרשאָטן
פֿאַרשפּאָטן
*טלית קטן
*שאָטן
*שטן
*געבראָטן
*ראָטן
*גערוֹטן

(0) די נאָטן, הוגענאָטן (נ.), די אידיאָטן, אַנעקדאָטן, דעספּאָטן, פּאַטריאָטן, האָטענטאָט־ן, שפּראָט־ן א. א. וו.

(*) יום כפּור קטן, פּורים קטן, חרש שוטה וקטן, דעם געבלאָט־ן, דעם גע־גראָט־ן, די דראָט־ן א. א. וו. (גר. אָ ט – ן).

(פּ.) מיליוטן מיט ציקוטן, די לאַפּע־טוט־ן, די סורדוט־ן א. א. וו. (זע: אָט).

אָ ט ע

בלאָטע
גריזאָטע
זלאָטע
לגאָטע
סוכאָטע
פּיעכאָטע
קאַפּאָטע
קוואָטע
ראָטע
מאָטע (נ.)
*ההלטה
*חרטה
*קטטה
*מטה
*נאָטע (נ.)

*געבלאָ'טע
*געגראָ'טע

(0) אָכאָטע, גראָטע, דלאָטע, האַלאָ־טע, נאָטע, נודאָטע, סליאָכאָטע, פּיעש־טשאָטע, צנאָטע, קאָקאָטע, שאַר־לאָטע (נ.), איך מאָטע, מאָטאָ, פּאָטאָ, אָטאָ (נ.).

(פּ.) מוטע, קאָיוטע, קוטע, שפּיצרוטע, אָטרוטע, וואָליוטע, פּאָקוטע, רעזאָלוטע, אַניוטע (נ.), קאַלקוטע (נ.), רעדוטע (נ.), איך פּוטע, ברוטאָ, בודטאָ, ביוטי.

אָ ט ע ר

*בלאָטער
*טאָטער
*טל ומטר
*פּיפּערנאָטער
*פּאָטער
*קאָטער
*פּטור

(0) לאָטער, מאָטאָר, סמאָטר. (פּ.) אויטאָר, האָט ער, פּאַרבאָט ער, שפּאָט ער א. א. וו.

(*) געבלאָ'טער, געגראָ'טער, בראָט ער, געראָט ער, ראָט ער, באָדט ער, לאָדט ער, שאָדט ער א. א. וו. (גר. אָ ט, אָ ט ע - ע ר, א י ר).

(פּ.) וואוטער, כוטער, אַבסאָלוטער, רע־זאָלוטער, באַכמוטער (נ.), קאַלקוטער (נ.), ליוטער (נ.), עקזעקיוטאָר, פּראָסע־קיוטאָר.

אָ ט ק ע

אידיאָטקע
גלאָטקע
טשאַכאָטקע
פּלאָטקע
פּליאָטקע
מאָטקע (נ.)
לאָדקע
סלאָבאָדקע (נ.)

(0) בלאָטקע, נאַגניאָטקע, נאָטקע, טשעטשאָטקע, טשעסאָטקע, סטשאָט־קע, פּאַדמיאָטקע, קאַלעקאָטקע, קאָ־קאָטקע, רעשאָטקע, סכאָדקע, ספּאָד־קע, סקאָוואָראָדקע, פּאַכאָדקע, קאַלאָד־קע, כאָדקע. (*) נאָטקע (נ.).

אָ ט ש

קאָטש
כאָטש
לאָדזש (נ.)

(0) טאָטש, קראָטש, דזשאָדזש, וויל־גאָטש.

אָ ט ש ע

קליאָטשע
כאָטשע
איך באַלעבאָטשע
איך טאָטשע
איך כאָכאָטשע
איך כלאָפּאָטשע
איך מאָראָטשע

(0) פּלאָטשע, קוואָטשע, ראַבאָטשע, סמאָטשע (נ.), איך גאָגאָטשע, איך גראָכאָטשע, איך וואָראָטשע (זיך), איך טעלעפּאָטשע, איך סאָקאָטשע, איך צעקאָלאָטשע, איך קאַלעקאָטשע, איך ראָהאָטשע, באָט זשע, פּאַרבאָט זשע, האָט זשע א. א. וו. (גר. אָ ט ־ ז ש ע).

אָ-ים

*גבאים

*חטאים

*חלאים

*משוגעים

*נאַראָאים

*פּראים

*רשעים

*תנאים

*ימים נוראים

*פּלאי פּלאים

(*) אמוראים, חשמונאים, מצורעים. נגעים, פּגעים, פּתאים, רמאים, קנאים, קראים, סדר זרעים, הרהורים רעים, מעשים רעים, שרשים מרובעים, ברוכים הבאים, בן ארבעים, לחצאים, מה טוב ומה נעים, נישטאָ אים. (גר. אָ - א י ם).

(ל.) גוים, אפרים, ירושלים, איך בוי אים, איך פּאָיע אים א. א. וו. (זע: וו-ים).

אָ ך

בראָך

וואָך

יאָך

לאָך

שטאָך

תוך

אָך!

דאָך

נאָך

איך קאָך

*דערנאָך

(0) כּל ולך, באָך, דזשאָך, זאָך, זבאָך, טשאָך, מאָך, פּראָך, פּאָך, צוואָך, ראָך, שאָך, שטראָך, שטשאָך, שליאָך, שפּראָך, איך שלאָך, איך שמאָך. (פּ.) בויך, יויך, אויך, איך ברויך.

(פּ.) (זע: יך).

אָ כ ט

פלאָכט

פאַריאָכט

צעקאָכט

(0) ער שלאָכט, ער שמאָכט.

(פּ.) געברויכט, ער לויכט.

אָ כ ט ן

געפּאָכטן

פאַרפלאָכטן

פאַרראָכטן

געשאָכטן

(0) דעם אונטעריאָכט-ן, דעם צע־קאָכט-ן. (פּ.) געלויכט-ן. (גר. אָ כ ט - ן).

אָ כ ט ע

באָכטע

שמאָכטע

פאַריאָכטע

צעקאָכטע

(0) כּל ולד'טע. (פּ.) געברויכטע.

אָ כ ט ע ר

טאָכטער

(0) פאַריאָכט ער, קאָכט ער א. א. וו. (זע: אָכט).

אָ כ י ם

*גלחים

*דרכים

*חכם

*מזרחים

*מלאכים
*מלכים
*מקחים
*שבחים
*נחום

(*) זבחים, טפחים, כרכים, מוסמכים, מוצלחים, משולחים, נצרכים, רווחים, תלמיד חכם, נאַד אים. (גר. אָ ד, אָ כ ע - א י ם).

אָ כ ל

*כל יכול
*כביכול
*איך יכול
*רחל

(0) פּאַלטאָכל. (פּ.) איך שטרויכל.

(*) הולך רכיל.

אָ כ ן

וואָכן
עפּאָכן
קנאָכן
אונטערבראָכן
געבראָכן
פאַרבראָכן
צעבראָכן
פאַריאָכן
קאָכן
געקראָכן
פאַרקראָכן
צעקראָכן
געשטאָכן
געשטראָכן
געשפּראָכן
פאַרשפּראָכן
*בטחון
*נצחון
*שכן
*היתכן

(0) אָכן, זאָכן, זשאָכן, פּאָכן, שלאָכן, שמאָכן (פּ.) ברויכן.

(*) לכן, איך מלאכה'ן, הולך על גחון.

(פּ.) ברוכן, גערוכן, יעוונוכן, סלוכן, פלוכן.

אָ כ ע

סאָכע
סומאַטאָכע
עפּאָכע
איך פּאָכע
*ברכה
*הבטחה
*הנחה
*הצלחה
*השגחה
*מלאכה
*מערכה
*משפּחה
*מזרחי

(0) ספּיאָכע, פּיעשטשאָכע, יאָכע (נ.), יעוודאָכע (נ.), ראָכע (נ.), איך אָכע, איך באָכע, איך דזשאָכע, איך זבאָכע, איך טשאָכע (זיך), איך פליאָכע, איך פאַרשליאָכע, איך קאָכע (זיך), איך שטשאָכע.

(*) בעל מלאכה, גע'סרח'ע, הדרכה, הוכחה, הלכה, הרווחה, מזל ברכה, זכר צדיק לברכה, זכרונו לברכה, לחיים ולברכה, יגון ואנחה, כל הקודם זכה, רח'ע (נ.).

(פּ.) זאַוויערוכע, יוכע, סטאַרוכע, פּיעשטשוכע, קאַטערוכע, קאַפּאַטוכע, שליוכע,

זאַלאָטוכע, סיוואוכע, איך איזניוכע (זיך), איך כוכע, איך ניוכע, איך סקרוכע.

אָ כ ע ם

*קדחות
*צולהכעיס
*לכל הפחות

(0) די סאָכעם, סומאַטאָכעם, ספּיאַ־כעם, פּיעשטשאָכעם, איך קאָך עס, איך פליאָכע עס א. א. וו.

(*) אָדם פּחות, משה ת..., ברוך מזכיר נשכחות, די כרכות, מלאכות, מערכות. משפּחות, הבטחות, הנחות, דעם מזרחי׳ס א. א. וו. (זע: אָך, און אָכע).

(פ.) וואוכעס, פּעטוכ—עס, קאַטערוכע—ס א. א. וו. (זע: אָך, און אָכע).

אָ כ ע ר

*בחור
*זכר
*שחור
*ישכר (נ.)

(0) וואָכער, פלאָכער, פּאָכ—ער, קאָכ־ער א. א. וו.

(*) מחר, שוכן אחור, שלום זכר, שומר שכר, שאָכער, נחור (נ.). (גר. א ך, א כ ע - ע ר, ר).

(פ.) סוכאַר, קוכאַר.

אָ ל

וואָל
זול
עול
קול
ראָל
איך דערהאָל (זיך)
איך ווידערהאָל
איך זאָל
*טאָל
*נאָל
*צאָל
*קהל
*קריסטאָל
*שאָל
*שטאָל
*שפּיטאָל
*אַמאָל
*שמאָל
*נתפּעל
*איך גאָל
*איך מאָל
*איך צאָל
*ישמאל
*ישראל
*מיכאל
*רפאל
*שאול

(0) דברי חול, שין שמאל, כל וכל, קודם כל, בכל מכל כל, בעירום ובחוסר כל, סמא״ל (נ.), אידאָל, אַלקאָהאָל, אַפּאָסטאָל, אָרעאָל, באָל, באַנדעראָל, בענזאָל, גאַסטראָל, גאָרדזשאָל, גראָל, האָל, טראָל(ד), טשעכאָל, כאָכאָל, נאַ־מאָל, (אַדרעסני) סטאָל, סימבאָל, פּאַ־דאָל, פּאָמאָל, (נאָרד) פּאָל, פּאָסאָל, פּאַראַסאָל, פּאַראָל, פּיסטאָל, פּעטראָל, פּראָטאָקאָל, פּיאָל, פּיטריאָל, פּייפּיאָל, צאָל, קאַדראָל, קאַזיאָל, קאָטיאָל, קאָל, קאַמיזאָל, קאָסציאָל, קאַרבאָל, קופּאָל, קנאָל, קרעאָל, שנאָל, שפּאַניאָל, פּרי־וואָל, אָבוואָל, נאַכסאָל, פּאַשאָל, דאָל דאָל! (פ.) קויל, פּויל.

זשיראַנדאָל, (בע)מאָל, מאָנאָפּאָל, מאָנגאָל, מאָזאָל, סאָל, קאָנטראָל, טי־ראָל (נ.), פּאָדאָל (נ.).

(*) ראש הקהל, אוהב ישראל, בת־ישראל, גדול בישראל, חוק לישראל, עוכר ישראל, פּושע ישראל, שומר ישראל, שונא ישראל, אחינו בני ישראל, ארץ ישראל, כדת משה וישראל, כל ישראל, כלל ישראל, כנסת ישראל, עדת ישראל, צור ישראל, קבר ישראל, קהל ישראל, שמע ישראל.

(פּ.) וועסטיביול, טול, מאַטול, סאָמנאַ־בול, סטימול, עסאַאול, פּאַטרול, פּול, קאַפּול, קאַראַאול, רול, שול, שפּאַקול. שפּול, וואול, האָרבול, נול, קול, רידי־קיול, טיול, בול בול!

אָ ל ג (זע: אָלק)

אָ ל ד (זע: אָ ל ט)

אָ ל ד ן

טראָלדן
יאָלדן
גאָלדן (אָ)
געמאָלדן

אָ ל ט

געוואָלט
פֿאַרוואָלט
געזאָלט
ווידערהאָלט
עס גראָלט
ער דערהאָלט
ער קנאָלט
ער ראָלט
גאָלד
יאָלד
האָלד
*ער באַצאָלט
*ער גאָלט
*ער מאָלט
*ער צעמאָלט
*ער קהל׳ט (זיך)
*ער פֿאַרשמאָלט

(0) וואָלט, רעוואָלט, רעזאָלט, ער צאָלט, ער קאָלט, ער שנאָלט. (פּ.) פּאַרפּוילט, טראָלד, קאָלד, העראָלד, בערטאָלד (נ.).

(*) ער נאָלט (צו), טשאָל(נ)ט.

(פּ.) פּולט, קולט, געשולט, ער רולט, ער שפּולט.

אָ ל ט ן

קאָלטן (אָ)
געגאָלטן
פֿאַרגאָלטן
פֿאַרשאָלטן
צעשפּאָלטן

(0) דעם ווידערהאָלט־ן, דעם פֿאַר־פּוילט־ן א. א. וו. (גר. אָ ל ט – ן, אָ ן, אָדער אָ ל – ט אָ ן).

אָ ל י ם

*טייוואָלים
*כללים
*מאכלים
*מנוולים
*מקובלים
*משלים
*שקלים
*חלום
*שלום
*אבשלום

(*) אוהלים, מטופלים, נמשלים, הבל הבלים, שלש רגלים, פרשת שקלים, רודף שלום, בשלום, חס ושלום, עליו השלום, עליכם שלום, ירא ושלם, איך באצאָל אים, איך גאָל אים א. א. וו. (גר. א ל, א ל ע - א י ם).

אָליע (פגל. אָלע)

דאָליע
וואָליע
מאָזאָליע
מעלאַנכאָליע
פאַסאָליע
פאַוואָליע
איך פאַזוואָליע

(0) באַראַבאָליע, טאָפּאָליע, מאַנקאָ־ליע, מעטראָפּאָליע, קאָליע, קאַנטראָ־ליע, קאַניפּאָליע, אָליע (נ.), פּאָליע (נ.), אַנאַטאָליע (נ.), אַנטאַפּאָליע (נ.), אַסטראָפּאָליע (נ.), מאַנגאָליע (נ.), פּאַדאָליע (נ.), איך כאָליע.

אָליק

אַלקאָהאָליק
מעלאַנכאָליק
סימבאָליק
קאַטאָליק
קאַרבאָליק
*קראָליק
*ישמאל'יק
*ישראל'יק
*עמלק
*בלק

(0) פּאַראַסאָליק, ווידערהאָליק, מאָ־ליק, קופּאָליק, האָלעק, וואָלעק, פּאַכאָ־לעק, פּאָליאַק. (גר. א ל - י ק).
(פּ.) זשוליק, זאַוואָלעק, פּשיטולעק.

אָליש

מאָנגאָליש
מעלאַנכאָליש
סימבאָליש
ספּאַניאָליש
קאַטאָליש
*חלוש
*פּאָליש
*שליש
*טייוואָליש

(0) אַלקאָהאָל־יש, אַפּאָסטאָל־יש, פּאָ־דאָל־יש א. א. וו.
(*) ישראל'יש (נ.), קאָליש (נ.), מקובל'יש, קהל'יש, בעל עגלה־יש, יללה־יש א. א. וו. (גר. א ל, א ל ע - י ש).

אָלן

גראָלן
צאָלן
ראָלן
געדראָלן
געקוואָלן
געשוואָלן
דערהאָלן
ווידערהאָלן
צעקנאָלן
פאַרשנאָלן
מיר זאָלן
*גאָלן
*מאָלן
*צעמאָלן
*באַצאָלן
*קהל'ן (זיך)
*פאַרשמאָלן

(0) (פּ.) קוילן, פוילן, דעם פּריוואָלן, די באַנדעראָלן, גאַסטראָלן, סימבאָלן,

פאַראַסאָלן, פּראַטאַקאָל־ן, קופּאָל־ן א. א. וו.

(*) טאָלן, נאָלן, צאָלן, די שפּיטאָל־ן, ישראל־ן א. א. וו. (גר. אָ ל – ן).

(פ.) די פּאַטרול־ן, שול־ן א. א. וו. (זע: אָל).

אָלע (פגל. אָליע)

סמאָלע
פּאָלע
ראָלע
שקאָלע
פּריוואָלע
*כהלה
*בעל עגלה
*הבדלה
*השכלה
*התחלה
*יללה
*מלא
*ממשלה
*מפּלה
*קבלה
*קללה
*שמאָלע
*נפתלי

(0) מהיום והלאה, וויאָלע, גאַנדאָלע, טאָלע, טאַמבאָלע, טריאָלע, סאַוואָלע, סטאַראָלע, פּיאָלע, קאַזיאָלע, קראַמאָ־לע, גאָלע, סאָלא, קאָלא, אַפּאָלא (נ.), (פ.) פּוילע.

(*) ברכה לבטלה, הנהלה, מלאכי חבלה, שלשת ימי הגבלה, ועד הכללי, בראש גלוי, זמרי בן סלוי (נ.), מעשה תלוי.

(פ.) אָקולע, כאַמולע, סקולע, פאָרמולע, פערדולע, קוטורולע, שולע, שפּולע, בי־בולע, אַ פּולע.

אָלעס

*גלות
*היכלות
*חיילות
*מזלות

(*) ספר הגורלות, די בהלות, בעלי עגלות, התחלות, יללות, די מלא׳ס, ממשלות, מפּלות, קבלות, קללות, נפתלי׳ס, להבדיל אלף אלפי הבדלות, איך גאָל עס, איך מאָל עס, איך צאָל עס א. א. וו. (גר. אָ ל, אָ ל ע – ע ס, ס, א י ז).

(0)קאָלאָס, כוואָלעס (נ.), גאַרדזיאָל־עס, קאַזיאָל־עס, קאַסציאָל־עס, די פּאָלע־ס, שקאָלע־ס, איך ראָל עס, איך שנאָל עס א. א. וו.

(פ.) אָקולע־ס, כאַמולע־ס א. א. וו. (זע: אָלע).

אָלעק (זע: אָליק)

אָלער

דאָלאַר
פּריוואָלער
איך קאָלער
זאָל ער
*טאָלער
*מאָלער
*צאָלער
*שמאָלער

(0) אַ גאָלער, קאָלאַר. (פ.) פּוילער. (גר. אָ ל – ע ר).

אָ ל ף

גאָלף
וואָלף (נ.)

אָ ל פּ ן

געהאָלפן
וואָלפּ׳ן
(גר. אָ ל - פּ ו ן).

אָ ל ץ

האָלץ
שטאָלץ
*באָלץ

(0) וואָליץ, דעם יאָלד-ס, באַצאָלט-ס, מאָלט-ס א. א. וו. (גר. אָ ל ט - ס).
(פּ.) א פּאַרפּוילט׳ס.

אָ ל צ ן

שטאָלצן
צעשמאָלצן

אָ ל ק

טאָלק
פּאָלק
פֿאָלק
קאָלק
ערפֿאָלג
איך פֿאָלג
איך פֿאַרפֿאָלג

אָ ל ק ן

וואָלקן
פֿאָלקן
געמאָלקן
(גר. אָ ל ק - א י ן, אָ ן).

אָ ל ק ע

יאָלקע
פּאָלקע
קאַרבאָלקע

(0) טריאָלקע, באָכאָלקע, סטאָלקע, ספּאַניאָלקע, קאָמיזאָלקע, קרעאָלקע, ראָלקע, סמאָלקע.

טיראָלקע, מאָנאָפּאָלקע, פּאָלקע, פּאַראָסאָלקע, פּאַסאָלקע.

(*) קרישטאָלקע, ישמאל׳קע, ישראל׳-קע, מיכאל׳קע, נפתלי׳קע, רפאל׳קע.

אָ ם

אַלבאָם
בשר ודם
דיפּלאָם
פּאָגראָם
פֿאַראָם
שוואָם
שטראָם
פּלוים
תהום
סדום
גערוים
קוים
עד היום
איך זוים
איך צוים
איך רוים
איך שוים
*קראָם
*לאָם
*אברהם

(0) אחד העם (נ.), יחי העם! ימח שמם, לא קם, חי ק״ק סערעבראָם, נס גדול היה שם, אידגעזוקאָם (נ.).

אַגראָנאָם, אַנאַטאָם, אַסטראָנאָם, גאַסטראָנאָם, עקאָנאָם, פיזיאָנאָם, אַטאָם, אידיאָם, באָם, בראָם, גנאָם, דאָם, טאָם, כראָם, לאָם, סימפּטאָם, פריאָם, פאַנטאָם, אווטאָנאָם, פּאָל־קאָם, פּריטאָם, בים באָם!

(פּ.) בום, קאָסטיום, קום, רום, פּאַרפיום, דום, דאַרום, ווארום, זום! ערזערום (נ.), אייגענטום, הייליגטום, מאַקסימום, מינימום.

אָ מ י ם

תהומים

*בשמים

*דמים

*חכמים

*צלמים

(*) חרמים, מושלמים, מפורסמים, שלמים, עצירת גשמים, עלילת דמים, שפיכת דמים, אריכת ימים, קצור ימים, בקרב הימים, דברי הימים, חי עולמים, תלמידי חכמים, צדיק תמים, אלף פעמים. (גר. אָ ם, אָ מ ע – א י ם).

אָ מ ע

*הסכמה

*הקדמה

*השכמה

*חכמה

*טמא

*מלחמה

*נחמה

*נקמה

*נשמה

*מסתמא

*אברהמ'ע

*רחמה

(0) אַקסיאָמע, אווטאָנאָמע, באָמע, פּאָלקאָמע, איך לאָמע, איך לאַקאָמע (זיך), קאָמא, ניאָמע (נ.), שליאָמע (נ.), נעמי (נ.).

(*) השלמה, יבמה, יציאת נשמה, עלית נשמה, ביד רמה, עד חרמה, דברים של קימא, (אין דער) אדמה, בורא פרי האדמה, אדם להבל דמה, כל ימי.

(פּ.) אומע, גומע, סומע, קומע, די דומע, פּאַרפיומע, איך זומע, איך לומע.

אָ מ ע ן

זאָמען

ווילקאָמען

פּאָלקאָמען

צעלאָמען

*נאָמען (אָ)

*לאָמען

*אָמן

*בנימין

*המן

(0) לאַקאָמען (זיך)· (פּ.) פלוימען, תהומ'ען, דעם גערוימען, פאַרזוימען, פאַרצוימען, פאַררוימען, שוימען, די אַגראָנאָמען, אַלבאָמען, דיפּלאָמען, פּאָגראָמען, פּאַראָמען, שוואָמען, שטראָמען, אידיאָמ־ען, סימפּטאָמ־ען א. א· וו.

(*) אבוד ממון, דעם טמא'ן, די קראָמ־ען, אברהם־ען, נחמה־ן, רחמה־ן א. א. וו. (גר. אָ ם, אָ מ ע – ן).

(פּ.) די סומען, פּאַרפיומען, זומען, לומען.

אָ מ ע ס

*אקדמות

*הסכמות

*הקדמות

*השכמות

*חכמות

*מלחמות

*נשמות

(0) די אֶקסיאָמעס, באָמעס, דיפּ־לאָמעס, לאָמעס, ניאָמע׳ס, שליאָמע׳ס, נעמי׳ס, סאָמים, פּראָמים, די קאָמא׳ס, טאָמאָס (נ.), איך לאָמע עס. (פּ.) איך פאַרזוים עס, איך פאַרצוים עס, איך פאַררוים עס, איך שוים עס.
(*) השלמות, יבמות, אל נקמות, ש״י עולמות, גל של עצמות, הזכרת נשמות, ישועות ונחמות, קללות און חרמות, נוטה למות, עמוס (נ.). אברהמע׳ס, נחמה׳ס, רחמה׳ס, דעם טמא׳ס, איך לאָם עס. (גר. אָ ם, אָ מ ע – ע ס).

(פּ.) די אומעס, גומעס, סומעס, קומעס, דומעס, איך זומע עס, איך לומע עס.

אָ מ ע ר

טאָמער

לאָמיר

זשיטאָמיר

האָב מיר

*גוי גמור

*געיאָמער

*טמא׳ר

*לאָמער

*הזמיר

*תמר (נ.)

(0) באָמער, סטראָמער, אווטאָנאָמער, פאָלקאָמער, קאָמאַר. (פּ.) גערוימער, פאַרצוימער.

(*) עוון חמור, נישטאָ מער, ברוך שאמר, מאן דאמר, שמ״ר (נ.). (גר. אָ ם, אָ מ ע – ע ר, אָד. אָ – מ י ר, מ ע ר)·

(פּ.) פאַרפיומער, קאָסטיומער, רומער.

אָ ן

באַלקאָן

באַראָן

וואַגאָן

טאָן (אַ)

טראָן

לעגיאָן

מיליאָן

סאַלאָן

פּערזאָן

פּאַסאָן

פּאַעטאָן

קאַנאָן

שפּיאָן

מאַנאַטאָן

וואָן!

פּאַרדאָן!

גלין גלאָן!

דן (נ.).

איך קאָן

*האָן

*מאָן

*סטאָן

*פאָן

*צאָן

*קאָן

*שפּאָן

*אויבן אָן

*געטאָן
*פאַרטאָן
*איך באַטאָן
*איך מאָן
*איך דערמאָן

(0) בר מינן, רחמנא ליצלן, שבת חזון. גראַמאָפאָן, טעלעפאָן, מעדאַליאָן, סעזאָן, קאָמפּאַניאָן, ראַיאָן. אַפּאַלאָן (נ.), אַראָן (נ.), סאַלאָמאָן (נ.). (פּ.) איך פאַרברוין; איך שוין, איך שטוין.

אילוזיאָן, באַטאַליאָן, באַלאַכאָן, באַלאָן, באַריטאָן, בוליאָן, ביליאָן, גאַלאָן, גאַרניזאָן, דיוויזיאָן, דראַקאָן, זאַקאָן, זשאַרגאָן, זשעטאָן, טראַמבאָן, טריליאָן, טשעמפּיאָן, יוניאָן, לימאָן, מיסיאָן, סיפאָן, עסקאַדראָן, עשאַלאָן, פּאַוויליאָן, פּאָטשטאַליאָן, פּענסיאָן, פלאַקאָן, פעליעטאָן, קאָמערטאָן, קאָנדאָן, קאַרטאָן, קוואַדריליאָן, קופּאָן, שאַבלאָן. אַנטאָן (נ.), דאָן (נ.), כערסאָן (נ.), סמאַרגאָן (נ.).

אָדעקאָלאָן, באָנבאָן, בוטאָן, אויקציאָן, בעטאָן, גאַוראָן, דיאַפּאַזאָן, דיאַקאָן, וויאָלאָן, זאַהאָן, טאַלאָן, טשעכאָן, לאַמפּיאָן, לעקסיקאָן, מאַהאָן, מאַסאָן, מיקראָפאָן, סאַקסאָפאָן, סטריזשאָן, סקאָרפּיאָן, פּאַטראָן, פּאָנטאָן, פּאַפּילאָן, פּיאָן, פּיסטאָן, פּעראָן, פאָן, פורגאָן, ציוואָן, ציקלאָן, קאָטיליאָן, קאָנטאָן, קאַפּיושאָן, קאָנפעקציאָן, קאָרדאָן, קליאָן, קרעטאָן, קאַרדימאָן, ראָזשאָן, ראָן, רעגיאָן, שיניאָן, שיפאָן, ליאָן, אוניסאָן, באָנטאָן, גאַרסאָן! נאַציאָן, ציוויליזאַציאָן א. א. וו. (זע: אַ צ י ע).

(פּ.) אָפּיעקון, וויון, זדון, טאַבון, טייפון, טריבון, מאָנסון, סאַלון, א. א. וו. (זע: ון).

אָ נ ד (זע: אָ נ ט)

אָ נ ד ע

באָנדע
ראָטאָנדע
בלאָנדע

(0) ראָנדאָ, דזשיאָקאָנדאָ (נ.), דערמאָן דו, מאָן די א. א. וו. (גר. אָ ן - ד ו, ד י, ד אָ).

אָ נ ד ע ר

באָנדער
בלאָנדער

(0) פליאָנדער, שמאָנדער, דער פּאַסאָן דער, דערקאָן דיר א. א. וו. (גר. אָ ן - ד י ר, ד ע ר).

אָ נ ט

האָריזאָנט
פראָנט
באַקאָנט
געקאָנט
דערקאָנט
ער טראָנט
סוואָנד
פּאָנד
בלאָנד
*נאָנט
*ער באַטאָנט
*ער מאָנט
*ער דערמאָנט

(0) דיסקאָנט, וויקאָנט, פּאָנט, קאָנט, רעמאָנט, באָנד, סאָנד, באַ־מאָנד,

דעמי־מאַנד (פּ.) ער פאַרברוינט, ער שוינט, ער שטוינט.
(פּ.) בונט, קליונט, שפּונט, „בונד", גרונד, וואַגאַבונד, מונד, קונד, שליונד, שטונד, שונד, רונד.

אָ נ ט ע

אַקאַנטע
דיסקאַנטע
באַקאַנטע
גאַנטע (נ.)
איך פלאַנטע

(0) איך מאַנטע. (פּ.) פאַרבּרוינטע.
(*) כאַנטע, באַטאַנטע, דערמאַנטע, נאַנטע.

אָ נ י ם

*בדחנים
*בטלנים
*בנים
*בנינים
*בעלנים
*גזלנים
*דיינים
*דלפנים
*חזנים
*טייוולאָנים
*יונים
*יחסנים
*למדנים
*מזומנים
*מחותנים
*מנינים
*נאַראָנים
*סמנים
*ענינים
*עקשנים
*פנים
*קבצנים
*רבנים
*שדכנים
*שתדלנים
*תלינים

(0) שונאים, סלאַנים (נ.), פסעוודאָ־נים.
(*) בושת פנים, הדרת פנים, עזות פנים, קבלת פנים, לפנים, על כל פנים, ימים ושנים, עשרה בטלנים, צער גידול בנים, תוכן הענינים, דבר אל העצים ואל האבנים.
(*) אכלנים, ביישנים, גברנים, גדלנים, דרשנים, ותרנים, זייפנים, חלפנים, חקרנים, ידענים, יקרנים, ישרנים, כזבנים, כעסנים, ליצנים, מקשנים, נאמנים, נדבנים, נצחנים, סבלנים, עסקנים, פזרנים, פחדנים, פייטנים, פשטנים, פשרנים, קבלנים, קברנים, קמצנים, קנינים, קפדנים, רגזנים, רחמנים, רצחנים, שקרנים, אחשתרנים. אַז אים, איך דערמאַן אים א. א. וו. (גר. אַ ז, אָ נ ע – א י ם).

אָ נ י ע

אַגאָניע
איראָניע
דאָלאָניע
האַרמאָניע
סימפאָניע
צערעמאָניע
קאָלאָניע

(0) העגעמאָניע, יאַנדראַניע, לאַדאַניע, מאַטרימאַניע, ניאַניע, פּאַטרימאַניע, פנעוומאַניע, פאַניע, קאַקאַפאַניע, קאַ־ליפאַניע, אַנטאַניע (נ.), בראַניע (נ.),

דאַניע (נ.), מאַניע (נ.), סאַניע (נ.), ראַניע (נ.), פילהאַרמאַניע (נ.), אַראַגאַניע (נ.), באַלאַניע (נ.), גאַסקאַניע (נ.), טעווטאַניע (נ.), יאַפּאַניע (נ.), מאַקעדאַניע (נ.), סלאַוואַניע (נ.), עסטאַניע (נ.), קאַטאַלאַניע (נ.), קאַליפאַרניע (נ.). (גר. אַ ז - י ע).

אָ נ י ע ם

*פורעניות
*נשים צדקניות

(0) שמאַכטעם און דראַניעס, די דאַלאַניע-ס, ראַניע-ס א. א. וו. (זע: אַניע).

אָ נ י ש

איראַניש
דעמאַניש
האַרמאַניש
כראַניש
לאַקאַניש
סאַרדאַניש
פלאַטאַניש
מאַניש (נ.)
*בדחנ'יש
*בטלנ'יש
*חזנ'יש
*יונ'יש
*יחסנ'יש
*פחדנ'יש
*קבצנ'יש
*רבנ'יש

(0) אַרכיטעקטאַניש, דראַקאַניש, סימפאַניש, אַראַגאַניש, באַלאַניש, גאַסקאַניש, טעווטאַניש, מאַקעדאַניש, סלאַוואַניש, עסטאַניש, קאַטאַלאַניש, א. א. וו.

(*) גזלנ'יש, דלפנ'יש, טייוולאַניש, ליצנ'יש, למדנ'יש, עקשנ'יש, קמצנ'יש, רצחנ'יש, שדכנ'יש, שתדלנ'יש א. א. וו. (גר. אַ ז, אַ נ ע, אַ נ י ע, אַ נ י ם - י ש).

אָ נ ם

אַנאַנם
וואַנם
פאַנם
בראַנז

(0) די יוניאַנס. (פ.) אַ ברוינ'ס, סאַלאַמאַנ-ס, דעם באַראַנ-ס א. א. וו. (גר. אַ ז - ס).

אָ נ ע

איקאַנע
בראַנע
זאַבאַבאַנע
מאַדאַנע
נאַנע
פרימאַדאַנע
קאַלאַנע
*אלמנה
*הכנה
*כוונה
*לבנה
*מתנה
*סכנה
*תקנה
*ראש השנה
*שהחיינו
*אלקנה
*חנא

(0) אַבאַראַנע, אַכראַנע, באַנע, בעלאַדאַנע, וואַזאַנע, וואַראַנע, זאַנע, מאַטדאַנע, מאַקאַראַנע, פאַטראַנע, פיסטאַ-

נע, קאַראַנע, קימאָנע, מיניאָנע, באַר־צעלאָנע (נ.), סאַרבאָנע (נ.), זאַקאָננע, מאָנאַטאָנע, סעזאָננע, פּאַסאָננע, קאַ־זיאָננע, ראַיאָננע, שאַבלאָננע (פ.) ברוינע.

(*) כאָנע, השתנה, מענינא, נאמנה, רחמנא, קטני אמנה, בלי מסקנה, אתה בחרתנו, מים שלנו, מרנא ורבנא, פּנוי, בר יוכני (נ.).

(פ.) דויטשונע, טריבונע, קאָמונע, קונע, שטאַבונע, שכונע, פּאַרטונע.

אָ נ ע ן

באַקאָנען
דערקאָנען
טראַנען
*באַטאָנען
*מאָנען
*דערמאָנען
*אלחנן
*חנן
*לבנון

(0) וואָנען (זיך), פּאָנען. (פ.) פּאַר־ברוינען, שטוינען. די באַראָנ־ען, גראַמאָפאָנ־ען א. א. וו.

(*) סברי מרנן, צורבא מרבנן, תנו רבנן, עמוד הענן, אלקנה־ן, חנא־ן א. א. וו. (גר. אָ ן – ע ן).

(פ.) טריבונען, סאַלונען, אַלונען, טשו־גונען.

אָ נ ע ם

*בדחנות
*בטלנות
*בעלנות
*חורבנות
*חזנות
*יחסנות
*ליצנות
*למדנות
*משכנות
*נאמנות
*סבלנות
*עקשנות
*פחדנות
*קבצנות
*קרבנות
*רבנות
*רחמנות
*שדכנות
*שתדלנות
*תענית
*שלח מנות
*ים אוקינוס
*אור הגנוז

(0) לאַראָנעם, פּאַגאָנעם, פּאַנטאַלאָ־נעם, באָנבאָנעם, דיאַקאָנעם, וואַגאָ־נעם, זאַהאָנעם, זאַקאָנעם, פּאָטשטאַ־ליאָנעם, פורגאָנ־עם, קופּאָנ־עם א. א. וו. איך קאָן עם, איך דערקאָן עם א. א. וו. (זע: אָן). די איקאָנע־ם, די נאָנע־ם א. א. וו. (זע: אָנע).

(*) ביישנות, גברנות, גדלנות, גזלנות, דיינות, ותרנות, חקרנות, ישרנות, כזבנות, נדבנות, נצחנות, פּזרנות, פּשרנות, קמצנות, קפּדנות, רגזנות, רצחנות, שקרנות, כל הפּסלנות, כסא הרבנות, גוזר תענית, צדקנית, יונית, אָנוס.

אלמנות, הכנות, כוונות, מתנות, סכנות, תקנות: כאָנעם, פּאָנעם, דער לבנה־ם, אלקנה־ם, חנא־ם, איך באַ־טאָן עם, איך דערמאָן עם א. א. וו,

(פֿ.) אָפּיעקונ—עס, כראַקונ—עס, טריבו־נע—ס, קאָמונע—ס א. א. וו. (זע: ון און ונע).

אָנער

*גאָנער

*מאָנער

(0) א קאָנער, באַרצעלאָנער, דאָנער (נ.), בערסאָנער, סמאַרגאָנער, האָנאָר, קאָרנער. (פֿ.) ברוינער, שוינער. (גר׳ אָ ן - ע ר).

זאַקאָננער, מאַנאָטאָנער, סעזאָננער, פּאַסאָננער, קאַזיאָננער, ראַיאָננער, שאַבלאָננער.

(פֿ.) דראַגונער.

אָס (פֿגל. אָז)

אות

גאָס (א)

חצות

כּאַאָס

כּוס

נאָס (א)

פּאַפּיראָס

פּאַרדראָס

שאָס

שלאָס

*בעל הבית

*מאָס

*דאָס

*וואָס

*עטוואָס

*פּאַרוואָס

(0) כדת, קהת (נ.), אַלבאַטראָס, אַליאָס, באָס, גראָס, דאָנאָס, דאָפּראָס, וואָפּראָס, ליאָס, מאַלאַקאָסאָס, נאַסאָס, עסקימאָס, פּאַרנאָס, פּאָנאָס, פּיאָס, קאָס, קאָסמאָס, ראָס, שטאָס, אוקאָס, נאַסקאָס.

די ביוראָ׳ס, די מאַנטאָ׳ס, די פּאַל־טאָ׳ס א. א. וו. (זע: אָ). (פֿ.) אבי אבות, מהות, כּעלות, שמות, שטרוים, אוים, אַרוים, דורכאוים, א געגוי׳ס, דעם גוי׳ס, דער פּרוי׳ס.

(*) א בלאָ׳ס, א גראָ׳ס, די ברוד הבא׳ס, די מהרש״א׳ס, דעם הגר״א׳ס, דער מלכּה שבא׳ס. (פֿגל. אָ—עס).

(פֿ.) באַשלוס, ברוס, הינדוס, ווקוס, טרוס, פּליוס, רוס, שלוס, גוס, דיוס, איך פּראָדיוס, איך רעדיוס, אָמני־בוס, די רעוויו—ס, די פּאַרוועניו—ס א. א. וו. (זע: א).

אָסט

טאָסט

טראָסט

פּאָסט

פּראָסט

ראָסט

פּראָסט

דו האָסט

עס קאָסט

ער לאָזט

ער פּאַרלאָזט

ער צעלאָזט

*ער דאָסט

*ער בלאָזט

(0) (די) באָסט, פּאָמאָסט, דזשאָסט.

(פֿ.) פּויסט, ער ברויזט, ער לויזט.

(פֿ.) ביוסט, גוסט, קוסט, יוסט, ער פּראָ־דיוסט, ער רעדיוסט, ער אַנטשפּוזט, ער יוזט, ער עקסקיוזט, ער רעפּיוזט, ער קאָנפּיוזט.

אָ ס ט ן

פּאָסטן
קאָסטן
פאַרמאָסטן
פאַרראָסטן

(0) די טאָסטן, די טראָסטן, די פּאַ־מאָסטן, דעם פּראָסטן, דעם פאַר־לאָזטן, דעם צוגעלאָזטן, באָסטן, באָס־טאָן (נ.). (גר. אָ ס ־ ט אָ ן).

אָ ס ט ע

באַלאַכוואָסטע
פּראָסטע
פאַרלאָזטע
צעלאָזטע
*באַלאַבאָסטע
*געדאָסטע...

(0) באָסטע, סטאַראָסטע, פּאַראָסטע, שאָסטע, האָסטו, לאָזטו, פאַרלאָזטו, דערלאָזטו, צעלאָזטו, קאָסטו.

(*) בלאָזטו, דאָסטו...

(פּ.) לוסטע, קאָפּוסטע, יוסטע, פּראָדיוס־טע, רעדיוסטע, גוסטע (נ.), גוסטאָ, אָנט־שפּוזטע, געיוזטע, עקסקיוזטע, קאָנפיוז־טע, רעפיוזטע. —

אָ ס ט ע ר

פּראָסטער
קאָסטער (אַ)
פּאַטער־נאָסטער
פאַרלאָזטער
צעלאָזטער

(0) פּלאָסטער, דערלאָזט ער, קאָסט ער, געניי'סטער.

(*) בלאָזט ער, דאָסט ער...

אָ ס י ם

*יתום
*מיוחסים
*שבתים
*שמשים

(*) שקצים ורמשים, כתוב וחתום, דברים כהויתם. (גר. אָ ס, אָ ס ע ־ א י ם).

אָ ס ל

דראָסל
ראָסל
יאָסל
סאָסל (נ.)
*פסול

(0) מאָסל, פּאַפּיראָסל, איך האָסל, פּאָסאָל.

אָ ס ן

פאַרגאָסן
צעגאָסן
פאַרדראָסן
גענאָסן
פאַרפלאָסן
צעפלאָסן
דערשאָסן
אַנטשלאָסן
באַשלאָסן
געשלאָסן
פאַרשלאָסן
*חתן
*לויתן
*דתן
*נתן

(0) (פּ.) איז אויסן, איז דרויסן, די פּאַפּיראָס־ן, דעם קורנאָסע־ן א. א. וו.

(*) שמחה וששון, דאָסן... די מאָס–ן, די פּאַרוואָס–ן א. א. וו. (גר. אָ ס – ן).

(פּ.) די באַשלוס–ן, רעדיוס–ן א. א. וו. (זע: אָס).

אָ ס ע

גענאָסע
פּראָסע
קאָסע
קלאָסע
ראָסע
קורנאָסע
*הכנסה
*פּרנסה
*ויזתא

(0) אַטאָסע, סאָסע, קאַלאָסע, בעז־נאָסע, קאַרפּענאָסע, שאַלטענאָסע, איך האָלאָסע, יאָסע (נ.), גאָסי (נ.).

(*) פּרשנדתא (נ.), נשיא, חטאתי, עד מתי, הכצעקתה, נערה המאורשה, זה חליפתי, זוגתי, רעיתי, בחרפּתי, לשיטתי, יגעתי ומצאתי, על אפּי ועל חמתי, מעלתו, מוציא שנתו, פּרחה נשמתו, מעשים אשר לא יעשו.

(פּ.) פּאַפּוסע, קוסע.

אָ ס ע ר

שלאָסער
קורנאָסער
*מסור
*אָסור
*חמשה עשר
*וואָסער?

(0) גראָסער, קאָסער, יאָ סער, נאָ סער.

(*) שאר בשר, תרי עשר, חסר, אור לארבעה עשר. (גר. אָ ס, אָ ס ע – ע ר).

(פּ.) פּראָדיוסער.

אָ - ע

*הוצאה
*הלואה
*המצאה
*הנאה
*השפּעה
*מודעה
*צואה
*חיה רעה
*כדבעי
*אליהו
*בלאָע
*גראָע

(*) הגבהה, הגהה, הכנעה, התראה, היתר הוראה, מורה הוראה, טעודת הבראה, כח הרשאה, דירה נאה, חיה גוראה, בריה נפלאה, בשורה רעה, כי לו נאה, כי לו יאה, פּשוט כמשמעו, ראוי, קנאי, קראי, ירמיהו, מתתיהו, שמריהו, שבתאי (נ.).

(ל.) גויע, וויבאָיע, בלויע, גרויע א. א. וו. (זע: וי–ע).

(פּ.) דוהע, סטאַטוע, שילויע, בויע, איך ברילויע, איך דויע, איך זשויע, טשאַפּ סואי.

אָ - ע ן

*בזיון
*גאון
*נסיון
*שגעון

(*)זמן פּרעון, דעם בלאָעז, דעם גראָעז, די קראָעז, די שעה'ז, אליהו־ז, ירמיהו־ז א. א. וו. (גר. א, אָ ע־ ע ז, ז).

(ל.) פּרויעז, סטרויעז, וואָיעז א. א. וו. (זע : וי־עז).

(פּ.) סטאַטועז, בריליועז, דויעז, זשויעז.

אָ-עם

*טעות
*מעות
*גבאות
*גוזמאות
*חגאות
*משאות
*משקאות
*סנדקאות
*הרים וגבעות
*משמעות
*נמאס ומאוס
*נסים ונפלאות

(*) אמהות, מוראות, מקואות, מרחצאות, נוסחאות, נחלאות, קרקעות, רמאות, אותיות מרובעות, הוצאות, הלואות, המצאות, השפּעות, מודעות, צוואות, הגבה־ות, התרא־ות, אליהו־ס, נישטאָ עם א. א. וו. (גר. אָ, א ע־ ע ם, ם, ו ת).

(ל.) גויעם, סלאָיעם א. א. וו. (זע : וי־עם).

(פּ.) דוהע־ם, סטאַטוע־ם א. א. וו. (זע : אָע).

אָ-ער

*בלאָער
*גראָער

*סגי נהור

(*) זהב טהור, הזהר והזהר, נרו יאיר, מנורת המאור, פּנחס בן יאיר. (גר. אָ - ע ר).

(ל.) פּויער, געניוער א. א. וו. (זע : וי־ער).

אָ פּ (פּגל. אָ ב)

טאָפּ
טראָפּ
סנאָפּ
צאָפּ
קאָפּ
קנאָפּ
האָפּ!
איך פאַרפּראָפּ
איך פאַרשטאָפּ
*אָפּ
*אַראָפּ

(0) אַקאָפּ, גאַלאָפּ, העליאָטראָפּ, טע־לעסקאָפּ, כראָפּ, מיזאַנטראָפּ, מיקראָ־סקאָפּ, סטאָפּ, פּאָדקאָפּ, פֿאָפּ, פּילאַנ־טראָפּ, קראָפּ, שאָפּ, גוד אָפּ, סאָפּ! שליאָפּ! קאָנאָטאָפּ (נ.), סיראָפּ.

(פּ.) זופּ, טרופּ, לופּ, סטופּ, פּופּ, קורדופּ, קרופּ.

אָ פּ ל

טאָפּל
קאָפּל (נ.)
*גאָפּל
*נאָפּל

(0) אדריאַנאָפּאָל (נ.), סעוואַסטאָ־פּאָל (נ.), קאָנסטאַנטינאָפּאָל (נ.).

(פּ.) קאַרדופל, שקרופל, איך קופל.

אָ פּ ן

האָפּן
טראָפּן
פּראָפּן
שאָפּן
כראָפּן
פֿאַרפּראָפּן
פֿאַרשטאָפּן
קראָפּן
צוקאָפּנ(ס)

(0) די גאַלאָפּן, טעלעסקאָפּן, מיזאַנ־טראָפּן, פֿילאַנטראָפּן. —

אָ פּ ע

איירראָפּע
איך האָפּע
איך כראָפּע
איך סאָפּע
איך קאָפּע
*רב פּפּא

(0) יאָפּע, ראָפּע, שאָפּע, איך לאָפּע, איך קראָפּע, איך שליאָפּע.
(פּ.) (זע: ופּע).

אָ פּ ע ס

אַפּיטרופּוס

(0) ליאָפּעס, פּאָפּאַס, די אָקאָפּ—עס, איך שטאָפּ עס א. א. וו. איירראָפּע—ס, איך קאָפּע עס א. א. וו. (זע: אָפּ. און אָפּע).

אָ פּ ק ע

האָפּקע
פּראָפּקע
קנאָפּקע
באָבקע
קאַראָבקע
דאָבקע (נ.)
*קאָפּקע

(0) כלאָפּקע, סטאָפּקע, פּאָפּקע, קראָפּ־קע, שטאָפּקע, סטיאָפּקע (נ.), קאָ־פּ(י)קע. פּראָבקע, סקאָבקע, פּאַכליאָב־קע. (גר. אָ פּ — ק ע).
(פּ.) כאַלופּקע, יובקע א. א. וו. (זע: ופּע).

אָ ף (פּגל. אָ ו ו)

לאָף (א)
סוף
עוף
פֿילאָזאָף
שטאָף
איך בלאָף
איך האָף
אַדערויף
אויף
אַרויף
*שאָף
*איך שטראָף
*איך שלאָף

(0) אַפּאָסטראָף, סטראָף, ראָף, אין סוף. (פּ.) שרויף, איך זויף.
(*) כף, איך פּאָף. —
(פּ.) בוף, רוף, אוף! איך מוף.

אָ פּ ט

אָפּט
ער האָפּט
ער בלאָפּט
*ער פּאָפּט
*ער שטראָפּט
*ער שלאָפּט

(0) (פּ.) ער זויפּט, ער שרויפּט.
(פּ.) דופּט, שופּט, ער מופּט.

א פ ט ע

קאַפּטע
אפּט-ע
געבלאָפּט-ע א. א. וו.

(זע: אפּט).

אָ פ י ם

*חלפים
*מוספים
*נשרפים
*שרפים

(*) מטורפים, נרדפים, אלף אלפים, שטראָף אים. (פגל. אָפּן).

אָ פ ל

פאַנטאָפל
קאַרטאָפל
מעפיסטאָפל
*טפל
*עולם השפל

(0) שאָפל, סקראָפּול, פּראָפּיל. (גר. אָ ף – ל).

אָ פ ן

אָפּן
בלאָפן
האָפן
אַנטלאָפן
פאַרלאָפן
באַטראָפן
געטראָפן
*צפון
*פּאָפן
*שלאָפן
*שטראָפן
*איך באַוואָפן
*בורא פרי הגפן

(0) (פּ.) זויפן, שרויפן, אויפ׳ן, די סטראָפּ-ן, די פילאָזאָפ-ן א. א. וו. (גר. א ף – ן). (פגל. אָפּים).

(פּ.) פופן, שטופן, מופן.

אָ פ ע

סאָפע
קאַטאַסטראָפע
קאָפּע
*הוספה
*הקפה
*מנה יפה

(*) דגוש ורפא, עולה יפה, סאָפּי (נ.).

(פּ.) בופע, מופע, קופע, שטופע.

אָ פ ע ס

סאָפעס
קאַטאַסטראָפעס
אָפּים
*הוספות
*הקפות
*מה יפית

(0) איך האָף עס, איך בלאָף עס, סאָפי׳ס, א סוף איז א. א. וו. (גר. א ף – ע ס, א י ז).

(*) די מנה יפה׳ס, שם חם ויפת, בסבר פנים יפות.

(פּ.) בופעס, מופעס, קופעס, שטופעס, מוף עס.

אָ פ ע ר

בלאָפער
שאָפער
*שוכן עפר

(0) אָפּער, קאָפער, איך סאָפער. (פּ.) זויפער, שרויפער, אַז אויפהער. (גר. א ף – ע ר).

אָפּקע (זע: אָווקע)

אָץ

קלאָץ
שפּראָץ
איך גלאָץ
איך טראָץ
*שקאָץ
*שראָץ

(0) פּאָלנעמאָץ, קאָץ, האָציפּלאָץ, רבי רב צאָץ, שאָץ מאָץ, האָץ! איך ראָץ, די סקוואָדם, די קליינאָדם, גאָט'ס, לוט'ס, דעם אידיאָט—ס, דעם דעספּאָט—ס א. א. וו.

(*) באָץ, שענדערהאָץ, דער שטאָט—ס, דעם דזשאָד—ס א. א. וו. (גר. אָ ד, אָ ט – ם).

(פּ.) שמוץ, יענקוץ, פּאַרכוץ א. א. וו. זע: וץ).

אָצים

*שקצים
*שרצים
*גביר עצום

(*) הון עצום, פּורץ פּרצים, בראָט זי אים, לאָד זי אים א. א. וו. (זע: אָץ).

(פּ.) בוצים, איך באַשמוץ אים.

אָצן

גלאָצן
טראָצן
שפּראָצן
*יהי רצון
*עת רצון
*קצין

(0) ראָצן, די פּאָלנעמאָצן, קאָצן, רבי רב צאָצן.

(פּ.) שטוצן, שמוצן.

אָק (פּגל. אָג)

באָק
בנ'אָק
גלאָק
זאָק
חוק
טשוואָק
כניאָק
לאָק
סאָק
קליאָק
ראָק
שאָק
שטאָק
איך בראָק
איך טאָק
איך פּאָק

(0) קיר"ה מאָק. אוטשאָק, אוראָק, באָסאָק, באַראָק, בלאָק, בראָטאָק, ברעלאָק, דאָק, האָק, ווערשאָק, טלאָק, טראָק, יאָק, ליאָק, סקאָק, סראָק, פּאָטאַלאָק, פּאָטאָק, פּאָראָשאָק, פּושאָק, פּלוזשאָק, פעניאָק, פּעסאָק, קאָזאָטשאָק, קאָזיראָק, קאָטאָק, קאָניאָק, קאָשעליאָק, קוליאָק, קוצאָק, קיפּיאָטאָק, קעקוואָק, קראָק, קרוטשאָק, איך וואָק, איך לאָק, ביאַליסטאָק (נ.), וולאַדיוואָסטאָק (נ.). (פּ.) פּויק.

אָקט

ער בראָקט
ער טאָקט
ער פּאַרלאָקט

ער פֿאָקט
ער שטאָקט
*ער זאָגט
*ער פֿאַרזאָגט
*ער טראָגט
*ער פֿאַרטראָגט
*ער צעטראָגט
*ער יאָגט
*ער פֿאַרמאָגט
*ער נאָגט
*ער פּלאָגט
*ער פֿאַרצאָגט
*ער צוואָגט
*ער קלאָגט
*ער שלאָגט
*עס טאָגט
*איר מאָגט

(0) ער וואָקט, ער סאָקט. (פּ.) ער פּויקט.

(פּ.) וויאַדוקט, פּראָדוקט, ער יוקט, ער סמוקט, ער צוקט, ער שלוקט, ער שפּוקט, ער לוגט.

אָ ק ט ע ר

דאָקטער

(0) אינסטראָקטער, קאָנדאָקטער, בראָקט ער, טאָקט ער א. א. וו. (זע: אָקט).

אָ ק י ם

*חלקים
*עסקים
*מקום
*ראשי פּרקים
*אליקום (נ.)

(0) פּאָר באָקעם, אָקום באָקום, איך בראָק אים, איך זשליאָקע אים א. א. וו.

(*) משנה מקום, ממלא מקום, מראה מקום, מוחזקים, קולות וברקים, שוכן שחקים. (גר. אָ ק. אָ ק ע–א י ם).

(פּ.) איך סמוק אים, איך פֿאַרשלוק אים.

אָ ק ל

בינאָקל
מאָנאָקל
צאָקל
איך שאָקל
*יאָקל (נ.)

(0) באָקל, בורלאָקל, טעמיסטאָקל (נ.), סאָפּאָקל (נ.), לאָקאַל, בראָטאָק–ל, ברעלאָק–ל א. א. וו. (זע: אָק).

(פּ.) מיזוקל, סורטוקל, פּיטיוקל.

אָ ק ן

האָקן (א)
פֿלאָקן
בראָקן
טאָקן
פֿאַרלאָקן
פּאָקן
דערשראָקן
*זקן

(0) וואָקן, סאָקן, סראָקן, פֿאַרשטאָקן.

(פּ.) פּויקן, די גלאָק–ן, די זאָק–ן, די לאָק–ן א. א. וו. (גר. אָ ק – ן).

(פּ.) מונדשטוקן, סורטוקן, יוקן, סמוקן, צוקן, שלוקן, שפּוקן.

אָ ק ס

אָקס
אָרטאָדאָקס
פּאַראַדאָקס

(0) די טראַקס, קלאַקס, אײער שטאַקס, קאַקס, דראַגס, דעם בניאַק–ס, קיר"ה מאַק–ס א. א. װ. דעם אידעאַ־לאַג–ס, גוג מגוג–ס א. א. װ. (גר. אַ ג, אַ ק – ס).

אַ ק ע

אַקע
קאַסאַקע
קװאַקע
*הדלקה
*הפסקה
*חזקה
*צדקה
*קראַקע (נ.)
*בקי
*נקי

(0) באַקע, זאװעלאַקע, מאַראַקע, סאַ־ראַקע, סטראַקע, פאַקע, שטשאַקע, מאַ־װע מאַװע מאַקע, איך אַקע, איך זשליאַקע, איך טיאַקע, איך טשאַקע, איך טשמאַקע, איך סמאַקע, יעװדאַקיע (נ.), לאַקי, מאַקאַ, קאַקאַ, סטאַקאַ.

(פּ.) בוקע, דאַקוקע, נוקע, סוקע, שטוקע, שנוקע (אויף) פאַרוקע, איך ברוקע, איך כרוקע, איך סטוקע.

אַ ק ע ר

טאַקער
קאַסאַקער
*מקור
*עקר
*קראַקער (נ.)
*מה יקר

(0) בראַקער, סאַקער, סראַקער. (גר. אַ ק, אַ ק ע – ע ר).

(פּ.) סמוקער, שלוקער.

אַ ר

אַקטיאַר
בכור
גאַסטראַליאַר
גדול הדור
דירײזשאַר
הומאַר
טענאַר
טעראַר
כאַר
כיאור
סיניאַר
סקולפּטאַר
פּראָקוראַר
פֿאַנטאַזיאַר
קאַרידאַר
שור הבר
בעפּאַר
נאַר
אמאַר (נ.)
איך שנאַר
*האַר
*יאַר
*גאַר
*װאַר
*קלאַר
*שפּאַר
*גאַט בעװאַר
*װער געװאַר
*איך טאַר
*איך פּאַר
*איך פֿאַר
*איך שפּאַר
*איך פֿאַרשפּאַר

(0) קבורת חמור, כלחוך השור. אפּאַר, אקושאַר, (די) דאַר, טערמידאַר, כלאַר,

מאַזשאָר, מאַיאָר, מינאָר, מעטעאָר,
סופּליאָר, סטאָר, סקנאָר, פּאָמידאָר,
פּאָלקלאָר, פּאָספּאָר, פוראָר, פלאָו,
קאַוויאָר, קאָלענקאָר, קאַנטאָר, קאַט־
טאָר, רעוויזאָר, שטאָר, נאָו מאָר.
איזידאָר (נ.).

אוביאָר, אוזאָר, אַנטרעפּרעניאָר, אַנ־
קאָר, בוטאַפּאָר, גראַוויאָר, זאַבאָר,
טאַבאָר, טאַפּיאָר, טאָרעאַדאָר, לאַ־
זשאָר, לואידאָר, מאַטאַדאָר, מאָטאָר,
מאָנטיאָר, מוכאָמאָר, נאַבאָר, נאַרזאָר,
סאָבאָר, סאַפּיאָר, סבאָר, סעמאַפאָר,
ספּאָר, פּאָזאָר, פּאַרטניאָר, פּאַרלאַמענ־
טיאָר, פּראָבאָר, פּערעבאָר, קאָמאָדאָר,
קאָמאַנדאָר, קאָסטיאָר, רעזאָניאָר, רע־
סאָר.

(פּ.) אַבאַזשור, אַגענטור, גאַרניטור א. א.
וו. (זע: ור).

אָראַך

*צוואָראַך
*ברוך (נ.)
*זרח (נ.)
*השם יתברך
*יום הארוך
*שולחן עָרוך

(0) פּאָראָד, שנאָר איך, פּאָרע איך.
(*) טאָר איך, פּאָר איך, פּאָר איך.
שפּאָר איך א. א. וו. (גר. אָר.
אָרע–איד).

(פּ.) אינשור איך, מאַניקיור איך, פּאָלי־
טור איך.

אָרב

האָרב
קאָרב

אָרבן

האָרבן
קרבן
דערוואָרבן
פאַרדאָרבן
געשטאָרבן
(פּ.) חורבן

אָרג

טאָרג
מאָרג
געאָרג (נ.)
איך באָרג
איך זאָרג
סמאָרק
שטאָרק
ניו יאָרק

אָרגל

אָרגל
גאַרגל
(גר. אָרג–ל).

אָרגן

מאָרגן
באָרגן
פאַרבאָרגן
דערוואָרגן
פאַרזאָרגן
געאָרג׳ן

אָרד — אָרט

אָרט
וואָרט
סאָרט
ספּאָרט
פּאָרט

דאָרט
פּאָרט
ער שנאָרט
אַקאָרד
לאָרד
מאָרד
נאָרד
*טאָרט
*קאָרט
*קוואָרט
*באַיאָרט
*איר טאָרט
*איר פּאָרט
*איר פאָרט
*איר שפּאָרט
*איר פאַרשפּאָרט
*באָרד

(0) אַבאָרט, אימפּאָרט, גוט־אָרט, באָרט, טראַנספּאָרט, טשאָרט, כאָרט, עסקאָרט, עקספּאָרט, סופּאָרט, פּאַס־פּאָרט, פּאָרט, קאָורט, קוראָרט, קאָמ־פאָרט, ראַפּאָרט, רעזאָרט. זאָפּאָרט, שאָרט. וואָרד, פיאָרד, קאָרד, רעקאָרד, (אויף) באָורד, פאָרד (נ.), איך אַפּאָרד.

(פּ.) גורט, געבורט, הורט, ער מאַני־קיורט, ער פּאָליטורט, ער אינשורט, אַבסורד.

אָ ר ט ן

*גאָרטן
*קאָרטן

(*) די טאָרטן, דעם באַיאָרטן, דעם געפּאָרטן, דעם פאַרשפּאָרטן. (זע: אָרט).

אָ ר ט ע ר

אימפּאָרטער
פּאָרטער
רעפּאָרטער

(0) סופּאָרטער, געשנאָרטער. (*) באַ־יאָרטער, געפּאָרטער, פּאָרט ער, פאַר־שפּאָרט ער א. א. וו. (גר. אָ ר ט ־ ע ר).

אָ ר י ם

וואָרים (א)
*זכרים
*חדרים
*חמרים
*מסחרים
*נדרים
*סדרים
*ספרים
*פגרים
*קברים
*קייסאָרים
*קלעזמאָרים
*שברים
*שקרים
*שררים
*דרום
*אָרים
*וואָרום

(*) אכזרים, גדרים, כתרים, מאמרים, מופקרים, נסתרים, נפטרים, עקרים, קשרים, שרים, אסיפת הנבחרים, מוכר ספרים, מאה שערים, עם כל הנערים. דין ודברים, איך פאַרפאָר אים, אַזאַ יאָר אים א. א. וו. (גר. אָ ר, אָ ר ע ־ א י ם). (פגל. אָרם).

(פּ.) איך אינשור אים, איך דורע אים א. א. וו. (זע: ור און ורע).

אָ ר י ע

אַלעגאָריע
דאָקטאָריע
היסטאָריע
טעאָריע
טעריטאָריע
קאַטעגאָריע

(0) אָבסערוואַטאָריע, אוידיטאָריע, אַמבולאַטאָריע, אָראַטאָריע, דירעקטאָריע, לאַבאָראַטאָריע, סאַנאַטאָריע, פאַנטאַסמאַגאָריע, קאָנסיסטאָריע, קאָנסערוואַטאָריע, קרעמאַטאָריע, בוטאַפאָריע, גלאָריע, פאָריע, ציקאָריע, קליפטאָריע, ישאָריע, וויקטאָריע (נ.), יעוופּאַטאָריע (נ.). (גר. אָ ר – י ע).

אָ ר י ע ס

*אכזריות
*מדבריות

(גר. אָ ר י ע – ס).

אָ ר י ש

אָבליגאַטאָריש
אַלעגאָריש
היסטאָריש
פּראָוויזאָריש
קאַטעגאָריש
*גרוש
*פרוש
*ים הקרוש
*שררה׳יש

(0) אילוזאָריש, אַמאַטאָריש, אַסימילאַטאָריש, אַקטיאָריש, פאָספאָריש, רעטאָריש, קאָרעש, סטאָראָזש, אַדמיניסטראַטאָר–יש, אָרגאַניזאַטאָר–יש א. א. וו. (גר. אָ ר, אַ ט אָ ר – י ש).

(פ.) קאַריקאַטוריש.

אָ ר ך

שאָרך
שטאָרך
איך האָרך
איך געהאָרך
איך פאַרהאָרך
איך שנאָרך

(פ.) שטורך, דורך.

אָ ר ל

*פאָרל
*ערל
*שרה׳ל

(גר. אָ ר – ל).

(פ.) פיגור–ל, גאַרניטור–ל א. א. וו. (זע: ור).

אָ ר ם

פאָרם
אוניפאָרם
פלאַטפאָרם
רעפאָרם

(0) יאָדאָפאָרם, כלאָראָפאָרם, קאָרם, דעקאָרום, פאָרום, קוואָרום· (זע: אָרים).

(פ.) טורעם, שטורעם.

אָ ר ן

דאָרן
האָרן
צאָרן
קאָרן
געבאָרן
געוואָרן
געיאָרן
געפראָרן
געשאָרן

געשוואָרן
פאַרלאָרן
שנאָרן
*אָרון
*גאָרן
*זכרון
*חסרון
*יאָרן
*טאָרן
*פאָרן
*פּאָרן
*פאַרשפּאָרן
*איך וואָרן
*איך באַוואָרן

(0) אַמאַטאָרן, אַמבאַסאַדאָרן, אינ־סטרוקטאָרן, אינספּעקטאָרן, אַסימי־ליאַטאָרן, גובערנאַטאָרן, דאָזאָרן, דאָקטאָרן, דירעקטאָרן, כאַראַקטאָרן, לאָקאַטאָרן, סענאַטאָרן, פּראָפעסאָרן, קאָנדוקטאָרן, קאָלאָרן, קאָלעקטאָרן, רעדאַקטאָרן, אַדמיניסטראַטאָר־ן, אָר־גאַניזאַטאָר־ן א. א. וו. שמאָרן. ־י ביאור'ן, בר אורין, די אַקטיאָר־ן, די כאָר־ן א. א. וו.

(*) יום הזכרון, הרן (נ.), חרן (נ.), שרון (נ.), חברטאָרן, קימפּעטאָרן, דעם וואָר־ן, דעם קלאָר־ן, די פּאָר־ן א. א. וו. (גר. אָ ט אָ ר, אָ ר ־ ן).

(פּ.) די אַבאַזשור־ן, אַגענטור־ן א. א. וו. (זע: ור).

אָ ר נ ט

(פון) פאָרנט
געשפּאָרנט
פאַרצאָרנט
*ער וואָרנט
*ער באַוואָרנט

אָ ר ס ט

וויאָרסט
דו שנאָרסט
*דו טאָרסט
*דו פאָרסט
*דו פּאָרסט
*דו פאַרשפּאָרסט

(0) דו אינדאָרסט.

אָ ר ע

יצר הרע
עין הרע
לשון הרע
איך טאָרע
איך נאָרע
איך פאָרע
איך שנאָרע
*גמרא
*השערה
*כפרה
*סברה
*עקרה
*פשרה
*צרה
*שררה
*שרה

(0) האָבאָרע, זמאָרע, כימענקאָרע, סוואָרע, סקאָרע, פּאָדפּאָרע, קאָרע, ראַצעמאָרע, שליאָרע, אָהר'ע (נ.), דאָרע (נ.), פלאָרע (נ.), איך אופּאָרע (זיך), איך באָרע (זיך), איך זאַמאָרע, איך זביאָרע, איך כוואָרע, איך מאָרע (זיך), איך סמאָרע, איך ספּאָרע (זיך), איך פאַרסאָרע, איך שמאָרע, קאַנאָרע, שטשאָרע, אויראָרא, סיניאָרא, טעאָ־דאָרא (נ.), טאָרי, אַפּריאָרי, קאַטאָרי, סטאָרי.

(*) חד בדרא, יראַ, עטרה, עת צרה, שייראַ, הזכרה, הערה, הסברה, התרה, חזרה, חכם להרע, מחשבה זרה, עבודה זרה, פּרשת פרה, שור שנגח את הפּרה, מעיקרה, וואָרע, קלאָרע, שפּאָרע, עלי ועל צוארי.

(פּ.) באַנדורע, אַגענטורע א. א. וו. (זע: ורע).

אָרעוו

*קרוב

*חרוב

*ערוב

(*) בעגלה ובזמן קריב, יין שרף, כסף צרוף, פאָר הויף. (גר. אָ ר – א ו י ף).

אָרעטע

יצר הרע'טע

קאָרעטע

*שררה'טע

*פאַר'צרה'טע

(0) פּאַרמאָרע–טע, פּאַרפּאָרע–טע א. א. וו. (זע: אָרע).

אַרעס

*משרת

*כרת

*שררת

*עשתרות (נ.)

*בית הקברות

*פאָר־הויז

*סרים

*זריז

(0) אוטאָרעס, וויבאָרעס, זאָרעס, קאָ־רוס, די לאַזשאָר–עס, די נאָרע–ס, דעם יצר הרע–ס, איך פּאָרע עס א. א. וו.

(*) מלאכי השרת, פּוקד עקרות, שטרות, וכרת, מרת, די גמרות, השערות, כפּרות, סברות, עקרות, צרות, שררות, שרה'ס, איך פּאָר עס, איך שפּאָר עס א. א. וו. (זע: אָר. און אָרע).

אָרער

שנאָרער

*וואָרער

*קלאָרער

*שפּאָרער

*טאָר ער

*אָרור

*ברור

*מרור

(0) ספּאָרער, סקאָרער. (גר. אָ ר. אָ ר ע – ע ר).

אָרף

דאָרף

וואָרף

טאָרף

אָרפּן

באַדאָרפן

געוואָרפן

(גר. אָ ר – פּ ו ן).

אָרק (זע: אָרג)

אָרקע

אַקושאָרקע

גאַליאָרקע

מאַכאָרקע

קאַסטאָרקע

קאַנטאָרקע

איך וואָרקע
איך טאָרקע
איך פּאָרקע
*שרה'קע
*וואָרקע (נ.)

(0) נאָרקע, סופליאָרקע, סטאָרקע, פּאָדפּאָרקע, פּאַרטניאָרקע, פּאַוואָרקע, פּאָלאָרקע, פּאַנטאַזיאָרקע, פּאַרפּאָרקע, קאָמאָרקע, אהר'קע (נ.), דאָרקע (נ.), פלאָרקע (נ.), איך זשאָרקע, איך סמאָרקע, איך שטאָרקע.

(פּ.) בראָשורקע, מאַזורקע א. א. וו. (זע: ורקע).

אָ ר ש ט

באָרשט
אקאָרשט
ער פּאָרשט
ער צעבאָרשט

(פּ.) דורשט, וואורשט.

אָ ר ש י ם

יורשים
מפרשים
פּאָרש אים

(0) מורשים, יש דורשים.

אָ ש

בראָש
עכבראָש
פּראָש
קאָלאָש
קליאָש
של ראש

(0) דעבאָש, קאָש, בר נש, זבת חלב ודבש, מתוק מדבש, קופץ בראש, בגלוי ראש, בקלות ראש, אבל וחפוי ראש. דראָזש, יאָזש. (פּ.) גערויש, איך טויש, איך פּויש, איך פּלויש.

אָ ש י ם

*חדשים
*חומשים
*מדרשים
*נשים
*קודש קדשים

(*) חלשים, משמשים, קרשים, שרשים, בתי מדרשים, חכם חרשים, סדר נשים, עזרת נשים, שאלת נשים, צאן קדשים.

(פּ.) איך פּוש אים, איך פוש אים.

אָ ש ן

גראָשן
קאָלאָשן
געדראָשן
פּאַרלאָשן
*לשון
*ישן
*עוג מלך הבשן

(0) די באָמבאָשן, בראָשן, קאָשן, קליאָשן, של ראש'ן. (פּ.) טוישן, פּאָישן, פּלוישן, רוישן.

(פּ.) פּליושן, פּושן, פושן.

אָ ש ע

*בקשה
*דרשה
*הלבשה
*הכחשה
*יבשה
*רשע
*(ניש)קשה

(0) אטאָשע, נאָשע, קאַלאָשע, איך טאַראַמאָשע, איך פּאַרפּראַשע, איך קאָשע, איך ראַספּאַלאָשע (זיך), דוואָ־שע (נ.), זאָשע (נ.), יאָשע (נ.), ליאָ־שע (נ.), מאָשע (נ.), שאָשע (נ.).

(*) גיד הנשה, הרגשה, חששא.

(פּ.) טושע, קושע (נ.), פּשא דושא.

אָשעם

*ממשות

*חלשות

*בין השמשות

*סכנות נפשות

*פנים חדשות

(0) די עכבראָש־עם, די קאַלאָשע־ם. איך טאַראַמאָשע עס א. א. וו.

(*) בורא נפשות, מחיה נפשות, חולשי חלשות, כל התחלות קשות, די בקש־ות, דרשות, הלבשות, הכחשות, יבשות, דעם רשע׳ס א. א. וו. (זע: אָש, און אָשע).

(פּ.) טושעס, קושע׳ס (נ.), איך פּוש עס, איך פּוש עס.

אָשער

*קב הישר

*שכל הישר

*בשר כשר

*אָשר (נ.)

*עשיר

*אָז ישיר

(0) אשער. (פּ.) פּלווישער, רווישער. (גר. אָ ש, אָ ש ע־ע ה, ר).

אָשקע

בראָשקע

האַרמאָשקע

איך שנאָשקע

דוואָשקע

יאָשקע

מאָשקע

(0) וואָשקע, מאַנדראוואָשקע, קאַר־טאָשקע, איך קאָשקע (זיך), זאָשקע (נ.), ליאָשקע (נ.), שאָשקע (נ.).

דאַראַזשקע, דראָזשקע, טרינאָזשקע, ראַגאָזשקע, סעריאָזשקע (נ.).

ו

אינטערוויו

ראַנדעוואו

רעוויו

*קו

*דו

*וואו

*נו

*(דער)צו

*איך טו

*איך רו

(*) שבת נחמו, גאָט ברוך הוא, כל מאמינים שהוא, בטבעת זו.

(0) אינזשעניו, מעניו, סו, פּאַספּאַר־טו, פּאַרוועניו, (די) פלו, קאַנגאַרו, קאַקאַדו, ראַגו, שאַמפּו, פּאַרטו, אַנטרנו, או! בו! פיו! קוקעריקו!

(פ.) שעה, נישטאָ א. א. וו. (זע: אָ).

(פ.) זי, פרי א. א. וו. (זע: י).

ו - אַ ד

*בטוח

*גלוח

*ויכוח

*לוח

*רוח

(*) נחת רוח, חכמת הנתוח, פּתוח, טו איך, רו איך. (גר. ו – א י ד).

(פ.) משגיח, משיח א. א. וו. (זע: י־אַד).

ו ב (פגל. ו פ)

טשוב

קלוב

*גרוב

*שטוב

(0) דוב, זרוב, לוב, שליוב, שקאַרקוב.

(פ.) גאָב, אָב, אַראָב, גראָב, שאָב.

(פ.) טריב, ליב א. א. וו. (זע: יב).

ו ב ל

*הובל

*מקובל

*סקובל

*קובל

*רובל

יובל

(גר. ו ב – ל).

(פ.) שנאָבל.

ו ב ע

*הרובע

*כתובה

*מרובע

*ראשו ורובו

*כסומה בארובה

*איך דלובע

(0) בובע, קובע, קלובע, שובע, גרובע, איך דזשובע, איך האלובע, איך טרובע, ליובע (נ.), קובא (ג.).

(פ.) באָבע.

(פ.) ליבע, סבה א. א. וו. (זע: יבע).

ו ב ע ר

*עובר

*צובער

*כפי המדובר

(גר. ו ב, ו ב ע – ע ר).

ו ג (פגל. ו ק)

באַטרוג

צוג

באַצוג

*קרוג
*גענוג
*קלוג
*אין פלוג

(*) בן זוג, סוג, בוג (נ.).

(0) פלוג, רוג, שפוג, איך לוגי

(פ.) זאָג, יאָג, א. א. וו. (זע: אָג).

(פ.) זיג, פליג א. א. וו. (זע: יג).

וגים

*הרוגים
*זיווגים
*תענוגים

(*) זוגים, סוגים, גענוג אים. (גר. וג, וגע־אים).

(פ.) מנהיגים.

וגל

*קוגל
*מסוגל

(0) שמוגל, פלוגל.

(פ.) (זע: אָגל).

(פ.) וויגל, זיגל א. א. וו. (זע: יגל).

וגנט

טוגנט
*יוגנט
*באַנוגנט

(פ.) (זע: יגנט).

וגע

*משוגע
*קלוגע

(0) דייטשוגע, וויוגע, פאַדרוגע, פרי־סלוגע, פוגע, צענטראַפוגע, פראַמוגע, דערניוגע, קאַלוגע (נ.), גו גו!

(פ.) דור הפלגה, השגה. (זע: אָגע).

(פ.) ליגע, היגע א. א. וו. (זע: יגע).

וגער

ליוגער
*קלוגער

(0) קאַלוגער (נ.). (גר. וג, וגע־ער).

(פ.) מאָגער, שוואָגער א. א. וו. (זע: אָגער).

(פ.) זיגער, טיגער א. א. וו. (זע: יגער).

וד (פגל. וט)

זוד
עטיוד
*ברוד
*יוד
*פוד
*כמלך בגדוד

(0) בוד, ווערבליוד, טרוד, סוד, ספוד, פרוד.

(פ.) באַד, סאַד א. א. וו. (זע: אַד).

(פ.) גליד, שמיד א. א. וו. (זע: יד).

ודים

יאַהודים
*כבודים
*למודים
*עמודים
*ריקודים

(*) ליהודים! עקודים נקודים וברודים, איך נודע אים. (גר. וד, ודע־אים).

(פ.) חסידים, ידידים א. א. וו. (זע: ידים).

ו ד ל

*אגודל
*יודל (נ.)
בודל
פודל
שטרודל
שפּרודל
איך דודל
איך דרודל
איך באַזודל

(גר. ו ד – ל).

(פּ.) כהן גדול, נאַדל, האָדל (נ.)

(פּ.) לידל, פידל א. א. וו. (זע: ידל).

ו ד נ י ק

בודניק
בעזליודניק
*מאַרודניק
*נודניק
*פּאַסקודניק
*פּודניק

(פּ.) (זע: ידניק).

ו ד נ ע

*ברודנע
*מאַרודנע
*נודנע
*פּאַסקודנע

(0) טרודנע, טשודנע, בעזליודנע, פּריי־בלודנע.

(פּ.) (זע: ידנע).

ו ד ע

*אגודה
*נקודה
*סעודה
*פּאַסקודע
*יהודה
*איך נודע

(*) בודע, הרודע, מאַרודע, זאַנודע, איך ברודע, איך הודע, ויקהל פּקודי.

(0) בליודע, דודע, לאַמעדודע, פּאַ־סודע.

(פּ.) הגדה, מאַדע א. א. וו. (זע: אָדע).

(פּ.) מידע, נגידה א. א. וו. (זע: ידע).

ו ד ע ר

*ברודער
*רודער
*יוד׳ער
*מהודר

(0) לודער, כודער מודער, פּודער, איך גודער. (גר. ו ד, ו ד ע – ע ר, אָד. ו – ד י ר, ד ע ר).

(פּ.) (אַ) אַדער, איך שנדר א. א. וו. (זע: אַדער).

(פּ.) גלידער, לידער א. א. וו. (זע: ידער).

ו ד ע ר ן

פּודערן
פּלודערן
גודערן
*רודערן

(פּ.) אַדערן, שנדר׳ן א. א. וו. (זע: אַדער).

(פּ.) צעגלידערן, נידערן א. א. וו. (זע: ידער).

ו ד ק ע (זע: ו ט ק ע)

ו - ו ו (פגל. ו ת)

וועזואוו
*כרובֿ

*כל טוב
*איך פּרואוו
(פּ.) בריוו מאַטיוו א. א. וו. (זע: ־יוו).

ו - ווט (זע: ופּט)

ו - ווים

*חיובים
*חשובים
*ישובים
*כרובים
*כתובים
(*) זהובים, עירובים, פּרואוו אים, כל טוב אים.
(פּ.) בן שבעים, נדיבים.

ו - ווין

*ראובן
*פּרואוון
*כמובן

ו - וועע

*תשובה
*שבת שובה
*ראוב׳ע
(*) בעל תשובה, עשרת ימי תשובה, לאהובי.
(פּ.) ישיבה, כתיבה א. א. וו. (זע: ־יווע).

וז (פגל. וס)

אַרבוז
קאַראַפּוז
שטרוז
*כרוז
*קאַרטוז
*איך מוז

(0) גוז, גרוז, טוז, טשאַרנעהוז, טאַיוז, קאָנפּיוז, איך אַנטשפּוז, איך יוז, איך עקסקיוז, איך רעפּיוז.
(פּ.) בלאַז, גראַז א. א. וו. (זע: ־אַז).
(פּ.) ריז, שפּיז א. א. וו. (זע: ־יז).

וזט (זע: וסט)

וזטע (זע: וסטע)

וזים

*בוזים
*כרוזים
(*) איך מוז אים. (גר. וז, וזע־אים).
(פּ.) זריזים, הר גריזים, פּיזעם, וואָס איז אים א. א. וו. (זע: ־יז).

וזיע

אילוזיע
טראַנספּוזיע
קאָנקלוזיע
גרוזיע (נ.)
(0) קאָנטוזיע, קאָנפּוזיע, אַנדאַלוזיע (נ.). (גר. וז־יע).

וזע

בלוזע
מוזע
פּוזע
*מזוזה
*קוקורוזע
*מבוזה
(0) אבוזע, זוזע, שליוזע, מעדוזע (נ.). איך גרוזע.
(פּ.) בזוי, הכרזה, העזה.
(פּ.) גניזה, וויזע א. א. וו. (זע: ־יזע).

ו ז ש ק ע (זע: ו ש ק ע)

ו ט (פגל. ו ד)

אינסטיטוט
ברוט
גלוט
דיספוט
דעביוט
וואוט
לאַפּעטוט
ליליפּוט
מאַרשרוט
מוט
סורדוט
פּריוט
קנוט
אַבסאָלוט
קאַפּוט
רעזאָלוט
*בלוט
*הוט
*מינוט
*פלוט
*רוט (אַ)
*גוט
*ער טוט
*ער רוט

(0) אַטריבוט, באַלאַמוט, בוט, וואַר־טוט, זשמוט, טשמוט, יאַקוט, מאַזוט, נוט, סאַלוט, סוט, סטאַטוט, פּראַסטי־טוט, פּוט, קאַיוט, קאַלאַקוט, רעקרוט, שוט, שפּרוט, באַכמוט (נ.).

(פּ.) דראַט, שטאַט א. א. וו. (זע: אַט).

(פּ.) געביט, געמיט א. א. וו. (זע: יִט).

ו ט ן

*מחותּן
*מינוטן
*בלוטן
*צעבלוטן
*דעם גוטן
*דעם באַרוטן

(0) מיליוטן מיט ציקוטן, וואוטן, וי דעביוט־ן, די לאַפּעטוט־ן א. א. וו. (גר. ו ט – ן).

(פּ.) בראַטן, שטן א. א. וו. (זע: אַטן).

(פּ.) זיטן, שליטן א. א. וו. (זע: יִטן).

ו ט נ ע

סמוטנע
*מוטנע
*קאַלאַמוטנע
*קוטנע (נ.)

(0) אויוטנע. (גר. ו ט – נ ע).

ו ט ע

וואַליוטע
קאַיוטע
אַניוטע (נ.)
רוטע (נ.)
איך פּוטע
*הוטע
*פּרוטה
*(נישט) גוטע
*באַרוטע
*יוטע (נ.)
*איך פלוטע

(0) אַטרוטע, דלוטע, מוטע, פּאַקוטע, קוטע, שוטע, שפּיצרוטע, אַבסאַלוטע, רעזאַלוטע, איך אַהוטע (זיך), קאַל־קוטאַ (נ.), רעדוטע (נ.), ברוטאַ, בוד־טאַ, ביוטי.

(פּ.) חרטה, נאַטע א. א. וו. (זע: אַטע).

(פּ.) ביטע, שחיטה א. א. וו. (זע: יִטע).

ו ט ע ר

*מוטער
*פוטער
*פוטער
*(נישט) גוטער
*באַרוטער
*(איז) מותר

(*) פערלמוטער, אָנגעמוטער, טוט ער, רוט ער.

(0) וואוטער, כוטער, אַבסאָלוטער, רע־זאָלוטער, באַכמוטער (נ.), קאַלקוטער (נ.), ליוטער (נ.), עקזעקיוטאָר, פּראָ־סעקיוטאָר.

(פּ.) בלאָטער, פּאָטער א. א. וו. (זע: אָטער).

(פּ.) גיטער, היטער א. א. וו. (זע: יִטער).

ו ט ק ע

ליליפּוטקע
פּראָסטיטוטקע
*בודקע
*יודקע (נ.)

(*) גוטקע (נ.), יוטקע (נ.).

(0) אינסטיטוטקע, ווירזשוטקע, קרוט־קע, טשוטקע, שוטקע, אַניוטקע (נ.), בליודקע, זאַבודקע, לודקע. (גר. ו ט־ק ע).

(פּ.) נאָטקע.

(פּ.) ליטקע, בידקע א. א. וו. (זע: יִטקע).

ו ט ש ע

קוטשע
איך סקאַוואוטשע
גוטשע (נ.)
*איך דאָקוטשע
*איך מוטשע

(0) טוטשע, סטרוטשע, איך יוטשע, איך קאַניוטשע, איך קרוטשע, סלו־טשאַי, טוט זשע, רוט זשע א. א. וו. (גר. ו ט ־ ז ש ע).

(פּ.) קוויטשע, ריטשע א. א. וו. (זע: יִטשע).

ו ־ י ם

*בזויים
*ברואים
*עלויים
*ענויים
*מאוים
*מקוים

(*) געגועים, שינויים, פּנויים, צבועים, פּדיון שבויים, מעשים תעתועים, שבעה קרואים, איך טו אים. (גר. ו, ו ע ־ א י ם). ־

(פּ.) נביאים, סיום א. א. וו. (זע: יִ־יִם).

ו ך

ברוך
גערוך
פלוך
*בוך
*באַזוך
*פאַרזוך
*טוך
*פוך
*שוך
*שפּרוך
*איך זוך
*איך באַשוך

(0) דוך, דזשוך, כוך, לוך, ניוך, יעוו־גוך, סטאַרוך, סלוך, סקרוך, פּיעש־

טשוד, פּעטוד, פּענטיוד, קאַטוד, קאַ־ניוד, רוד, אוד! בוד! פּליוד!

(פּ.) דערנאָך.

(פּ.) גיך, דיך א. א. וו. (זע: יִד).

וכט

יוכט

פרוכט

שמוכט

ער פלוכט

*צוכט

*מיר דוכט

*ער זוכט

*ער באַזוכט

*ער פאַרזוכט

*ער באַשוכט

(פּ.) ליכט, פליכט א. א. וו. (זע: יִכט).

וכטע

בוכטע

יוכטע

ליוכטע

געזוכט-ע

פאַרפלוכט-ע א. א. וו.

(זע: וכט).

וכים

*בטוחים

*גלוחים

*ויכוחים

*סכסוכים

*שדוכים

*שלוחים

*ירוחם

(0) שוויענטאַם דוכאַם.

(*) היפוכים, חיים ארוכים, איך זוך אים, איך פאַרזוך אים א. א. וו. (גר. ו ר, ו כ ע - א י ם).

(פּ.) משגיחים, שליחים, תכריכים.

וכן

*קוכן

*זוכן

*באַזוכן

*פאַרזוכן

*באַשוכן

*איך דוכן

(0) פלוכ-ן, יעוונוכ-ן א. א. וו. (זע: וד).

(פּ.) אין גיכן, קריכן א. א. וו. (זע: יִכן).

וכע

זאַוויערוכע

זאָלאָטוכע

*לוחה

*מלוכה

*מנוחה

*מבוכה

*טיפּה סרוחה.

(0) יוכע, סטאַרוכע, סיוואוכע, פּיעש־טשוכע, קאַטערוכע, קאַפּאָטוכע, שליו־כע, איך איזניוכע (זיך), איך בוכע, איך דזשוכע, איך טשוכע (זיך), איך כוכע, איך ניוכע, איך סקרוכע, איך פּליוכע.

(פּ.) מלאכה, משפחה א. א. וו. (זע: אָכע).

(פּ.) ניחא, גיכע א. א. וו. (זע: יִכע).

ו כ ע ס

*מיוחס
*מלוכות
*לוחות
*רוחות
*בטוחות
*מנוחה'ס

(*) טפות סרוחות, שברי לוחות, איך זוך עס, איך פארזוך עס א. א. וו.

(0) וואוכעס, טשוכעס, די פעטוכ־עס, קאטערוכע־ס א. א. וו. (גר. וד. ו כ ע ־ ע ס, א י ז).

(פ.) מלאכות, משפחות א. א. וו. (זע: אָכעס).

(פ.) יחוס, שליחות א. א. וו. (זע: יכעס).

ו כ ע ר

וואוכער
*אונטערזוכער
*באַזוכער
*לא יאוחר

(0) סוכאר, קוכאר. (גר. וד. ו כ ע ־ ע ר).

(פ.) בחור, זכר א. א. וו. (זע: אָכער).

(פ.) גיבער, זיכער א. א. וו. (זע: יכער).

ו ל

שול
שפאַקול
*פסול
*שוהל
*שטול
*דול
*פול

*עמנואל
*שמואל

(*) גמול, משיג גבול, נולד מהול.

(0) וואול, וועסטיביול, טול, מאטול, סאַמנאַבול, סטימול, סקול, עסאאול, פאַטרול, פול, קאַפול, קאַראאול, רול, שפול.

הארבול, טיול, נול, קול, רידיקיול, בול בול!

(פ.) טאָל, שמאָל, א. א. וו. (זע: אָל).

(פ.) מיל, ציל א. א. וו. (זע: יל).

ו ל ד (זע: ו ל ט)

ו ל ד ן

גולדן
שולדן
דולדן

ו ל ט

קולט
*באַגולט
*צעדולט
*פאַרפולט
*געשולט
*געדולד
*שולד
*איך דולד

(*) פולט, ער רולט, ער שפולט.

(פ.) מאָלט, צאָלט א. א. וו. (זע: אָלט).

(פ.) בילד, צילט א. א. וו. (זע: ילד, און ילט).

ו ל ט ע ר

שולטער
באַגולטער
געשולטער

*מולטער
*צעדולטער
*פּאַרפּולטער

(0) רולט ער, שפּולט ער א. א. וו. (גר. ו ל ט - ע ר).

(פּ.) מאַלט ער, צאַלט ער. (זע: אַלט).

(פּ.) פילטער, צילט ער א. א. וו. (זע: ילט).

ו ל י ם

*בלבולים
*בתולים
*גלגולים
*זילזולים

(*) גבולים, עיגולים, פּלפּולים, עובד גילולים, קאַנסולעם, משולם (נ.), ועל כולם, אהולאַם, איך פּאַרפּול אים, איך צעדול אים א. א. וו. (גר. ו ל, ו ל ע - א י ם).

(פּ.) משכילים, תהלים א. א. וו. (זע: ילים).

ו ל י ע

*גוליע
*איך הוליע
*איך טוליע (זיך)
*איך קוליע (זיך)
*שמואל׳יע (נ.)

(0) האַרבוליע, זאַזוליע, פּוליע, קאַסט־רוליע, קאַשוליע, פּאַקוליע, ליוליע! קאַפּוליע (נ.), איך מוליע, איך פּרי־טוליע, איך קאַראַאוליע, איך שפּוליע. (זע: ולע).

(פּ.) וויליע, ליליע א. א. וו. (זע: יליע).

ו ל ן

*זבולן (נ.)
*שיחת חולין
*(די) שוהל־ן
*(די) שטול־ן א. א. וו.

(זע: ול).

(פּ.) ווילן, ברילן א. א. וו. (זע: ילן).

ו ל ע

שולע
אַפּולע
*בתולה
*גאולה
*גדולה
*סגולה
*פּעולה
*תחבולה
*מכולה

(*) חוכא ותלולה, יחידי סגולה, תורה כולו, רבונו דעלמא כולו, ויכולו, לקולא,

(0) אַקולע, ביבולע, כאַמולע, סקולע, פּאַרמולע, פּערדולע, קוטורולע, שפּולע.

(פּ.) יללה, קללה א. א. וו. (זע: אַלע).

(פּ.) מגילה, תפילה א. א. וו. (זע: ילע).

ו ל ק ע

שקאַטולקע
ביבולקע
פּולקע
ראזעוואולקע
*בולקע
*ליולקע
*שמואל׳קע (נ.)

(0) מאַרמולקע. סטאַמבולקע. ספּולקע. הולקע, סאָסולקע, קאַסטרולקע, קאַ־שולקע. קולקע. שפּולקע. (גר. ו ל - ק ע).

ו ם

קאָסטיום
פּאַרפיום
דום
דאַרום
וואַרום
*בלום
*מום
*סכום
*רום
*תחום
*פרום
*קרום
*שטום
*אומעטום
*אַרום
*(קיין) שום
*צום
*איך ברום
*איך קום
*איך באַקום

(*) אום, זשום, שום (א), בקליפּת השום.

(0) בום, ברום (א), קום (א), רום (א), זום! ערזערום (נ.), אייגענטום, הייליגטום, מאַקסימום, מינימום א. אנד. —

(פּ.) קראָם, לאָם, אברהם.

(פּ.) רעזשים, אינטים א. א. וו. (זע: ים).

ו מ ל

*דרומל
*טומל
*(צום) רומל

(0) איך מומל, קאָסטיום־ל א. א. וו.

(פּ.) הימל, שימל א. א. וו. (זע: ימל).

ו מ ל ט

*אַנומלט
*ער טומלט
(זע: ומל).

(פּ.) געבלימלט, פאַרשימלט א. א. וו. (זע: ימל).

ו מ ע

סומע
*אומה
*טומאה
*מהומה
*מומע
*תקומה
*בלומע (נ.)

(*) תרעומה, תרומה, מדרש תנחומא, פּרה אדומה, פרומע, קרומע, שטומע, איך זשומע, איך שומע.

(0) אומע, גומע, פּאַרפיומע, קומע, דומע, איך זומע, איך לומע.

(פּ.) נחמה, נקמה א. א. וו. (זע: אָמע).

(פּ.) פּגימה, שטימע א. א. וו. (זע: ימע).

ו מ ע ט

*אומעט
*ער זשומעט
*ער שומעט
*(גייט) אומעט
*פרומעט (נ.)
*מלומד
*משומד

(0) ער זומעט, ער לומעט. (גר. ום־האַט).

(פּ.) פאַרשטשימעט.

ומען

*גומען
*מזומן
*באַנומען
*גענומען
*פֿאַרנומען
*צענומען
*באַקומען
*געקומען
*געשוואומען
*פֿאַרשוואומען
*צעשוואומען

(*) זשומען, שומען, די אומען, בלו־מען, סכום׳ען, מוכן ומזומן, דער מומען, דעם פּרומען, דעם קרומען, דעם שטומען, בלומע׳ן (נ.). (זע: ומים).

(0) די פּאַרפּיומען, סומען, זומען, לומען.

(פּ.) נאָמען, לאָמען א. א. וו. (זע: אָמען).

(פּ.) סימן, רימען א. א. וו. (זע: ימען).

ומער

*אומער
*זומער
*מומר
*נומער
*קומער
*שלומער
*(דאָ) אַרומער
*יין המשומר

(*) פרום—ער, קרום—ער, שטום—ער, טו מיר א.א.וו. (גר. ו, ום, ומע־ער, מיר).

(0) פּאַרפּיומער, קאָסטיומער, רומער.

(פּ.) לאָמער, ברוך שאמר א. א. וו. (זע: אָמער).

(פּ.) צימער, אימער א. א. וו. (זע: ימער).

ומפּ

לומפּ
פּומפּ
קלומפּ
טומפּ
*זומפּ
*פּלומפּ
*דומפּ
*שטומפּ

ון

אָפּיעקון
באַלון
טריבון
סאַלון
*הון
*זון
*און
*דערפֿון
*פֿאַרטון

(*) טון (א), טיטון, נון, נשואין, רוען, יהושע׳ן.

(0) אַלון, וויון, זדון, טאַבון, טייפֿון, טשוגון, מאָנסון, סטיבון, ספּיטון, פּאַ־לון, פּערדון, קאַטון, קאַרטון, נעפּטון (נ.).

באַלבעטון, באַלטון, בויטון, ברעכון, גון, דייטשון, דזשאַגון, האַרבון, וויאַ־זשון, כאַפּון, כוואַסטון, כירלון, כראַ־קון, לאַסון, סידון, סקאַקון, פּאַטשקון,

פאַרכון, קאַלטון, קראַדון, שטשאַבון, שרייבון.
(פּ.) האָן, צאָן א. א. וו. (זע: אָן).
(פּ.) זין, מין א. א. וו. (זע: ין).

ו נ ג (זע: ו נ ק)

ו נ ג ע ן

*באַדונגען
*פאַרדונגען
*געדרונגען
*באַזונגען
*געלונגען
*געצוואונגען
*געקלונגען
*געשוואונגען
*פאַרשלונגען
*געשפּרונגען

(*) די יונגען, לונגען, צונגען, רונגען.
(פּ.) דינגען, זינגען א. א. וו. (זע: ינגען).

ו נ ג ע ר

*הונגער
*יונגער

(0) אונגאַר. (גר. ו נ ג – ע ר).
(פּ.) ציגנער, קלינגער א. א. וו. (זע: ינגער).
(פּ.) זינגער, פינגער א. א. וו. (זע: ינגער).

ו נ ד (פגל. ו נ ט)

„בונד"
גרונד
וואַגאַבונד
מונד
קונד
שונד
שטונד
שליונד
*וואונד
*רונד
*אַצונד

(פּ.) ווינד, זינד א. א. וו. (זע: ינד).

ו נ ד ן

*אַנטבונדן
*פאַרבונדן
*פאַרוואונדן
*ערפונדן
*געשונדן
*פאַרשוואונדן

(0) וואַגאַבונדן, סעקונדן, קונדן, שטונדן, דעם רונד-ן. (גר. ו נ ד – ן, אַ ן).
(פּ.) צינד-ן, שינד-ן א. א. וו. (זע: ינד).

ו נ ד ע

סעקונדע
שטונדע
רונדע

(0) בונדע, ראַטונדע, איך פאַרוואונדע. (גר. ו ן – ד ו, ד י, ד אַ).

ו נ ד ע ס

קונדס

(0) דע פּראָפונדיס, די סעקונדע-ס, איך פאַררונד עס א. א. וו. (זע: ונד. און ונדע).

ו נ ד ע ר

*רונדער
*באַזונדער

*אַצונדער
*איך (באַ)וואונדער
(0) ציהונדער, בורגונדער. (גר. ו ז, ונד-ער, דער).
(פּ.) בלינדער, גרינדער א. א. וו. (זע: ינדער).

ונדערט

*הונדערט
*באַוואונדערט
*אָפּגעזונדערט
(פּ.) ער פלינדערט, ער פאַרהינדערט. (זע: ינדער).

ונט (פגל. ונד)

בונט
*הונט
*פונט
*געזונט
(0) קליונט, שפונט.
(פּ.) מאָנט, דערמאָנט א. א. וו. (זע: אָנט).
(פּ.) ווינט, טינט א. א. וו. (זע: ינט).

ונטיק

*זונטיק
*פונטיק
(זע: ונט).

ונטן

*אונטן
בונט-ן
שפונט-ן א. א. וו.
(זע: ונט).

ונטער

*צונטער
*געזונטער
*מונטער
*אונטער
*אַרונטער
(0) בונטער, איך פלונטער. (גר. ונט-ער).
(פּ.) מאָנט ער, דערמאָנט ער. (זע: אָנט).
(פּ.) ווינטער, טינטער א. א. וו. (זע: ינטער).

ונים

*ברונים
*ממונים
*ניגונים
*עגונים
*תחנונים
*תקונים
*בונים
(*) בן זקונים, אורחים הגוניט, עאר־טוז אים. (גר. ו ז, ונע-אים).
(פּ.) דינים, מבינים א. א. וו. (זע: ינים).

ונסט

גונסט
דונסט
קונסט
זונסט
(פּ.) מאָנסט, דערמאָנסט א. א. וו. (זע: אז).

ונע

טריבונע
קאָמונע
*אמונה
*חיונה
*ממונה
*סטרונע

*עגונה
*משונה

(*) סליונע, שכונה, שפּאַרונע, כהונה, תבונה, תמונה, חכמת התכונה, מיתה משונה, בונע (נ.), גרונע (נ.).

(0) דייטשונע, טרונע, כונע, קונע, שטאַבונע, שכונע, פּאַרטונע.

(פּ.) לבנה, מתנה א. א. וו. (זע: אַנע).

(פּ.) בינע, מינע א. א. וו. (זע: ינע).

ו נ ע ן

*פאַרגונען
*געוואונען
*באַזונען (זיך)
*געפונען
*אַנטרונען
*גערונען
*צערונען
*געשפונען

(*) די זונען, טונען, נונען, פּאַרסליר־נען (זיך).

(0) די סאַלונען, אַלונען, טשוגונען.

(פּ.) מאַנען, דערמאַנען א. א. וו. (זע: אַנען).

(פּ.) גרינען, דינען א. א. וו. (זע: ינען).

ו נ ץ

אונץ
*קונץ
*אונדז

(0) א רונד'ס, דעם „בונד"־ס.

(*) א געזונט'ס, דעם הונט'ס. (גר. ו נ ט — ס).

(פּ.) פּרינץ, מינץ א. א. וו. (זע: ינץ).

ו נ ק

*וואונק
*זונק
*טונק
*טרונק
*פונק
*יונג
*לונג
*צונג
*קלונג
*רונג
*שוואונג
*שפּרונג

(0) לונק, סקונק. (*) שטונק.

(פּ.) גרינג, פּלינק א. א. וו. (זע: ינג, און ינק).

ו נ ק ט

*פונקט
*ער טונקט

(0) אַדיונקט, קאַנטראַפּונקט.

(פּ.) אינסטינקט, ער זינגט א. א. וו. (זע: ינקט).

ו נ ק ל

קאַרבונקל
קונקל מונקל
*טונקל

(פּ.) ווינקל, שפּרינקל, איך פינקל.

ו נ ש

וואונש
פונש

ו ס (פגל. ו ז)

באַשלום
גום

טרום
פּאַרדרום
קום
שלום
*געַנום
*גרום
*זכות
*זנות
*נום
*פּום
*פּלום
*רשות
*שטות
*רות
*איך הום
*איך שמועס

(*) סום, טעות הדפוס, דער קו־ס א. א. וו.

(0) אינדום, ברום, דיום, ווקום, פּליום, רום, איך פּראָדיום, איך רעדיום, אָמ־ניבום, די אינטערוויו־ס, די ראַנדע־וואו־ס א. א. וו. (גר. ו — ס).

(פּ.) בעל חבית, מאָס, דאָס, פּאַרוואָס.

(פּ.) ביס, ברית א. א. וו. (זע: ִיס).

ו ס ט

ביוסט
גוסט
קוסט
יוסט
ער קוסט
*ברוסט
*לוסט
*פּאַרלוסט
*באַוואוסט
*געוואוסט
*פּוסט
*איך גלוסט
*איך הוסט
*דו טוסט
*דו רוסט
*דו מוזט
*ער שמועסט

(0) ער פּראָדיוסט, ער רעדיוסט, ער אָנטשפּוזט, ער יוזט, ער עקסקיוזט, ער רעפּיוזט, ער קאָנפּיוזט.

(פּ.) ער דאָסט, ער בלאָזט.

(פּ.) בריסט, מיסט א. א. וו. (זע: ִיסט).

ו ס ט ע

לוסטע
קאַפּוסטע
יוסטע
גוסטע (נ.)
*באַוואוסטע
*פּוסטע

(*) גלוסט דו, הוסט דו, שמועסט דו, טוסט דו, רוסט דו, מוזט דו.

(0) געקוסטע, פּראָדיוסטע, רעדיוסטע, אָנטשפּוזטע, געיוזטע, עקסקיוזטע, רע־פּיוזטע, קאָנפּיוזטע.

(פּ.) באַלעבאָסטע, בלאָזטו, דאָסטו...

(פּ.) אומזיסטע, וויסטע א. א. וו. (זע: ִיסטע).

ו ס ט ע ר

מוסטער
יוסטער
*הוסטער
*שוסטער
*באַוואוסטער
*פּוסטער

(0) ליוסטער, קוסט ער, יוזט ער א. א. וו. (גר. וסט־ער).

(פ.) דאַסט ער, בלאָזט ער.

(פ.) געפּליסטער, וויסטער א. א. וו. (זע: יסטער).

וסע

*חברותה
*רבותא
*בדוק ומנוסה
*בניחותא

(0) פּאַפּוסע, קוסע. (*) לקותא, מע־נוסע, מילתא דבדיחותא, אסותא!

(פ.) מיתה, זיסע א. א. וו. (זע: יסע).

וסער

*מוסר
*הוסער

(0) פּראָדיוסער. (גר. וס, וסע־ער).

(פ.) זיסער, מאוס'ער א. א. וו. (זע: יסער).

ו-ע

סטאַטוע
*ישועה
*נבואה
*צנועה
*רפואה
*רצועה
*שבועה
*תבואה
*תנועה
*קרוע בלוע
*יהושע

(0) דוהע, פּוהע, שיליוע, בויע, איך בריליוע, איך דויע (זיד), איך זשויע, טשאַפּ סואי.

(*) בן פּקוע, פּנויה, שמועה, תרועה, צבוע, שיפוע, כידוע, יאכלוהו, הללויה.

(פ.) (זע: אָ־ע).

(פ.) בריאה, זכיה א. א. וו. (זע: י־ע).

ו-עס

*שבועות
*שמועס

(*) איך טו עס, איך רו עס א. א. וו. די צנועות, די רפואות א. א. וו. (זע: ו־ע).

(פ.) חיות, מאוס א. א. וו. (זע: י־עס).

ופּ (פגל. וב)

*טופּ (אַ)
*סלופּ
*סטרופּ
*קנופּ
*שופּ
*איך זופּ
*איך צופּ
*איך שטופּ
*איך שנופּ

(0) (די) זופּ, טרופּ, לופּ, סטופּ, פּופּ, קורדופּ, קרופּ.

(פ.) אָפּ, אַראָפּ.

(פ.) טיפּ, ליפּ א. א. וו. (זע: יפּ).

ופּט

קאָרופּט
ער זופּ־ט
ער צופּ־ט א א. וו.

(זע: ופּ).

ופיק

*סטרופיק

*סלופיק

*פופיק

*שופיק

*מסופק

(זע: ופ, און ופע).

(פ.) טשיפיק. (זע: יפ).

ופן

גרופן (די)

*מלופין

*שופן

*זופן

*צופן

*שטופן

*שנופן

(פ.) ליפן, ריפן א. א. וו. (זע: יפ).

ופע

גרופע

טרופע

כאַלופע

סטופע

פופע

*חופה

*קופע

*משופע

(*) יופע, איך טופע, איך לופע, איך קאַלופע, איך רופע, איך שטשופע.־

(פ.) רב פפא.

(פ.) קליפה, ציפע א. א. וו. (זע: יפע).

ופער

*קופער

*משופע׳ר

*שטופער

(0) סופער. (גר. ופ, ופע־ער).

(פ.) יום כפור, איך היפער א. א. וו. (זע: יפער).

וף (פגל. ן־ון)

*באַרוף

*גוף

*איך רוף

(*) בעל הגוף, פילוסוף, קוף, ים סוף,

(פ.) אַדערויף, אויבן אויף, באַרג אַרויף.

(0) בוף, מוף, פוף, רוף (אַ), איך מוף, אוף!

(פ.) שאָף, שלאָף, שטראָף.

(פ.) בריף, טיף א. א. וו. (זע: יף).

ופט

דופט

שופט

*לופט

*ער רופט

*ער פרואווט

(0) קלופט, ער מופט.

(פ.) שלאַפט, שטראָפט.

(פ.) גיפט, היפט א. א. וו. (זע: יפט).

ויץ

שמויץ

*טויץ

*נויץ

*פויץ

*שויץ

*אַ חויץ

*גוטס

(*) איך דויץ, טוט־ס! רוט־ס! דעם פלוט־ס, דעם יוד־ס א. א. וו.

(0) בויץ, יענקויץ, פּארכויץ, איך שטויץ, די בוטס, וואוטס, סוטס, דעם ברוט־ס, דעם ליליפּוט־ס א. א. וו. (גר. ו ד, ו ט – ס).
(פּ.) שקאַץ, שראַץ.
(פּ.) היץ, וויץ א. א. וו. (זע: יץ).

ו צ י ם

*חלוצים
*קיבוצים
*תירוצים
*פּלוצים

(0) בוצים, איך באַשמוץ אים.
(*) חרוצים, איך דויץ אים, איך נויץ אים, איך פּויץ אים, טוט־ס אים! (גר. ו ץ – א י ם).
(פּ.) מליצים, פּריצים, גיט־ס אים א. א. וו. (זע: יץ).

ו צ י ע

אינסטיטוציע
אַלאָקוציע
דיסטריבוציע
עוואָלוציע
עקזעקוציע
פּאָלוציע
פּראָסטיטוציע
קאָנטריבוציע
קאָנסטיטוציע
רעוואָלוציע
רעזאָלוציע א. אַנד.

ו צ ע

*חלוצה
*קבוצה
*מרוצה

(0) קוצע, זאקוציע. (*) דרך הממוצע, טוט זי, רוט זי.
(פּ.) ציצה, פּריצה א. א. וו. (זע: יצע).

ו ק (פּגל. ו ג)

סורטוק
שמוק
שנוק
*ברוק
*מרוק
*פּאַרוק
*איך בוק
*איך דרוק
*איך טוק
*איך צוק
*איך פּאַרצוק
*איך קוק
*איך פּאַרקוק
*איך פּאַררוק
*איך פּאַרשלוק

(*) מוק, הוק, טלוק, רו"כ.
(0) זשוק, טיוק, מונדשטוק, סוק, סטוק, פּאַצוק, פּאַרשוק, פּוק, קאַבלוק, קרוק. איך יוק, איך סמוק, איך שפּוק.
באַזשיבוזשוק, בורדיוק, בייסטרוק, היידוק, חזיר'וק, כאַמיוק, כרוק, מאַמעליוק, ממזר'וק, סקנערוק, פּאַלישוק, פּיטיוק, שניידערוק.
(פּ.) בליק, גליק א. א. וו. (זע: יק).

ו ק ט

וויאַדוקט
פּראָדוקט
ער יוק־ט
ער שלוק־ט א. א. וו.

(זע: וק).

וקטאָר

אינסטרוקטאָר
קאָנדוקטאָר
יוק־ט ער
שלוק־ט ער א. א. וו.
(זע: וק).

וקים

*חילוקים
*פּסוקים
*יין צמוקים

(*) אדוקים, חוקים, סילוקים, חכם מחוכם, איך דרוק אים, איך טוק אים א. א. וו. (זע: וק).

(פּ.) צדיקים, מזיקים א. א. וו. (זע: יקים).

וקן

*רוקן (אָ)
*טרוקן
*בוקן (זיך)
*דרוקן
*טוקן
*צוקן
*פאַרצוקן
*קוקן
*פאַררוקן
*שלוקן

(0) חדר מתוקן, חולה מסוכן, זקוקין, סדר נזוקין, די ברוקן, מוקן, פאַרוקן.

(0) די מונדשטוקן, סורטוקן, יוקן, סמוקן, שפּוקן.

(פּ.) זקן.

(פּ.) דריקן, שטיקן א. א. וו. (זע: יקן).

וקס

יוקס
דע לוקס

*וואוקס
*פּוקס

(0) די בוקס, קרוקס, דעם שניידער־רוק־ס א. א. וו.

(*) אַ קלוג׳ס, דעם מרוק־ס א. א. וו. (גר. ו ק — ס).

(פּ.) ביקס, געוויקס א. א. וו. (זע: יקס).

וקע

*חלוקה
*סוכה
*תשוקה

(*) עני מדוכא, לאַפּוקי, איך הוקע, איך טלוקע, איך מרוקע, איך נוקע, איך צעפּוקע.

(0) בוקע, דאַקוקע, נוקע, סוקע, שטו־קע, שנוקע, (אויף) פּאַרוקע, איך ברו־קע, איך כרוקע, איך סטוקע.

(פּ.) הזקה, צדקה א. א. וו. (זע: אַקע).

(פּ.) יניקה, דיקע א. א. וו. (זע: יקע).

וקעס

*דוכס
*חלוקות
*סוכות
*תשוקות

(0) הוקעס פּוקעס, די שנוק־עס, די שניידערוק־עס, איך סמוק עס א. א. וו. די סוקע־ס, די שטוקע־ס א. א. וו. (זע: וק, און וקע).

(פּ.) יניקות, קליקעס א. א. וו. (זע: יקעס).

וקער

*דרוקער
*צוקער
*פאַררוקער

*קוקער
*שלוקער
(גר. ו ק, ו ק ע - ע ר).
(פ.) ליקער, עיקר א. א. וו. (זע: ןקער).

ו ר

לאזור
נאטור
פיגור
פריזור
קולטור
קרעאטור
שפור
נור
אמור (נ.)
*הור
*פור
*שנור

(0) אבאזשור, אזשור, באכטור, בור, גארניטור, גיפיור, גלאזור, חור, מאני־קיור, סקנור, פאליטור, קאפטור, קור, שטשור, שור, שור בור, איך אינשור, משכב זכור.

אגריקולטור, אגענטור, אדוואקאטור, ארכיטעקטור, בראשור, גראוויור, דיק־טאטור, דענאטור, ליטעראטור, מאנו־פאקטור, מאקולאטור, מוסקולאטור, מיניאטור, מיקסטור, נאמענקלאטור, סטרוקטור, סקולפטור, פארטיטור, פראצעדור, פיקסאטור, צענזור, קאלע־ראטור, קאנדידאטור, קאנפעקטור, קא־ריקאטור, קארעקטור.

(איז) דור, (איז) פאזיטור, (איז) קאנטור, אלע ע רעטור, באז זשור! טרובאדור, מערקור, פאמפאדור (נ.). רוהר (נ.), פורפור.

(פ.) האר, יאר א. א. וו. (זע: אר).
(פ.) ביר, גביר א. א. וו. (זע: ןר).

ו ר ט

גורט
געבורט
הורט
אבסורד

(0) ער מאניקיורט, ער פאליטורט, ער אינשורט.
(פ.) פארט, שפארט א. א. וו. (זע: ארט).

ו ר י ם

*כחורים
*דיבורים
*חיבורים
*יסורים
*סדורים
*שכורים
*פורים

(*) בורים, ביאורים, הרהורים, חורים, טורים, כדורים, סיפורים, פטורים, ציורים, גוים גמורים, חג הבכורים, חטאת נעורים, יום הכפורים, ליל שמורים, מתיר אסורים.

(0) טורעם, פורעם, שטורעם, איך אינ־שור אים, איך טורע אים א. א. וו. (גר. ו ר, ו ר ע - א י ם).
(פ.) גבירים, עשירים א. א. וו. (זע: ןרים).

ו ר ך

שטורך
דורך

ו ר כ ע

איך שטורכע
אגב אורחא

ורע

באַנדורע
*ארורה
*בשורה
*גבורה
*צורה
*קבורה
*שורה
*שמורה
*כשורה

(*) חבורה, אימתא דצבורא, במחילה גמורה.

(0) אַגענטורע, אוואַנטיורע, אווער־טיורע, בראַשורע, מאַטורע, מיקסטורע, פּאַרטיטורע, פּראַצעדורע, פאַקטורע, פריזורע, עמעריטורע, קאַריקאַטורע, רעצעפּטורע, שעוועליורע.

ביורע, טינקטורע, טעקטורע, סקאַ־בורע, קאַנורע, רורע, שטוקאַטורע, שטשורע, שליורע, שקורע, סגורע, שורע בורע, אורי (נ.), שורי (נ.), איך בורע, איך דורע, איך דעזשורע, איך כמורע (זיך), איך נורע, איך פורע, איך פאַר־זשמורע.

דייטשורע, טאַנציורע, מוידורע, סקנורע, פּאַציורע, שטימורע, שלע־פורע.

(פ.) כפּרה, צרה א. א. וו. (זע: אָרע).
(פ.) לירע, סאַטירע א. א. וו. (זע: ירע).

ורקע

בראָשורקע
טוזשורקע
מאַזורקע
פיגורקע
צענזורקע
שורקע
יורקע (נ.)
איך זשמורקע
איך טורקע
איך פורקע
איך שטורקע
*צורה׳קע

(0) אורקע, באַיורקע, בורקע, ביורקע, לאַזורקע, מאַנדיבורקע, נורקע, פּע־טשורקע, פּאַרפורקע, פוריקע, קאַנורקע, רורקע, שטוקאַטורקע, שקורקע, איך קורקע.

(פ.) וואַרקע, שרה׳קע.

ורשט

דורשט
וואורשט
צעמורשט

וש

בוש
*דרוש
*חוש
*לבוש
*קוש

(0) דוש, טוש, פּליוש, הוש! איך פוש, איך פוש, דלוזש, טוזש, רוזש.

(*) רשע מרוש(ע), מהודו ועד כוש, סטרוזש.

(פ.) טיש, פּריש א. א. וו. (זע: יש).

ושים

*גרושים
*דרושים
*חושים
*חידושים
*כושים
*לבושים

*מלבושים
*פירושים
*פרושים
*מגושם

(*) חרפות וביושים, איך קוש אים, איך דושע אים א. א. וו. (גר. ו ש, ו ש ע - א י ם).

(פ.) בטל בששים.

ו ש ן

*מסדר קדושין
*פאַר'חוש'ן (זיך)
*קושן
*שושן (נ.)

(0) אַ פליושן... פושן, פושן.

(פ.) לשון, ישן, עוג מלך הבשן.

(פ.) ווישן, מישן א. א. וו. (זע: ישן).

ו ש ע

*בושה
*גרושה
*ירושה
*קדושה
*רשע מרושע

(0) טושע, קושע (נ.), פשא דושא.

(*) איך זאַדושע, איך פאַרגלושע, איך פאַרטושע, איך פאַרלושע, איך צעיושע, פרושי.

(פ.) אשה, פרישע א. א. וו. (זע: ישע).

ו ש ק ע

יושקע
קושקע (נ.)
איך פאָליושקע (זיך)
*פושקע
*איך שושקע (זיך)
*סטרוזשקע

(0) אָקרושקע, ברושקע, גרושקע, דושקע, וויושקע, לושקע, מושקע, פאַדושקע, פאַסטושקע, פינטיפליושקע, קאַדושקע, קאַטושקע, איך כליושקע, קרוזשקע.

(פ.) קישקע, פישקע א. א. וו. (זע: ישקע).

וי

גוי
טוי
פלוי
פרוי
קלוי
בלוי
גענוי
גרוי
לוי
שלוי
איך בוי
איך ברוי
איך טרוי
איך פארטרוי
איך צעשטרוי
*כל בו
*שטרוי
*רוי
*אוי
*אזוי

(0) באי, גאזלעוואי, גאראדאוואי, געוואי, גנאי, געראי, העמעראי, וואלאי, טשאסאוואי, באלאסטאי, מיראוואי, סטאנאוואי, סטראי, סלאי, פאסטאי, פאקראי, פראבאי, קאנוואי, ראזבאי, ראי, דאלאי, סטראם האלאוואי, הרובעשוי (נ.), פוי!

(*) ימח שמו (וזכרו), דברים בגו, פורש בשמו, כמו, יהודי בלא.

(ל.) זיי, צוויי א. א. וו. (זע: יי).

וי - אך (פגל. ויך)

*כח
*מח
*נח

(0) בוי איד, ראיע איד א. א. וו.

(*) מנוח, יישר כח, ריח ניחוח. (גר. וי, ויע - איד).

(ל.) מזבח, רוצח א. א. וו. (זע: יי—אך).

ויב

טויב (א)
טרויב
שויב
איך קלויב
*דרויב
*הויב (א)
*רויב
*שטויב
*אויב
*איך גלויב
*איך הויב
*איך פארטויב
*איך לויב
*איך דערלויב

(0) זשלאיב, איד זשאיב, גרויפ, סטויפ, קויפ.

(ל.) לייב, אייב (נ.), קייפ שייפ.

ויבער

צויבער
קויבער
*אויבער
*גלויבער
*טויבער
*רויבער
*איך צעשויבער

(0) זשאיבער, שמאטעם-קלויבער.

(ל.) איך דייבער, איך טרייבער, הייבער, לייבאר, נייבויר.

וויג

צוויג
פּויק
*אוויג
*איך בוויג
*איך זוויג
*איך נוויג
*איך טוויג
*(זיך) נוהג

(0) סטוויג, לוויג, רוויג, קלווירק.

(*) א גוט אוויג.

(ל.) טוויג, אָפּטוויק א. א. וו. (זע: וויג).

וויגן

*בוויגן (א)
*אוויגן
*געבוויגן
*פאַרבוויגן
*באַוואוויגן
*געוואוויגן
*געזוויגן
*טוויגן
*פאַרנוויגן
*געפלוויגן
*פאַרפלוויגן
*באַצוויגן
*געצוויגן
*דערצוויגן
*פאַרצוויגן
*צעצוויגן
*געשטוויגן

(0) די סטוויגן, לוויגן, רוויגן.

(*) געשפּוויגן, עלענבוויגן, רעגענבוויגן.

(גר. וויג - אַ ן).

(ל.) לייגן, אייגן, מגין.

וויגעס

*ברוגז

(*) וואָס טוויג עס, איך בוויג עס א. א. וו. (זע: וויג).

(ל.) מדרגות, פּויגע׳ס, איך לייג עס א. וו. (זע: ײַג).

וויד (זע: וויט)

ווידים

*בווידים
*מודים
*קודם
*בלא יודעים

(0) איך הווידע אים, איז מודה אים.

(גר. וויד, ווידע-אים).

(ל.) אווידים, שדים, הספּדים, באַקלייד אים, צעשייד אים א. א. וו. (זע: ײַד).

ווידיש

*חודש
*כלי קודש
מוידיש

(*) פּרנס חודש, ראש חודש, ארון קודש, לשון קודש, רוח הקודש א. אנד.

(גר. וויד - יש).

(ל.) הײַדיש.

ווידע

*הווידע (א)
*מודה
*עבודה
*לכה דודי
*איך סוד׳ע

(*) קרבן תודה, על התורה ועל העבודה, ירום הודו, במחילת כבודו.

(גר. וויד ו, די).

(ל.) זיידע, אבדה א. א. וו. (זע: ײַדע).

וידעס

*יסודות
*סודות
*עבודות

(0) די הוידעס, די קרבן תודה'ס. (גר. ויד, וידע-עס, איז).

(ל.) אבדות, זיידעס א. א. וו. (זע: ײַדע).

וידער

פוידער
שוידער
איך פלוידער
*גוידער

(0) עמבראידער, צעלאַלאידער, איז מודה ער. (גר. ויד, וידע-ער).

ויוו (זע: ויף)

וייווים

*ימים טובים
*קרובים

(*) בז טובים, טובעים, מכאובים, חובבים. (גר. ויוו, ויווע-אים).

(ל.) שייוו אים, סייוו אים א. א. וו. (זע: ײַוו).

ויוול

*יובל
*טובל
*סובל

ויוון

*אויוון
*דוב'ן

(ל.) הייוון, מבין א. א. וו. (זע: ײַוון).

ויווע

*זולל וסובה
*טובה
*קרובה
*מה טובו

(*) סויווע, בעל טובה, לשנה טובה, כובע, לוה, מלמד חובה.

(ל.) גנבה, מצבה א. א. וו. (זע: ײַווע).

ויווער

*גובר
*עובר

(גר. וי-ווער).

(ל.) אבר, קבר א. א. וו. (זע: ײַווער).

ויז (פגל. ויס)

הויז
טויז
לויז
מויז
קלויז
קרויז
איך ברויז
*פראַנצויז
*רויז
*בלויז
*לויז
*איך אַנטבלויז

(0) נאַיז. (*) יוויז.

(ל.) בייז, דערלייז א. א. וו. (זע: ײַז).

ויזט (זע: ויסט)

ויזיק

חוזק
ברויזיק

לויזיק
רויזיק

(0) שטרוי־זאק, פראנצויזיק. (זע: ויז).

ו י ז ן

הויזן
פויזן (נ.)
*הויזן (די)
*שאַלעמויזן

(0) די קלויזן, ברויזן, לויזן, פאַר־גרויזן.

(*) די פראנצויזן, רויזן, אנטבלויזן, דעם בלויזן.

(ל.) דערלייזן, נייזן, פאַרגלייזן, רייזן, דעם בייזן.

ו י ז נ ט

טויזענט
ברויזענד

(0) פאַרפּאַיזענט.

ו י ז ע

איך פויזע
איך פאַרגרויזע
*בלויזע
*לויזע
*רויזע (נ.)

(ל.) בייזע, דרייזע א. א. וו. (זע: ײַזע).

ו י ז ע ר

*בלויזער
*לויזער
*גוזר
*עוזר (נ.)
*גלגל החוזר

(גר. ו י ז, ו י ז ע - ע ר).

(ל.) בייזער, דערלייזער א. א. וו. (זע: ײַזער).

ו י ט

קרויט
שרויט
לוט (נ.)
בויד
מויד
*ברויט
*הויט
*טויט
*לויט
*נויט
*פלויט
*צויט
*קויט
*קנויט
*רויט

(0) וואַיט, סויט, סקויט, ארבעס־שויט, באַקלוי'ט, פארטוי'ט, ער בוי'ט, ער ברוי'ט, ער טרוי'ט, ער פאַר־טרוי'ט, ער צעשטרוי'ט, עס בלוי'ט, עס גרוי'ט, שכור לוט, סקוירט, שוירט, צעלאַלאַיד.

(*) פון עלערהויט, טוב מאד, יעמוד, לכבוד, חול המועד.

(ל.) גרייט, קייט א. א. וו. (זע: ײַט).

ו י ט י ק ע

*אַפּותיקו
*נויטיק־ע
*צויטיק־ע א. א. וו.

(זע: ויט).

ו י ט ע

*חוטא

*סוטה

*שוטה

*טויטע

*געגויטע

*רויטע

*נוטה

(0) איך צעבאַיטע, איך צעקאַלאַיטע, די פאַרבוי'טע, די פאַרטוי'ט-ע א. א. וו. (זע: ויט).

(ל.) פליטה, צווייטע א. א. וו. (זע: ייִטע).

ו י ט ע ר

לויטער

אויטאָר

*טויטער

*רויטער

*שוטר

*נוקם ונוטר

(0) א באַקלוי'טער, פאַרטרויט ער, נויט ער א. א. וו. (זע: ויט).

(ל.) גרייטער, צווייטער א. א. וו. (זע: ייִטער).

ו י - יִ ש

גוי'יש

העראָאיש

סטאָאיש

יהואש (נ.)

(0) באַי'יש, פרויאיש. (זע: וי).

ו י ך

בויך

יויך

שטרויך

איך געברויך

*רויך

*הויך

*אויך

(0) איך טויך, איך פאַרשטויך.

(*) יישר כח, מח, ריח ניחוח, מנוח, נח.

(ל.) ווייך, בלייך, דערגרייך, שייך.

ו י כ ט

ער געברויכט

ער טויכט

ער לויכט

ער פאַרשטויכט

ו י כ ל

איך שטרויכל

*מוחל

*אומר ואוכל

(זע: ויך).

(ל.) אייכל, היכל, שכל, שמייכל.

ו י כ ע

*הויכע

*דוחה

*זוכה

(0) איך כויכע. (*) לא כל אדם זוכה, איין כמוד, אנכי.

(ל.) ליחה, בלייכע א. א. וו. (זע: ייִכע).

ו י כ ע ס

*פרוכת

*כחות

*מחות

(*) מוכס, מוכ"ז, איך ברויד עס א. א. וו. (גר. ו י ד – ע ס, א י ז).

(ל.) ליחות, מזבחות א. א. וו. (זע: ײכעס).

ו י כ ע ר

געברויכער
טויכער
ברויך ער
*מוכר
*סוחר
*הויכער
*איך רויכער

(גר. ו י ד, ו י כ ע – ע ר).

(ל.) בלייכער, ווייכער, זכר, דער־גרייכער.

ו י ל

גרויל
קויל
קנויל
פויל
*הויל
*וואויל
*איך פאַרהויל
*איך באַפויל

(0) דאָיל, פאָדויל, אויל, מאָיל, איך ספאָיל, איך שטויל.

(*) בראַנדזויל, גדויל, פויל, פיסטויל, קאַטויל, קאַמזויל, בכל מכל כל, בעירום ובחוסר כל, המבדיל בין קודש לחול, (שוואַרץ ווי) קויל. (זע: וי–על).

(ל.) אייל, טייל א. א. וו. (זע: ײל).

ו י ל אַ ך

בלוילאַך
גרוילאַך
לוילאַך
רוילאַך
*הולך
*מולך (נ.)

(*) באַפויל איד, קוילע איד א. א. וו. (זע: ויל).

(ל.) פריילאַך, צייל איך א. א. וו. (זע: ײלאַך).

ו י ל י ם

*חולים
*מכשולים
*עולים
*מוהלים
*פועלים
*גולם
*חולם
*עולם

(*) בית חולים, בקור חולים, נקבים גדולים, אדון עולם, בית עולם, בורא עולם, אומות העולם, מרעיש עולם, סדר העולם, רבונו של עולם, תל עולם, ארבע פנות העולם, עולם גולם, אַז וואויל אים, איך קוילע אים א. א. וו. (גר. ו י ל, ו י ל ע – א י ם).

(ל.) אבלים, כלים א. א. וו. (זע: ײלים).

ו י ל ע

פוילע
*חולה
*הוילע
*וואוילע
*איך קוילע
*צדקה גדולה

(0) דוילע, טאָילע, בוילע (נ.).

(*) קרבן עולה, מבקר חולה, אנשי כנסת הגדולה, תקיעה גדולה, מאור הגולה, כלי גולה.

(ל.) גזילה, נבלה א. א. וו. (זע: ״ילע).

ו י ל ע ם

*מפּולת

*משקולת

*פּסולת

*קולות

*ביכולת

(*) בתופים ובמחולות, דעם חולה־ס, איך פּועל עס א. א. וו. (גר. ו י ל, ו י ל ע - ע ס, ס, א י ז).

(ל.) גזילות, נבלות א. א. וו. (זע: ״ילע).

ו י ם

טרוים

צוים

שוים

רוים (אַ)

גערוים

קוים

איך פֿאַרזוים

איך פֿאַררוים

*בוים

*זוים (אַ)

*תהום

*סדום

*רוים (נ.)

*עד היום

(0) פלוים, שוואָים, שטרוים.

(*) שכיר יום, מעשים בכל יום, (איז טועם.

(ל.) היום, ליום, געהיים א. א. וו. (זע: ״ים).

ו י מ י ם

*יתומים

*נשתומם

(0) איך פֿאַרזוים אים, איך צוים אים, איך רוים אים, איך שוים אים. (גר. ו י ם, ו י מ ע - א י ם).

(ל.) בליים אים, קליים אים א. א. וו. (זע: ״ים).

ו י מ ל

*בוימל

*גומל

(זע: וים).

(ל.) ליימל.

ו י מ ע

געׂרוימע

נעמי (נ.)

*יתומה

*מלאך דומה

*שלמה

*וכדומה

(*) אבן חומה, תינוק בן יומו, יבוא יומו.

(ל.) אומה, בהמה, א. א. וו. (זע: ״מע).

ו י מ ע ן

זוימען

טרוימען

צוימען

רוימען

שוימען

*קוימען

*אפיקומן

(0) דוימען, פלוימען, שוואָימען, שטרוימען, דעם גערוימען, נעמי׳ן (נ.).

(*) אומז (יד), די תהומ'עז, שלמה'ז.

(ל.) היימעז, געהיימעז א. א. וו. (זע: ײַם).

ו י מ ע ס

*חלומות

*יתומות

*מקומות

(0) נעמי'ס, איך טרוים עס.

(*) שלמה־ס, דעם מלאך דומה־ס א. א. וו. (גר. ו י ם, ו י מ ע - ע ס, ס).

(ל.) אימות, בהמות, א. א. וו. (זע: ײַמעס).

ו י מ ע ר

טרוימער

גערוימער

*חומר

*כומר

*קל וחומר

*רוימער (נ.)

*שומר

*בוימער

*ל"ג בעומר

(*) כלומר, ונאמר, וכך היה אומר. (גר. ו י ם, ו י מ ע - ע ר).

(ל.) איימער, געהיימער, ליימער א. א. וו. (זע: ײַם).

ו י ן

אַלוין

פלוין

ברוין

איך שוין

*הון (רב)

*המון

*פאַרשוין

*קרוין

*שוין

*איך וואוין

*איך געוואוין

*איך באַלוין

*איך שטוין

(ל.) קליין, ריין א. א. וו. (זע: ײַן).

ו י נ ט

ער פאַרברוינט

ער שוינט

ער שטוינט

*ער באַוואוינט

*ער געוואוינט (זיך)

*ער באַלוינט

*ער קרוינט

(0) דזשאָינט, פּאָינט, איך אַפּאָינט.

(ל.) ער ווײַנט, ער פאַרשטײַנט א. א. וו. (זע: ײַן).

ו י נ י ם

*אביונים

*גאונים

*קונים

*תחתונים

*אַזוינעם

*גרונם (נ.)

(*) אדונים, אחרונים, מטמונים, פזמונים, קדמונים, ראשונים, תליונים, בן שמונים, מים אחרונים, נביאים ראשונים, ספרים חיצונים, עולמות עליונים, גילדוינים, קאַרבוינים, כהנים, איך באַלוין אים, איך שוין אים א. א. וו. (גר. ו י ן, ו י נ ע - א י ם).

(ל.) זקנים, שכנים א. א. וו. (זע: ײַנים).

ו י נ ע

*זונה
*לוינע
*קונה
*שונא
*אַזוינע
*כפל שמונה
*יונה
*קרוינע (נ.)

(0) ברוינע, בוינע, דאַינע, גנאַינע, סטראַינע, ספּאַקאַינע, פּאַדוואַינע, קאַנוואַינע, ראַזבאַינע, בלוינע (נ.).

(*) ברכה אחרונה, השגחה העליונה, אין קול ואין עונה, וכך היה מונה, רבונו יונה, לא יחרץ כלב לשונו, אדוני, ראש בר יוני, לחם עוני, פּלוני בן פּלוני.

(ל.) זקנה, שכנה, א. א. וו. (זע: ײַנע).

ו י נ ע ן

פלוינען (די)
פּאַרברוינען
שוינען
*פּאַרשוינען
*וואַוינען
*געוואַוינען
*באַלוינען
*קרוינען
*שטוינען

(*) מקונן, יונה'ן, קרוינע'ן (נ.).

(ל.) חנ'ען, ווײַנען א. א. וו. (זע: ײַן).

ו י נ ע ס

*אביונות
*בזיונות
*גאונות
*זונות
*זכרונות
*חסרונות
*חשבונות
*לשונות
*מזונות
*נסיונות
*נצחונות
*עוונות
*רעיונות
*פלונית

(*) ארונות, בטחונות, גליונות, חורבונות, יתרונות, פּדיונות, פּתרונות, שגעונות, בתי זונות, ספר הזכרונות, בורא מיני מזונות, אין אונס. צפונית. דעם קונה־ס, דעם שונא־ס, יונה־ס, קרוינע־ס, די לוינע־ס, איך באַוואויִן עס א. א. וו. (גר. ו י ן, ו י נ ע – ע ס, א י ז).

(ל.) זקנות, שכנות א. א. וו. (זע: ײַנע).

ו י נ ע ר

ברוינער
שוינער
*באַוואוינער
*באַלוינער
*אַזוינער

(0) סטראַינער, ספּאַקאַינער, קאַנוואַי־נער.

(ל.) בײַנער, צײַנער א. א. וו. (זע: ײַנער).

ו י ם (פּגל. ו י ז)

שטרוים
אוים
אַרוים

דורכאַוים
פּאַראָוים
*גרוים
*מהות
*שוים
*שמוים
*היות
*כעלות
*איך שטוים

(0) קלוים, שלוים, אַ בלוי'ס, אַ גרוי'ס, אַ געגוי'ס, דעם באַי–ס, דעם גוי–ס, דער פּרוי–ס, איך טרוי עס א. א. וו.

(*) אַ רוי'ס, דעם ימח שמו–ס, דעם כל בו–ס א. א. וו. (גר· ו י – ס, ע ס). (זע: וויעס).

(ל.) היים, שווייס א. א. וו. (זע: ייס).

ויסט

פויסט
ער ברוייזט
ער הויזט
ער לויזט
ער קרויזט
*ער גרויסט (זיך)
*ער פאַרשטויסט
*ער אַנטבלויזט

(0) דו בלוי'סט, דו גרוי'סט דו בוי(ע)סט, דו ברוי(ע)סט, דו טרוי־(ע)סט, דו פּאַרטרוי(ע)סט, דו צע־שטרוי(ע)סט, דאָס געגוי(ע)סט(ע).

(ל.) הייסט, ווייסט א. א. וו. (זע: ייסט).

ויסטער

אויסטער
געגוי'סטער
בלוי'סטער
גרוי'סטער
*קלויסטער
*רוי'סטער

(0) ברוייזט ער, הויזט ער, לויזט ער, קרויזט ער.

(*) גרויסט ער (זיך), פאַרשטויסט ער, אַנטבלויזט ער.

(ל.) לייזט ער, פאַרגלייזט ער א. א. וו. (זע: ייסט).

ויסן

אויסן
(אין) דרויסן
*נותן
*גרויסן (זיך)
*פאַרשטויסן

(0) די שטרוים–ן, שלוים–ן.

(*) שוים–ן, שמוים–ן.

(ל.) הייסן, ווייסן א. א. וו· (זע: ייס).

ויסע

*כוסה
*גרויסע
*איך גוס'ע
*אומר ועושה

(*) חנינה בן דוסה (נ.), ר' יוסי (נ.), לאחר מותו, רבותי.

(ל.) הייסע, אתה הראית, מהיכא תיתא.

ויסעם

*גוסס
*חרוסת
*כוסות

(0) אַ גרויסעס, ר' יוסי'ס, חנינה בן דוסה'ס, אותיות, פּאַרשטוים עס, אוים איז א. א. וו. (גר. ו י ס – ע ס, א י ז).

(ל.) איך היים עס, איך ווייס עס א. א. וו. (זע: ײַס).

ו י ס ע ר

אויסער
דורכאויס ער
*גרויסער
*שטויסער
*יותר
*מותר
*סותר
*פּותר
*די והותר

(ל.) הייסער, ווײַסער, קיסר, מתן בסתר.

ו י – ע

גויע
בלויע
גענויע
גרויע
*זרוע
*רויע
*טועה
*עולם התוהו

(*) כצאן בלא רועה, עולם ומלואו, צואה.

(0) מעשה שהיה. וויבאַיע, לעווקאַיע, פּאַפּעשאַיע, קלויע, זאַקאַזנאַיע, קרעפּאַסטנאַיע, לויע, שלויע, שאַיע טאַיע, איך אוספּאַקאַיע, איך בראַיע, איך גנאַיע, איך וואַיע, איך מלויע, איך נאַיע, איך סטראַיע, איך ענדזשאַיע, איך פּאַיע, איך פּריסוואַיע, איך פּריסטראַיע, איך פּאַרטרויע, איך ראַיע.

(ל.) הוצאה, הלואה א. א. וו. (זע: אַ–ע).

ו י ע ל (פּגל. ו י ל)

*אוהל
*גואל
*מוהל
*יואל
*שואל (נ.)
*איך פּועל

(*) בועל, מלאך הגואל.

ו י ע ן

פּרויען
קלויען
בויען
בלויען
גרויען
טרויען
פּאַרטרויען
צעשטרויען
*כהן
*שטרויען (די)

(0) דעם בלויעז, דעם גענויעז, דעם גרויעז, דעם לויעז, דעם שלויעז, אוםפּאַקאַיעז, ברויעז, גנאַיעז, וואַיעז, מלויעז, נאַיעז, סטראַיעז, ענדזשאַיעז, פּאַיעז, פּריסוואַיעז, פּריסטראַיעז, ראַיעז.

(*) טועז, דעם רויעז, (די) כל בו'עז.

(ל.) בזיון, גאון א. א. וו. (זע: אַ–עז).

וי - ע ר

בויער
מויער
פויער
בלויער
געניער
גרויער
זויער
איך דויער
איך באַדויער
איך הויער
איך טרויער
איך לויער
*אויער
*טויער
*יפת תאר
*זוהר
*צוהר
*רויער
*קאַפויער

(0) מכוער, ברויער, לויער, שלויער, וואָיע־ר, סטראָי־ער א. א. וו. (גר. ו י, ו י ע – ע ר).
(ל.) סגי נהור, מנורת המאור א. א. וו.
(זע: אַ־ער).

וי פּ (זע: וי ב)

וי ף

אַדערויף
אויף
איך זויף
איך טויף
איך שרויף
*געלויף
*פאַרלויף
*הויף
*צונויף
*איך אַנטלויף
*איך קויף
*בעל חוב
*בכי טוב
*דוב (נ.)

(0) נוירוו. (*) נואף.
(ל.) זייף, זאב א. א. וו. (זע: יִיף).

וי פּ י ק

*דופק
*אויבנאויפיק
*געלויפיק
*הויפיק

(זע: ויף).

וי פּ ן

*(באין) אופן
*אויפ׳ן
*לויפ־ן
*קויפ־ן א. א. וו.

(זע: ויף).

וי פּ ע ם

*טנופת
*מופת
*עופות
*תופס
*תפת

(0) דעם רופא׳ס, דעם שר האופה׳ס, איך לויף עס, איך קויף עס א. א. וו. (גר. ו י ף – ע ס).
(ל.) יפיפיות, מגפות, מכשפות, שרפות, חיפה׳ס.

וי פּ ע ר

זויפער
*לויפער

*כופר
*סופר
*פֿאַרקויפֿער
*שופר

(0) טויפֿער. (*) עצי גופר, אָן אויפֿ־הער. (גר. ו י ף – ע ר).

(ל.) ספר, טריפה'ר, עפר ואפר, חיפה'ר.

ו י ץ

שנויץ
*(אַ) טויט'ס
*(אַ) רויט'ס

(0) די סקוירטס, די שוירטס א. א. וו. (זע: ויט).

(ל.) ווײַץ, רײַץ א. א. וו. (זע: ײַץ).

ו י צ ע

*המוציא
*פועל יוצא

(0) בויצע, איך מלויצע, איך פֿאַר־האַיצע, איך קאַלאַיצע, בויט זי, טרויט זיי א. א. וו. (זע: ויט).

(ל.) עצה, פּלייצע א. א. וו. (זע: ײַצע).

ו י צ ע ר

*אוצר
*יוצר

(*) כחומר ביד היוצר, טויט־ס איר, נויט זי איר א. א. וו. (זע: ויט).

(ל.) באַהייצער, מן המצר א. א. וו. (זע: ײַצער).

ו י ק (זע ו י ג)

ו י ק ע

גוי'קע
טראַיקע
פּרוי'קע
פּראַיקע (נ.)
*מחלוקה
*איך אויקע

(0) דוואַיקע, טשאַיקע, נאַבאַיקע, נאַ־סטאַיקע, סטאַיקע, פּאַסטראַיקע, פּלוי־קע, קאַיקע, קראַיקע, באַיקע, איך מיויקע, איך קאַלאַטויקע, איך קאַ־נויקע.

ו י ק ע ר

פּויקער
*הויקער
*חוכר
*עוקר
*איך בויקער

(0) באַיקער. (*) ערב ובוקר, אוי'־קער. (זע: ויקער).

(ל.) אַפּטייקער, פּייקער, קווייקער, אַנ־דערטייקער.

ו י ר (פגל. ו י - ע ר)

*בכור
*דור
*חמור
*טכויר
*כיאור
*קאַפּויר
*ווער געוואויר
*כלחוך השור
*אדמור"ר
*יהי אור
*איך געבויר
*איך צעיויר

ו י ר אַ ד

*אורח

*צורך

*קורח

(*) כורך, מכניס אורח, געבויר איד, יוויר איד א. א. וו. (גר. ו י ר, ו י ר ע - א י ד).

(ל.) מי שברך, מעלה גירה איך א. א. וו.

(זע: ױראַד).

ו י ר י ם

*גבורים

*חמורים

*כורעים

*מחזורים

*דאַקטוירים

*פאַקטוירים

*רעדאַקטוירים

(*) אחורים, אמורים, בכורים, טהורים, מזמורים, מקורים, שחורים. (גר. ו י ר, ו י ר ע - א י ם).

(ל.) גרים, הכשרים א. א. וו. (זע: ױרים). ,

ו י ר ן

באַשוואוירן

*געבוירן

*צעיוירן

*פאַרלוירן

*געפרוירן

*געשוירן

(*) בן חורין, בר אורין, די טכוירן, די ביאורן.

ו י ר ע

*בורא

*בכורה

*הפטורה

*מורא

*מנורה

*סחורה

*תורה

*בעל קורא

*מרה שחורה

*דבורה

*צפורה

(0) הוירע, ווער געוואוירע.

(*) אמורא, מסורה, מצורע, בן סורר ומורה, מעשה נורא, קול קורא, יחיד בדורו, סדום ועמורה.

בן תורה, דין תורה, חמשה חומשי תורה, לומדי תורה, מן התורה, מקום תורה, מתן תורה, ספר תורה, סתרי תורה, קריאת התורה, שמחת תורה, תלמוד תורה.

(ל.) גזירה, עבירה א. א. וו. (זע: ױרע).

ו י ר ע ס

*אפיקורס

*דורות

*קטורת

*כפורת

*תשבורת

*בן פורת

*(איז) גורם

*(איז) דורם

(0) די סחור־ות, די מנור־ות. דבורה־ס, צפורה־ס, דעם בן תורה־ס א. א. וו. (גר. ו י ר, ו י ר ע - ו ת, ס, ע ס).

(ל.) גזירות, עבירות א. א. וו. (זע: ױרע).

ו י ר ע ר

*בורר
*משורר
*צורר
*מעורר

(גר. ו י ר, ו י ר ע - ע ר).

ו י ר ע ש

*יורש
*שורש
*שם המפורש
*חוקר ודורש
*כורש (נ.)

(*) חורש, מפורש. (גר. ו י ר, ו י ר ע - י ש).

(ל.) גירוש, פּירוש, אחשורוש.

ו י ש

גערויש
*קויש
*שמויש
*איך טויש
*איך אַנטויש

(0) איך לויש, איך פּאַיש, איך פּלויש, קופּיץ בראש.

ו י ש אַ ך

*הרי חושך
*כח המושך

(0) רויש איך. פּלויש איך א. א. וו. (זע: ויש).

ו י ש י ם

*שלשים
*קדושים
*רושם

(0) איך אַנטויש אים, איך פּלויש אים א. א. וו. (זע: ויש).

(ל.) הקדשים, קדישים. (זע: ײַש).

ו י ש ל

*מושל
*קוישל
*משה'ל

ו י ש ע

*(תורת) משה
*קהלה קדושה
*שלושה

(ל.) קדישה, רישא, פּישע פּוישע.

ו י ש ע ו ו

*יושב
*מושב
*תושב

(0) תחום המושב. (גר. ו י ש - א ו י ף).

ו י ש ע ר

*יושר
*עדשר
*שעת הכושר

(0) פּלוישער. (*) מליץ יושר. (גר. ו י ש - ע ר).

(ל.) פּלוישער.

ײ

מי
קי
די
הי
װי
זי
פֿרי
איך בלי
איך ברי
איך פֿאַרברי
איך גלי
איך צעגלי
איך באַמי
איך פֿלי
איך צי
איך באַצי
איך דערצי
איך פֿאַרצי
איך צעצי
איך קני

(0) אין דער פֿרי, פֿאַר פֿרי, מזל גדי, מזל דלי, באמונה שלי, בהז שלי, ברה לי, נוסח האר״י, ויהי, ויחי, שבתי צבי, נחלת צבי (נ.), סטרי (נ.).

דעגרי, דראַפּערי, זשורי, זשעני, טי, טראָסטי, לאָזשי, לעסי, מאַלאַרי, סעטי, פּאָטפּורי, פּאַרי, קאָמי, רעזשי, רעפערי, שאַמבר גאַרני. װיזאַװי, שער אַמי, מערסי, איי בי סי, סי אָ די. האַפּטשי! כי כי! פּי!

(פּ.) אַ קו, שבת נחמו, גאָט ברוך הוא, כל מאמינים שהוא, בטבעת זו, דו, װאו, נו, דערצו, קוקעריקו! איך טו, איך רו.

ײ-אַך

משגיח
משיח
שליח
מבטיח
מטריח
מצליח

(0) מוכיח, מסית ומדיח, מרויח, שכיח, באַמי איך, ריע איך. (גר. ײ, ײע-איד, אייד).

(פּ.) בטוח, גלות, ויכוח, לוח, רוח, נחת רוח, חכמת הנתוח, פּתוח, טו איך, רו איך.

ײב (פּגל. ײפּ)

טריב
צוליב
איך גיב
איך פֿאַרגיב
איך ליב

(0) איזגיב, באַטריב, ריב, איך איב (זיך), איך פֿאַרשיב.

(פּ.) גרוב, שטוב.

ײבט (זע: ײפּט)

ײבל

איבל
ביבל
גריבל
שטיבל
פֿאַראיבל
איך שװיבל

(0) בית קיבול, פֿאַהיבעל, צװיבל, קניבל, ריבל, איך דריבל.

(פּ.) מקובל, הובל, סקובל, קובל, רובל.

יבן

איבן (זיך)
גיבן
פאַרגיבן
טריבן
באַטריבן
פאַרטריבן
איבערטריבן
ליבן
געבליבן
געקליבן
פאַרקליבן
געריבן
פאַרשיבן
געשריבן
זיבן

(0) ריבן (אַ), די איזגיבן, דריבן. (פּ.) שטובן.

יבע

ליבע
סבה
טריבע

(0) מסיבה, ששים רבוא, ביעלאָריבע, גריבע, סקיבע, כיבע, אַליבי.

(פּ.) הרובע, כתובה, מרובע, ראשו ורובו, איך דלובע, כסומה בארובה.

יבעלע

גריבעלע
זיבעלע
ציבעלע
ריבעלע
שטיבעלע
ליבעלע (נ.)

(0) ביבולע.

יבער

ביבער
גבור
גריבער
טריבער
ליבער
פיבער
שטיבער
איבער
געגנאיבער
דאַריבער
פאָראיבער
עיבור

(0) חיבור, שמשון הגבור, חתוד הדבור, כח הדבור, מבין כל דבור, תוד כדי דבור, בצבור, פורש מן הצבור, גיבער (אַ), קאַליבער, שיבער, טי־בער (נ.), וויבאָר. (גר. יב, יבע־ער).

(פּ.) עובר, צובער, כפי המדובר.

יג (פגל. יק)

זיג
פליג
ציג
קריג
איך וויג
איך באַזיג
איך באַטריג
איך ליג
איך קליג (זיך)
איך קריג
איך פאַרקריג (זיך)

(0) מיג, שטיג.

(פּ.) קרוג, גענוג, קלוג, אין פלוג, בן זוג, סוג, בוג (נ.).

ַי ג ט (זע: ַי ק ט)

ַי ג ל

וויגל
זיגל
פליגל
ציגל
קריגל
ריגל
שפיגל
איך פאַרזיגל
איך פאַרריגל
איך שפיגל (זיך)

(0) היגל, טיגל, עיגול, שטיגל, ליגל, איך ביגל, איך מיגל (זיך), איך קליגל (זיך).

(פ.) קוגל, מסוגל.

ַי ג ל אַ ך

אוממיגלאַך
וויגל–אַך
קריגל–אַך א. א. וו.

(זע: ַיגל).

ַי ג ן

ליגן (אַ)
ניגון
פאַרגעניגן
באַגניגן
פאַרוויגן
באַזיגן
באַטריגן
ליגן
געליגן
קליגן (זיך)
קריגן
פאַרקריגן (זיך)
אַנטשוויגן
געשוויגן
פאַרשוויגן
באַשטיגן
געשטיגן
געשפיגן
געשריגן

(0) די וויגן, פליגן, ציג–ן, שטיג–ן. (גר. ַי ג – ן).

(פ.) דעם קלוגן, אַ משוגע'ן.

ַי ג ע

אינטריגע
הריגה
ליגע
פאַסטריגע
היגע
ריגע (נ.)
איך דריגע

(0) אַדליגע, האַלעדריגע, טעליגע, סיגע, פליאַסקעדריגע, שמיגע, יאַד־וויגע (נ.), איך דזשוויגע.

(פ.) משוגע, קלוגע.

ַי ג ע ר

באַטריגער
היגער (אַ)
זיגער
טיגער
קריגער
שוויגער
קליגער

(0) אַ דר'ערד ליגער, ניגער, ריגע'ר (נ.). (גר. ַי ג, ַי ג ע – ע ר, ר).

יִד (פגל. יִט)

גליד
ידיד
ייד
יריד
ליד
שמיד
מיד
סאָליד
איך דערמיד
איך זיד
איך שמיד

(0) אינוואַליד, וויד, זשיד, גיד, קיד, פליד, פריד, דאַוויד (נ.), לעאָניד (נ.), מאַדריד (נ.), עווריפּיד (נ.), אויגנליד, אונטערשיד, מיטגליד·

(פּ.) ברוד, פּוד, כמלך בגדוד.

יִדים

חסידים
ידידים
יחידים
ירידים
מגידים
מתמידים
נגידים
תלמידים

(0) מקפּידים, פּקידים, איך דערמיד אים, איך שמיד אים א. א. וו. (גר. יִד, יִדע — איִם).

(פּ.) כבודים, למודים, עמודים, ריקודים, ליהודים! עקודים נקודים וברודים, איך נודע אים א. א. וו. זע: ודים).

יִדיש

חידוש
קידוש
חסיד׳יש
יורידיש
יידיש
מגיד׳יש
נגיד׳יש

(פּ.) תלמוד׳יש.

יִדל

גידול
יידל
לידל
פּידל
איך זידל

(0) נידל, רידל,ביישטידל. (גר. יִד — ל).

(פּ.) אַגודל.

יִדן

פּרידן
צופרידן
זידן
דערמידן
פאַרמידן
אַנטשידן
געשידן
פאַרשידן
שמידן

(0) מערידן, שם״ה גידין, די אונטער־שידן, יידן, אינוואַלידן, ירידן, פּיראַ־מידן, דעם מידן, דעם סאָלידן, דאַ־וויד—ן, לעאָניד—ן א. א· וו. (גר. יִד — ן).

(פּ.) פּודן.

יִדע

בת יחידה
ירידה

מדה
מרידה
נגידה
רקידה
תלמידה
וידוי
מידע
סאָלידע

(0) חידה, חסידה, נידה, חכמת המדידה, ממזר בן הנידה, בעמידה, מדה כנגד מדה, מכה בצדו, ידידי.

אָבידע, בידע, גנידע, גראַמידע, דזידע, דעקידע, כלאַמידע, סטידע, פאַניכידע, פּיראַמידע, קרידע. איך סמידע, איך ספּידע, אידע (נ.), לידע (נ.), טאָלידאָ (נ.), פרידע (נ.).

(פּ.) אגודה, נקודה, סעודה, פּאַסקודע, יהודה, בודע, הרודע, מאַרודע, זאַנודע, איך ברודע, איך הודע, איך נודע, ויקהל פּקודי.

ידעס

מגידות
שאַלעשידעס
ביחידות
בתמידות

(0) די זשיד־עס, איך דערמיד עס א. א. וו. דער בת יחידה־ס, די גנידע־ס א. א. וו. (זע: ידה און ידע).

ידער

ברידער
גלידער
געפלידער
געשלידער
האַרמידער
לידער
סידור
מידער
סאָלידער
ווידער
דערווידער
נידער
איך צעגלידער

(0) זייפן־זידער, לידער (א), ספּידער, קידער ווידער, שווידער (נ.), לידע׳ר, מאַדריד׳ער (נ.), טאָלידאָ׳ר (נ.). איך פידער, איך צעשידער, מיטגלידער. דער ייד דער, איך צי דיר א. א. וו. (גר· י ד, י ט – ע ר, ד י ר, ד ע ר).

(פּ.) ברודער, רודער, יוד׳ער, מהודר.

ידקע (זע: יטקע)

יוו (פגל. יף)

בריוו
מאָטיוו
אָקטיוו
מאַסיוו
נאַאיוו
פּאַסיוו
שיוו

(0) כתיב, בהבל פּיו, תל אביב (נ.), אַליוו, אַרכיוו, גריוו, זאַליוו, זליוו, כליוו, כעדיוו, לאַקאַמאָטיוו, סליוו, פּאָדריוו, פּריזיוו, קליוו, ריוו, שפּאַקטיוו, אָביעקטיוו, פּאָזיטיוו, פּראָדוקטיוו, פּרימיטיוו.

אדיעקטיוו, אימפּעראַטיוו, אינפיניטיוו, אקוזאַטיוו, דירעקטיוו, נאָמינאַטיוו, נעגאַטיוו, סובסטאַנטיוו, סופּער־

לאַטיוו, פּאַליאַטיוו, קאָאָפּעראַטיוו, קאַלעקטיוו, קאָרעקטיוו, קורסיוו, רעצי־טשיטאַטיוו, רעצידיוו.

אַגרעסיוו, אינסטינקטיוו, אַדמיני־סטראַטיוו, אימפּולסיוו, אינדוקטיוו, אינטואיטיוו, אַפּראָקסימאַטיוו, דע־מאָנסטראַטיוו, דעפיניטיוו, דעפּעק־טיוו, דעקאָראַטיוו, לעגיסלאַטיוו, סוב־יעקטיוו, סענסיטיוו, ספּעקולאַטיוו, עפעקטיוו, פּראָגרעסיוו, פיקטיוו, פע־דעראַטיוו, קאָנוואולסיוו, קאָנסטרוק־טיוו, קאָנסערוואַטיוו, קאָנספּיראַטיוו, קוואַליטאַטיוו, קוואַנטיטאַטיוו, רע־גרעסיוו, רעלאַטיוו, רעפּרעזענטאַטיוו, רעפּרעסיוו. (זע: יִעוו).

(פּ.) איך פּרואוו, כל טוב, כרוב.

יִוול

בריוול
שטיוול
נבהל
ריוול (נ.)

(גר. יִ ו ו ־ ל).

(פּ.) מנוול.

יִוון

בכיוון
חודש סיון

(0) איוון, די אַרכיוו־ן, דעם פּאַסיוו־ן א. א. וו. (זע: יִוו).

(פּ.) פּרואוון, כמובן, ראובן.

יִווע

ישיבה
כתיבה
סביבה
שבעה
שיווע
עקיבה

(0) חטיבה, גריווע, מאַלאַזיווע, מלי־ווע, פּאַליווע, יאַדעשליווע, זאַראַזש־ליווע, טשערפּליווע, מאָמעטליווע, פּאַרשיווע, פּלאַקסיווע, אַלמאַוויווע (נ.), ריווע (נ.), איך דאַביווע, איך נאַשיווע, איך פּאָזשיווע (זיך), איך פּראָטיווע (זיך), איך פּריביווע, איך שעריווע.

איניציאַטיווע, אַלטערנאַטיווע, אָפּענסיווע, דעפענסיווע, פּערעספּעק־טיווע, פּרעראָגאַטיווע, עקזעקוטיווע, אָביעקטיוו־ע, מאַסיוו־ע, נאַאיוו־ע א. א. וו. (גר. יִ ו ו ־ ע).

(פּ.) בעל תשובה, עשרת ימי תשובה, שבת שובה, ראוב'ע (נ.), לאהובי.

יִוועס

חשיבות
עניוות

(0) דער ישיבה־ס, עקיבה־ס א. א. וו. (זע: יוו, און יווע).

(פּ.) שאלות ותשובות, תערובות, איך פּרואוו עס.

יִווער

קיווער
איך גליווער
איך ליווער

(0) וויווער, פּיווער, ריווער, איך דע־ליווער, א קי(ע)ווער (נ.), אַקטיוו־ער, פּאַסיוו־ער א. א. וו. יאַדעשליווע־ר, שיווע־ר א. א. וו. (זע: יִוו, און יִווע).

(פּ.) פּרואווער.

ִיווקע

גריווקע
נאַליווקע
סליווקע
קיווקע (נ.)
רבקה

(0) אַליווקע, נאַשיווקע, סקיווקע, פּאַרשיווקע, פּליווקע.

(פּ.) ראוב׳קע.

ִיז (פגל. ִיס)

מאַרקיז
נאַרציז
סורפּריז
פּאַראַדיז
קאַפּריז
ריז
שפּיז
איז
ביז
פּאַריז

(0) אוויז, אַנאַליז, אַקציז, דעוויז, וועליז, טורקיז, סערוויז, עסקיז, פּאַראַליז, פּריז, קאַרניז, קירגיז, רעליז, רעמיז, פּרעציז, פּליז.

(פּ.) כרוז, קאַרטוז, איך מוז.

ִיזיק

מעטאַפיזיק
פיזיק
ריזיק
נזוק

(0) ציזיק, ליתר חזוק, קיזעק. (גר. ִיז - ִיק).

(פּ.) צוזאַג.

ִיזל

וויזל
שפּיזל

(0) דריזל, טשיזל, פּריזל, איך מיזל.
(גר. ִיז - ל).

(פּ.) קאַרטוזל.

ִיזם

אַנאַרכיזם
אַנטיסעמיטיזם
אָפּטימיזם
אָרגאַניזם
באָלשעוויזם
דראַמאַטיזם
העברייאיזם
חסידיזם
יודאַאיזם
יידישיזם
מיליטאַריזם
מיסטיציזם
נאַציאָנאַליזם
סאָציאַליזם
פּעסימיזם
פּאַטריאָטיזם
ציוניזם
קאָמוניזם
קאָמיזם
רומאַנטיזם
רעאַליזם

(0) אַפאָריזם, מעכאַניזם, סאָפיזם, אַסטיגמאַטיזם, פּאַראָקסיזם. אַבסאָלוטיזם, אימפּעריאַליזם, אָפּאָרטוניזם, בונדיזם, טעריטאָריאַליזם, ליבעראַליזם, מאַטעריאַליזם, מאָנאַרכיזם, מאַקסימאַליזם, ניהיליזם, סעפּאַראַטיזם, פּאַנסלאַוויזם, פּאַציפיזם, פּאַר־

לאַמענטאַריזם, פּראָטעקציאָניזם, פּעאָ־
דאַליזם, פעדעראַליזם, קאָלעקטיוויזם,
קאָנסטיטוציאָנאַליזם, קאָסמאָפּאָלי־
טיזם, קאַפּיטאַליזם, קלעריקאַליזם,
ראַדיקאַליזם, ראַיאַליזם, ראַציאָנאַליזם,

אימפּרעסיאָניזם, אינדיווידואַליזם,
ארטיזם, דילעטאַנטיזם, זשורנאַליזם,
ליריזם, נאַטוראַליזם, עקספּרעסיאָניזם,
פּיעטיזם, פּראָווינציאַליזם, ראָמאַנ־
טיזם, רעוויזיאָניזם, שאָוויניזם.

אַבסקוראַנטיזם, אוטאָפּיזם, אַטאַ־
וויזם, אינדיפערענטיזם, אַלטרואיזם,
אָנאַניזם, אַנטאַגאָניזם, אַסקעטיזם
אַריסטאָקראַטיזם, באַנדיטיזם, ביוראָ־
קראַטיזם, דאָגמאַטיזם, דואַליזם, דעס־
פּאָטיזם, היפּנאָטיזם, העראָאיזם, וואַנ־
דאַליזם, מאַגנעטיזם, עגאָאיזם, עגאָ־
טיזם, סאָמנאַבוליזם, סטאָאיציזם,
סנאָביזם, ספּיריטואַליזם, ספּיריטיזם,
סקעפּטיציזם, פּאָזיטיוויזם, פּעדאַנ־
טיזם, פּראָטאַגאָניזם, פּאַטאַליזם, פּאָר־
מאַליזם, פּעטישיזם, ציניזם, קאַני־
באַליזם, קאַריעריזם.

אַטעאיזם, בודאאיזם, בראַמאַניזם.
גנאָסטיציזם, דעאיזם, יעזואיטיזם,
פּוריטאַניזם, קאַטאָליציזם, קאַלוויניזם

יזן

אושפּיזן
דריזן
באַוויזן
דיזן

(0) סיזאָן, פּריזאָן, ריזאָן, דעם פּרע־
ציז־ן, די ריז־ן, די קאַפּריז־ן, די
שפּיז־ן א. א. וו. (זע: יז).
(פּ.) קאַרטוזן, מוזן.

יזע

גניזה
געמיזע
וואַליזע
וויזע
ברמיזה
ליזע

(0) אחיזה, אַנטרעפּריזע, דריזע, מאַר־
קיזע, עקספּערטיזע, פּידריזע, פּידליזע,
ציפּצעניזע, רעמיזע, פּרעציזע, איך
גריזע, ביזי, דיזי, איזי (נ.).
(פּ.) מזוזה, קוקורוזע, בזוי ומבוזה.

יזער

פּראָוויזער
פּרעציזער
פּאַריזער
נזהר

(0) דיזער, דאָס איז ער. (גר. יז,
יזע־ער).
(פּ.) מוז ער, צוזעער.

יט (פּגל. יד)

אַנטיסעמיט
אַפּעטיט
באַנדיט
געביט
געמיט
גראַניט
דינאַמיט
היט (די)
היפּאָקריט
וויזיט
טריט
סטריט
פּאַראַזיט

שניט

שריט

אינדערמיט

געניט

זאַלבע דריט

מיט

ניט

איך געביט

איך פאַרביט

איך פאַרהיט

איך פאַרשיט

ער גיט

ער פאַרגיט

ער בלי׳ט

ער ברי׳ט

ער פאַרברי׳ט

ער גלי׳ט

ער באַמי׳ט

ער פלי׳ט

ער צי׳ט

ער באַצי׳ט

ער דערצי׳ט

ער פאַרצי׳ט

ער קני׳ט

ער זידט

ער שמידט

(0) זכר לטיט, ביט, ביסקוויט, זעניט, סופיט, סיט, פליט, פעטיט, באָזיווע צוויט, קאַלאָריט, קיט, ריט, רעקוויזיט, סאַנסקריט, ציט! קאָמפּליט, איך טריט, איך פיט, איך קוויט.

אדעסיט, איזראַעליט, אַרכימאַנדריט, הערמאַפראָדיט, יעזואיט, מיטראָפּאָליט, מענאָניט, נאַהיט, נעאָפיט, סיבאַריט, סעמיט, פאַוואָריט, קאָסמאָפּאָליט.

דעפיציט, דעפאזיט, טראַנזיט, פּלעביסציט, פערמיט, פראָפיט, קוויט, קרעדיט, רעסיט, בראָנכיט, דיפטעריט, פלעווריט.

אַנטראַציט, אָקעוויט, גראַפיט, מאַלאַכיט, סעלעניט, קאָנקריט, קאַרבאָניט.

(פ.) בלוט, הוט, זשמוט, מינוט, פלוט, רוט, גוט, ער טוט, ער רוט.

יִטיק

פּאָליטיק

קריטיק

איך פאַרגיטיק

(0) אַנאַליטיק, סיפיליטיק, מיטאָג. (גר. יִט – יק).

(פ.) בלוטיק, רו־טאָג.

יִטיש

אַנאַליטיש

בריטיש

פּאָליטיש

קריטיש

(0) וויטיש, סיפיליטיש, פאַראַליטיש, ראַכיטיש, היפּאָקריט–יש, סעמיט–יש א. א. וו. (גר. יִט – יש).

יִטל

היטל

טיטל

מיטל

קאַפּיטל

קוויטל

קיטל

ריטל

שליטל

דריטל
גיטל (נ.)
בטול
ניתול

(0) ביטל, קניטל, באַנדיט־ל, יעזו־איט־ל א. א. וו. (גר. ִי ט – ל).

(פּ.) איז מוטל, בטל ומבוטל.

ִי ט ן

(גע)בליטן
זיטן
שליטן
(אין) מיטן
געביטן
פֿאַרביטן
צעביטן
פֿאַרהיטן
געליטן
געמיטן
פֿאַרמיטן
געריטן
געשריטן
באַשטריטן
פֿאַרשיטן
באַשניטן

(0) מעות חטין, סדר גטין, תכשיטין, דעם געניטן, דעם דריטן, דעם גע־שמידטן, בריטן, טריטן, ניטן, פּיטן, ציטן, קוויטן, פֿאַרגעשריטן, גוט יום טוב ביטן, די אַנטיסעמיט־ן, אַפּע־טיט־ן, באַנדיט־ן, היפּאָקריט־ן, ווי־זיט־ן, פּאַראַזיט־ן א. א. וו. (גר. ִי ט ן – ן).

(פּ.) מחותן, די זשמוטן, מינוטן, דעם באַרוטן, דעם גוטן, בלוטן, צעבלוטן, לחלוטין, אַנמוטען.

ִי ט ע

ביטע
כּתּה
מיטה
סוויטע
שחיטה
שיטה
שליטה
שמיטה
אַפּשיטא
שליט״א
דריטע
איטע (נ.)
ליטע (נ.)

(0) אָרביטע, וואָלאָקיטע, זיטע, מיטע, פּיטע, פֿליטע, פּעטיטע, קאָמיטע, ני־טע! אַפּראָדיטע (נ.), מאַרגאַריטע (נ.), מיקיטע (נ.), איך וויטע, איך צוויטע, איך צעסיטע. אינקאָגניטאָ, דיטאָ, מאָסקיטאָ, סלאַוויטע (נ.).

די געניטע, געשמידטע, פֿאַרברי׳טע, פֿאַרהיטע, צעבלי׳טע, צעגלי׳טע א. א. וו. (גר. ִי ט – ע).

(פּ.) הוטע, פּרוטה, באַרוטע (נישט) גוטע, איך פּלוטע.

ִי ט ע ר

גיטער
געביטער
געוויטער
געמיטער
היטער
פּליטער
ריטער
שניטער
שפּליטער

ביטער
שיטער
געניטער
געשמידטער
דריטער
איך פאַרביטער
איך פיטער
איך צוויטער
איך ציטער
איך דערשיטער
איך צעשפּליטער

(0) יתור, פּטור, איטער, גאַרניטער, ליטער, מיטער, יופּיטער (נ.).

אינקוויזיטאָר, דעפּאזיטאָר, עקספּע־דיטאָר, קאָמפּאָזיטאָר, קאָמפּעטיטאָר, קאָנדיטאָר, רעפּיטיטאָר, רעקוויזיטאָר, באַמי'ט ער, בלי'ט ער, גלי'ט ער א. א. וו. (גר. יִט, יִט ע - ע ר).

(פּ.) באַרוטער, (נישט) גוטער, מוטער, פוטער, פוטער, מותר, טוט ער, רוט ער, פּערלמוטער.

יִטקע

ליטקע
מאַרגאַריטקע
איטקע (נ.)
בת יחידה'קע
שמידקע
פרידקע (נ.)

(0) דיטקע, וויזיטקע, זביטקע, סוויט־קע, סיטקע, סקריטקע, פליטקע, קיט־קע, קאַליטקע, קיביטקע, קוויטקע, קרעדיטקע. בידקע, נאַקידקע, סאמאָ־סקידקע, ברידקע, כידקע, דאַווידקע (נ.).

אַדעסיט-קע, אַנטיסעמיט-קע, היי־פּאָקריט-קע, פּאַוואָריט-קע א. א. וו. (גר. יִט - ק ע).

(פּ.) גוטקע (נ.), יודקע (נ.).

יִטש

גליטש
מאָסקוויטש
פּאַניטש
קוויטש
ריטש
מעזיריטש (נ.)

(0) ביעטש, סוויטש, ספּיטש, פּאַראַ־ליטש, מאַרגאַריטש, אָפּריטש, אַ קיטש! סענדוויטש.

יִטשע

איך טיטשע
איך סקאַליטשע
איך קוויטשע
איך ריטשע
איטשע (נ.)

(0) גאָראָדניטשע, איך אָפּריטשע, איך מיטשע, איך מליטשע, איך נאַ־זיטשע, איך סוויטשע (זיך), איך סקריטשע, איך קיטשע, גיט זשע, פליט זשע א. א. וו. (גר. יִט - ז ש ע).

(פּ.) איך דאָקוטשע, איך מוטשע, טוט זשע, רוט זשע.

יִ-ים

נביאים
עניים
סיום
קיום
רביאים

(0) אסיים, מצריים, נשיאים, איך צי
אים, איך צעריע אים א. א. וו. (גר.
ִי, ִי ע – א י ם). (פגל. ִים).
(פּ.) בזויים, ברואים, עלויים, ענויים,
מאוים, מקוים, געגועים, שינויים, פּנויים,
צבועים, פּדיון שבויים, מעשים תעתועים,
שבעה קרואים, איך טו אים. (זע:
ו–ים).

ִי ך

פליך
קיך
שטריך
שיך
איך
גיך
דיך
זיך
מיך
איך קריך

(0) גריך, דיך (אַ), כיך, פיך, ציך,
זונעז שטיך, איך ריך.
(פּ.) בוך, טוך, פּוך, שוך, שפּרוך, איך
באַזוך, איך פאַרזוך, איך זוך, איך באַ-
שוך. (זע: ו–אַך).

ִי כ ט

אונטערריכט
באַריכט
גערדיכט (אַ)
געוויכט
געזיכט
געריכט (אַ)
ליכט
פליכט
שיכט
געבריכט
גערדיכט
(אום)געריכט
איך דיכט
איך פאַרניכט
איך פאַרפליכט
איך פאַרציכט
איך פאַרריכט
איך שליכט
ער קריכט
ער ריכט

(0) גיכט, אָבזיכט, אויסזיכט, אויפ-
זיכט, נאָכריכט, נאָכזיכט.
(פּ.) צוכט, מיר דוכט, ער זוכט, ער באַ-
זוכט, ער פאַרזוכט, ער באַשוכט.

ִי כ ט י ק

וויכטיק
טיכטיק
ליכטיק
ציכטיק

(0) אָבזיכטיק, אייפערזיכטיק, דורכ-
זיכטיק, ווייטזיכטיק, קורצזיכטיק,
אויפריכטיק, נאָכזיכטיק, שווינדזיכ-
טיק.

ִי כ ט ע

געשיכטע
מסכתא
ניכטע

(0) געבריכטע, גערדיכטע, פאַרריכטע,
אומגעריכטע. (גר. ִי כ ט – ע).
(פּ.) אונטערזוכטע, באַשוכטע.

ִי כ ט ע ר

געוויכטער
געזיכטער
דיכטער

ליכטער
ריכטער

(0) אומגעריכטער, אונטערריכטער, געבריכטער, געדיכטער, פאַרדיכטער, קריכט ער, ריכט ער א. א. וו. (גר. ִ כ ט – ע ר).

(פ.) אונטערזוכטער, געזוכטער, באַשוכטער, באַזוכט ער.

ִ כ י ם

משגיחים
שליחים
תכריכים

(0) מוכיחים (גר. ִ ד, ִ כ ע – א י ם).

(פ.) בטוחים, גלוחים, ויכוחים, סכסוכים, שדוכים, ירוהם (נ.), היפוכים, חיים ארוכים, איך זוך אים א. א. וו. (זע: וכים).

ִ כ י ש

גריכיש
סטיכיש
פסיכיש

(0) משגיח׳יש, משיח׳יש, רציח׳יש. (גר. ִ ד – ִ ש).

(פ.) רוח׳יש, גלות׳יש.

ִ כ ל

ביכל
טיכל
ציכל
קיכל
שיכל
מיכל

(0) איך שטיכל, פליכ–ל, שטריכ–ל, א. א. וו. (גר. ִ ד – ל).

ִ כ ן

(אין) גיכן
פאַרבליכן
געגליכן
פאַרגליכן
פאַרקריכן
צעקריכן
ריכן
געשטריכן

(0) גיחון (נ.), די גריכן, ציכן, קיכ–ן, שטריכ–ן א. א. וו. (גר. ִ ד – ן).

(פ.) קוכן, שפּרוכן, באַזוכן, זוכן, פאַרזוכן, באַשוכן, איך דוכן.

ִ כ ע

סליחה
סמיכה
רציחה
תמיכה
ניחא
גיכע
מיכה
יריחו

(0) בדיחה, חתיכה, כריכה, ליקיחה, נפיחה, פתיחה, קיחה, שכר הליכה, אנסיכא, עיקבתא דמשיחא, על ד׳ ועל משיחו.

ליכע, סטריכע, שטיכע, באַכעריכע, שניידעריכע, איך דיכע, איך כיכע, איך סליכע, פסיכע (נ.).

(פ.) טיפּה סרוחה, לוחה, מלוכה, (מקום) מנוחה, מבוכה.

ִ כ ע ם

יחום
שליחות
באריכות

(0) סליחות, סמיכות, רציחות, תמיכות, בדיחות, חתיכות, כריכות, לקיחות, נפיחות, פתיחות, קיחות, מיכה׳ס, דת המשיחית, די פליכ–עס, איך קריך עס א. א. וו. (גר. יִד, יִכע-עס, ס, ות).

(פ.) מיוחס, בטוחות, טפות סרוחות, לוחות, מנוחה׳ס, איך זוך עס.

יִכער

ביכער
וויכער
טיכער
מאַרוויכער
קריכער
גיכער
זיכער
איך פאַרזיכער

(גר. יִד, יִכע-ער).

(פ.) אונטערזוכער, באַזוכער, לא יאוחר.

יִל

בריל
געבריל
געפיל
גריל
מיל
פיל
קיל
שטיל
איך ביל
איך בריל
איך פאַרהיל
איך פיל
איך ציל
איך פאַרקיל
איך שטיל (איין)
איך שפיל
איך פאַרשפיל

(0) אויטאָמאָביל, אַזיל, אַפיל, באַציל, ביל (אַ), גיל, דיל, וואָדעוויל, טיל, טעקסטיל, טריל, מאָטיל, מאַנטיל, סטיל, פאַסטיל, פאַסקוויל, פידפיל, פיל, פראָפיל, קאַדריל, קראָקאָדיל, רעפטיל, תפיל, אַפריל, סובטיל, ציוויל, שוויל, שטאַביל, איך באַבריל, איך גריל, איך דיל, איך דריל, איך טריל, איך סקוויל, איך צעקניל, טעאָפיל (נ.), מיכאַאיל (נ.), סאַמואיל (נ.), עמיל (נ.), עסכיל (נ.), קיריל (נ.), ניל (נ.), ביבליאָפיל, סלאַוויאַנאָפיל א. אנד.

אוריאל, גבריאל, גמליאל, דניאל, יחיאל, יקותיאל, ירחמיאל, כתריאל, מלכיאל, עזריאל, פלטיאל, שלומיאל, ריעל.

(פ.) גמול, פסול, שוהל, שטול, דול, פול, משיג גבול, נולד מהול, עמנואל, שמואל.

יִלד (פגל. יִלט)

בילד
שילד
ווילד
מילד
איך בילד
איך גילד

(פ.) געדולד, שולד, איך דולד.

יִלדער

בילדער
געפילדער
ווילדער
מילדער
איך שילדער

(0) וויל דער, שפיל דיר א. א. וו.

ילט (פגל. ילד)

ער בילט
ער ברילט
ער פאַרהילט
ער פילט
ער צילט
ער קילט
ער פאַרקילט
ער שטילט
ער שילט
ער פאַרשפילט
ער שפילט
איר ווילט
עס גילט

(0) קווילט, ער באַברילט, ער גרילט, ער דילט, ער דרילט, ער טרילט, ער סקווילט, ער צעקנילט.

(פ.) פאַרפולט, צעדולט.

ילטער

פילטער
באַברילט-ער
פאַרשפילט-ער א. א. וו.
(זע: ילט).

(פ.) מולטער, פאַרפולטער, צעדולטער.

ילים

משכילים
תהלים
תלי תלים
בלעם
פילם

(0) מקילים, מתחילים, נפילים, הילים, קיליעם, קאַנסיליום, איך פאַרהיל אים, איך פאַרשפיליע אים א. א. וו. (גר. יל, ילע - אים).

(פ.) בלבולים, בתולים, גבולים, גלגולים, זילזולים, עיגולים, פלפולים, עובד גילולים, משולם (נ.), אהולאַם, ועל כולם. איך דול אים, איך טוליע אים.

ילינג

דרילינג
פרילינג
צווילינג
שילינג

(0) סילינג, שטילינק, פילונג, דערפילונג, פאַרקילונג, שטילונג. (זע: ילן).

יליע (פגל. ילע)

אידיליע
וויליע
ליליע
פאַמיליע
עמיליע
בראַזיליע
סיציליע (נ.)

(0) מאַנטיליע, פאַקסימיליע, פלאַטיליע, קאַמאַריליע, באַסטיליע (נ.), צעציליע (נ.), קאַסטיליע (נ.). (גר. יל - יע).

ניליע, פאַסיליע, קריסיליע, טאַטאַרסקע זיליע, איך וויליע, איך טריליע, איך כיליע, איך פיליע, איך פאַרשפיליע, טיליע (נ.), ציליע (נ.), וואַסילי (נ.), טשילי (נ.), לילי (נ.), עווז פלילי, אם אין אני לי מי לי.

(פ.) גוליע, קוליע, איך הוליע, איך טוליע, שמואל'יע (נ.).

ילִיק

חילוק
ביליק
ווילִיק
איך באַווילִיק
איך פאַרטילִיק
איך סילוק

(0) ברילִיק, טילעק, אונווילִיק, איינגענ־ווילִיק, פריווילִיק, קאָסטשפילִיק, גבריאל־יק, רחמיאל־יק א. א. וו. (גר׳ ילִ – יק).

(פ.) שמואל׳יק, קולעק, מחולק, צולאָג.

ילִך

געהילך
דרילך
מילך

ילִן

ווילן (א)
ברילן (די)
גרילן
תפילין
בילן
ברילן
פאַרהילן
פילן
פאַרפילן
צילן
קילן
פאַרקילן
שטילן
שפילן
פאַרשפילן
מיר ווילן

(0) עירוב תבשילין, גילן (א), באַ־ברילן, דילן, דרילן, טרילן, סקווילן, צעקנילן, די געפילן, מ׳יל־ן, פיל־ן, דעם ציוויל־ן, גבריאל־ן א. א. וו. (גר. ילִ – ן).

(פ.) שולן, שטולן, דעם דולן, דעם פולן, עמנואל׳ן, שמואל׳ן, זבולון, שיחת הולין זע: ול).

ילִנער

מילנער
ווילנער

(0) סטילנער, ציווילנער, פיל נאַר, שפיל נאַר א. א. וו. (זע: ילִ).

ילִע (פגל. ילִיע)

אכילה
טבילה
מגילה
מחילה
נעילה
סקילה
קהלה
תפילה
חלילה
לכתחילה
עלוי
אַפילו
דלילה

(0) ברית מילה, הגבה גלילה, שלילה, בעל תפילה, חס וחלילה, במלוא מובן המלה.

בורילע, גאָרילע, גאַרנילע, האָלע־דרילע, הילע, וואַנילע, ווילע, זימע־ווילע, זשילע, כאַמרילע, מאָגילע, מוידרילע, פערילע, קאָבילע, קאַדזילע, קילע, רילע, אַבילע (ווער), האַוורילע (נ.).

סובטילע, פילע, ציווילע, קילע, שווילע, שטאַבילע, שטילע, איך דאָס־קילע, איך סילע, שלה (נ.), לילאַ, קילאַ, סעווילאַ (נ.).

(פּ.) בתולה, גאולה, גדולה, סגולה, פּעולה, תחבולה, חוכא ותלולה, מכולה, יחידי סגולה, תורה כולו, רבונו דעלמא כולו, ויכולו, לקולא.

ילעד

דרילעך
הילוך
מילעך

(0) פיל איך, שפּיל איך א. א. וו. (זע: יל).

(פּ.) משולח, דול איך.

ילעס

עלילות
רגילות
רכילות
(אין) תחילת
לילית

(0) אַבילעם (נ.), נילום (נ.), גלגול מחילות, חמש מגילות, פּירוש המלות, די קהל־ות, די תפל־ות, דעם עלוי־ם, דלילה־ם א. א. וו. איך פיל עס, איך שפּיל עס, א. א. וו. (גר. יל, ילע־עס, ס, ות).

(פּ.) צולאָז, איך דול עס, בתול־ות, גדול־ות א. א. וו. (זע: ילע).

ילער

שילער
שפּילער
קילער
שטילער

(0) דילער, טרילער, סקווילער, (פּורים) שפּילער, סובטילער, ציווילער, שוויל־ער, שטאַביל־ער, וויל ער א. א. וו. (גר. יל, ילע־ער, ר).

(פּ.) דולער, פולער.

ילף

הילף
געהילף
סילף

ילץ

געהילץ
געשמילץ
גרילץ
מילץ
פילץ
פּילץ
שפּילץ

(0) די קווילטס, אַ ווילד׳ס, אַ מילד׳ט, דילט־ס, שפּילט־ס א. א. וו. (גר. יל־טס).

ילקע

זשילקע
נאַסילקע
פּאַסילקע
פילקע
*שפּילקע
*מילכה (נ.)
*צילקע (נ.)

(0) באַרילקע, בוטילקע, האַרילקע, ווילקע, מאַגילקע, מאַנטילקע, סטילקע, קאַבילקע.

(*) קילקע, הילקע (נ.), טילקע (נ.), גבריאל׳קע, דניאל׳קע א. א. וו. (זע: יל).

(פּ.) בולקע, ליוולקע, עמנואל׳קע (נ.), שמואל׳קע (נ.).

יִם

רעזשים
אינטים
אַנאָנים
אים
איך גרים (זיך)
איך פֿאַרקרים
איך רים
איך באַרים (זיך)
איך שווים
איך שטים
איך באַשטים

(0) איש אלהים, אצבע אלהים, צלם אלהים, אמרו לאלהים. גרים, טים. מים, סאַנטים, סטים, סינאָנים, סקים, סקרים, פּסעוודאָנים, קאַראַאים, רים (אַ), מאַקסים (נ.), קרים (נ.), אונאַ־נים, לעגיטים, סובלים, עקסטרים. שלים. (פּגל. יִ־ים).

(פּ.) בלום, מום, סכום, רום, תחום, פּרום, קרום, שטום, אומעטום, אַרום, קיין שום, צום, איך באַקום, איך ברום, איך קום. אום, זשום, שום, בקליפּת השום. (זע: ו־ים).

יִמל

בלימל
גימל
געווימל
דרימל
הימל
קימל
שימל
זימל (נ.)
איך מימל

(פּ.) טומל, (צום) רומל.

יִמע

בימה
חמימה
חתימה
פּגימה
רשימה
שטימע
אינטימע
אַנאָנימע
סימע (נ.)

(0) פּאָדסודימע, פּרימע, פּאַנטאָמימע. איך פֿאַרשטשימע. אונאַנימע, לעגי־טימע, עקסטרימע, סובלימע, שלימע. דמי קדימה, עולה תמימה, בדחילו ורחימו, מבטן אמו.

(פּ.) אובה, טומאה, מהומה, פּרה אדומה, תקומה, תרעומה, תרומה, מדרש תנחומא, מומע, פּרומע, קרומע, שטומע, בלומע (נ.), איך זשומע, איך שומע.

יִמען

סימן
גרימען (זיך)
פֿאַרקרימען
רימען
באַרימען
שווימען
שטימען
באַשטימען
שמעון

(0) סטימען, פֿאַרשטשימען, דעם אינ־טים־ען, סימע־ן א. א. וו. (גר. יִם, יִמע — ע ן, ן).

(פ.) גומען, מזומן, באַנומען, גענומען, פאַרנומען, צענומען, באַקומען, געקומען, געשוואומען, זשומען, שומען, פאַרשטומען, צעשוואומען, בלומען, סכום׳ען, מוכן ומזומן, דער מומען, דעם פרומען, דעם קרומען, דעם שטומען, בלומע׳ן (נ.).

ימעס

צימעס
תמימות
נמאס
בנעימות
בנימוס

(0) די בימ־ות, די חמימ־ות א. א. וו. איך רים עס, איך שווים עס א. א. וו. (גר. ים, ימע־עס, ס, ות).

(פ.) איך באַקום עס, איך שטום עס א. א. וו. די אומ־ות, דער מומע־ס א. א. וו. (זע: ימע).

ימער

באַרימער
גלימער
געווימער
צימער
שווימער
שימער
אינטימער
אימער
איך קימער (זיך)

(0) סטימער, קאַראַאימער, רימער, פּרויענצימער, לעגיטימער, סובלימער, עקסטרימער, שלימער, וולאַדימיר (נ.). אייגענטימער, אַלטערטימער, רייכטימער, הייליגטימער א. א. וו. גיב מיר, ברי מיר, צי מיר א. א. וו. (גר. ים, ימע־ער, אָדער י־מיר, מער).

(פ.) אומער, זומער, מומר, נומער, קומער, שלומער, דאָ אַרומער, יין המשומר, פרומער, קרומער, שטומער, טו מיר.

ין

בין (אַ)
בורשטין
גזר דין
יום הדין
זין
מין
רובין
שפּין
גרין
אַהין
אין
דערין
וואוהין
איך בין
איך באַגין
איך פאַרגין
איך פאַרגרין
איך באַדין
איך פאַרדין
איך געווין
איך באַזין (זיך)
איך געפין
איך אַנטרין
איך שפּין

(0) שין ימין. אַפּעלצין, אַרשין, בלאָנדין, גאַרדין, גראַפין, דיסציפּלין, וויאָלין, זשאַסמין, טערמין, מאַגאַזין, מאַשין, מעדיצין, סאַרדין, פּאָלין, ציטרין, צין, קאַמין, קוזין, קלין, קין, קאַם

אין! בערלין (נ.), וואָלין (נ.), וויען (נ.), כאַרבין (נ.), לובלין (נ.), סאַכאַלין (נ.), ראַדזין (נ.), איך פאַרפֿין, איך פֿאַרצין, איך קלין. אייגענזין, וואַנזין.

אַדעמאַסקין, אורין, אַטראָפּין, אָלעאין, אַנילין, בענזין, בריליאַנטין, גליצערין, געזאָלין, הערמעלין, וואַזעלין, וועלין, זשעלאַטין, טערפּענטין, יאָדין, כאַמסין, כינין, לאַנאָלין, לוסטרין, מאַרגאַרין, מאָרפין, מוסלין, נאַפּטאַלין, נאַרקאָטין, ניקאָטין, סאַטין, סאַכאַרין, סטעאַרין, סטריכנין, סערפּענטין, פּאָפּעלין, פּאַראַפין, קאַרמין, קאַרמעזין, קאָפעאין, קאָקאָאין, קעראָסין, ראָזמאַרין, שאַגרין.

אַרלעקין, באַלדאַכין, ביולעטין, בעדואין, גאַרדעמאַרין, גאָספּאָדין, גראַזשדאַנין, גרוזין, דאָקטרין, דוואָריאַנין, טאַמבורין, טשין, מאַנדאַרין, מאַרין, מורין, מיעשטשאַנין, מעזאָנין, מענעקין, סובמאַרין, סקאַרלאַטין, סקרין, פּאָטשין, פלאָרין, צעכין, קאַזאַקין, קאַראַבין, קאַראַנטין, קאָרין, קווין. וואַלענטין (נ.), מאַרטין (נ.), קאָנסטאַנטין (נ.).

(פּ.) הון, זון, טין (אַ), נון, און, דערפון, פאַרטון, טיטון, נשואין, רוען, יהושע׳ן (נ.). (זע: י—ען).

יִנג (פגל. יִנק)

באַדינג

קלינג (אַ)

רינג (אַ)

אַלצדינג

גרינג

איך דינג

איך פאַרדינג

איך דרינג

איך זינג

איך צווינג

איך קלינג

איך רינג

איך שווינג

איך שלינג

איך שפּרינג

'(0) ספּרינג, קינג, סינג סינג (נ.), ליבלינג.

פּ.) לונג, צונג, יונג.

יִנגען

געלינגען

דינגען

פאַרדינגען

דרינגען

זינגען

קלינגען

צווינגען

רינגען

שווינגען

שלינגען

שפּרינגען

(0) ניבעלינגען, לאָטארינגען (נ.).

(פּ.) די יונגען, לונגען, צונגען. (זע: ונגען).

יִנגער

באַצווינגער

גרינגער

זינגער

פינגער

צינגער

קלינגער
שלינגער
שפּרינגער

(גר. י נ ג - ע ר).

(פּ.) הונגער, יונגער.

ינד (פגל. ינט)

אינד
געבינד
געזינד
ווינד
זינד
קינד
רינד
בלינד
געשווינד
לינד
אַצינד
איך בינד
איך פֿאַרבינד
איך גרינד
איך באַגרינד
איך איבערווינד
איך עמפּינד
איך ערפינד
איך צינד
איך פֿאַרשווינד
איך שינד

(פּ.) וואונד, רונד.

ינדיק

הינדיק
בינדיק
זינדיק
איך פֿאַרקינדיק

(0) שמינדיק, ווינדיק, מינדיק.

(פּ.) וואונדיק, רונדיק, איך דערקונדיק (זיך).

ינדל

בינדל
געזינדל
ווינדל
שפּינדל
שינדל
שווינדל
איך קינדל
הינדל (נ.)
מינדל (נ.)

(0) גרינדל, צינדל, קינדל (א). מאַ־שינ־דל. (גר. י ז - ד ל).

(פּ.) זונדל.

ינדע

בינדע
בלינדע
געשווינדע
לינדע
הינדע (נ.)

(0) ווינדע, איך פרינדע, געווין די, געפין דאַ א. א. וו. (גר. י ז - ד ו, ד י, ד אַ).

(פּ.) רונדע, איך פֿאַרוואונדע.

ינדער

באַגרינדער
בלינדער
גרינדער
זינדער
ערפינדער
צילינדער
שינדער

קינדער
רינדער
אַצינדער
געשווינדער
לינדער
מינדער
איך פֿאַרהינדער
איך פֿלינדער

(0) איבערווינדער, איינבינדער, אונ־טערצינדער. (גר. יִנד־ער, אָדער יִז־דער, דיר).

(פּ.) וואונדער, רונדער, באַזונדער.

יִנט (פּגל. יִנד)

הינט
טינט
ער באַגינט
ער פֿאַרגינט
ער גרינט
ער דינט
ער באַדינט
ער פֿאַרדינט
ער געווינט
ער באַזינט (זיך)
ער געפֿינט
ער רינט
ער אַנטרינט
ער שפּינט
ער פֿאַרבינדט
ער צינדט
ער פֿאַרשווינדט
ער שינדט

(0) גווינט, לאַבירינט, פּרינט, קווינט, שפּלינט, שרינט, ער פּאַרפּינט, ער פֿאַרצינט, ער קלינט.

(פּ.) הונט, פֿונט, געזונט.

יִנטל

בינטל
הינטל
ווינטל
פֿינטל
איך טינטל

(0) גווינט־ל, שרינט־ל א. א. וו. (גר. יִנט־ל).

יִנטע

היאַצינטע
קווינטע
פֿאַרגרינטע
באַדינטע
פֿאַרדינטע

(0) לינטע, געקלינטע, פּאַרפּינטע, פֿאַרצינטע.

(פּ.) געזונטע.

יִנטער

באַדינטער
ווינטער
טינטער
פֿאַרגרינטער
פֿאַרדינטער
געזינטער
הינטער
איך מינטער

(0) פּרינטער, צווינטער, געקלינטער, געשווינטער, אַנטרינט ער, באַגינט ער א. א. וו. (גר. יִנט־ער).

(פּ.) געזונטער, אונטער, אַרונטער, מונ־טער, צונטער.

יִנים

דינים
מאמינים

מבינים
מינים
בחנם

(0) בינים, קצינים, מכל המינים, בחצי חנם, שומר חנם, איך באדין אים, א נפקא מינא אים א. א. וו. (גר. ִי ן. ִי נ ע – א י ם).

(פ.) ברונים, ממונים, ניגונים, עגונים, תחנונים, תקונים, בונים (נ.), בן זקונים, אורחים הגונים, פארטון אים. (זע: ונים).

ִי נ י ע

ליניע
גראפיניע
הערצאָגיניע
מאָנאַרכיניע
קייסעריניע
ביניע (נ.)
פיניע (נ.)

(0) גאָספּאָדיניע, דיניע, טערקיניע, נאסיניע, סקריניע, פּוסטיניע, קאַ־דיניע, אביסיניע (נ.), איך היניע, איך זאוויניע. (גר. ִי ן – י ע).

(פ.) נדוניה, קנוניה.

ִי נ י ע ן

בנין
מנין
ענין
קבלת קנין

(0) אביסיניען (נ.), ביניע׳ן, פּיניע׳ן, היניען, זאוויניען.

ִי נ י ק

מיזיניק
ציניק
קליניק
קיניג
איניג
מנהג

(0) אימיעניניק, דרוזשיניק, וויניק, מאליניק, מישטריניק, סאנגוויניק, פאַריניק, שבתי צבי׳ניק, סוויניאק, סיניאק.

סליניק, פּאַרטערמיניג, אָפּטריניג, אומזיניג, אייגענזיניג, וואנזיניג, לייכטזיניג, טיפזיניג, שאַרפזיניג, שוואכזיניג.

פּאָעדינעק, קאָמינעק, בינעק. (גר. ן, ִי נ ע – י ק).

(פ.) מפונק, זוניק.

ִי נ י ש

מעדיציניש
סאַנגוויניש
ציניש
אוקראַאיניש
גרוזיניש
וואָליניש
פּיניש

(0) קליניש, אַרגענטיניש, בוקאָוויניש, בעדואיניש א. א. וו. (זע: ִין, און ִינע). פלי ניש(ט), צי ניש(ט) א. א. וו. (זע: ִי).

ִי נ ע

בינע
מינע
קוזינע
גרינע
דינע
מדינה
נגינה

קינה
קנאה
שנאה
שכינה
תחינה
בינה
דינה
חנינה
נפקא מינא
פאַלעסטינע

(0) בחינה, כינה, לינה, מבינה, מלינה, נתינה, קול רינה, בגילה ברינה, בגעלע בגרינע, אברהם אבינו, למשל ולשנינה, סטרא דימינא, שנוי, שמיני, האזינו, הוא אמינא, מסיני, מה מצינו.

באַלערינע, בלינע, דובינע, חזירינע, טשופּרינע, מאַכינע, מאַנדאָלינע, מאַ־שינע, ספּרוזשינע, פּעלערינע, פּריינ־דינע, קייסערינע, קרינאָלינע, רואינע, רינע, שינע, קלינע, דווינע (נ.), זינע (נ.), חינה (נ.), לינע (נ.), מינע (נ.), פינע (נ.), צינע (נ.), קאַטערינע (נ.), רעגינע (נ.), איך הינע, איך מינע (זיך), איך סלינע, איך פאַרכלינע (זיך), איך פאַרדאַשטשינע. אוקראַ־אינע (נ.), אַרגענטינע (נ.), בוקאָווינע (נ.), כינע (נ.).

בורענינע, דלובענינע, מוטשענינע, מישענינע, פאַטשקענינע, פלאַנטענינע. אַנגינע, כאַלערינע, סקאַרלאַטינע.

אַבשטשינע, אַפּיצינע, בלאַנדינע, בערלינע, גיליאַטינע, גמינע, דיסציפּ־לינע, דעסיאַטינע, דראַבינע, דרוזשי־נע, העלדינע, וויטרינע, יאַדינע, לאַ־ווינע, לעוואַנטינע, מאַלאַטשינע, מאַנ־טינע, מאַרינע, מאַרשטשינע, מוש־טשינע, סאַרדינע, סורדינע, סלאָנינע, סטאַרשינע, ספּינע, סקאַטינע, פּאַאו־טינע, פּאַנטאָמינע, פּאַרוסינע, פּוס־טינע, פּיציעבינע, פּלאַטינע, פּריטשי־נע, צופּלינע, קאַרזינע, קאַרטינע, קאַ־נינע, קניאַגינע, קעראָסינע, רוטינע, רעזינע, שטשעטינע.

אַפּעלצינע, ברוסלינע, גראַכאָווינע, זשוראַווינע, זשערעבלינע, יאַרזשינע, ליגעמינע, מאַלינע, מאַסלינע, מאַקאַ־הינע, פּאַרינע, קאַלינע, קאָניטשינע, קלינינע.

אַנדאַנטינאַ, פּיאַנינאַ, קאָנצערטינאַ, קאַסינאַ, סיניאָרינאַ, סאַבינאַ (נ.), מעדינאַ (נ.).

פּ.) אמונה, חיונה, ממונה, סטרונע, עגונה, שכונה, שפּאַרונע, כהונה, תבונה, תמונה, חכמת התכונה, מיתה משונה, גרונע (נ.).

ינען

זינען (א)
באַגינען
פאַרגינען
גרינען
דינען
באַדינען
פאַרדינען
געווינען
באַזינען (זיך)
מינען (זיך)
געפינען
רינען
אַנטרינען
גערינען
דערשינען
שפינען

(0) (איז מיטן) דערינעז, לינעז, הינעז, פארכלינעז (זיך), פארפינעז, פאר־צינעז, פארסלינעז (זיך), פארשווינעז, פאראשטשינעז, קלינעז, פיליפינעז (נ.), די אפעלצינעז, בורשטינעז, בינעז, גארדינעז, מאגאזינעז, מאשינעז, ציט־רינ־עז, רובינ־עז, דינה־ז, חנינה־ז א. א. וו. (גר. ינז, ינ־עז, ז).

(פ.) די זונעז, טונעז, נונעז.

ינעס

אימיענינעס

מבינות

(0) מלאדזינעס, פאלאווינעס, שמיני שבשמינית, מינוס, די מדינ־ות, די קינ־ות א. א. וו. די באלערינע־ס, די בלינע־ס א. א. וו. (זע: ינע). איך פארדין עס, איך געפין עס א. א. וו. (זע: ין).

(פ.) סטרונעס, אמונות א. א. וו. (זע: ינע).

ינעק (זע: יניק)

ינער

באדינער

געווינער

געפינער

גרינער

דינער

פארגינער

פארדינער

ראבינער

שפינער

הינער (די)

איך עראינער

איך פארמינער

(0) באגינער, בלאנדינער, מאגאזינער, מאשינער, מעדיצינער, קלינער.

אלעקסאנדרינער, ארגענטינער, או־קראאינער, בוקאווינער, בעדואינער, בענעדיקטינער, בערלינער, גרוזינער, ואלינער, וויענער, יאקאבינער, כאר־בינער, לובלינער, ליטווינער, סאכא־לינער, פאלעסטינער, פיליפינער, קאנ־סטאנטינער, קאפוצינער, ראדזינער א. א. וו. (גר. ינז, ינע־ער).

(פ.) דונער

ינץ

מינץ

פראווינץ

פרינץ

איך בלינץ

(0) א בלינד׳ס, א געשווינד׳ס, דעם קינד־ס דעם ווינד־ס, געפינט־ס, שפינט־ס א. א. וו. (גר. ינד, ינט־ס).

(פ.) קוניץ, אונדז. א געזונט׳ס, א רונד׳ס, דעם הונט׳ס.

ינצטער

פינצטער

בלינצט ער

בלינדסטער

געשווינדסטער

לינדסטער

מינדסטער

(פ.) געזונדסטער, רונדסטער.

ינק (פגל. ינג)

לינק

פלינק

איך דערטרינק

איך הינק
איך ווינק
איך זינק
איך טינק
איך טרינק

(0) סינק, פינק, צינק, פּינק, איד
שטינק, איד שמינק.
(פּ.) פּונק.

ינקט

אינסטינקט
ע'ר ווינק־ט
ער זינג־ט א. א. וו.

(זע: ינג, און ינק).
(פּ.) פּונקט.

ינקל

ווינקל
שפּרינקל
איך פינקל

(פּ.) טונקל.

ינקע

בלאָנדינקע
מאַשינקע
מיזינקע
קוזינקע
שאַטינקע
לינקע
פלינקע
בינקע (נ.)
מינקע (נ.)
פינקע (נ.)

(0) באָטינקע, בענזינקע, בערלינקע,
גראַפינקע, גרוזינקע, דובינקע, ווע־
טשערינקע, טווינקע, כאָלערינקע, ליט־
ווינקע, מאַנדאַרינקע, מורינקע, נאַ־
טשינקע, סאַטינקע, סאַרדינקע, סור־
דינקע, סינקע, ספּינקע, סקרינקע, פּאָד־
פּינקע, פּאָטשינקע, פּלאַסטינקע, פּעלע־
רינקע, פּרוזשינקע, פריינדינקע, צופּ־
לינקע, קאַטערינקע, קאָסינקע, קאָרזינ־
קע, קאַרטינקע, קעראָסינקע, רעזינקע,
שטינקע, שינקע, שמינקע.

בינקע (נ.), דינה'קע (נ.), זינקע
(נ.), סאַבינקע (נ.), צינקע (נ.), רע־
גינקע (נ.). (גר. ין, ינע־קע).
(פּ.) סטרונקע, גרונקע (נ.).

ינקעס

פּנקס
גוואַלדינקעס

(0) פּינקוס (נ.), די מאַשינקע־ס, איד
טרינק עס א. א. וו. (זע: ינק, און
ינקע).

ים (פגל. ין)

בים (אַ)
ברית
נים
פּים
רים (אַ)
געווים
זים
מאום
איך גים
איך פאַרגים
איך דערווים (זיך)
איך נים
איך גענים
איך באַגרים
איך פאַרזים

איך פאַר׳מאום

איך פּלים

איך שים

איך באַשלים

איך פאַרשלים

(0) חסרון כים, קדחת רביעית. בענע־פּים, טלים, לים, פּאָלים, פּלים, קאָמ־פּראָמים, קומים, קלים, רעצעפּים, אַסים. באָרים (נ.), טונים (נ.), טיפּ־לים (נ.). איך הים. די דעגרי־ם, די סעטי־ם, דער רעזשי־ם, דעם רעפּע־רי־ם א. אי וו. (גר. ִי — ם. זע: ִי־עם).

(פּ.) פאַרדרוס, גענוס, גרוס, זכות, זנות, נוס, פּוס, פּלוס, רשות, שטות, רות (נ.). איך שמועס, סוס, טעות הדפוס, דער קו־ס. (זע: ו־עס).

ִי ס ט

בריסט

מיסט

אומזיסט

וויסט

ער פאַרגיסט

ער דערוויסט (זיך)

ער באַגריסט

ער פאַרזייסט

ער פאַר׳מאום׳ט

ער ניסט

ער געניסט

ער פּליסט

ער שיסט

ער באַשליסט

ער פאַרשליסט

דו ביזט

דו גיסט

אים פאַרדריסט

אידעאַליסט

אַנאַרכיסט

אָפּטימיסט

אַפּעריסט

אַרטיסט

בונדיסט

גימנאַזיסט

דענטיסט

הומאָריסט

העברייאיסט

זשורנאַליסט

טוריסט

יידישיסט

כאָריסט

מאַשיניסט

נאַציאָנאַליסט

סאָליסט

סאָציאַליסט

ספּעציאַליסט

עגאָאיסט

פּיאַניסט

פּעסימיסט

ציוניסט

קאָמוניסט

קאַפּיטאַליסט

קריסט

תלמוד׳יסט

(0) אַמעטיסט, באַטיסט, זריסט, זשי־וועקיסט, כליסט, ליסט, אַזיסט. דו באַמי׳סט, דו באַצי׳סט, דו בלי׳סט, דו דערצי׳סט, דו פאַרברי׳סט, דו פאַר־צי׳סט, דו פלי׳סט, דו צי׳סט, דו צע־גלי׳סט, דו צעצי׳סט, דו קני׳סט.

אָקוליסט, דראָגיסט, טעלעגראַפּיסט, יוריסט, מאַנופאַקטוריסט, מאַסאַ־זשיסט, סטענאָגראַפּיסט, פאָטאָגראַ־

פּיסט, קאָלאָניסט, קאָנטראַבאַנדיסט.

בעלעטריסט, נאָוועליסט, סטיליסט, פּאַמפּלעטיסט, פּובליציסט, פּעליעטאָניסט, ראָמאַניסט, דראַמאַטיסט, סטאַטיסט, קאָנצערטיסט, קופּלעטיסט.

אָבאָאיסט, אַלטיסט, אָרגאַניסט, באַנדוריסט, (קאָנטראַ) באַסיסט, האָרניסט, האַרפעניסט, וואַלטאָרניסט, וויאָלינטשעליסט, וויאָליניסט, טראָמבאָניסט, טשעליסט, פאַגאָטיסט, פּלייטיסט, צימבאַליסט, קאָרנעטיסט, קלאַרנעטיסט, סעמינאַריסט, קאָנסערוואַטאָריסט.

אַרטילעריסט, גוואַרדיסט, אינפאַנטעריסט, קאַוואַלעריסט, רעזערוויסט, אַוואַנטיוריסט, אַנאָניסט, ביגאַמיסט, מאָרפיניסט, סקאַנדאַליסט, קאַנטאָניסט, קאַריעריסט.

אָריענטאַליסט, לינגוויסט, ענציקלאָפּעדיסט, עקאָנאָמיסט, אימפּעריאַליסט, אָפּאָרטוניסט, אַקטיוויסט, דעקאַבריסט, טעראָריסט, טעריטאָריאַליסט, מאַטעריאַליסט, מאָנאַרכיסט, מאַקסימאַליסט, מאַרקסיסט, מינימאַליסט, ניהיליסט, סעפּאַראַטיסט, פּאַציפיסט, פּראָטעקציאָניסט, קאָלעקטיוויסט, קאָנסטיטוציאָנאַליסט, ראָיאַליסט, ראַציאָנאַליסט, רעוויזיאָניסט, שאָוויניסט.

אימאַזשיניסט, אימפּרעסיאָניסט, מיניאַטוריסט, נאַטוראַליסט, עקספּרעסיאָניסט, פּאָרטרעטיסט, פּייזאַזשיסט. קאַריקאַטוריסט, רעאַליסט.

אוטאָפּיסט, אינדיווידואַליסט, הומאַניסט, סאָפיסט, ספּיריטואַליסט, פּאַטאַליסט, אַטעאיסט, באַפּטיסט, העלעניסט, מעטאָדיסט, עוואַנגעליסט, קאַלוויניסט א. אַנד.

(פּ.) ברוסט, לוסט, פאַרלוסט, באַוואוסט, עוואוסט, פּוסט, איך גלוסט, איך הוסט, דו טוסט, דו רוסט, דו מוזט, ער שמועסט.

יְסטיק

בעלעטריסטיק
זשורנאַליסטיק
כאַראַקטעריסטיק
מיסטיק (אַ)
סטאַטיסטיק
פּובליציסטיק
אומזיסטיק
איך מיסטיק

(0) בריסטיק, הומאָריסטיק, סאָפיסטיק, עקוויליבריסטיק א. אַנד. (גר. יְסט – יְק).

(פּ.) גלוסטיק, לוסטיק.

יְסטיש

אַפאָריסטיש
אַרכאַאיסטיש
דואַליסטיש
כאַראַקטעריסטיש
מיסטיש
אַרטיסט-יש
סטאַטיסט-יש א. א. וו.

(זע: יְסט).

יְסטל

עפּיסטל
פּיסטל
בריסטל

(0) פּיסטל, גימנאַזיסט-ל, בונדיסט-ל א. א. וו. (זע: יְסט).

ִי ס ט ן

מאָדיסטין (אַ)
אומיסטן
פֿאַרוויסטן

(0) די אַמעטיסטן, בריסטן, קריסטן, דעם אומזיסט—ן, דעם באַגריסט—ן, דעם וויסט—ן, דעם פֿאַרזיסט—ן, דעם פֿאַר׳מאוס׳ט—ן, די אַרטיסט—ן, כאָ־ ריסט—ן א. א. וו. (זע: ִיסט).

(פּ.) גלוסטן, הוסטן, דעם באַוואוסטן, דעם פּוסטן, די פֿאַרלוסטן.

ִי ס ט ע

וויסטע
ליסטע
אומזיסטע
באַגריסטע
פֿאַרזיסטע
פֿאַר׳מאוס׳טע

(0) טשיסטע, פֿליאַמיסטע, פּעריסטע, מעפּיסטאָ (נ.), באַשליסט דו, ביזט דו א. א. וו. באַצי׳סט דו, קני׳סט דו א. א. וו. (זע: ִיסט).

ִי ס ט ע ר

געפֿליסטער
מיניסטער
מיסטער
נסתּר
פּריסטער
פֿיליסטער
רעגיסטער
אומזיסטער
וויסטער
איך פֿליסטער

(0) טאַרניסטער, מאַגיסטער, טשיס־ טער, פֿליאַמיסטער, פּעריסטער, פֿאַר־ וויסטער, דער פּרי׳סטער, באַגריסט ער, גענוסט ער א. א. וו. (גר. ִיסט־ ער).

(פּ.) הוסטער, שוסטער, אומבאַוואוסטער. פּוסטער, גלוסט ער, הוסט ער, שמועסט ער.

ִי ס י ק

פֿליסיק
פֿאַרדריסיק
צוויי פּיסיק

(0) פֿאַדניסיק, איבערפֿליסיק, סטי־ סאַק, פּריסעק. (גר. ִיס, ִיסע־ יק).

(פּ.) הוסיק, מושג.

ִי ס ל

ביסל (אַ)
ניסל
פּיסל
שיסל
שליסל
זיסל (נ.)
ניסל (נ.)

(0) שפּיסל, איך וויסל. (גר. ִיס־ל).

ִי ס ן

ביסן (אַ)
געוויסן
קוליסן
געביסן
פֿאַרביסן
פֿאַרגיסן
פֿאַרדריסן
וויסן
דערוויסן (זיך)
פֿאַרזיסן

פאַר׳מאוס׳ן
ניסן
געניסן
פליסן
באַשליסן
פאַרשליסן
געריסן
פאַרריסן
באַגריסן
שיסן
געשמיסן
ניסן (נ.)

(0) קפריסין, היסן, ליסן! דעם גע־וויסן, דעם זיסן, דעם מאוס׳ן, די ברית׳ן, קאָמפּראָמיס־ן, באָריס־ן א. א. וו. (גר. יּ ס — ן).

(פּ.) גענוסן, גרוסן, צופוסן, שמועסן, רות׳ן (נ.).

יּ ס ע

גסיסה
מיתה
תפיסה
געוויסע
זיסע
מאוס׳ע

(0) בית הכסא, דפיסה, חייב מיתה, קונה שביתה, בעני ראיתי, לישועתך קויתי, אַקטריסע, דירעקטריסע, ליסע, קוליסע, געוויסענביסע, איך קליסע, חיסע (נ.), זיסע (נ.), ניסע (נ.), ריסע (נ.).

(פּ.) הברותא, רבותא, אנוסה, לקותא, מענוסע, בדוק ומנוסה, בניחותא, מילתא דבדיחותא, אסותא!

יּ ס ע ר

אסור
זיסער
געוויסער
מאוס׳ער
שיסער
שליסער
חסור
איסר (נ.)

(0) ביסער, באַגריסער, (וואַסער) גי־סער, היסער (א), קליסער, טיפליס׳ער, איך פליסער. (גר. יּ ס, יּ ס ע־ ע ר).

(פּ.) מוסר.

יּ ע

בריאה
זכיה
זריעה
ידיעה
מניעה
מציאה
נסיעה
עליה
קריעה
ראיה
תליה
תקיעה
שהי פהי

(0) שאול תחתיה. ביאה, יריעה, כליה, נביאה, נטיה, פניה, פריעה, קניה, שביה, שגיעה, שמיעה, שקיעה, תביעה, מכניע, מודיע, מכריע, משפיע, רביעי, שביעי, אכילה ושתיה, בבא מציאה, בני עליה, בעל מגיה, בעל קריאה, בעל תקיעה, חוש הראיה, חוש השמיעה,

מלכותא דרקיע, קול בכיה, מלאך המושיע, בלא ראיה, בלשון נקיה, בתמיה, מעכב הקריאה, סוף גנב לתליה, איך שיהיה, היה לא תהיה, ר' חייא (נ.).

בריהע, וויהע, מאווריע, נאכליע, סטריע, פראכוויע, קאליע, קריע, די פריהע, שיע (נ.), איך אוספיע, איך וויע, איך טליע, איך פאזשיע (זיד). איך פריע, איך צעריע, איך קריע (זיד), טריא.

(פ.) ישועה, נבואה, צנועה, רפואה, רצועה, שבועה, תבואה, תנועה, קרוע בלוע, יהושע (נ.), בן פקוע, פנויה, שמועה, תרועה, צבוע, שיפוע, כידוע, יאכלוהו, הללויה.

י-ען

בליען
בריען
פארבריען
גליען
טליען
געליען
באמיען
פליען
ציען
באציען
דערציען
פארציען
קניען
געשריען
ציון

(0) בן ציון (נ.), בת ציון, חובבי ציון, פועלי ציון, ראשון לציון, שונאי ציון א. אנד.

וויען, פאזשיען (זיד), פאספיען, פריען, צעריען, קריען (זיד), שאריען, אומבאשריען, אויסקארעניען, פון פרי אן. (גר. י – א ן).

(פ.) טוען, רוען, נשואין, יהושע'ן.

י-עם

בקיאות
חיות
נקיות
צביעות
צניעות
שהיות
מאום

(0) יקר המציאות, קוממיות, פיום, רביעית, שביעית, דקדוקי עניות, משנים קדמוניות, מעורב עם הבריות, די זכיות, זריעות, ידיעות, מניעות, נסיעות, עליות, תליות, תקיעות א. א. וו. די בריהע–ס, נאכליע–ם א. א. ו: (זע: י–ע). איך ברי עס, איך צי עס א. א. וו. (גר. י, י ע – ע ס, ו ת, ס).

(פ.) שמועס, איך טו עס, איך רו עס, ישועה–ות, רפואה–ות א. א. וו. (זע: וע).

י-ער (פגל. י ר)

כיור
ערציער
פליער
שיעור
פריער

(0) ביאור, ציור, איבערציער, (פראפן) ציער. (גר. י, י ע – ע ר).

(פ.) טוער.

ײפּ (פגל. ײב)

טיפּ
ליפּ
סקריפּ
פּרינציפּ
ריפּ
איך פֿאַרהיפּ
איך זיפּ
איך ניפּ
איך קניפּ
איך שניפּ

(0) טריפּ, כליפּ, סטעראַטיפּ, פּראָטאָ־טיפּ, (די) גריפּ, טשיפּ, אַרכיפּ (נ.), עדיפּ (נ.), איך קליפּ, ציפּ ציפּ!

(פּ.) טופּ, סלופּ, סטרופּ, קנופּ, שופּ, איך זופּ, איך צופּ, איך שטופּ.

ײפּט

מאַנוסקריפּט
ער פֿאַרהיפּט
ער זיפּט
ער פֿאַרקניפּט
געאיבט
באַטריבט
באַליבט
ער פֿאַרשיבט

(0) רעסקריפּט, ער ניפּט, ער קליפּט, ער שניפּט.

(פּ.) ער זופּט, ער צופּט, ער שטופּט.

ײפּטן

עגיפּטן
מאַנוסקריפּט־ן
באַליבט־ן א. א. וו.
(זע: ײפּט).

ײפּל

ניפּל
קניפּל
קריפּל

(0) טריפּל, איך קיפּל, זיפּ־ל, ריפּ־ל א. א. וו. (גר. ײפּ – ל).

(פּ.) מטופּל, שטופּל.

ײפּס

גיפּס
פּיפּס
ריפּס
שניפּס

(0) עקליפּס, די טיפּס, טריפּס, טשיפּס, אַרכיפּ־ס (נ.), א ליב־ס. (גר. ײפּ – ס).

ײפּע

קליפּה
ליפּע (נ.)
ציפּע (נ.)
איך זשיפּע
איך כליפּע
איך כריפּע
איך סקריפּע
איך שיפּע

(0) מולד בכפּה, סווירפּע, קסאַנטיפּע (נ.), מיסיסיפּי (נ.), איך פּאַרדריפּע, איך צעטריפּע.

(פּ.) חופּה, קופּע, משופּע, איך טופּע, איך לופּע, איך קאַלופּע. יופּע, איך רופּע. איך שטשופּע.

ײפּער

יום כפּור
ספּור

שקיפּער
איך פֿאַרהיפּער

(0) טריפּער, סליפּער, אַ זיפּ־ער, אַ סקריפּ־ער, אַ שניפּ־ער א. א. וו. (גר. ׳פּ, ׳פּע־ער).

(פֿ.) אַ זופּער, אַ משופּע׳ר, קופּער. (זע: ופּער).

׳ף (פֿגל. ׳וו)

באַגריף
בריף
טיף
איך פֿאַרטיף
איך טריף
איך שטיף
איך שיף (זיך)

(0) גריף, היעראָגליף, טאַריף, טשיף ליף, מיף, צניף, קאַליף, ראָסטביף, ריף, רעליף, שליף, שיעף, איך פֿאַר־בליף, איך קיף.

(פֿ.) באַרוף, גוף, איך רוף, פֿילוסוף, ים סוף, אַדערו(י)ף, אויבן או(י)ף, באַרג אַרו(י)ף.

׳פּט

גיפּט
היפּט
שטיפּט
שריפּט
(זאַלבע) פּיפּט
עס טריפּט
ער פֿאַרטיפּט
ער שטיפּט
ער שיפּט (זיך)

(0) ליפּט, קליפּט, געביפּט, פֿאַר־שליפּט, ער קיפּט, ער פֿאַרבליפּט.

(פֿ.) לופּט, ער רופּט, ער פּרואווט.

׳פּטל

פּיפּטל
ריפּטל
שטיפּט־ל

(זע: ׳פּט).

(פֿ.) לופּטל.

׳פּטער

נפּטר
פֿאַרבליפּט־ער
פֿאַרשטיפּט־ער א. א. וו.

(זע: ׳פּט).

(פֿ.) פּרואווט ער, רופּט ער.

׳פֿן

באַגריפֿן
געפּיפֿן
געשליפֿן

(0) אָנגעגריפֿן, די טאַריפֿ־ן, זיך שיפֿ־ן א. א. וו. (זע: ׳ף).

(פֿ.) די באַרופֿן, די בעלי גופֿ׳ן, פֿילו־סופֿ׳ן, אומבאַרופֿן, בגילופֿין, רופֿן.

׳פּע

אסיפה
חניפה
שליפּע
טיפּע
שיפּע

(0) נזיפה, רדיפה.

(פֿ.) חצופה, תקופה, תרופה, עגלה ערופה, גופא, בשופי, איך דופּע.

׳פּעס

חציפות
חריפות

תקיפות
טיפום

(0) די אסיפות, חניפות, נזיפות, רדיפות, שליפעס, איך פאַרטיף עס, איך שטיף עס א. א. וו. (גר. ־ ף, ־ פ ע - ע ס, א י ז).

(פ.) חצופות, תקופות, תרופות, דער עגלה ערופה׳ס, איך דופע עס, איך רוף עס.

־ פ ע ר

ציפער
טיפער
שטיפער
שיפער
איך ליפע׳ר

(0) לוציפער (נ.), פוטיפר (נ.), שניפ־ער. (גר. ־ ף, ־ פ ע - ע ר).

(פ.) קופער(ט), אויסרופער, צופאַר, צופיר, אַז או(י)פהער.

־ ץ

גריץ
היץ
וויץ
פריץ
שמיץ
שפיץ
שפריץ
איך בליץ
איך דערהיץ
איך זיץ
איך באַזיץ
איך קריץ
איך שטיץ
איך באַשיץ
איך שניץ
איך ריץ
איך שוויץ
איך שמיץ
איך פאַרשפּיץ
איך פאַרשפּריץ

(0) געשיץ, געשניץ, ליץ, מאַטריץ, מיץ, מיליץ, יוסטיץ, נאָטיץ, סיץ, ציץ, קיץ קיץ! שקיץ! איך שליץ, איך פאַרטיץ, שליאַכטשיץ, נאַשפּיץ.

אַ געניט׳ס, אַ דריט׳ס, אַ סאָליד׳ס, די סיטס, פּליטס, פּערמיטס, רעסיטס, בידס, דעם באַנדיט־ס, דעם פּאַראַזיט־ס, דעם אינוואַליד־ס, דעם ייד־ס, דעם שמיד־ס, גיט־ס, פאַרבריט־ס א. א. וו. (גר. ־ ט, ־ ד - ס).

(פ.) טוץ, נוץ, פּוץ, שוץ, אַחוץ, צונוץ, גוטס, איך דוץ, טוט׳ס! רוט׳ס! דעם פּלוט־ס א. א. וו. (זע: וץ).

־ צ ט

איצט
ער זיצ־ט
ער שוויצ־ט א. א. וו.
(זע: ־ץ).

־ צ ט ע

פריצ׳טע
פאַרשוויצ־טע
זיצט דו א. א. וו.
(זע: ־צט).

־ צ י ע

אינקוויזיציע
אַמביציע
אָפּאָזיציע
מיליציע
טראַדיציע

עקספּעדיציע
פּאָזיציע
פּאָליציע
פּעטיציע
קאָמפּאָזיציע
קאָנדיציע
רעפּעטיציע

(0) אינטואיציע, אַמוניציע, דיספּאָזי־ציע, דעפיניציע, יוסטיציע, ערודיציע, פּאַרטיציע, פּראָהיביציע, פּראָפּאָזיציע, קאָאַליציע, קאָמפּעטיציע, רעקוויזיציע. גאַליציע (נ.), פּעליציע (נ.), פּעניציע (נ.), עקס־אָפּיציאָ. (גר. ׳ץ — יע).

׳ציק

סמיציק
בליציק
היציק
וויציק
שפּיציק
איציק (נ.)

(גר. ׳ץ, ׳צע — יק).

(פּ.) צוציק, איוגעננוציק, פּוציק.

׳צל

מיצל
פּיצל
שטריצל
שמיצל
שניצל
שפּיצל
איצל (נ.)
איך וויצל (זיך)
איך צעפּיצל
איך קיצל
ניצול

(0) ליצל, ציצל, קריצל, היצעל, שליצ־ל, שפּריצ־ל א. א. וו. (גר. ׳ץ — ל).

׳צע

חליצה
מחיצה
מליצה
פּריצה
ציצה
סקיצע
שטיצע
איצע (נ.)

(0) מציצה, קמיצה, מלא דיצה, אויס־טריצע, אַקאָליצע, באָלניצע, בּרוס־ניצע, גאָרטשיצע, דזשעלניצע, וויצע, טאַבליצע, טופּיצע, טעמניצע, טשע־מעריצע, טשערניצע, יאַשטשעריצע, ליצע, מאַזניצע, מאַטריצע, מאַסניצע, סטאָליצע, סטראַניצע, ספּאָדניצע, ספּיצע, פּאָיאַסניצע, פּאָליניצע, פּי־טשעריצע, ציצע, קאַפּליצע, קוואַס־ניצע, קיצע, רעזניצע, שאַטקעוויצע, זאַגראַניצע, גריצע (נ.), ניצא (נ.), איך צעקליצע, צאַריצאַ, ווועני ווידי וויצי.

אָביציע, פּידביציע, גריציע, איך טיציע. גיט זי, פּליט זי א. א. וו. (גר. ׳ט — זי, זיי).

(פּ.) חלוצה, קבוצה, מרוצה, דרך הממוצע, טוט זי, רוט זי.

׳צער

באַזיצער
באַשיצער
קריצער
ריצער

שוויצער
שטיצער
שניצער
שפּריצער
בקצור

(0) שטוב זיצער, פּאַרטיצער, גיט־ס איר, פּאַרבריט־ס איר א. א. וו. (גר. יִ ץ, יִ ט ס - ע ר, א י ר).

(פּ.) אויסנוצער, שטיוול פּוצער, טוט׳ס איר.

יִ ק (פגל. יִ ג)

אַנטיק
(אויגענ)בליק
בריק
גליק
געניק
מוזיק
סמיק
פּאַריק
פּאַבריק
שטיק
שטריק
דיק
שיק (מיט)
צוריק
איך דערבליק
איך באַגליק
איך דריק
איך אונטערדריק
איך פּיק
איך פליק
איך צעפליק
איך אַנטציק (זיך)
איך קוויק (זיך)
איך דערקוויק
איך שטיק
איך דערשטיק
איך שטריק
איך שיק
איך שמיק

(0) באָלשעוויק, בונטאָווטשיק, ביק, בירזשעוויק, געשיק, געשמיק, טריק, מוזשיק, פּאָליטיק, צוויק, קריטיק, רע־פּובליק, דזשיק, פּיק בער וויק, איך סטיק, איך פּאַרדיק, איך קיק, איך קניק. אַפּטשיק! כיק כיק! ציק ציק!

באַליק, באָראָוויק, באַשליק, גרוזאָ־וויק, דאָמאָוויק, דושניק, דענשטשיק, וואָראָטניק, זאָלאָטניק, טליק, טראַפּיק, טרודאָוויק, טשעטווערִיק, טשערנאָוויק, יאַרליק, לוטשניק, ליעסניק, ליק, מור־טשניק, פּאָלאָווניק, פּאָלאָניק, פּאַרע־וויק, פּעטשניק, פּראָוואָדניק, פּרים־טאָווטשיק, פּראָנטאָוויק, קאַלמיק, קוביק, קלובניק, רובריק, שאַשליק, שוטניק, שפּיק, פּיקניק.

(פּ.) ברוק, מרוק, טלוק, רו״כ, איך בוק (זיך), איך טוק, איך דרוק, איך פּאַרצוק, איך פּאַרקוק, איך פּאַררוק, איך פּאַרשלוק, איך צוק, מוק, הוק!

יִ ק ט

אַנטציקט
פּאַרריקט
(אום)געשיקט
פּאַרשטיקט
ער דערבליקט
ער באַגליקט
ער דריקט
ער אונטערדריקט
ער פּיקט

ער צעפּליקט
ער קוויקט (זיך)
ער דערקוויקט
ער שטיקט
ער דערשטיקט
ער שטריקט
ער שיקט
ער שמיקט

*

ער פֿאַרוויגט
ער באַזיגט
ער באַטריגט
ער ליגט
ער קליגט (זיך)
ער קריגט
ער פֿאַרקריגט (זיך)

(0) ווערדיקט, עדיקט, קאָנפליקט, סטריקט, ער פאַרדיקט, ער סטיקט, ער קיקט, ער קניקט.

(פּ.) ער בוקט (זיך), ער דרוקט, ער טוקט (זיך), ער צוקט, ער פאַרצוקט, ער קוקט, ער פאַררוקט, ער שלוקט.

יקים

מזיקים
צדיקים

(0) מעתיקים, איך דריק אים, איך שטיק אים א.א.וו. (גר. יק, יקע־אים).

(פּ.) אדוקים, חוקים, חילוקים, סילוקים, פסוקים, יין צמוקים, חכם מחוכם, איך דרוק אים, איך טוק אים א. א. וו. (זע: וק).

יקל

אַנטיקל
אַרטיקל
בריקל
שטיקל
שטריקל
איך וויקל
איך אַנטוויקל
איך ציקל (זיך)
איך שיקל

(0) ביקל, ליקל, ניקל, פאַרטיקל, פּיקל, פאַרריקל, צוויקל, קיקל, גליקל (נ.), ריקל (נ.), פאַמפעדיקל, פאַמפעניקל, קאַניקול, איך טיקל. פאַריק־ל, פאַבריק־ל א. א. וו. (גר. יק־ל).

יקן

דערבליקן
באַגליקן
דריקן
אונטערדריקן
פּיקן
צעפּליקן
אַנטציקן
דערקוויקן
דערשטיקן
פאַרשיקן
שטריקן
שמיקן

(0) תיקון, ותיקון, נוטריקון, במה מדליקין, טשיקן, דעם דיקן, דעם דזשיקן, סטיקן, פאַרדיקן, קיקן, צעקניקן, די אַנטיקן, בליקן, בריקן, גליקן, פאַריקן, פאַבריקן, קריטיקן, רעפּובליק־ן, רעפּליק־ן א. א. וו. (גר. יק־ן).

(פּ.) רוקן (אַ), חדר מתוקן, חולה מסוכן, ברוקן, דרוקן, מוקן, זקוקין, סדר נזוקין, טרוקן, בוקן (זיך), טוקן, פאַרצוקן, קוקן, פאַררוקן, שלוקן.

: ק ס

ביקס

געוויקס

(0) אידייע פיקס, איקס, וויקס, ניקס, קיקס, קניקס, קרוציפיקס, די בריקס, טריקס, איך פיקס. איקס מיקס דריקס, אַ דיק׳ס, דער פליג־ס, דעם באַלשעװיק־ס, דעם ביק־ס א. א. וו. (גר. : ק – ס).

(פּ.) וואוקס, פוקס, אַ קלוג׳ס, דעם מרוק׳ס.

: ק ע

בדיקה

יניקה

בנשיקה

בשתיקה

זאַאיקע

קליקע

דיקע

(0) ליקוי, וויקע, גריקע, טריקע, ליקע, פּיקע, קיקע, שטיקע, דזשיקע, גליקע (נ.), ריקע (נ.), איך בריקע, איך זשמי־קע, איך טיקע, איך כיכיקע, איך בי־קע, איך סיקע, איך סמיקע, איך ספּאַ־טיקע (זיך), איך פּכיקע, איך ציקע...

(פּ.) חלוקה, סוכה, תשוקה, עני מדוכא, לאפוקי, איך הוקע, איך טלוקע, איך מרוקע, איך נוקע, איך צעפּוקע.

: ק ע ר

ליקער

עיקר

שטיקער

שיכור

דיקער

ניכר

(0) כופר בעיקר, צוויקער, אונטער־דריקער, דזשיקער, סטיקער, שיקער, קיקער, איך ניקער, איך שניקער, באַ־גליק־ער, כיכיקע־ר א. א. וו. (גר. : ק, : ק ע – ע ר).

(פּ.) דרוקער, פּאַררוקער, קוקער, שלוקער, צוקער. (זע: וקן).

: ר

אַפּיציר

באַנקיר

בחיר

ביר

בן עיר

גביר

געשוויר

וואַמפּיר

טיר

מאַניר

סאַפּיר

פּאַנציר

פּאַסאַזשיר

פּאַפּיר

קאַוואַליר

קאָמאַנדיר

שיעור

שיר

שניר (די)

שפּאַציר

איר

דיר

מיר

פיר

איך באַציר

איך באַריר א. א. וו.

(זע: ירן).

(0) פני העיר, פּיאני העיר, חודש אייר, אבן קיר, געזיר, געפריר, געשיר, געשפּיר, טראקטיר, מאַנאַסטיר, מונ־דיר, קוואַרטיר, אינזשעניר, דעזער־טיר, גרענאַדיר, יוּואַועליר, פינאַנסיר, קאַסיר, רעקעטיר, סיביר (נ.).

אַפּיר, אַקשאַניר, באַשקיר, בריגאַ־דיר, גלאַנציר, גאַרניר, ווילקיר, זעפּיר, גרויס וויזיר, זשיר, זשוויר, טשאַמביר, לאַקיר, מוסקעטיר, סאַטיר, סואַוועניר, עלעקסיר, עמיר, עמפּיר, עפּיר, פּאַזו־מענטיר, פּאַכיר, פּאַליר, פּאַרפּיר, פּו־זיר, פּיער, פּאַניר, פּאַקיר, קאַשמיר, קליסטיר, קעפּיר, ציזעליר, קאַנאַניר, קיראַסיר, ראַפּיר, רעוויר, שאַרניר, שטיר, שיפּאַניר, שענדעליר, שפּאַליר, שפּאַניר, אַוועק פּלעזיר! מיי דיער, אַלזשיר (נ.), מאַזיר (נ.), קאַזימיר (נ.), שעקספּיר (נ.), פּריער.

(פּ.) הור, פור, שנור.

יִרונג

באַרירונג
פּאַסירונג
פּאַרווירונג
פירונג
צירונג
רעגירונג

(0) פירהאַנג, פּאַרמיר־ונג, שפּיר־ונג א. א. וו. (זע: יִרן).

יִרט

געבירט
הירט
ווירט
מירט
ספּירט
פּלירט
בלאַזירט
טאַלענטירט
עקזאַלטירט
ראַפינירט
רוטינירט

*

פּאַרפּיר־ט
פּאַרשמיר־ט א. א. וו.
(גר. יִ ר ן - ט).

יִרים

גבירים
מכשירים
עשירים
שירים

(0) גבירים אדירים, מחמירים, נזירים, שיעורים, שיר השירים, דתן ואבירם (נ.), איך פיר אים, איך ציר אים א. א. וו. (גר. יִר, יִרע־אים).

(פּ.) בחורים, דיבורים, היבורים, יסורים, סידורים, שיכורים, פורים, בורים, ביאורים, הרהורים, חורים, טורים, כדורים, סיפורים, פטורים, ציורים, גוים גמורים, חג הבכורים, חטאת נעורים, יום הכפורים, ליל שמורים, מתיר אסורים.

יִריק

חיריק
ליריק
סאַטיריק
גיריק

(0) טשיריק, פּאַנעגיריק, יִיריק, פּריע־ריק, וויראַק, פּיר־עק. (גר. יִר, יִרע־יִק).

(פּ.) שורוק.

ירִיש

גביר׳יש
טיריש
ליריש
סאַטיריש
אַסיריש

(0) וואמפּיריש, אַלזשיריש, סיביר־יש א. א. וו. (גר. יר, ירע־יש).

(פּ.) הוריש.

ירִל

טירל
פּאַפּירל
שנירל
מירל (נ.)
צירל (נ.)

(0) מאַנדירל, קוואַרטירל, שלמה בן גבירול (נ.), געשוויר־ל, אַפּיציר־ל א א. וו. (זע: ירִ).

ירִלאַך

נאַטירלאַך
צירלאַך־
מאַנירלאַך
אומווילקירלאַך
אויספּירלאַך
טירל־אַך
שנירל־אַך א. א. וו.

(זע: ירִל).

ירִן

געהירן
צווירן
אינטערעסירן
אַמוזירן
גראַטולירן
דיקטירן
מאַרשירן
עקזיסטירן
פּאַסירן
פּראָבירן
פֿאַנטאַזירן
פֿאַרלירן
פירן
פֿאַרפּירן
צעפּירן
פֿרירן
באַצירן
קאָנווענירן
קאָקעטירן
קורירן
קראַפּירן
ראַבירן
ראָמאַנסירן
רואינירן
ריזיקירן
רירן
באַרירן
רעגירן
רעספּעקטירן
שטאָלצירן
שטודירן
באַשמירן
שפּאַצירן
שפּירן

*

פּאַפּיר־ן
קאַוואַליר־ן א. א. וו.

(זע: ירִ).

(0) אטאַקירן, אינטריגירן, אַנאָנסירן, אַנגאַזשירן, אַפּלאָדירן, אַראַנזשירן, אַרעסטירן, בראַקירן, גאַראַנטירן, האַר־

מאָנירן, טעלעגראַפירן, טעלעפאָנירן, טריומפירן, סימפּאַטיזירן, סערווירן, ספּעקולירן, עמיגרירן, עקספּעדירן, פּראָגרעסירן, פּראָטעסטירן, פּראָפּיטירן, פּראַקטיצירן, פּרעזענטירן, פּרע טענדירן, פאָטאָגראַפירן, פילאָזאָפירן, קאָנטראָלירן, קאָנקורירן, קריטיקירן, רעגולירן, רעקאָמענדירן.

בלאַמירן, בליאַקירן, גוסטירן, געדירן, דענערווירן, האַווירן, זשענירן, טאַלירן, ירן, מאַרקירן, מושטירן, מעבלירן, סאָרטירן, סקאַסירן, ספּאַזמירן, עקזאַמינירן, פּאָזירן, פּאַרסטראַכירן, פּאַרקאָנטראַקטירן, פּאַרשנירן, פּאַרשפּענדירן, קאַווירן, קאָמפּראָמיטירן, קרעמפּירן, רעגיסטרירן, שאָקירן, שטראַפּירן, שעמערירן. איינקאַסירן.

אילומינירן, אילוסטרירן, אימפּראָווויזירן, אימיטירן, אינטערפּרעטירן, אינסטרומענטירן, אינספּירירן, אינסצענירן, אַפּישירן (זיך), אַקאָמפּאַנירן, אַקצענטירן, אָרקעסטרירן, ביסירן, גאַסטראָלירן, גרופּירן, גרימירן, דובלירן, דועלירן, דיריגירן, דעביוטירן, דעקאָרירן, דעקלאַמירן, דראַמאַטיזירן, דראַפּירן, דרעסירן, האַרמאָנירן, וואולגאַריזירן, וואַריאירן, וויברירן, זשעסטיקולירן, (אינ)טאָנירן, טעאַטראַליזירן, טראַנספּאָנירן, טראַנספאָרמירן, טרעמולירן, כאַראַקטעריזירן, לאָקאַליזירן, מאָדולירן, מאָדערניזירן, מאָנאָלאָגירן, (דע)מאַסקירן, מוזיצירן, מימיקירן, סופלירן, סטיליזירן, סימבאָליזירן, סימולירן, ספּעציאַליזירן (זיך), עקספּערימענטירן, פּאָפּולאַריזירן, פערזאָניפיצירן, פּראָטעזשירן, פּאָרסירן, פיגורירן, ציטירן, צענזורירן, קאָמפּאָנירן, קאָנצערטירן, קאַנקאַנירן, קאָריגירן, קולטיווירן, קריסטאַליזירן, רעזשיסירן, רעפּיטירן, רעפּראָדוצירן, רעפּרעזענטירן, רעציטירן, רעצענזירן, רעקלאַמירן, שאַרזשירן.

אַמעליאָרירן, בראָדירן, בראָנזירן, ברוקירן, גלאַזירן, גראַווירן, דעגאַטירן, דעסטילירן, הויזירן, העקטאָגראַפירן, טאַפּעצירן, טאַקסירן, לאַקירן, ליטאָגראַפירן, ליניירן, מאַרינירן, סטענאָגראַפירן, עמאַלירן, פּאָלירן, פּאַרפומירן, פלאָמבירן, פאַסאָנירן, פילטרירן, פיליגרירן, פּראָטירן, פּריזירן, פערמענטירן, צעמענטירן, קאַטאַלאָגירן, קאַליגראַפירן, קאָנדענסירן, קאָנסערווירן, קאָפּירן, קאַרבירן, קאַרטאָנירן, קאָרעספּאָנדירן, ראַזירן, רעטושירן, רעפּערירן, שאַבלאָנירן, שאַטירן.

אַוואַנסירן, אויטיליזירן, אימפּאָרטירן, אַסעקורירן, אַפּערירן, אַקצעפּטירן, באַנקראָטירן, דאַטירן, דיספּאָנירן, דיסקאָנטירן, דעדוצירן, דעפּאָנירן, דעפּעשירן, זשירירן, טראַנספּאָרטירן, מאָנאָפּאָליזירן, מאַניפּולירן, מולטיפּליצירן, מעכאַניזירן, נאָטירן, נאָרמירן, נומערירן, סטענאָגראַפירן, סיסטעמאַטיזירן, עטאַבלירן, עקספּאָרטירן, פּראָדוצירן, פּראָלאָנגירן, פאַבריצירן, פאַלסיפיצירן, פינאַנסירן, קאָלעקטירן, קאָלפּאָרטירן, קאַלקולירן, קאָמבינירן, קאַפּיטאַליזירן, (אינ)קאָרפּאָרירן, קוואַליפיצירן, קוויטירן, קלאַסיפיצירן, רעדוצירן, רעמאָנטירן, שאַנטאַזשירן.

אַבאָנירן, אָבסערווירן, אַגיטירן,

אַדמיניסטרירן, אַדרעסירן, אוזורפּירן, אויטאָריזירן, אידעאַליזירן, אידענטיפּיצירן, איזאָלירן, אימיגרירן, אימפּאָנירן, אינדאָרסירן, אינטערוועניִרן, אינטערפּעלירן, אינסטאַלירן, אינסטרואירן, אינסינואירן, אינפאָרמירן, איראָניזירן, אַלאַרמירן, אַסאָציאירן, אַסיגנירן, אַסימילירן, אָפּאָנירן, אַפּעלירן, אָקופּירן, אַרביטרירן, אָרגאַניזירן, אַרגומענטירן, אָריענטירן (זיך), באַזירן, באָיקאָטירן, באַלאָטירן, באַלאַנסירן, באָמבאַרדירן, בלאָקירן, בראַווירן, בראָשירן, דאָמינירן, דימיסיאָנירן, דיספּוטירן, דיסציפּלינירן, דיסקוטירן, דיסקרימינירן, דיסקרעדיטירן, דיפערענצירן, דעבאַטירן, דעגראַדירן, דעלעגירן, דעמאָנסטרירן, דעמאָקראַטיזירן, דעמאָראַליזירן, דעפּאָרטירן, דעפּוטירן, דעפינירן, דעקלאַסירן, דעקלאַרירן, דעקרעטירן, וואָטירן, וויזירן, ווערבירן, זאָנדירן, טאָלערירן, טיטולירן, טיראַניזירן, טעראָריזירן, ליקווידירן, לעגאַליזירן, לעגיטימירן, לעגירן, מאָביליזירן, מאָדיפיצירן, מאָטיווירן, מאַטעריאַליזירן, מאַניפעסטירן, מאַנעווירן, מאָראַליזירן, מוניציפּאַליזירן, מיליטאַריזירן, מינירן, מיסטיפיצירן, נאַטוראַליזירן, נאָמינירן, נאַציאָנאַליזירן, נייטראַליזירן, סאַבאָטירן, סאַלוטירן, סאָלידאַריזירן, סאַנקציאָנירן, סאָציאַליזירן, סובסידירן, סוספּענדירן, סיגנאַליזירן, סעפּערירן, סעקוועסטרירן, סקאַנדאַליזירן, עוואַקואירן, עקספּלאָדירן, עקספּלואַטירן, עקספּראָפּריאירן, פּאָגראָמירן, פּאַטרולירן, פּאָליטיקירן, פּאָלעמיזירן, פּאַראַדירן, (פּאַראַ)פראַזירן, פּאַרירן, פּובליקירן, פּראָוואָצירן, פּראָטאָקאָלירן, פּראָיעקטירן, פּראָלעטאַריזירן, פּראָפּאַגאַנדירן, פּראָקלאַמירן, פּריווילעגירן, פּאַרבאַריקאַדירן, פאָרמולירן, פאָרמירן, פונקציאָנירן, פיקסירן, פעדערירן, ציוויליזירן, צירקולירן, צענטראַליזירן, קאָפּטירן, קאָפּערירן, קאָאָרדינירן, קאָלאָניזירן, קאָמוניקירן, קאָמענטירן, קאָמפּילירן, קאָמפּליצירן, קאָמפּלעקטירן, קאָמפּענסירן, קאַנאַליזירן, קאָנסאָלידירן, קאָנסטאַטירן, קאָנסטיטואירן, קאָנסטרואירן, קאָנספּירירן, קאָנפיסקירן, קאָנפעדערירן, קאָנפערירן, קאָנצענטרירן, קאַפּיטולירן, קאָרומפּירן, קורסירן, ראַטיפיצירן, ראַפּאָרטירן, רעאַגירן, רעאַליזירן, רעבעלירן, רעגלאַמענטירן, רעגרעסירן, רעדאַגירן, רעדאַקטירן, רעהאַביליטירן, רעוואָלטירן, רעווידירן, רעוואָלוציאָניזירן, רעזיגנירן, רעזיומירן, רעזערווירן, רעסטאַווירן, רעפערירן, רעפאָרמירן, רעפלעקטירן, רעקוויזירן, רעקרוטירן, שטאַביליזירן, שיקאַנירן, (דע) שיפרירן.

אַדאַפּטירן, אַמפּוטירן, אָפּערירן, באַלזאַמירן, באַנדאַזשירן, גראַדואירן, דעגענערירן, דעזינפעקצירן, דעזשורירן, היפּנאָטיזירן, ווענטילירן, טאַטואירן, כלאָראָפאָרמירן, מאַגנעטיזירן, מאַסאַזשירן, סטימולירן, סעצירן, סקאַלפּירן, עלעקטריזירן, פּאַראַליזירן, פּולסירן, פּראָסטיטואירן, קאָנוואולסירן.

באַסטירן, האַלבירן, לאַווירן, מאַנקירן, מולירן, פּיקירן, פּראָפּאַנירן, פונ־

דירן, שליאַביזירן, אייראָפּייאיזירן, אַקלימאַטיזירן, יוניאַניזירן, אַמעריקאַניזירן, גערמאַניזירן, פּאָלאַניזירן א. אנד.

י ר ע

לירע
סאַטירע
אירע
בחירה
גבירה
דירה
חקירה
יראה
כפירה
מסירה
ספירה
סתירה
עשירה
פגירה
פּטירה
קרירה
שירה
שמירה
קיר״ה

(0) חכירה, יצירה, רואה ואינו נראה, שבת שירה, שטר מכירה, כל חמירא, שושן הבירה.

ווירע, זשירע, סירע, פּראָנירע, קוואַרטירע, פּירע (4), איך כירע, איך פּירע, איך שטשירע, מירע (נ.), סטירע (נ.), צירע (נ.), פּרי(ע)רע, קאַאיראַ (נ.), האַריקירי.

(פּ.) ארורה, בשורה, גבורה, צורה, קבורה, שורה, מצה שמורה, כשורה, חבורה, אימתא דצבורא, במחילה גמורה.

י ר ע ס

זמירות
עצירות
עשירות
שכירות

(0) בחירות, דירות, גבירות, יצירות, כפירות, מסירות, ספירות, סתירות, פגירות, קרירות, פיר הויז, איך פיר עס, די ווירע־ס א. א. וו. (גר. י ר, י ר ע – ע ס, ס, ו ת).

(פּ.) ארורות, בשורות, גבורות, חבורות, צורות, שורות, קבורות, צרות צרורות.

י ר ע ר

הויזירער
מאַרטירער
פּראָדוצירער
פּראָפּיטירער
פּאַרלירער
פּאַרפירער
פירער
פּריזירער
קאַסירער
רעגירער
שמירער
אירער
פּריערער

(0) אַנאָנסירער, אַטאַקירער, אַראַנזשירער, אָרגאַניזירער, באַנקירער, בראַקירער, גרימירער, דרעסירער, טאַקסירער, מאַרקירער, מולירער, סאָרטירער, סימפּאַטיזירער, פּאָזירער, ראַזירער.

בראָדירער, בראָנזירער, ברוקירער, גלאַזירער, גראַווירער, דעגאַטירער, דראַפּירער, טאַפּעצירער, לאַקירער,

מאַדעליִרער, פּאַליִרער, פּלאַמביִרער, פּראַטיִרער, ציזעליִרער, קאַרביִרער, רעטושיִרער, שאַבלאַניִרער, אַלזשי־רער (נ.), מאַזיִרער (נ.), סיביִרער (נ.), קאַאיִרער (נ.). גר. ירז־ער).

ירץ

געוויִרץ
שיִרץ
איך איִרץ
איך פֿאַרקיִרץ
איך שטיִרץ

(0) פֿאַרפּיר־טס, שפּיר־טס א. א. וו. זע : ירז).
(פֿ.) קורץ.

ירק

ציִרק
באַציִרק
איך וויִרק

ירש

היִרש
קיִרש
היִרזש

יש

טיִש
געמיִש
פֿיִש
פֿריִש
איך וויִש
איך דערוויִש
איך מיִש
איך דערפֿריִש

(0) אשת איש, אותו האיש, איש מפּי איש, אַפּיש, באַקשיש, באַריש, געציש, דערוויש (א), האַליש, כאַשיש, ליש, קאַמיש, קוליש, קישמיש, קלאַוויש, קניש, קריש, ניש(ט), ציש ! אַקיש ! קריזש.
(פֿ.) דרוש, חוש, לבוש, קוש, רשע מרוש(ע), מהודו ועד כוש, סטרוזש.

ישל

דישל
טישל
פֿישל
איך קרישל

(0) אַפּישל, אינישל, פּאַפּישל, שאינו יודע לשאול. (זע : יש).

ישן

קישן (אַ)
ווישן
דערווישן
מישן
דערפֿרישן
(דעם) פֿרישן

(0) ראש וראשון, אדם הראשון, בית ראשון, פֿישן, צישן, די אַפּישן, טישן, קלאַווישן.

אינטערמישן, אַמבישן, אַפּאַזישן, עדישן, עלעקטרישן, פּאַזישן, פּאָלי־טישן, פּראַפּאַזישן, קאַמישן, קאַמפּע־טישן, קאַנדישן, פּראָהיבישן.
(פֿ.) די לבוש'ן, מסדר קדושין, פֿאַר־חוש'ן, קושן, שושן (נ.).

ישע

אשה
חברה קדישה
חקירה ודרישה
פּרישע

אלישע (נ.)
זישע (נ.)

(0) נגישה, פרישה, אלף השישי, שני וחמישי, שני שבשלישי, דוד בן ישי.

אפישע, דישע, לישע, נישע, קנישע, קלאווישע, מארישע (נ.), מישע (נ.), איך טישע (זיך), איך צעקרישע, איך קישע. אישו, לישאי.

(פ.) בושה, גרושה, ירושה, קדושה, רשע מרושע, איך זאַדושע, איך פאַרגלושע, איך פאַרטושע, איך פאַרלושע, איך צעיושע, פרושי.

יִשעוו

יישוב
ישוב
כשוף
בישאַף

(גר. יִש־אויף).

יִשעם

דישעם
קנישעם
אשות
נגישות
רשעות

(0) פרישות, דעלישעם, די אישו'ס, קדחת שלישית, חברה קדישה'ס. אלישע־ס, זישע־ס, מארישע־ס, מישע־ס, איך דערוויש עס, איך דערפריש עס, איך וויש עס, איך מיש עס. (גר. יִש, יִשע־עס, איז).

(פ.) בושות, גרושות, ירושות, קדושות, דעם רשע מרושע'ס, איך זאַדושע עס, איך פאַרטושע עס, איך פאַרגלושע עס, איך קוש עס.

יִשקע

מאַנישקע
מנישקע
קישקע
קרישקע
שישקע
מישקע (נ.)
פישקע (נ.)

(0) אפישקע, ווישקע, לישקע, מאַלטשישקע, פלישקע, קאַטרישקע, זישקע (נ.), מארישקע (נ.).

(פ.) פושקע, איך שושקע (זיך), סטרוזשקע.

יי

איי (אַז)
אַרמיי
געניי
געדריי
געשטיי
געשריי
היי
טיי
לאַקיי
סאָלאָוויי
פּאָליציי
פּני (די)
פּליי
ריי
שאָסיי
שנייי
זיי
צוויי
כדי
מניה וביה
שמיי דריי
העי!
(טוט) וויי
איך גיי
איך אַנטגיי
איך באַגיי
איך דערגיי
איך פאַרגיי
איך צעגיי
איך פאַרדיי(ע)
איך פאַרדריי
איך פאַרזיי
איך פאַרניי
איך פריי (זיך)
איך קריי
איך שטיי
איך באַשטיי
איך פאַרשטיי
איך שפּריי
אַלערליי
כל-ערליי
איינערליי
צווייערליי
דרייערליי א. א. וו.

(0) הא, פאַ, פּא, מאַן דכר שמיה, עליהיי, אַרכיערייי, וואַראַביי, זשאָקיי, טראָפּיי, יובילייי, יעריי, לאָטעריי, לאַנסיי, ליווריי, ליציי, מאָשיי, מו־זאָליי, מוזיי, מוראַוויי, עסיי, פּאַליי, פּאַרטיי, פּיגמיי, פּלעי, פּיי, קאָזנאַ־טשיי, קאָריפּיי.

בומאַזיי, באַקאַליי, האָנאָריי, מי־שיי, פּיוריי, פּיקיי, פּיריי, פּיליי, פריקאַזיי, קוריי, קליי, קשיי, שטשאַ־וויי, הוריי! באָמביי, קאָליזיי, ראַסיי (נ.), שאַנז עליזיי (נ.), אָדיסיי (נ.), אַלעקסיי (נ.), אַנדריי (נ.), אָרפּיי (נ.), גאַליליי (נ.), טימאָפּיי (נ.), לאָ־רעליי (נ.), מעי (נ.).

(פּ.) אַטעליע, אַנטרע, וואַריעטע, טורנע, מאַטינע, מוסיע, מיליע, נעגליזשע, פּאַר־טעפּע, פּאַרטמאָנע, פּיורע, פּאַיע, קאַפּע, קופּע, קלישע, קרעפּע, רעזיומע, רענאָמע, אַדיע. איך זע. (זע: יי—ע).

(ל.) כל בו, שטרוי, רוי, אוי! אַזוי, דברים בגו, יהודי בלא, ימח שמו (וזכרו), פּורש בשמו, כמו. (זע: וי—ע).

יי - אַ ד

מזבח
רוצח

ריח

מנצח

משלח

משמח

(0) בורח, מפתח, פיקח, צומח, רוקח, מתווכח, חוש הריח, למנצח, עלינו לשבח, שעיר המשתלח, דריי איך, פאַרשטיי איך א. א. וו· (גר. י י – א י ד). (זע: ייד).

(פ.) זע איך.

(ל.) יושר כח, מח, ריח ניחוח, מנוח, נח.

ײַ ב

לײַב

איך גלייב

איך הײַב

אײַב (נ.)

(0) קייפ, שייפ.

(פ.) געוועב, איך וועב, איך לעב, איך שוועב, איך שטרעב, איך קלעפ, שפינ־וועב.

(ל.) דרויב, שטויב, לויב, טויב, אויב, איך דערלויב, איך פאַרטויב.

ײַ ב ע ר

הײַבער

איך דײַבער

איך טרײַבער

(0) לײַבאַר, נײַבויר. (גר. ײַ ב ע – ע ר, א י ר).

(פ.) באַגרעבער, געבער, וועבער, לעבער, קלעבער, שוועבער, שטרעבער.

(ל.) אויבער, טויבער.

ײַ ג

טײַג

איך בײַג

איך פאַרבייג

איך זײַג

איך לײַג

איך איבערלייג (זיך)

איך באַלײַג

איך דערלייג

איך פאַרלײַג

איך צעלייג

איך נײַג

איך פאַרנײַג

אַפטייק

איך ווײַק

(0) מיסטייק, סטייק, פייק, קייק, רייק, ריק, דזשייק (נ.), פאָר גאָדס סייק!

(פ.) געיעג, געשלעג, וועג, זעג, פאַרמעג, סטראַטעג, שטעג, די באַשלעג, טעג, שרעג, איך באַוועג, איך דערוועג (זיך), איך מעג, איך פרעג, איך פלעג, איך פרעג, איך רעג (זיך).

(ל.) גוט אויג, איך טויג, (זיך) נוהג.

ײַ ג ל

אײַגל

בײַגל

טײַגל

פײַגל

חוטא בעגל

(פ.) דגל, וועגל, זעגל, מעגל, סגל, רעגל, שטעגל, די נעגל, קעגל, דריסת הרגל, עולה רגל, איך פרעגל.

ײַ ג ן

בײַגן

פאַרבײַגן

לײַגן

איבערלײַגן

באַלייגן
דערלייגן
פאַרלײַגן
צעלייגן
נײַגן
פאַרנײַגן
זײַגן
אײַגן
מגין

(פּ.) דעגן, זעגן, פאַרמעגן, רעגן, די געיעגן, געשלעגן, װעגן, סטראַטעגן, קאָלעגן, קרעגן, שטעגן, דעם שרעגן, אונטערװעגן, מײנעטװעגן, דערגעגן, אַנטקעגן, געלעגן, פאַרלעגן, באַװעגן, דערװעגן (זיך), מעגן, פרעגן, פלעגן, פּרעגן, אויפרעגן, אָנרעגן, איך באַגעגן, נאָרװעגן (נ.).

(ל.) בויגן, אויגן, באַװאויגן, באַצויגן, געװאויגן, געפלויגן, געצויגן, טויגן, פאַרצויגן, צעצויגן, עלענבויגן, רעגענבויגן, געשטויגן, דערצויגן.

ײַגע

מדרגה
פײַגע (נ.)

(פּ.) נגע, פּגע, רגע, פלעגע, שרעגע.

ײַגער

בײַגער
גרײַגער
זייגער
צעלייגער
פגר
שטייגער
סניגור
קטיגור

(פּ.) אַכטעגער, געלעגער, װעגער, זעגער, טרעגער, יעגער, נעגער, פאַרלעגער, פלעגער, פרעגער, שרעגער, די קלעגער, שלעגער, שװעגער, איך באַלעגער, איך צעגער, מעג ער, נאָרװעגיער (נ.).

(ל.) טויגער, שמויגער, תוגר.

ײַד (פגל. ײַט)

פרייד
קלייד
רייד
שייד
איך באַקלייד
איך אַנטשייד
איך באַשייד
איך צעשייד

(0) גלייד, הייד, טרייד, פרייד, אפרייד, סטרייד, אונטערשייד, הינגעװייד, גרייד.

(פּ.) שװעד, מעד.

(ל.) טוב מאד, יעמוד, לכבוד, חול המועד.

ײַדים

אײדים
ביידים (די)
הספדים
שדים

(0) איך באַקלייד אים, איך צעשייד אים א. א. װ. (גר׳ ײַ ד, ײַ ד ע - א י ם).

(פּ.) פעדים, בקדם.

(ל.) בלא יודעים, מודים, קודם, איך הוידע אים, (איז) מודה אים.

ײַדיק

לײַדיק
פֿרײַדיק
איך פֿאַרטײַדיק
איך באַלײַדיק
איך דערלײַדיק

(0) פֿרײַדיק. (גר. ײַ ד – י ק).

(פֿ.) איך באַגנעדיק, איך פּרעדיק, איך שעדיק, װענעדיג (נ.), בית דין צדק, גואל צדק.

(ל.) בודק.

ײַדל

דרײַדל
װײַדל
מײַדל
קלײַדל
קנײַדל
שײַדל
אײַדל
זײַדל (נ.)
פֿרײַדל (נ.)

(פֿ.) בעדל, זעדל, לעדל, סעדל, פֿלעדל, רעדל, שקעדל.

ײַדן

גן עדן
הײַדן
מײַדן
באַקלײַדן
רײַדן
שײַדן
אונטערשײַדן
אַנטשײַדן
באַשײַדן
פֿאַרשײַדן
צעשײַדן
(דעם) זײַדן
(אין) פֿרײַדן
בײַדן

(פֿ.) די שװעדן, יעדן.

ײַדע

אבֿדה
זײַדע
עדה
עקידה
בײַדע
פֿרײַדע (נ.)

(0) משא כּבֿדה, חבֿלי לידה, לעגײַדע, פֿײַדע, לײַדי, מילײַדי, סײַדי (נ.), קײַדי (נ.), גײַ דו, נײַ דו א. א. װ. (גר. ײַ – ד ו, ד י).

(פֿ.) רעדע, יעדע.

(ל.) הודע, קרבן תודה, מודה, איך סוד'ע (זיך), על התורה ועל העבֿודה, ירום הודו, במחילת כּבֿודו, לכה דודי.

ײַדעס

עדות
זײַדע־ס
פֿרײַדע־ס א. א. װ.

(זע: ײַדע).

(פֿ.) מלומדת, משוסדת, רעדעס, יעדעס.

(ל.) הודעס, יסודות, סודות, עבֿודות.

(זע: ײַדע).

ײַדער

חדר
נדר
סדר
קלײַדער

אײדער
לײדער
כּסדר

(0) בלי נדר, קדר, אַנטשײד־ער, רײד־ער א. א. וו. ס'גײט דיר, ווײ דיר א. א. וו. (גר. ײַ ד, ײַ ד ע־ ע ר, אָדער ײַ־ ד י ר, ד ע ר).

(פֿ.) פּורץ גדר, פֿעדער, צעדער, די בע־דער, זעדער, סעדער, רעדער, לעדער, חנוך הגדר, יעדער, יעטוועדער, ענט־וועדער, כ'זע דיר, כ'בעט דיר א. א. וו. (זע: ײַט).

(ל.) גוידער, (איז) מודה ער.

ײַוו (זע: ײַף)

ײַוון
הײוון
מבין
דײוו'ן (נ.)
זאב'ן (נ.)

(0) באַהײוון (זיך), סיוון, שײוון.

(ל.) אויוון, דוב'ן (נ.).

ײַווע
גנבה
מצבה
נקבה
תבה
לוי

(0) שמחת בית השואבה, לשנה טובה תכתבו, מײווע, נײווי, דײווי (נ.).

(פֿ.) טבע, אלישבע (נ.), בת שבע (נ.), יהושבע (נ.).

(ל.) סויווע, זולל וסובא, בעל טובה, לשנה טובה, לוה, קרובה, מלמד חובה, מה טובו.

ײַוועס
ראשי תבות
חודש טבת
גנב־ות
מצב־ות א. א. וו.

(זע: ײַווע).

(פֿ.) ראש כבש, די טבע־ס א. א. וו. (זע: ײַווע).

(ל.) די חובות א. א. וו. (זע: ײַווע).

ײַווער
אבר
קבר

(0) גײווער, איך דײווער, פּײוואַר, פּלײוואַר. (גר. ײַ־ וו ע ר).

(פֿ.) שבר.

(ל.) גובר, עובר.

ײַז (פּגל. ײַס)
בײז
איך דערלײז

(0) אַ לײַז, איך נײז, איך פֿאַרגלײז, איך רײז.

(פֿ.) קעז, נעז, מאַיאָנעז, אַמביציעז, אַפּיציעז, גראַנדיעז, גראַציעז, טענדענ־ציעז, לוקסוריעז, מוסקולעז, מיסטעריעז, נערוועז, סעריעז, סקאַנדאַליעז, פּאָמפּעז, פּרעטענציעז, רעליגיעז, איך לעז.

(ל.) בלויז, וויז, פֿראַנצויז, קרויז, רויז, לויז, איך אַנטבלויז. בועז (נ.).

ײַזט (זע: ײַסט)

ײַזל
אײזל
קרײַזל

דרײַזל (נ.)

רייזל (נ.)

(פּ.) בלעזל, גלעזל, גרעזל, העזל, נעזל, קעזל.

(ל.) יויזל, פראַנצויזל.

ײַזע

בייזע

דרייזע (נ.)

(0) דייזי, קרייזי. (ל.) גיי זע, דריי זע. (זע : ײַ).

(פּ.) גזע, מאַגנעזע, מאַרגינעזע, גראַנד־יעז־ע, נערוועז־ע א. א. וו. (זע : ײַז).

(ל.) בלויזע, לויזע.

ײַזער

בייזער

דערלייזער

קײַזער

לייזער (נ.)

(0) גייזער, גלייזער, נייזער, רייזאָר. (גר. ײַ ז – ע ר).

(פּ.) לעזער, אַלבאַנעזער, יאַפּאַנעזער, כי־נעזער, פּאָלינעזער, פּאַלעסטינעזער, פּאָר־טוגעזער, די נעזער, גלעזער, גרעזער, אליעזר (נ.), צעזאַר (נ.), גראַנדיעז־ער, נערוועז־ער א. א. וו. (זע : ייז).

(ל.) אַנטבלויזער, בלויזער, לויזער, גלגל החוזר, עוזר (נ.), איז גוזר.

ײַט (פגל. ײַד)

בײַט

טראָמפּייט

פליט

קוויט

קײַט

קלייט

על חטא

ברייט

גרייט

(זאַלבע) צווייט

ער גייט

ער באַגייט

ער אַנטגייט

ער דערגייט

ער פאַרגייט

ער צעגייט

ער באַגלייט

ער גרייט

ער פאַרדײַ'ט

ער פאַרדרייט

ער פאַרזייט

ער פאַרלײַט

ער פאַרנייט

ער דערפרייט

ער באַקליידט

ער קריי'ט

ער שטייט

ער באַשטייט

ער פאַרשטייט

ער באַשיידט

ער צעשיידט

ער פאַרשפּרייט

ער צעשפּרייט

עס שנייט

איז באַרייט

(0) געיט, דייט, סטייט, פּלייט, ריעל־עסטייט, ווײַט! גרינערהייט, גע־זונטערהייט, יונגערהייט, נאַקעטער־הייט, ניכטערערהייט, קליינערהייט, שטילערהייט, שיכור'ערהייט א. אנד. (זע : ײַ–עט).

(פּ.) אויטאָריטעט, אוניווערזיטעט, גע־בעט, ברעט, טאַפּעט, שטאַכעט, שטאַפּעט, (זיין) מאַיעסטעט, די נעט, שטעט, גרעט, טאַנדעט, שפּעט, איך באַטרעט, איך בעט, איך טרעט, איך קנעט, איך פאַרטרעט, ער זעט.

מאַיאָריטעט, מינאָריטעט א. א. וו. (זע: עט).

(ל.) ברויט, הויט, טויט, לויט, נויט, פּלויט, צויט, קויט, קנויט, רויט, פון עלערהויט.

ײַטיק

ווייטיק
נייטיק
קרייטיק

(פּ.) טעטיק, איך באַשטעטיק, איך פאַר־שפּעטיק.

(ל.) צויטיק, קויטיק, קנויטיק.

ײַטל

טײַטל
צווייטל
קווייטל
קייטל
קלייטל
קנייטל
שײַטל
צײַטל (נ.)

(0) טראָמפּייט־ל, פּלייט־ל. (גר. ײַ ט — ל).

(פּ.) ברעטל, דרעטל, נעטל, שטעטל, שרעטל, שטאַכעטל, קטל, איך בעטל.

(ל.) ברויטל, פּלויטל, צויטל.

ײַטע

טאָמייטע
פּאָטייטע
פּליטה
מייטע (נ.)
ברייטע
צווייטע

(0) יתר הפּליטה, די באַקליידטע, גע־גרייטע, דערפרייטע, פאַרדרייטע, פאַרנייטע, פאַרשנייטע, פאַרשפּריי־טע, צעדרייטע, צעשיידטע, צעשפּריי־טע, פאַרדריי(ע)טע, צעוויי(ע)טע א. א. וו. (גר. ײַ ט — ע).

(פּ.) די טאַנדעטע, שפּעטע.

(ל.) חוטא, סוטה, שוטה, טויטע, רויטע, געגנויטע, (איז) נוטה.

ײַטער

טראָמפּייטער
לייטער
צעדרייטער
באַגלייטער
פאַרשפּרייטער
ברייטער
גרייטער
צווייטער

(0) אייטער, וועיטער, טעאײַטער, יעפּרײַטאָר, באַקליידטער, דערפריי־טער, פאַרדריי(ע)טער, פאַרדרייטער, פאַרזייטער, פאַרלײַטער, פאַרנייטער, פאַרשנייטער, צעשיידטער, צעשפּריי־טער, באַגייט ער, באַשטייט ער א. א. וו. (גר. ײַ ט — ע ר).

(פּ.) בעטער, טאַנדעטער, פאַרטרעטער, קנעטער, שטעטער, וואוילטעטער, ברעטער, שפּעטער, בעט ער, זעט ער, טרעט ער, קנעט ער.

(ל.) געגנויטער, טויטער, רויטער, שוטר, נוקם ונוטר.

ײ - ים

גאים
טמאים
יראים
פייאים
רבייאים
ביניהם

(0) ס'טוט ווײ אים, איך פאַרדרײ אים, איך פאַרנײ אים א. א. וו. (גר. ײ - א י ם).

(פּ.) טעדעאום, יובילעאום, ליצעאום, מוזאָלעאום, אָרפעאום, קאָליזעאום. איך זע אים.

(ל.) איז טועם.

ײ - יש

אידייאיש
אייראָפּייאיש
בעל גאה'יש
העברייאיש
נערווייאיש
פּאַרטייאיש
רבייאיש

(0) אַרמייאיש, גוואַרדייאיש, כאַלדייאיש, עגעאיש, עפּיקורייאיש, פּאָליצייאיש, פּלעבייאיש, פּאַריסייאיש, קאָרייאיש א. א. וו. (גר. ײ, ײ ע - י ש).

ײד

שייך
בלייך
ווייך
איך דערגרייך

(זע: ײ–אד).

(ל.) רויך, הויך, אויך, יישר כח.

ײכל

היכל
שכל
שמייכל
אײַכל

(ל.) מוהל, אומר ואוכל.

ײכן

צייכן
שײַכן (די)
(דעם) בלייכן
(דעם) ווייכן
דערגרייכן
מכין (זיין)

(ל.) אבן בוחן, תוכן, דעם הויכן, רויכן.

ײכע

ליחה
בלייכע
ווייכע
איכה
מהפּכה
תחת יריכו

(פּ.) בעל בכי, מה שמך, ד' יצליה דרכך, אשרי יושבי ביתך, בקאקתיך...

(ל.) הויכע, דוחה, זוכה, אין כמוך, תוכחה, אנכי.

ײכעם

שלום עליכם
שאו ידיכם
מה שמכם?

(0) לא עליכם, עליכם ועל בניכם, המשכים, איך דערגרייך אים. (זע: ײד).

(פּ.) בית לחם.

(ל.) יישר כח אים.

ײַכעם

איכות

ליחות

מזבחות

ריחות

(0) מהפּכות, אַ בלײַכעם, אַ װײַכעם, דערגרײַך עם.

(פ.) מכּס, דעם בעל בכּי'ס.

(ל.) מוכס, פּרוכת, כּחות, מחות, מוכ"ז.

ײַכער

בלײַכער

װײַכער

זכר

דערגרײַכער

(ל.) מוכר, סוחר, עוכר, הויכער, איך רויכער (איז) דוחה ער.

ײַל

אײַל

הײַל

טײַל

איך הײַל

איך דערװײַל

איך צעטײַל

איך צײַל

איך דערצײַל

איך שײַל

(0) תּפלה לאל, בײַל, דזשײַל, מעיל, סײַל, סקײַל, פּײַל.

(פּ.) באַפעל, געמעל, זעל, קעל, מעל, געל, איך פאַרגעל, איך פאַרמעל, איך פּעל, איך פאַרפעל, איך פאַרשמעל, איך קװעל (זיך). אָפיציעל, ראַיעל א. א. װ. (זע: על).

(ל.) בראַנדזױל, גדױל, פּױל, פּיסטױל, קאַטױל, קאַמזױל, קױל, הױל, װאױל, איך באַפױל, איך פאַרהױל, איך שטױל, בכּל מכּל כּל, בעירום ובחוסר כּל, המבדיל בין קודש לחול. אוהל, מוהל, פּועל, בועל, מלאך הגואל, יואל (נ.), שואל (נ.).

ײַלאַך

מלך

פרײלאַך

(0) הײַל איך, דערװײַל איך א. א. װ. (זע: ײַל).

(פּ.) ים המלח, פאַמעלאַך, מתושלח (נ.), באַפעל איך, פאַרפעל איך א. א. װ. (זע: ײַל).

(ל.) הולך, מולך, קױלע איך. (זע: ײַל).

ײַלים

אבלים

כּלים

ערלים

צלם

דברים בטלים

(0) טפלים, שפלים, איך הײַל אים, איך דערצײַל אים א. א. װ. (גר. ײַל, ײַלע-אים).

(פּ.) נעלם, איך באַפעל אים, איך פּעל אים א. א. װ. (זע: ײל).

(ל.) חולים, מכשולים, עולים, גולם, חולם, עולם, מוהלים, פּועלים, בית חולים, בקור חולים, נקבים גדולים, אַז װאױל אים, איך באַפױל אים, איך פאַר־הױל אים, איך קױלע אים.

ײַליק

בײַליק

חלק

הײליק
שמײַליק
איך באַטײליק (זיך)

(פּ.) מעליק, פּעליק, זעליק (נ.), צו־פּעליק, גלגול שלג.

(ל.) יואל׳יק (נ.). שואל׳יק (נ.).

ײַלע

גזילה
טפלה
כלי
נבלה
ערלה
פּאַטשײלע
צײלע
שפלה
מילא
בײלע (נ.)
קײלע (נ.)

(0) אבלה, שברי כלי, מערת המכפּלה, לעילה ולעילה, חושך ואפלה, התעוררו־תא דלעילה, עני לי, דעילע.

(פּ.) קװעלע, זעלע, געלע, הפלא ופלא, אמן סלה, ראַיעל—ע אָריגינעל—ע א. א. װ. (זע : עלע).

(ל.) חולה, קרבן עולה, הוילע, װאוילע, מבקר הולה, איך קוילע, אנשי כנסת הגדולה, צדקה גדולה, מאור הגולה, כלי גולה.

ײַלעס

אבלות
בטלות
תכלת

(0) אומה הישראלית, די גזלות, טפלות, נבלות, ערלות, פּאַטשײלעס, שפלות, בײלע׳ס, קײלע׳ס א. א. װ. (זע : ײַלע). איך װײל עס, איך דער־צײל עס א. א. װ. (זע : ײַל).

(פּ.) זעלעס, קװעלעס, מנוולת, שלשלת, תועלת, ללעג ולקלס, קהלת (נ.), ראַיעל־עס, אָריגינעל—עס א. א. װ. (זע : על).

(ל.) מפּולת, משכילת, פּסולת, קולות, דעם חולה׳ס, איך באַפוּיל עס, איך קוילע עס א. א. װ. (זע: ויל, און וילע).

ײַלער

װײַלער
טײלער
צײלער
דערצײלער
שײַלער

(0) בײַלער, דזשײלער, טײלאָר, סײ־לאָר, פּײלור. (גר. ײַל , ײַלע־ער).

(פּ.) באַפעלער, געלער, מעלער, פעלער, קװעלער, די געמעלער, שפּיטעלער, גענע־רעלער, זשורנעלער, קעלער, שמעלער, איך פאַרשמעלער, אָפיציעל—ער, אָריגינעל—ער א. א. װ. (זע : על).

(ל.) באַפוילער, הוילער, װאוילער, קוי־לער, שטוילער.

ײַם

הײם
לײם
געהײם
כבוד אם

(0) גײם, סײם, פרײם, קלײם, איך בלײם. (זע : ײַ—אים).

(פּ.) ברעם, רעם, אנגענעם, באַקװעם, עקסטרעם, דעם, אים, איך פאַרשעם, איך זע אים.

(ל.) בוים, שכיר יום, תהום, זוים, סדום, רוים (נ.), מעשים בכל יום, עד היום, טועם.

ײַ מ י ש

היימיש
בהמ׳יש

(פּ.) בעהמיש, ברה כשמש.

(ל.) רוימיש, יתומיש.

ײַ מ ל

בײַמל
לײַמל

(0) דרעמל, פּלעמל, רעמל, קרעמל, שװעמל, אברהמ׳ל.

(ל.) גומל, בוים איול.

ײַ מ ל אַ ך

הײַמלאַך
בײַמל־אַך
לײַמל־אַך

(זע : ײַמל).

ײַ מ ע

אימה
בהמה
שמ׳ע
געהײַמע

(0) אף וחמה, רפואה שלמה, לשנה טובה תחתמו.

(פּ.) אנגענעמע, באַקװעמע, עקסטרעמע.

(ל.) יתומה, אבן חומה, מלאך דומה, שלמה, וכדומה. תינוק בן יומו, יבוא יומו.

ײַ מ ע ס

אימות
בהמות
שמות
בשלמות
איך ממית

(0) א געהײַמעס, איך פאַרזײַם עס, איך קלײַם עס א. אַ. װ. (גר. ײַ ם־ ע ס , א י ז).

(פּ.) חכמת, משולמת, מפורסמת, רמז, קרן קימת, װעמעס, אנגענעמעס, באַ־ קװעמעס, איך פאַרשעם עס.

(ל.) חלומות, יתומות, מקומות, שלמה׳ס.

ײַ מ ע ר

בײַמער
געהײַמער
לײַמער

(0) די אײַמער, לאמר. (גר. ײַ ם , ײַ מ ע – ע ר).

(פּ.) אונטערנעמער, אַנגענעמער, באַקװע־ מער, עקסטרעמער, בעהמער (נ.), זמר, כלי זמר, קרעמער, צמר.

(ל.) כומר, חומר, רוימער (נ.), שומר, ל״ג בעומר, כלומר, ונאמר, וכך היה אומר, קל וחומר.

ײַ ן

באַסײַן
(גע)בײַן
געװײַן
חן
כרײַן
מײַן (א)
פאַראײַן
צײַן

שטיין (א)
אַליין
געמיין
קליין
ריין
שיין
איין
ניין
קיין
גיין
אַנטגיין
באַגיין
דערגיין
פֿאַרגיין
צעגיין
איך וויין
איך אַנטוויין
איך געוויין (זיך)
איך באַשיין
שטיין
אַנטשטיין
באַשטיין
פֿאַרשטיין
איך פֿאַרשטיין
איך ליי(ע)ן
אָמן

(0) נושא חן, באשר בכן, גילדיין, טריין, טשיין, קאַמפּיין, קאַמפּליין, רעפריין, פּליין, איך עקספּליין, (אין) אַלגעמיין. (זע: יי–ען).

(פּ.) געוועזן, געזען, פֿאַרזען, איך גענען. (איז) געשען.

(ל.) הון, המון, לוין, פֿאַרשוין, קרוין, שוין, איך באַלוין, איך וואוין, איך שטוין.

ײַנדל

ביינדל
חנ׳דל
ציינדל
שטיינדל
קריינדל (נ.)
שיינדל (נ.)

(0) געליינדל, וויינדל· (גר. יי ז–ד ל).

(פּ.) באַריטענדל, הענדל, טענדל, פּערזענדל, פענדל, פּאַסענדל, שפּענדל.

(ל.) פֿאַרשוינדל.

ײַנים

זקנים
שכנים

(0) איינעם, געמיינעם, פּליינעם, קיינעם, קליינעם, ריינעם, שיינעם, איך אַנטוויין אים, איך באַוויין אים א. א. וו. דעם פֿאַרטיינע–ם, דעם סעמיינע–ם א. א. וו. (גר. יי ז, יי נ ע–ם, א י ם).

(פּ.) איך גענען אים, כ׳האָב דערזען אים.

(ל.) אביונים, גאונים א. א. וו. (זע: וינים).

ײַניק

איייניק
ביייניק
ווייניק
איך פֿאַראייניק
איך רייניק
איך פֿאַרשטייניק

(0) פיל ווייניק, צייניק, אויסנווייניק, אינעווייניק· אַלייניק, באַקאַליייניק.

גאַלאַנטערײַניק, כרײַניק, מוראַװײַניק, נאַשײַניק, קאַפּײַניק. (גר. ײַז, ײַנע–יק).

(פּ.) קעניג, חנק, אָפּהעניק, אונטערטעניק, װידערשפּעניק.

(ל.) ימח שמו'ניק, כל בו'ניק, עונג.

ײַנלאַך

גענװײַנלאַך
קלײַנלאַך
רײַנלאַך

(פּ.) ענלאַך, פּערזענלאַך.

ײַנע

זקנה
שכנה
געמײַנע
קלײַנע
רײַנע
שײַנע
אײנע
קײנע

(0) מורה מורינו, בינו לבינו, כהנוה וכהנה, עד הנה, ממצרים ועד הנה, אבות אבותינו, אבינו מלכנו, אחד אלהינו, אנשי שלומינו, במהרה בימינו, בחרפּתנו, דיינו, היוצא מדברינו, השכיבנו, זמן חירותנו, זמן מתן תורתנו, זכותו יגון עלינו, ישקנו, לא עלינו, לגלותנו, משה רבינו, נחזור לענייננו, עלינו, עננו, רחמנא יצילנו, כשמו כן הוא, אדר שני, בית שני, שני בשני, תרגום שני.

אַלײַנע, פֿלײַנע, אַלגעמײַנע, אידײַנע, באַקאַלײַנע, בומאַזײַנע, גאַלאַנטערײַנע, יובילײַנע, סעמײַנע, פּאַרטײַנע, פּיקײַ–נע, שאַסײַ–נע א. א. װ. (גר ײַ – נ ע).

(פּ.) איז נהנה.

(ל.) זונה, לוינע, קונה, שונא, אַזוינע, קרוינע (נ.), יונה (נ.), ברכה אחרונה, השגחה עליונה, כפל שמונה, אין קול ואין עונה, וכך היה מונה, לא יחרץ כלב לשונו, אדוני, ראש בריוני, לחם עוני, פּלוני בן פּלוני, רבונו יונה.

ײַנעם (זע: ײַנים)

ײַנער

בײַנער
צײַנער
שטײַנער
געמײַנער
קלײַנער
רײַנער
שײַנער
אײנער
קײנער
איך פֿאַרשטײַנער

(0) טרײַנער, פּלײַנער, קאַמפּײַנער, קאַמפּלײַנער, אַ װײַנער, לײַ(ע)נער, פֿאַרנײַנער, אַלגעמײַנער, אידײַנער, אַלײַנער, באַקאַלײַנער, גאַלאַנטערײַנער, סעמײַנער, פּאַרטײַנער, שאַסײַנער, אײַז נאַר, גײ נאַר א. א. װ. (גר. ײַ, ײַז–ער, נאַר).

(פּ.) צענער, הענער, טענער, פּלענער, פּאַסענער, פּענער, שפּענער, איטאַליענער, אַרמענער, דענער, סלאַװענער, רומענער, אַ געזע(ע)נער, אַ געשע(ע)נער.

(ל.) באַװאױנער, באַלױנער, אַזױנער.

ײַם (פגל. ײַז)

בית
שוויים
היים
איך היים
איך וויים
בעת

(0) יתר שאת, (אַ) אײַם, ספײַם, פליים, פיים, קיים, די פלעי—ם, אַנ־דריי—ם, דער פאַליציי—ם א. א. וו. (גר. ײַ – ם).

(פ.) געזעם, געפעם, איך זע עם.

(ל.) גרוים, מהות, שטוים, שוים, שמוים, בעלות, הוית, אַ רוי׳ם, דעם ימח שמו׳ם, דעם כל בו׳ם. (זע: וי—עם).

ײַסאַך

פסח

(0) קייסעך, היים איך, וויים איך א. א. וו. (גר. ײַ ס, ײַ ס ע – א י ך).

(פ.) יין נסך, כּעני בפתח.

(ל.) שטוים איך, גוס׳ע איך, כוסה איך.

ײַסט

טרייסט
דרייסט
צומייסט
איך הייסט
איך ווייסט
דו גייסט
דו אַנטגייסט
דו באַגייסט
דו דערגייסט
דו פאַרגייסט
דו צעגייסט
דו פאַרדיי(ע)סט
דו פאַרדרייסט
דו פאַרזייסט
דו פאַרנייסט
דו פרייסט (זיך)
דו קריי(ע)סט
דו שטייסט
דו באַשטייסט
דו פאַרשטייסט
ע׳ר לייזט
ער דערלייזט

(0) (אַ) ווײַסט, טײַסט, פײַסט, ער נײַזט, ער פאַרגלייזט, ער רײַזט. (זע: ײַע—סט).

(פ.) דו זעסט, דו לעזסט.

(ל.) ער גרויסט (זיך), ער פאַרשטויסט, ער אַנטבלויזט.

ײַסים

דליתים
טליתים
מתים
קונדסים
תכליתים
תעניתים
הר הזיתים

(0) חטאתים, קונטרסים, מחיה מתים, תחית המתים, איך היים אים, איך וויים אים. (גר. ײַ ס – א י ם).

(ל.) שטוים אים.

ײַסיק

עסק
שווייסיק

(פ.) מעסיק, צוועקמעסיק, רעגלמעסיק, נאכלעסיק.

(ל.) עוסק, פוסק, שותק, שמויסיק.

ײַסע

היישע

אתה הראית

מהיכא תיתא

(ל.) כוסה, גרויסע, איך גוס'ע, אומר ועושה, חנינה בן דוסה (נ.), יוסי (נ.), אחר מותו, רבותי.

ײַסער

הייסער

ווײַסער

קיסר

מתן בסתר

(פּ.) כתר.

(ל.) גרויסער, שטויסער, יותר, מותר, פּותר, סותר, די והותר.

ײַ-ע

בעל גאה

בעל דעה

חסר דעה

יורה דעה

בעל תוקע

טמאה

מאה

מטבעה

פּאה

קמיעה

ריאה

לאה

אידייע

אַלייע

לאַטערייע

רײַיע

איך פּאַרדייע

איך פּאַרזייע

איך צעווייע

איך קרייע

(0) בנוגע, מי יודע, שוואַרצע מאה, דם צפרדע, פּוגע, הושע (נ.), צווייע, אַלערלייע, צווייערלייע א. א. וו.

אַפּאַגייע, אַראַנזשערייע, אַרכידייע, אַרמייע, באַטאַרייע, באַלייע, ליוורייע, טראַנשייע, עפּאַפּייע, פּייע, קאַלייע, שלייע. כאַלדייע (נ.), קאַרייע (נ.), ראַסייע (נ.), איך אוספּייע, איך אַס־טאַלאַפּייע, איך אַקאַלייע, איך חל'ייע, איך סמייע, איך סקאַמפּאַנייע, איך פּאַרקלייע, איך צעטלייע, איך צע־פּרייע, איך שפּרייע, באַקאַלייע.

(ל.) זרוע, צואה, טועה, עולם התוהו, עולם ומלואו, כצאן בלא רועה, רואה, רויע.

ײַ-ען

אידייען

אַלייען

אַרמייען

געשרייען

ווייען

לאַקייען

פּאַרטייען

רײַיען

שאַסייען

לאה'ן

(אין) צווייען

איך לייען

זיי גייען

זיי אַנטגייען

זיי באַגײַען

זיי דערגייען

זיי פּאַרגייען

זיי צעגייען
זיי שטייען
זיי באַשטייען
זיי פֿאַרשטייען
פֿאַרדײַען
פֿאַרדרײַען
צעװײַען
פֿאַרזײַען
פֿאַרנײַען
דערפֿרייען
קרײַען
שנײַען

(0) דריי פֿא׳ען, טראַפּייען, פֿאַלייען, קאַריפּייען, פּירעניייען (נ.), אויסקאַרעַנייען, אוספּייען, אַסטאַלאַפּייען, אַקאַלייען, חל׳ייען, יודע׳ען, סמייען, סקאַמפּאַנייען (זיך), פֿאַרקלייען, צעטלייען, צעפּרייען, שאַרייען, שפּרייען, אַלעקסיי—ען, אַנדריי—ען א. א. וו. (גר. ײַ, ײַ ע — ע ן, ז, אַ ן). פֿ.) כאַמעלעאַן, אַדעאַן, נאַפּאַלעאַן, לעאַן (נ.).

(ל.) טוען, כהן, דעם רויען, די שטרויען, די כל בו׳ען.

ײַ-ער

אײַער
גייער
דרײַער
װײַער
מײַער
נײַער
פֿאַרשטייער
צווייער
שלייער
שנייער
זײַער
מאיר
שניאור
אייראָפּייער
העברייער

(0) הא׳ער, יודע׳ער, פֿלעיער, טוט וויי ער, אַרמייער, באַמבייער, גאַלייער, כאַלדייער, נאַזאַרייער, עפּיקורייער, פֿלעבייער, פֿאַריסייער, קאַרייער, מעיאַר, פֿאַרשטייער. (גר. ײַ, ײַ ע — ע ר, א י ר).

(ל.) אויער, טויער, יפת תואר, רויער, זהר, צוהר, קאַפּויער.

(פֿ.) זעהער.

ײַ פ (זע: ײַ ב)

ײַ ף

רײַף
שלייף
הײַף (די)
זייף
טריף
זאב (נ.)

(0) סייף, שווייף, שייוו, דייוו (נ.), איך באַהייוו (זיך), איך סייוו.

(פֿ.) איך פֿאַרשלעף.

(ל.) געלויף, הויף, פֿאַרלויף, איך אַנטלויף, איך קויף, בעל חוב, בכי טוב, נואף.

ײַ פ ל

הײַפּל
זייפל
נפל(ע)
צווייפל

רייפל
שלייפל
כפל

(ל.) חולי נופל, אַזוי פיל.

ײ פ ע

יפיפיה
מגפה
מכשפה
שריפה
טריפה
חיפה (נ.)

(פּ.) שפע.

(ל.) רופא, מסוף עולם ועד סופו.

ײ פ ע ר

ספר
טריפ׳ער
עפר ואפר
חיפה׳ר (נ.)

(פּ.) שעפער, פעפער.

(ל.) כופר, לויפער, סופר, פאַרקויפער, שופר, עצי גופר, אָן אויפהער.

ײ ץ

ווייץ
רייץ
איך הייץ
איך פאַרפלייץ
איך צערייץ

(0) בורא פרי העץ, בייץ, לייץ, אַ ברייט׳ס, אַ גרייט׳ס, אַ צווייט׳ס, די געיטס, דייטס, סטייטס, עסטייטס, פלייטס, גריידס, טריידס, על חטא׳ס, גייט—ס! שטייט—ס! א. א. וו. (גר. ײ ד, ײ ט – ס).

(פּ.) טראַפּעץ, שטעטס, (זיין) מאַיעס־טעט—ס, בעט—ס! טרעט—ס! קנעט—ס! זעט—ס! א. א. וו. (זע: ײט).

(ל.) שנויץ, אַ טויט׳ס, אַ רויט׳ס, בעל יועץ.

ײ צ י ם

בצים
לצים
חפצים

(0) איך צערייץ אים, איך עצה אים א. א. וו. גרייט זי אים, נייט זי אים א. א. וו. (גר. ײ ץ, ײ ט ס–א י ם).

(פּ.) בעט׳ס אים, פאַרטרעט זי אים א. א. וו. (זע: ײט).

(ל.) טויט זי אים, נויט זי אים א. א. וו.

ײ צ ע

עצה
פלייצע

(0) ביצה, לייצע, גייט זי, שטייט זי א. א. וו. (גר. ײ ט – ז י, ז ײ).

(פּ.) אוהב בצע, פאַרבעט זי, פאַרטרעט זי, פאַרקנעט זי א. א. וו. (זע: ײט).

(ל.) המוציא, פועל יוצא, טויט זי, נויט זי א. א. וו. (זע: ײט).

ײ צ ע ר

באַהייצער
מן המצר

(0) צערייצער, גרייט—ס איר, נייט—ס איר א. א. וו. (זע: ײט, און ײץ).

(פּ.) יורש עצר, נעצר, נבוכדנאצר, בעט׳ס איר, קנעט׳ס איר א. א. וו. (זע: עט).

(ל.) יוצר, אוצר, כחומר ביד היוצר, טויט׳ס איר, נויט׳ס איר א. א. וו. (זע: ויט).

ײַק (זע: ײַג)

ײַקן

אַפּטייקן (די)
ווייקן
איך לייקן

(0) פּײַקן, דזשייק׳ן (נ.), איך מײַקן.

ײַקע

לאַטערייקע
לײַקע
פּאה׳קע
קאַנאַרייקע
קוצעווייקע
דײַקא
לאה׳קע
איך דבק׳ע (זיך)

(0) באַטאַרייקע, דרייקע, יאַטשייקע, ליניייקע, קאַלייקע, רייקע, שלייקע, קלייקע, דזשאַמייקע (נ.), ווילייקע (נ.), איך וויי׳קע, איך מייקע.

(ל.) מחלוקה, איך אוי׳קע.

ײַקעס

צדיקת
דבקות
היזקות
ספקות

(0) איך ווייק עס, די ליניייקע־ס, די שלייקע־ס א. א. וו. (גר. ײַ ק, ײַ ק ע - ע ס, א י ז).

(פּ.) סעודה מפסקת.

(ל.) מחלוקת.

ײַקער

אַפּטייקער
פּײַקער
קווײַקער
אַנדערטייקער

(פּ.) כזב ושקר, יחפּור בדקר.

(ל.) הויקער, חוכר, עוקר, איך בויקער, ערב ובוקר.

ײַראַך

מי שברך
ר׳ בירך

(0) מעלה גירה איך. (גר. ײַ ר ע - א י ד).

(פּ.) דרך, כרך, עבודת פּרך, אַן ערך, פּחותי ערך, ים הקרח, תרח (נ.), הער איך, שווער איך א. א. וו. (זע: ער).

(ל.) מכניס אורח, צורך, קרח, כורך.

ײַרוש

גירוש
פּירוש
בפירוש
אחשורוש

(פּ.) בעריש (נ.), זרש (נ.), מאַלער־יש, מילוטער־יש, מיסיאָנער־יש א. א. וו. (זע: עריש).

(ל.) יורש, שורש, חורש, שם המפורש, חוקר ודורש, מפורש, כורש (נ.) (זע: וויריש).

ײַרים

גרים
היתרים
הכשרים
חברים
חזירים
ממזרים
חרם

(0) דברים אחרים, חסרים, חושד בכשרים, קאַזיירים, שוסטיירים, שלעפּיירים.

(פּ.) געדערים, איך הער אים, איך שווער אים א. א. וו. (זע: ער).

(ל.) אחורים, אמורים, בכורים, גבורים, חמורים, טהורים, כורעים, מזמורים, מחזורים, מקורים, שחורים, דאָקטוירים, פּאַקטוירים, רעדאַקטוירים.

ייִרע

ברירה
גזירה
מיירע
עבירה
פּרי
צירה
מעלה גירה

(0) חברה, בעל עבירה, בהמה כשרה, נשמה יתירה, בין אדם לחברו, ריאָ דע זשאַניירא (נ.).

(פּ.) לערע, פּאַרטיערע, קאַריערע, אָרדינערע, פּאָפּולערע, רעגולערע, שווערע, זרע, פּרא, פּוטיפרע (נ.). (זע: ערע).

(ל.) אמורא, בורא, בכורה, הפטורה, מורא, מנורה, מסורה, סחורה, מצורע, דבורה (נ.), צפּורה (נ.), בן סורר ומורה, בעל קורא, מעשה נורא, מרה שחורה, קול קורא, סדום ועמורה, יחיד בדורו, תורה.

ייִרעס

הפקרות

(0) חרות, שרות, שארית, בוענאָס איירעס (נ.), די ברירות, גזירות, חברות, כשרות, מיירעס, פּרות, צירה'ס, דער נשמה יתירה'ס, איך מעלה גירה עס.

(פּ.) גרגרת, הזירת, ממזרת, מעוברת, זרת (נ.), שמיני עצרת, איך הער עס, איך שווער עס א. א. וו. (זע: ער).

(ל.) אַפּיקורס, כפּורת, תשבורת, הפטורות, מנורות, קטורת, תשבורת, בן פּורת, גורס, דורס, דבורה'ס. (זע: ייִרע).

ייִש

פלייש
ריש
עמוד האש

(0) בורא מאורי האש, פּייִש, איך לייִש, איך פּאַררייִש.

(ל.) קויש, שמויש, קופץ בראש, יהואש (נ.).

ייִשים

הקדשים
קדישים

(גר. ייִ ש – א י ם).

(פּ.) גשם.

(ל.) קדושים, שלשים, רושם. (זע: וישום).

ייִשיק

חשק
פליישיק

(זע: ייִש).

יַי
געביי
בליי
מאַי
ריי
תנאַי
כדאַי
געטריי
דערביי
פֿאַרביי
פֿריי
ניי
דריי
סיי ווי סיי
הלואַי
איך געדיי
איך זיי
איך אַנטליי
איך באַניי
איך באַפֿריי
איך פּראָפּעציי
איך פֿאַרציי
איך קיי
איך באַריי
איך צעשטריי
איך שפּיי
איך שריי

*

באַרימעריי
חזיריי
מערדעריי
רויבעריי
שווינעריי
שקלאַפֿעריי
דרוקעריי
שוסטעריי

שניידעריי
שניצעריי
שפּינעריי א. א. וו.

(0) ח"י, בעל חי, אבר מן החי, בתנאַי, כולו האַי, לגנאַי, עד בלי די, לאָ די, פֿונדאַסניי, אַלמאַי, אַמאַי, נעביי, מי אַיי, איך בריי, איך טריי, איך פּריי. אַיַ אַיַ! זיַי! גוד ביַי!

אוראַזשאַי, באַביי, בוהיי, בריי, גאַרנאַסטיי, געהיי, געשמיי, טאַי, טראַמוואַי, כאַדאַטאַי, ליענטיאַי, סאַראַי, סחריי, מאַלאַכיי, פּאַי, פּאַפּוגיי, פּאַרצעליי, פּעטשיי, שאַלאַפּיי, שאַפּטעליי, שמאַכטעליי, אַביי, נאַ טשאַי, דזשולאַי, וואַליאַי! קאַטאַי! אוראַגוואַי (נ.), אַלטאַי (נ.), הימאַלאַי (נ.), טערקיי (נ.), פּאַראַגוואַיי (נ.), קיטאַי (נ.), שאַנכיי (נ.), ניקאַליי (נ.), אשמדי.

באַנדעריי, בוכבינדעריי, בעקעריי, ברויעריי, גאַרבעריי, גיסעריי, דאָקטעריי, וועבעריי, וועשעריי, זעלנעריי, זעצעריי, טאָקעריי, טישלעריי, טעמלעריי, טעפּעריי, מאַלעריי, מעקלעריי, סוחר'עריי, סטאָלעריי, פֿאַרבעריי, פֿישעריי, קאָנדיטעריי, שטיקעריי, שלאָסעריי, שמוקלעריי, שמידעריי.

באַטריגעריי, טיראַניי, כּלל טועריי, לומדעריי, לערעריי, מאַכעריי, סאַרוועריי, שוואַרץ זעעריי, שוואַרץ קינסטלעריי, שווינדלעריי, שווערמעריי, שטות'עריי, שקאַצעריי.

(גע)... בייזעריי, בילעריי, בעטלעריי, גראַגעריי, גריבלעריי, האַוקעריי, האַרגעריי, ווינטשעריי, ווערטלעריי, זויפֿעריי, זידלעריי, זינגעריי, זיפֿצע־

רײַ, זשוזשערײַ, טאַנצערײַ, טרוימע־רײַ, יאָגערײַ, כאַפּערײַ, כאָרכלערײַ, כליפּערײַ, לויפערײַ, מורמלערײַ, נאַ־רערײַ, נאַשערײַ, פּאַטשערײַ, פּילדע־רײַ, פּלאַפּלערײַ, פּלוידערײַ, פּליוס־קערײַ, פּליעסקערײַ, פּאָרערײַ, פּײַ־פערײַ, פליערײַ, פרעסערײַ, קוויטשע־רײַ, קלאַפּערײַ, קלינגערײַ, קנאַקערײַ, קריכערײַ, קריגערײַ, קרעכצערײַ, רו־פערײַ, רײַטערײַ, רײַסערײַ, רעדערײַ, שווישטשערײַ, שושקערײַ, שטופּערײַ, שיסערײַ, שלעגערײַ, שנאָרערײַ, שע־מערײַ, שעלטערײַ, שעפּטשערײַ, שפּאַ־רערײַ, שרײַבערײַ א. אנד.

(פּ.) פּעטשאַ, נאַ א. א. וו. (זע: אַ).

ײַ ב

ווײַב

לײַב

איך בלײַב

איך טרײַב

איך איבערטרײַב

איך באַטרײַב

איך פאַרטרײַב

איך קלײַב

איך פאַרקלײַב (זיך)

איך רײַב

איך פאַררײַב

איך שרײַב

איך קנײַפּ

(0) צײַט פאַרטרײַב, איך סובסקרײַב, טײַפּ, סטרײַפּ, פײַפּ.

(פּ.) שטאַב, שקראַב א. א. וו. (זע: אב).

ײַ ב ל

הײַבל

ווײַבל

טײַבל

לײַבל

שײַבל

(0) טרײַבל, רײַבאָל.

(פּ.) מבול, מחבל א. א. וו. (זע: אבל).

ײַ ב ע ר

ווײַבער

לײַבער

רײַבער

שרײַבער

(0) סובסקרײַבער, איבערטרײַבער, אָנטרײַבער, איבערקלײַבער. (גר. ײַ ב – ע ר).

(פּ.) אַראַבער, מחבר א. א. וו. (זע: אַבער).

ײַ ג

פײַג

צווײַג

צײַג

געצײַג

שטײַג

איך לײַג

איך צײַג

איך איבערצײַג

איך פאַרצווײַג

איך שווײַג

איך שטײַג

סטרײַק

(0) קײַק, איך הײַק, מײַק (נ.).

(פּ.) זיגזאַג, פאַרלאַג א. א. וו. (זע: אַג).

ײַ ג ע

דאגה

טײַגע

(פּ.) לאַגע, פראַגע א. א. וו. (זע: אַגע).

ײַגער

גרײַגער
לײַגער
צײַגער
שווײַגער
שטײַגער

(0) איך ווײַגער (זיך), נייגיר. (גר. ײַ ג – ע ר).

(פ.) גראַגער, לאַגער א. א. וו. (זע: אַגער).

ײַד (פגל. ײַט)

זייד
קרייד
איך לייד
איך פאַרמייד
איך שנייד

(0) מיטלײַד, גײַד, הײַד, נײַד, איך ווײַד.

(פ.) חשד, פאַראַד א. א. וו. (זע: אַד).

ײַדל

ביידל
קריידל
איידל (נ.)
זיידל (נ.)

(גר. ײַ ד – ל).

(פ.) אַדל, טאַדל א. א. וו. (זע: אַדל).

ײַדע

געביידע
געטריידע
זיידע
פיידע
איידע (נ.)

(0) הײַדא! באַפריי דו, שנייד די א. א. וו. (גר. ײַ, ײַ ד – ד ו, ד י).

(פ.) באַלאַדע, סטאַדע א. א. וו. (זע: אַדע).

ײַדעס

יהדות
געבײַדעס
זײַדעס
פײַדעס
אײַדע'ס (נ.).

(0) איך שנייד עס, איך באַפריי דאס א. א. וו. (גר. ײַ, ײַ ד – ד א ס, ע ס, א י ז).

(פ.) באַלאַדע־ס, סטאַדע־ס א. א. וו. (זע: אַדע).

ײַדער

שניידער
ליידער
איך שליידער

(0) באַנײַדער, סײַדער, איך שנייד דיר, זיי דיר א. א. וו. (גר. ײַ, ײַ ד – ד י ר, ד ע ר).

(פ.) מנדר, מסדר א. א. וו. (זע: אַדער).

ײַוול

בייוול
טייוול
זייוול
פייוול

(0) רעווײַוול.

(פ.) קאַפּאַוול, איך באַ'נבל, איך באַ'עול, פאַוועל (נ.).

ײַווע

גאווה
תאווה

לייוועַ
מקבל באהבה
(גר. ײַ – ו ו י).
(פּ.) קאַוועַ, חוה א. א. וו. (זע: אַוועַ).

ײַוועס

התחייבות
התלהבות
גאוות
תאוות
לייוועס

(0) בלײַ ווײַס. (גר. ײַ – ו ו א ס).
(פּ.) פּאַוועס, חוה׳ס א. א. וו. (זע: אַוועַ).

ײַז (פגל. ײַס)

אײַז
גרײַז (אַ)
טײַז
לײַז
מײַז
פרײַז
רײַז
איך גרײַז
איך באַווײַז
איך קרײַז
איך שפּײַז
איך שפּרײַז

(0) אדווײַז, גלײַז, סײַז, עקסערסײַז, איך אַדווערטײַז, איך סורפּרײַז, משוגענערווײַז, ערטערווײַז א. אנד.
(פּ.) גאַז, אַז א. א. וו. (זע: אַז).

ײַזט (זע: ײַסט)

ײַזל

ברײַזל
הײַזל
טײַזל
לײַזל
מײַזל
קלײַזל
קרײַזל
אײַזל (נ.)

(גר. ײַ ז – ל).
(פּ.) מזל, איך גזל, באַזעל (נ.).

ײַזן

אײַזן
גרײַז־ן
ווײַז־ן א. א. וו.

(זע: ײַז).
(פּ.) בלאַזן, חזן א. א. וו. (זע: אַזן).

ײַזער

ברײַזער
הײַזער
ווײַזער
קײַזער
שפּײַזער

(0) אדווײַזער, אדווערטײַזער, גרײַזער, מײַזער, שפּרײַזער. (גר. ײַ ז – ע ר).
(פּ.) חזיר, חזר, קאַווקאַזער.

ײַט

באַטײַט
בײַט (אַ)
זײַט
לײַט
צײַט
שטרײַט
באַרײַט
געשײַט
ווײַט

פאַרשייט
צעשטרייט
איך פאַרבייט
איך טייט
איך רייט
איך באַשטרייט
ער זײַט
ער אַנטלייט
ער באַנייט
ער באַפרייט
ער קייט
ער צעשטרייט
ער שפּייט
ער שרייט
ער ליידט
ער פאַרמיידט
ער שניידט
איר זײַט

(0) אַלרייט, גוד נײַט, הײַט, שײַט, ביטערקרייט, איך לײַט, איך פּײַט, איך שרײַט, ער טרייט, ער פרײַט, ער באַריי(ע)ט, ער געדריי(ע)ט א. א. וו. (זע: ײַ–עט).

(פּ.) סאַלדאַט, כוואַט א. א. וו. (זע: אַט).

ײַטונג

באַדייטונג
לײַטונג
צייטונג

(0) פאַרבאַרײַטונג. (גר. ײַ ט – ו נ ג).

(פּ.) גאַטונג, באַראַטונג א. א. וו. (זע: אַטונג).

ײַטיק

צייטיק
שטרייטיק
פרייטיק
איך באַזייטיק

(0) מעתיק, פאַרצייטיק, געגנזייטיק, צווייזייטיק. (גר. ײַ ט – י ק).

(פּ.) פאַנאַטיק, גלאַטיק א. א. וו. (זע: אַטיק).

ײַטל

בײַטל
הייטל
זייטל
שייטל
טרייטל
פייטל
איך בייטל
איך טייטל
איך צעטרייטל

(0) אַ דרײַטל, ריסייטל, אייטל. (גר. ײַ ט – ל).

(פּ.) באַטל, מבטל א. א. וו. (זע: אַטל).

ײַטלאַך

דייטלאַך
הייטל–אַך
זייטל–אַך א. א. וו.

(זע: ײַטל).

(פּ.) יאַט–לאַך, כאַלאַטל–אַך א. א. וו. (זע: אַטל).

ײַטן

דעתן
פייטן
באַלײַטן
באַצייטן
פאַרצייטן
(פון) ווייטן

(דעם) פאַרשייט-ן

באַדייט-ן א. א. וו.

(זע: יַט).

(פ.) ראַטן, באַשטאַטן א. א. וו. (זע: אַטן).

יַטע

הייטע

באַנײַט-ע

באַפרייט-ע א. א. וו.

(0) די „לייטע", די לצרה בשעתה, סעודת שלמה בשעתו.

(פ.) וואַטע, מאַטע א. א. וו. (זע: אַטע).

יַטער

אייטער

קרייטער

הייטער

ווייטער

לייטער

באַנײַטער

באַפרייטער

רייטער

שייטער

געשייטער

פאַרשייטער

(0) פייטער, צעקייטער, צעשטרייטער, שפּייט ער, שרייט ער א. א. וו. (גר. יַ ט - ע ר).

(פ.) מאַטער, פלאַטער א. א. וו. (זע: אַטער).

יַטש

בייטש

דייטש

ס'טייטש

(0) לײַטש.

(פ.) יונגאַטש, פּאַטש א. א. וו. (זע: אַטש).

יַ-ים

ידים

מכנסים

רגלים

שיריים

לחיים!

מקיים

עד היום

חי וקים

דעם נייעם

חיים

ירושלים

מצרים

(0) בית חיים, עץ חיים, צער בעלי חיים, מים חיים, עד לחיים, קו החיים, נקי כפים, בני מעים, מי רגלים, שנים, בידים, נטילת ידים, רחבת ידים, ירא שמים, יראת שמים, לשם שמים, עד לב השמים, עול מלכות שמים, שומו שמים! מאיים, מסיים, מתרעם, אחורים, כפל כפלים, חושך מצרים, לשנה הבאה בירושלים. איך באַפריי אים, איך פּראָפעציייע אים א. א. וו. (גר. יַ. יַ ע - א י ם).

יַ-יש

אַרכאַאיש

מאָזאַאיש

פּראָזאַאיש

חיה'יש

מבייש

מיאש

מתיאש

(גר. יַ - י ש).

ײַד

טייך
אייך
רייך
גלייך
איך ווײַך
איך קייך
איך רײַך
איך דעררייך
איך שטרייך
איך שלייך

(0) צוגלייד, איך גלײַד, איך זײַד, איך פרײַד, עסטרייד, פראַנקרייד, שייד, שריי איך א. א. וו. (גר. ײַ – א י ד).

(פּ.) דאַך, וואַך א. א. וו. (זע: אַך).

ײַכט

לייכט
פייכט
פּילייכט
איך לייכט
איך באַלייכט
ער ווייכט
ער קייכט
ער רײַכט
ער דעררייכט
ער שלייכט
ער שטרייכט

(0) ער גלײַכט, ער זײַכט, ער פרײַכט.

(פּ.) טראַכט, לאַכט א. א. וו. (זע: אַכט).

ײַכל

בייכל
טייכל
יאַיכל
מאַכל
שטרייכל
רײַכל (נ.)

(פּ.) קאַכל, תנ"כ׳ל, איך אַכל.

ײַכע

לײַכע
שטרייכע
גלייכע
רייכע
דײַכע (נ.).

(פּ.) ראַכע, שוואַכע א. א. וו. (זע: אַכע).

ײַכעס

שייכות
לײַכעס
שטרײַכעס
דײַכע׳ס (נ.)

(0) איך גלייך עס, איך ווײַך עס א. א. וו. (גר. ײַ ך – ע ס, א י ז).

(פּ.) נחת, צו־להכעים א. א. וו. (זע: אַכעס).

ײַכער

בייכער
גלייכער
רייכער

(0) עסטרייכער, פרײַכ־ער, שלײַכ־ער א. א. וו. (גר. ײַ כ – ע ר).

(פּ.) מאַכער, שוואַכער א. א. וו. (זע: אַכער).

ײַל

געאייל
בײַל
זייל

ײַל

מייל
צײַל
ווייל
דערווייל
איך אייל (זיך)
איך צעבייל
איך ווײַל
איך פֿאַרווייל
איך פֿײַל
איך צעקייל

(0) דעטאַיל, סטײַל, שפּײַל, רענק און פֿייל. איך פֿאַרשמײַל, איך לאַנגווייל (זיך), אשת חיל, טרייעל, אביגיל (נ.).

(פֿ.) באַל, גאַל א. א. וו. (זע: אַל).

ײַלאַך

לײלאַך
גרײלאַך
פֿאַרצײלאַך

(0) אַפּשײלאַך, הינטערווײלאַך, פֿײַל איך, קײַל איך א. א. וו. (גר. ײַ ל – א י ך).

(פֿ.) גלח, מלאך א. א. וו. (זע: אַלאַך).

ײַליק

אייליק
גרייליק
הײַליק
שמײַליק

(0) לאַנגווייליק, צײַטווייליק. (גר. ײַ ל – י ק).

(פֿ.) גאַליק, שטראַליק א. א. וו. (זע: אַלעק).

ײַלע

יעלה
מעלה
שאלה
ווײלע (אַ)
יום ולילה

(0) דערווײלע, חכם בלילה, בית דין של מעלה, פּמליא של מעלה, בורצײַלע, שטיווײלע, לאַנגווײלע, ביי־לאַאָ.

(פֿ.) כלה, אַלע א. א. וו. (זע: אַלע).

ײַלעס

התפּעלות
מעל־ות
שאל־ות א. א. וו.

(0) איך צעבייל עס, איך צעקייל עס א. א. וו. (זע: ײַל, און ײַלע).

(פֿ.) דלות, טלית א. א. וו. (זע: אַלעס)

ײַם

קיים
רײַם
שליים
ביים
איך פֿאַרזײַם
איך פֿאַרציים

(0) דײַם, אָוועטטיים, עץ חיים, ירא שמים א. א. וו. (זע: ײַ–ים).

(פֿ.) אַם, ים א. א. וו. (זע: אַם).

ײַמל

זײַמל
ציימל
שטריימל

(פֿ.) זאַמל, שטאַמל.

ײַמען

מאַמין
פֿאַרזײַמען

פֿאַרצײַמען
רײַמען

(פֿ.) צוזאַמען, גראַמען א. א. וו. (זע: אַמען).

ײַן

ווײַן
פּײַן
שווײַן
שײַן (אַ)
פֿײַן
דײַן
זײַן
מײַן
אײַן
אַרײַן
נײַן
קײַן
כנען (נ.)
רהײַן (נ.)
איך שײַן
איך דערשײַן

(0) דאַזײַן, לאַטײַן, דעזײַן, לײַן, מאַין, סײַן, איך פֿאַרפֿאַין, אויסענזײַן, אײַאַדײַן. (זע: ײַ–ען).

(פֿ.) באַן, טומאַן א. א. וו. (זע: אַן).

ײַנדל

נײַנדל
שײַנדל
ברײַנדל (נ.)

(פֿ.) האַנדל, וואַנדל א. א. וו. (זע: אַנדל).

ײַנט

הײַנט
פֿײַנט
פֿרײַנט
זאָלבע נײַנט
ער פֿאַרפֿײַנט
ער שײַנט
ער דערשײַנט

(0) ער סאַינט, ער פֿאַרפֿאַינט, נעווער מײַנד.

(פֿ.) האַנט, וואַנט א. א. וו. (זע: אַנט).

ײַניק

טשײַניק
תענוג
ווײַניק
איך פֿײַניק

(0) דײַניק, שמאַטעלײַניק.

(פֿ.) באַטאַניק, מנהיג א. א. וו. (זע: אַניק).

ײַנע

הושענא
טענה
פֿײַנע
דײַנע
זײַנע
מײַנע
דהײַנו
ברײַנע
טרײַנע

(0) עבד כנעני, בת היענה, טענה ומענה, טשײַנע, סטײַנע, טײַנע, נײַנע (9), רײַנע (נ.), אוקרײַ(א)ינע (נ.), פֿאַרצעלײַ(ע)נע, בלײַ(ע)נע.

(פֿ.) וואַנע, חנה א. א. וו. (זע: אַנע).

ײַנען

ווײַנען (די)
שווײַנען

טענה'ן
פֿאַרפֿיינען
שייַנען
דערשיינען

(0) די נייַנען, בריינע'ן, טריינע'ן, ריינע'ן, סייַנען, פֿאַרפּאַינען. (גר. ייַ ן – א י ן, אַ ן).

(פּ.) דערמאָנען, שפּאַנען א. א. וו. (זע: אַנען).

ייַ נ ע ר

ווייַנער (א)
ציגיינער
פּיינער
דיינער
זיינער
מיינער
נייַנער
איך פֿאַרפּיינער

(0) דעזיינער, לאַטייַנער, לייַנער, מאַינער, סייַנער, טייַנער. (גר. ייַ ן. ייַ נ ע – ע ר).

(פּ.) אינדיאַנער, אַמעריקאַנער א. א. וו. (זע: אַנער).

ייַ נ ק ע

בייַנקע
ציגיינקע
בריינקע (נ.)
טריינקע (נ.)
ריינקע (נ.)

(פּ.) הוליאַנקע, חנה'קע (נ.) א. א. וו. (זע: אַנקע).

ייַ ס (פּגל. ייַ ז)

ניי(ע)ס
פּלייַס
ווייַס
איך בייס
איך פֿאַרבייס
איך פֿאַרווייס
איך פֿלייס (זיך)
איך רייַס
איך באַרייס
איך שמייס

(0) סלייס, פּרייס, איך קנייַס, איך שייַס, איך שלייַס, די טאַי'ס, די פּאַי'ס, אַ געטריי'ס, טערקיי־ס, ניקאָ־לאַי־ס א. א. וו. (גר. ייַ – ס. זע: ייַ–עס).

(ל.) בר דעת, עץ הדעת, חטאת, חלאת, כעס, משוגעת, מכורעת, מרשעת, בשעת.

(פּ.) גאַס, נאַס א. א. וו. (זע: אַס).

ייַ ס ט

גייַסט
לייַסט
דרייַסט
ער בייַסט
ער פֿאַרבייסט
ער פֿאַרווייסט
ער פֿלייסט (זיך)
ער רייסט
ער באַרייסט
ער שמייסט
דו זייַ'סט
דו אַנטליי'סט
דו באַניי'סט
דו באַפֿריי'סט
דו קיי'סט
דו שפּיי'סט
דו שריי'סט

ער גרייזט
ער ווייזט
ער באַווייזט
ער פּרייזט
ער קרייזט
ער שפּייזט
ער שפּרייזט

(0) איך לײַסט, ער קנײַסט, ער שנײַסט, ער שלײַסט, ער אַדווערטייזט, ער גלײַזט, ער סורפּרייזט, דו באַרײַ׳סט, דו ברײַ׳סט, דו געדײַ׳סט, דו טרײַ׳סט, דו פּראָפעצײַ׳סט, דו פאַרצײַ׳סט, דו פּרײַ׳סט, דו צעשטרײַ׳סט א. א. וו. (זע: ײַ–ען).

(ל.) פאַר׳כעס׳ט.

(פּ.) האַסט, פּאַסט א. א. וו. (זע: אַסט).

ײַסטער

גייסטער
טייסטער
מייסטער
רײַסטער
געטרייסטער
דרײַסטער
נײַ׳סטער
פאַרווייסטער
געפּרייזטער
פאַרגרייזטער

(0) קלײַסטער, שנײַסטער, קנײַסט ער, אַדווערטייזטער, געגלײַזטער, סורפּרייזטער, שמייסט ער, שפּייזט ער א. א. וו. (גר. ײַ ס ט – ע ר).

(ל.) פאַר׳כעס׳טער.

(פּ.) אַלבאַסטער, פּלאַסטער א. א. וו. (זע: אַסטער).

ײַסיק

בײַסיק
פלײַסיק
דרײַסיק
מתעסק

(גר. ײַ ס – י ק).

(פּ.) שפּאַסיק, גאַסיק א. א. וו. (זע: אַסיק).

ײַסע

ברייתא
מעשה
ווײַסע
בור מדאורייתא

(0) מצוות לא תעשה, בכדי שיעשה, בכוסו בכיסו ובכעסו.

(פּ.) מאַסע, קאַסע א. א. וו. (זע: אַסע).

ײַסער

ווײַסער
באַרייסער
שמייסער
מעשר

(0) קנײַסער, שנײַסער, שלײַסער, איך אײַסער, אין כעס ער א. א. וו. (גר. ײַ ס – ע ר).

(פּ.) וואַסער, בלאַסער א. א. וו. (זע: אַסער).

ײַע

העויה
חיה
לויה
מחיה
ראיה
אביי

ישעיה
שמעיה
רייַע
געטרייע
נייע
פרייע

(0) חבריה, שם הויה, רבינו בחיי (נ.), פּייַע (נ.), מסייע, בייַע, ברייַע, מאַסטערסקייע, נאַקלאַדנייע, סטייַע, דרייַע, איך אָט׳חיה, איך באַלטייע, איך באַרייַע, איך בראַכמייַע, איך ברייַע, איך געדייַע, איך דבייַע, איך טייַע, איך טרייַע, איך טשעהייע, איך כליאַיע, איך נאַרייַע, איך סטייע (נישט), איך פּאָווערייע, איך פּריזנייע, איך פּראָפּעצייע, איך פּאַרהייַע, איך פּאַרטייַע (זיך), איך קאַטייַע, איך קאַטשייַע, איך קאָפּייַע (זיך), איך שאַטייַע (זיך), איך שליאַיע (זיך), איך שמייַע, אָנלייַהע.

ייַ - ע ן

דיין
רעיון
כלי זיין
שלייען
רייַען (די)
געדייַען
זייַען
לייַען
באַנייען
באַפּרייען
פּראָפּעצייַען
פּאַרצייַען
צעקייען
באַרייען
צעשטרייַען
שפּייען
שרייען
קין (נ.)

(0) אין דרייַען, דעם געטרייַען, זין, עין, יש מאין, תפיסת עין, למראית עין, כהרף עין, בשן ועין, לית דין ולית דיין. די געבייען, טראַמווייען, פּאַפּוגייען, פּאָרצעלייַען, בלייַען, חיה׳ן, פּייַע׳ן, שמעיה׳ן, ישעיה׳ן, ניקאָליי׳ען (נ.).

אָט׳חיה׳ן, באַלטייען, בראַכמייַען (זיך), ברייַען, געבייַען, דבייַען, טייַען, טרייען, טשעהייַען, כליאַיען, ליניאַיען, נאַרייַען, סטייַען, פּאָווערייַען, פּריזנייַען, פּאַרהייַען, פּאַרטייַען, פּרייַען, קאַטייען, קאַטשייען, קאַנייען, קאָפּייַען, קנייַען, שאַטייען, שאַכרייַען, שאַלאָפּייען, שייען, שליאַיען (זיך), שמייַען, אָנבראַניאַיען. די דרוקעריי—ען, די שלאָסעריי—ען א. א. וו. (גר. ייַ – ע ן).

ייַ - ע ם

אחריות
העזיות
חיות
לויות
משניות
ראיות
בן בית
כזית
שמן זית
נייעם
הולטייַעם

(0) חבריות, עריות, בחיות, מפּיים, חנוכת הבית, שלום בית. אבײ׳ס, ישעיה׳ס, פּײַע׳ס, שמעיה׳ס, רבינו בחיי׳ס. אַ געטרייעס, די באַבײַעס, גײַעס, ברײַעס, כאַדאַטיעס, ליענ־טיאַיעס, מאַסטערסקייעס, סאַרײַעס, סטײַעס, שאַלאַפּײַעס, מאַאיס, טאַ־איס (נ.), איך קײַ עס, איך ברײַע עס א. א. וו. (גר. ײַ, ײַ ע – ע ס).

ײַ-ער

בלײַער
דרײַער
זײַער
פֿייער
שייער
שטייער
באַפֿרייער
געטרייער
נײַער
פֿרײַער
שרייער
אײַער
טייער
צושטייער
אונגעהײַער
מבאר
מבער
מגיר
מטהר
מצער
משער
איך זײַער
איך באַשטייער
איך שײַער

(0) איז לשער, בײַער, ברײַער, גײַער, ווײַער, טײַער (אַ), קווײַער, קײַער, שמײַער, שפּייער, פּאַרמײַער, איטשע מאיר, אויסשטײַער, איך פּרײַער, איך רעטײַער, ביי האַר, היי יאָר, ניי יאָר, פֿאַר דרײַ יאָר, לײַ איר א. א. וו. (גר. ײַ, ײַ ע – ע ר, א י ר, י אָ ר, ה אָ ר).

ײַפּ (זע: ײַב)

ײַף

שווײַף
שטרייף
שטייף
רײַף
איך גרײַף
איך באַגרייף
איך פּייף
איך שלײַף

(פּ.) אַף, גראַף א. א. וו. (זע: אַף).

ײַפּל

טײַפּל
פּייפּל
שרייפּל

(0) הײַפּל, שטרײַפּל, אײַפּעל (נ.).

(פּ.) טאַפּל, קנאַפּל א. א. וו. (זע: אַף).

ײַפּער

אײַפּער
פּײַפּער
רײַפּער
שטייפּער
שלײַפּער

(0) אנגרײַפּער, לײַפּער, שטרײַפּער.

(גר. ײַ ף – ע ר).

(פּ.) שלאַפּער, יפו׳ער.

ײַץ

רײַץ

קרײַץ

שווייץ (נ.)

איך שנײַץ

(0) בײַץ, גײַץ, שפּײַץ, לײַטס, פּײַטס, אַ געשײַט־ס, אַ ווייט־ס א. א. וו.

(פּ.) זאַץ, פּלאַץ א. א. וו. (זע: אַץ).

ײַצן

דרייצן

קרײַצ־ן

שנײַצ־ן א. א. וו.

(פּ.) פּלאַצ־ן, קראַצ־ן א. א. וו. (זע: אַץ).

ײַצער

גרייצער

קרײַצער

שווײַצער

שנײַצער

(0) שניידט־ס איר, באַפרייט־ס איר א. א. וו. (גר. ײַ ץ – ע ר, אָדער ײַ ט – ס א י ר).

(פּ.) קראַצ־ער, שאַצ־ער א. א. וו. (זע: אַץ).

ײַק (זע: ײַג)

ײַקל

בייקל

פּייקל

כייקל (נ.)

מייקל (נ.)

איך צײַקל

(פּ.) יאַקל, סך הכל א. א. וו. (זע: אַקל).

ײַקע

באַלאַלײַקע

הולטייקע

מאַכעריייקע

נאַגייקע

דײַקע

כײַקע

שײַקע

(0) אָקרײַקע, באָטשײַקע, בײַקע, בלײַקע, הײַקע, טשײַקע, כאָדאָטייקע, לאָבערײַקע, לושפּײַקע, ליענטיאַיקע, סחר׳ייקע, סײַקע, פּופּייקע, פּייקע, קור־פּייקע, קוצעפּייקע, קיטאַיקע, שאַלאָ־פּאַיקע, שפּייקע, איך אייקע, איך טע־רעלייקע, יאַמאַיקע (נ.), ניקאָלייקע (נ.).

(פּ.) מכה, טאַקע א. א. וו. (זע: אַקע).

ײַרע

מערה

קערה

טהרה

חוט השערה

נקרא לנערה

(פּ.) וואַרע, פּאַרע א. א. וו. (זע: אַרע).

ע

פּעטשע
בע!
הע?
יע
כע כע!
נע!
עהע!
*קאַפּע
*קופּע
*אַדיע
*איך זע

(0) כבד פּה, ניבול פּה, פּה אל פּה, פּתחון פּה, תורה שבעל פּה, בזכות זה, עד היום הזה.

אַבעצע, אויטאָדעפּע, דעקאָלטע, וואַרעטענע, זשעלע, מאָרע, פּאָרטמאָנע, פּיורע, פּענסנע, פּאָיע, קרעפּע, רעזיומע, רענאָמע. אַניע! ני בע ני מע!

(*) אַטעליע, אַנטרע, וואַריעטע, טורנע, מאַטינע, מוסיע, מיליע, נעגליזשע, פּאָרטעפּע, קלישע.

(פּ.) גיי, שטיי א. א. וו. (זע: יִי).

ע ב (פּגל. ע פּ)

גרעב
סקעב
עב
רב
*געוועב
*איך וועב
*איך לעב
*איך קלעב
*איך שוועב
*איך שטרעב

(*) שפּינוועב.

(פּ.) ליב, איך גליב, איך הייב, אײַב (נ.), קײַפּ, שײַפּ.

ע ב ט (זע: ע פּ ט)

ע ב ל

לעבל (אַ)
*זעבל
*מעבל
*נעבל
*פּעבל
*שוועבל
*שנעבל

(0) בעבל, העבל.
(*) וועבל, פּעלדפּעבל.
(פּ.) ליבל, טײַבל, סטײַבל, קײַבל, מײַבל (נ.).

ע ב ן

פּאַרגרעבן
דעם רבי'ן
*געבן
*אומגעבן
*איבערגעבן
*באַגעבן (זיך)
*פּאַרגעבן
*וועבן
*לעבן
*איבערלעבן
*דערלעבן
*פּאַרלעבן
*פּאַרקלעבן
*שוועבן
*שטרעבן
*דערנעבן

(0) סקעבן. (*) עבן.
(פּ.) הייבן, גלייבן, די לייבן, אייב'ן

ע ב ע

רבי
עבע
קובעבע
איך בעבע

(0) גלעבע, איך טשערעבע. (*) וועבע.

ע ב ע ר

צעבער
גרעבער
*געבער
*באַגרעבער
*וועבער
*לעבער
*קלעבער

(גר. ע ב — ע ר).

(פּ.) הײבער, איך דײבער, איך טרײבער, ליבאַר, נײבאַר.

ע ג (פגל. ע ק)

ברעג
*געיעג
*געשלעג
*וועג (אַ)
*טעג
*פֿאַרמעג
*שטעג
*איך וועג
*איך באַוועג
*איך דערוועג (זיך)
*איך זעג
*איך מעג
*איך פּלעג
*איך פֿרעג
*איך רעג (זיך)

(0) בעג, פּלעג.

(*) באַשלעג, סטראַטעג, שרעג, איך פֿרעג.

(פּ.) טײג, בײג, זײג, לײג, נײג. אָפּ־טײק, מיסטײק, סטײק, פּײק, קײק, רײק, ריק, איך ווײק, דזשײק (נ.). פֿאָר גאַדס סײק!

ע ג ט (זע: ע ק ט)

ע ג י ע

עלעגיע
סטראַטעגיע
פּריווילעגיע
קאָלעגיע
נאָרוועגיע (נ.)

(גר. עג — י ע).

ע ג ל

*וועגל
*זעגל
*נעגל
*רעגל
*שטעגל
*עולה רגל
*איך פֿרעגל

(*) דגל, סגל, דריסת הרגל, מעגל, קעגל. (גר. ע ג — ל).

(פּ.) אײגל, בײגל, טײגל, פֿײגל, חוטא בעגל.

ע ג ל אַ ך

*באַוועגלאַך
*טעגלאַך
*דערטרעגלאַך
*מעגלאַך
*פֿאַרמעגלאַך

*קלעגלאַך

*איך דערמעגלאַך

(*) די וועגלאַד, זעגלאַד, שטעגלאַד, פרעגל איד.

(פּ.) איִיגלאַך, טייגלאַך.

ע ג ן

ברעגן (די)

*דעגן

*זעגן (אַ)

*פאַרמעגן

*רעגן (אַ)

*געלעגן

*פאַרלעגן

*אונטערוועגן

*אַנטקעגן

*דערגעגן

*וועגן

*באַוועגן

*דערוועגן (זיך)

*צעזעגן

*מעגן

*פלעגן

*פרעגן

*רעגן (זיך)

*איך באַגעגן

(*) די קאַלעגן, קרעגן, גנעיעגן, געשלעגן, זעגן, סטראַטעגן, שטעגן, דעם שרעגן, פרעגן, אויפרעגן, אַנרעגן, מיינעטוועגן, נאַרוועגן (נ.).

(פּ.) ביגן, ליגן, כּיגן, זייגן, איגן. איז מגין. (זע: ייִגן).

ע ג נ ט

*געגנט

*עס רעגנט

*ער באַגעגנט

*ער זעגנט

*ער געזעגנט (זיך)

(פּ.) געאייגנט.

ע ג ע

קאַלעגע

*נגע

*פגע

*רגע

(0) מגעגע, פיעגע, איך נעגע.

(*) פלעגע, שרעגע.

(פּ.) מדרגה, פייגע (נ.).

ע ג ע ר

גרעגער

*געלעגער

*זעגער

*טו עגער

*יעגער

*נעגער

*פאַרלעגער

*שלעגער

*איך באַלעגער

*איך צעגער

(0) ליעגער.

(*) אַכטטעגער, שרעגער, די קלעגער, שוועגער, נאַרוועגיער (נ.), אַ פרעגער, מעג ער א. א. וו. (גר. ע ג — ע ר).

(פּ.) בייִגער, זייגער, פגר, צעליגער, שטייגער, סניגור, קטיגור.

ע ד (פגל. ע ט)

דאַרמאַיעד

וועלאָסיפעד

שד

מחמד
איך רעד
*מעד
*שוועד

(0) וורעד, סאַמאָיעד, סליעד, פּלעד, אַרכימעד (נ.), גאָו העד!

(פּ.) (זע: ײַד).

ע ד י ם

אדום (נ.).
*פּעדים
*כּקדם

(0) איך באַרעד אים א. א. וו. (זע: עד).

(פּ.) אוידים, בײַדים, הספּדים, שדים.

(זע: ײַד).

ע ד י ק

*איך באַגנעדיק
*איך פֿרעדיק
*איך שעדיק
*ווענעדיג (נ.)

(0) העד־איק. (*) בית דין צדק, גר צדק, גואל צדק, חשבון צדק, מלכי צדק (נ.).

(פּ.) ליידיק, פּריידיק, איך באַליידיק, איך דערליידיק, איך פּאַרטיידיק.

ע ד ל

*בעדל
*פלעדל
*רעדל
*שקעדל

(0) איך פּעדל, מעדאַל.

(*) זעדל, לעדל, סעדל. (גר. ע ד – ל).

(פּ.) דרײַדל, ווײַדל, לאַכמאַנדרײַדל, מיידל, קליידל, קניידל, שיידל, איידל, זיידל (נ.), פּריידל (נ.).

ע ד ל אַ ך

*שעדלאַך
*בעדל־אַך
*רעדל־אַך א. א. וו.

(זע: עדל).

ע ד ע

*רעדע
*יעדע

(0) בעסיעדע, שכעדע, טאָרפּעדאָ. קרעדאָ, טאָלעדאָ (נ.), דעדי, סטעדי. רעדי, עדי (נ.). (גר. ע, ע ד – ד ו, ד י).

(פּ.) זײַדע, בײַדע א. א. וו. (זע: ײַדע).

ע ד ע ר

באַרעדער
איך פּעדער (זיך)
*בעדער
*לעדער
*סעדער
*פֿעדער
*צעדער
*רעדער
*יעדער
*יעטוועדער
*ענטוועדער

(0) סוועטער, וואָצעמעטער? איך עדער, אַ טאָלעדאָ'ר (נ.), אַ סטע־די'ער.

(*) פּורץ גדר, חנוך הגדר, די זעדער, כ'זע דיר, כ'בעט דיר א. א. וו. (גר. ע, ע ט – ד י ר, ד ע ר).

(פ.) חדר, נדר, סדר, קליידער, אוידער, ליידער, כסדר א. א. וו. (זע: ײַדער).

עוו (זע: עף)

עוול

*רבֿ'ל
*טעוול (די)
*הכל הבל
(זע: עוו).

עווע

פליעווע
איך רעווע
זשענעווע (נ.)
*טבֿע
*אלישבֿע
*בת שבֿע
*יהושבֿע
(0) וועווע (נ.), ניעווא (נ.).
(פ.) גנבֿה, מצבֿה א. א. וו. (זע: ײַווע).

עז (פגל. עס)

*נעז
*קעז
*אמביציעז
*גראַנדיעז
*גראַציעז
*נערוועז
*רעליגיעז
*איך לעז
(0) בעז, געז, סינטעז, פּאָלאָנעז, זאַליעז, אַפּסטערז, דאַנסטערז, (די) עז, ראשית הגז.
(*) מאַיאָנעז, טענדענציעז, לוקסוריעז, מוסקוליעז, מיסטעריעז, סעריעז, סקאַנדאַליעז, פּאָמפּעז, פּרעטענציעז.

(פ.) בייז, ליַיז, איך דערלייז, איך ניַיז, איך פאַרגלייז, איך רייז.

עזט (זע: עסט)

עזיש

אַרטעזיש
אַלבאַנעזיש
יאַפּאַנעזיש
כינעזיש
פּאָלינעזיש
פּאַלעסטינעזיש
פּאָרטוגעזיש
שלעזיש

עזל

*בלעזל
*גלעזל
*גרעזל
*העזל
*נעזל
*קעזל
(גר. עז – ל).
(פ.) אייזל, קרייזל, דרייזל (נ.), רייזל (נ.).

עזן

בית דין
*וועזן (א)
*שפּעזן
*געוועזן
*גענעזן
*לעזן
(*) דעם גראַנדיעז–ן, דעם נערוועז–ן א. א. וו. (גר. עז – ן).
(פ.) דעם בייזן, דערלייזן א. א. וו. (זע: ייז).

ע ז ע

בערעזע
היפּאָטעזע
מאַרסעליעזע
פּעזע
טערעזע (נ.)
*גזע

(0) איך רעזע. (*) מאַגנעזע, מאַרגי־נעזע, די גראַנדיעז־ע, די נערוועז־ע א. א. וו. (זע : עז).
(פּ.) בייזע, דרייזע (נ.), דייזי, קרייזי.

ע ז ע ר

*גלעזער
*גרעזער
*לעזער
*יאַפּאַנעזער
*כינעזער
*אליעזר

(*) אַלבאַנעזער, פּאָלינעזער, פּאַלעס־טינעזער, פּאָרטוגעזער, צעזאַר, גראַנ־דיעז־ער, נערוועז־ער א. א. וו. (גר. ע ז – ע ר).
(פּ.) בייזער, דערלייזער, קייזער, לייי־זער (נ.), גייזער, גלייזער, נייזער, רייי־זאַר.

ע ז ש (זע: ע ש)

ע ט (פגל. ע ד)

בוקעט
בעט (אַ)
גט
געשפּעט
חטא
מאַגנעט
סילועט
סקעלעט
על חטא
פּאָעט
פּאָרטרעט
דיסקרעט
וויאָלעט
נעט
פּעט
קאָקעט
(צו) זעט
העט העט !
עט !
איך בעט (צו)
איך גלעט
איך געוועט
איך שפּעט
ער וועט
ער באַרעדט
*געבעט
*ברעט
*גרעט
*טאַנדעט
*מאַיעסטעט
*נעט (די)
*שטעט
*שפּעט
*איך בעט
*איך פאַרבעט
*איך טרעט
*איך באַטרעט
*איך פאַרטרעט
*איך צעטרעט
*איך קנעט
*ער זעט

(0) אַטלעט, באַלעט, באַנקעט, בופעט, בילעט, בראַסלעט, ברונעט, דועט.

העט, זשאַקעט, זשילעט, טואַלעט, טערצעט, סאָוויעט, פּאַקעט, פּיסטאָלעט, (הינער)פּלעט, קאַבאַרעט, קאַבינעט, קאָטלעט, קאָמיטעט, קאָרסעט, קאַשקעט, קוואַרטעט, קופּלעט, קלאַרנעט, קאָנטעט, קאָנקרעט, איך יעט, איך פּלעט.

באַיאָנעט, ביודזשעט, דעקרעט, לאַוואַרעט, לאָרנעט, לעט (נ.), מאַנזשעט, סיגאַרעט, סעקרעט, עסטעט, פּלאַנעט, פּראָפּעט, פּאַלצעט, פּאַצעט, פּאַקולטעט, פלעט, קאַדעט, קאָמעט, קאָמפּלעט, קאָרנעט, קאַרעט, קווינטעט, קלאָזעט, ראַקעט, רולעט, שטאַפּעט. שטיבעלעט, שטילעט.

אַנאַלפאַבעט, אָמולעט, אָמלעט, אַסקעט, באַגעט, באַראָנעט, באַרעט, בלאַנקעט, בריקעט, גאַזעט, דובלעט, וואַלעט, ווילאַעט, וויניגרעט, טאַבורעט, טאַבלעט, טעט־אַ־טעט, טראַפּאַרעט, טשערעט, לאַנצעט, מוסקעט. מינאַרעט, מינועט, מעטשעט, סאַ:וענעט, סאַטינעט, סאָנעט, סטאַנגרעט, סיגנעט, סיוזשעט, סעט, סעפּטעט, סערוועט, סעפּעט, סעקסטעט, עטיקעט, עסטאַפּעט, עפּאָלעט, עפּיטעט. פּאַמפּלעט, פּאַרקעט, פּאַשטעט, פּינצעט, פּיקעט, פּירועט, פּרעדמעט, קאַבריאָלעט, קיסעט, קרעט, רעקרעט, שאַנסאָנעט, נאַזאַרעט (נ.), עליזאַבעט (נ.).

(*) אוניווערזיטעט, טאַפּעט, שטאַכעט, אָביעקטיוויטעט, אַבנאָרמאַליטעט, אַדמיראַליטעט, אויטאָריטעט. אינדיווידואַליטעט, אינטעלעקטואַליטעט, אינפעריאָריטעט, אַקטואַליטעט, אַקטיוויטעט, אָריגינאַליטעט, באַנאַליטעט, בעסטיאַליטעט, ברוטאַליטעט, געניאַליטעט, גראַוויטעט, לאָיאַליטעט, מאַיאָריטעט, מינאָריטעט, נאַאיוויטעט, נייטראַליטעט, נערוואָזיטעט, סאָלידאַריטעט, סוביעקטיוויטעט, סוווערעניטעט, סופּעריאָריטעט, סענטימענטאַליטעט, ספּעציאַליטעט, עגאַליטעט, עווענטואַליטעט, עלאַסטיציטעט, עלעקטריציטעט, עקסצענטריציטעט, פּאַסיוויטעט, פּאָפּולאַריטעט, פּאַריטעט, פּובעריטעט, פּלאַסטיציטעט, פּערווערזיטעט, פּערסאָנאַליטעט, פּראָדוקטיוויטעט, פּריאָריטעט, פאַטאַליטעט, פאַמיליאַריטעט, פאָרמאַליטעט, פריוואַליטעט, קאַפּאַציטעט, קוואַליטעט, קוואַנטיטעט, קוריאָזיטעט, רעלאַטיוויטעט, רעליגיאָזיטעט א. אַנד.

(פּ.) ער גייט, ער שטייט א. א. וו. (זע: ײַט).

עטאַך

פּעטאַך
*רעטאַך
*שטח

(*) טרעט איך, קנעט איך א. א. וו. (זע: עט).

(פּ.) פּליײַטוך, גרייט איך, פּאַרשפּרייט איך א. א. וו. (זע: ײַט).

עטיק

עטיק
עסטעטיק
פּאָנעטיק
קאָסמעטיק
זעטיק
*טעטיק

*איך באשטעטיק

*איך פארשפעטיק

(0) הערעטיק, טעארעטיק, אטלעטיק, אפאלאגעטיק, אריפמעטיק, דיאבעטיק. (גר. ע ט - י ק).

(פ.) וויזשיק, קרייזשיק.

ע ט י ש

טעארעטיש

סימפאטעטיש

עטיש

עסטעטיש

פאטעטיש

פאעטיש

פאנעטיש

קאקעטיש

*מאיעסטעטיש

*שטעטיש

(0) אפאלאגעטיש, אסקעטיש, אפערעטיש, אריפמעטיש, הערעטיש, לעטיש, מאגנעטיש, סינטעטיש, קאסמעטיש, אטלעט־יש, פראפעט־יש א. א. וו. (גר. ע ט - י ש).

ע ט ל

בלעטל

פשט'ל

צעטל

יעטל (נ.)

עטל (נ.)

*ברעטל

*דרעטל

*שטעטל

*שרעטל

*איך בעטל

(0) פעטל, פלעטל, איך סעטל, בעטל, בראסליעטל, זשאקעטל, סיגארעטל, פארטרעטל, פאלצעטל, פאצעטל, קאשקעטל, קופלעטל א. א. וו.

(*) קטל, נעט־ל, שטאכעט־ל א. א. וו. (גר. ע ט - ל).

(פ.) טייטל, צווייטל, קווייטל, קייטל, קלייטל, קנייטל, שייטל, טראמפייטל, פלייטל, צייטל (נ.).

ע ט ל אַ ך

געטלאַך

בעטל־אַך

פשטל־אַך א. א. וו.

(זע: עטל).

ע ט ן

געטין

סוברעטין

אפערעטן

פארבעטן

גט'ן

גלעטן

וועטן

זעטן (זיך)

רעטן

שפעטן

*בעטן

*טרעטן

*באטרעטן

*פארטרעטן

*פארקנעטן

(0) שמעטן, יעטן, פלעטן, דעם באַרעדט־ן, די קאבינעט־ן א. א. וו.

(*) גערעטן, דעם שפעטן, דעם טאנדעטן, די טאפעט־ן, די שטאכעט־ן א. א. וו. (גר. ע ט - ן).

(פ.) באַגלייטן, גרייטן א. א. וו. (זע: ייט).

ע ט ע

אַנקעטע
אָפּערעטע
גאַזעטע
דיעטע
קאָקעטע
קאַרעטע
יעטע (נ.)

(0) ברונעטע, גריזעטע, וויניעטע, וועטע, טאַבורעטע, טואַלעטע, לאָרנעטע, מאָנעטע, מאַריאָנעטע, מעטע, סוברעטע, סטאַטועטע, סיגאַרעטע, סמעטע, סערוועטע, עטיקעטע, פּלאַנעטע, פּרימעטע, ראַקעטע, רולעטע, שאַנסאָנעטע, מאַרגאַרעטע (נ.), עליזאַבעטע (נ.), עטע (נ.), ראָזעטע (נ.), איך יעטע, איך מעטע, איך רעטע, די באַרעדטע, גע'גט'ע, נעטע, פּעט־ע, קאָנקרעט־ע א. א. וו. (גר. ע ט — ע).

אַלעגרעטאָ, געטאָ, וועטאָ, ליברעטאָ, פּעטאָ, ריגאָלעטאָ (נ.), וועןדעטא, בעטי (נ.), נעטי (נ.), עטי (נ.).

ע ט ע ר

בלעטער
געטער
געקלעטער
געשמעטער
היתר
וועטער
לעטער
מעטער
עטער
פּעטער
רעטער
איך פאַרגעטער
איך קלעטער
איך צעשמעטער
*ברעטער
*פאַרטרעטער
*פאַררעטער
*שפּעטער

(0) מאַקעטער, סאַלפּעטער, זעטער, ביתר (נ.), פּעטער (נ.), באַראָמעטער, גאַזאָמעטער, געאָמעטער, דיאמעטער, טאַקסאָמעטער, טערמאָמעטער, כראָנאָמעטער, מילימעטער, סאַנטימעטער. קילאָמעטער, ראַדיאָמעטער א· אַנד.

אַ באַרעדטער, ברונעטער, גע'גט'ער, (אָפּ)שפּעטער, דיסקרעטער, וויאָלעטער, נעטער, קאָנקרעטער, וועט ער א. א. וו.

(*) אַ בעטער, וואוילטעטער, טאַנדעטער, קנעט־ער, בעט ער, זעט ער א. א. וו. (גר. ע ט — ע ר).

(פּ.) ברייטער, צווייטער א. א. וו. (זע: ייטער).

ע ט ק ע

אָפּערעטקע
סאַלפּעטקע
קושעטקע
קליעטקע
ברונעטקע
סוברעטקע
קאָקעטקע
שאַנסאָנעטקע

(0) בעטקע, בעסיעדקע, בראַסליעטקע, העטקע, וויניעטקע, זשילעטקע,

טאַבורעטקע, לאָרנעטקע, מעטקע, סיגאַרעטקע, סטאַטועטקע, סיעטקע, סעקרעטקע, פּאָוויעטקע, פּיעטקע, סערוועטקע, קאַרעטקע, קיסעטקע, ראָזעטקע, רולעטקע.

אַטלעטקע, אַנאַלפאַבעטקע, גריזעטקע, מאַריאָנעטקע, פּאַצעטקע, ליעטקע, יעטקע (נ.), מאַרגאַרעטקע (נ.), עטקע (נ.), עליזאַבעטקע (נ.). (גר. ע ט, ע ט ע – ק ע).

ע ט ש

גע̇טש
פּעטש
קוועטש

(0) בעטש, סקעטש, סקרעטש, קאַרטעטש, איך מעטש, איך סטרעטש, איך קעטש. בעדזש, פּלעדזש.

ע ד

בלעד
פּעד
צעד
געשפּרעד
פּרעד
עד!
איך ברעד
איך אונטערברעד
איך פאַרברעד
איך צעברעד
איך פאַרשוועד
איך שטעד
איך באַשפּרעד
איך פאַרשפּרעד

(0) אוספּעד, טשעד (אַ), פּליעד. שוועד, שעד, די בעד, פּלעד. (פּ.) דיד (אַ), קיד, איד, דיד, זיד, מיד, גיד.

ע כ ט

געפּעכט
געשלעכט
העכט
נעכט
קנעכט
עכט
רעכט
גערעכט
שלעכט
איך פלעכט
איך פעכט
איך שעכט
ער פּעכט

(0) די מעכט, ער ברעכט, ער אונטערברעכט, ער פאַרברעכט, ער צעברעכט, ער פאַרשוועכט, ער שטעכט, ער באַשפּרעכט, ער פאַרשפּרעכט.

(פּ.) ליכט, געוויכט, געבריכט, גערי‌כט, אומגעריכט, איך ריכט (זיך), איך פאַרריכט.

ע כ ט י ק

גערעכטיק
מעכטיק
פּרעכטיק
איך פאַרדעכטיק
איך נעכטיק
איך באַרעכטיק

(פּ.) ליכטיק.

ע כ ט ע

בעכטע
שעכטע
עכטע
רעכטע

גערעכטע
שלעכטע

(0) געפּעכטע, פאַרשוועכטע· (פּ.) מסכתא, אומגעריכטע, געבריכטע, געדיכטע, פאַרריכטע·

ע כ ט ע ר

געלעכטער
געשלעכטער
וועכטער
טעכטער
עכטער
רעכטער
גערעכטער
שלעכטער

(0) פעכטער, שעכטער, די טרעכטער, שפּעכטער, געפּעכטער, פאַרשוועכטער, ברעכט ער, פאַרשפּרעכט ער א. א. וו. (גר. ע כ ט – ע ר). (פּ.) אומגעריכטער, געבריכטער, געדיכטער, געוויכטער, ריכט ער (זיך), פאַרריכט ער.

ע כ ל

בלעכל
דעכל
לעכל
קנעכל
איך פּעכל
איך קעכל
נעכל (נ.)

(0) געמעכל, פּליעכל, רח׳ל (נ.). (פּ.) מיכל.

ע כ ן

קעכין
באַרעכן
בלעכ־ן
שטעכ־ן א. א. וו.
(זע : עד).

ע כ ע

זאַווערעכע
פרעכע
נעכע (נ.)
כע כע!

(0) וויעכע, סטרעכע, פּאַטיעכע, אוספּעכע, פּאַסעכע, איך פּשילעכע, איך צעדרעכע, עכאַ. (פּ.) גיכע, מיכה (נ.), איך דיכע.

(*) בעל בכי, מה שמך, ד׳ יצליח דרכך, אשרי יושבי ביתך, בקאקאתיך..·

ע כ ע ר

בלעכער
בעכער
דעכער
לעכער
פּעכער
פאַרברעכער
העכער
פרעכער

(0) סעכער, פאַרשוועכער, קעכער, (צאַז) שטעכער, (חתימה) שטעכער, (אָפּ)שפּרעכער, די טעכער, פּלעכער, איך צעטעכער. (גר. ע ד – ע ר)· (פּ.) אַ דיכער, גיכער, זיכער.

ע כ ץ

איך לעכץ
איך קרעכץ
געקעכטס
רעכטס
שלעכטס

(0) איך עכץ, איך צעלעכץ, דעם העכט־ס, דעם קנעכט־ס א. א. וו.
(גר. ע כ ט — ס).
(פ.) געדיכטס, געריכטס.

ע כ צ י ק

זעכציק
לעכציק
(זע : עכץ).

ע כ צ ן

זעכצן
לעכצן
עכצן
צעלעכצן
קרעכצן
(זע : עכץ).

ע ל

געשטעל
האָטעל
טרעל (אַ)
יואָוועל
מאָדעל
מאַמזעל
פּאָטעל
פּעל (אַ)
קוועל (אַ)
שוועל
שטעל (אַ)
תל
העל
שנעל
איך געפּעל
איך וועל
איך טרעל
איך קוועל
איך קנעל
איך שוועל
איך שטעל
איך באַשטעל
איך פאַרשטעל
איך שנעל

*געמעל
*זעל
*מעל
*קעל
*געל
*אָפיציעל
*אָריגינעל
*נאַטורעל
*ספּעציעל
*פּראָווינציעל
*פּרינציפּיעל
*פינאַנציעל
*קולטורעל
*קרימינעל
*ראַיעל
*איך פאַרגעל
*איך פאַרמעל
*איך פּעל
*איך באַפּעל
*איך פאַרפּעל
*איך קוועל (זיך)
*איך פאַרשמעל

(0) אקוואַרעל, אַרטעל, באָרדעל, בור־טעל, בעל, בראַקאַטעל, גאַזעל, גנזעל, דועל, דרעל, וויאָלינטשעל, טונעל, מאָרעל, נאָטאַבעל, סאַרדעל, „על“, פאַנעל, פאַסטעל, פּאַראַלעל, פּאָרט־פעל, פעל־מעל, פּאָרעל, פלאַנעל, ציטאַדעל, צעל, קאַלאַנעל, קאַראַמעל, קאָרוסעל, קאַרעל, קליענטעל, רעבעל.

שראַפּנעל, סוועל, שעל, אַברבאַנאַל (נ.), פּאַלישינעל (נ.), ראַפּאַעל (נ.), מאַרסעל (נ.), איך ספּעל, איך פּעל, איך צעקרעל.

ביעל, טשמעל, קיסעל, שטשאַוועל, שינעל.

(*) אוניווערסעל, אינדוסטריעל, אינ־דיווידועל, אינטעלעקטועל, אָפּאָזיציאָ־נעל, אַקטועל, טראַדיציאָנעל, מאַ־טעריעל, נאַטאַריעל, נאָמינעל, סענ־סאַציאָנעל, סעקסועל, עווענטועל, פּאָ־טענציעל, פּראָפּאָרציאָנעל, פּראָפע־סיאָנעל, פאָרמעל, צערעמאָניעל, קאָ־מערציעל, קאָנדיציאָנעל, קאָנווענ־ציאָנעל, קאָנפידענציעל, ראַציאָנעל, ריטועל, רעדאַקציאָנעל א. אַנד.

(פּ.) איזל, הייל, טייל, איך דערוויזל, איך הייל, איך צעטייל, איך צייל, איך דערציזל, איך שייל, תפילה לאל, בייל, דזשייל, מעיל, סייל, סקייל, פּייל.

ע ל אַ ך

*מלך
*ים המלח
*פּאַמעלאַך
*אלימלך
*מתושלח

(*) בן מלך, אבינו מלך, אדוני מלך, דרך המלך, יחי המלך, כיד המלך, מעדני מלך, שני למלך, דוד המלך, שלמה המלך א. אנד. באַפעל איך, פאַרשמעל איך א. א. וו. (גר. ע ל — א י ך).

(פּ.) פריילאַך, טייל איך, דערצייל איך א. א. וו. (זע: ייל).

ע ל ב

געוועלב
געלב

(0) פעלפּ, העלפּ.

ע ל ב ל

געוועלבל
זעלבל
פעלבל
קעלבל
שוועלבל

ע ל ב ן

געוועלבן
קעלבן (זיך)
(דעם) געלבן
(דעם) זעלבן

ע ל ד (זע: ע ל ט)

ע ל ד ע ר

וועלדער
פעלדער

(0) איך מעלד דיר, איך שטעל דיר, עס געפעלט דיר א. א. וו. (גר. על, ע ל ד, ע ל ט — ד ע ר, ד י ר).

ע ל ז

פעלז
בעלז (נ.)
טעלז (נ.)
רעלס

(0) אַ העל׳ס, אַ ראַיעל׳ס, דעם גע־זעל—ס, דער מאַמזעל—ס א. א. וו. (גר. ע ל — ס).

ע ל ז ע ר

העלזער
בעלזער (נ.)
טעלזער (נ.)

(גר. ע ל ז - ע ר, אָדער ע ל - ז י י ע ר).

ע ל ט

געלט
געצעלט
וועלט
קעלט
העלד
פעלד
איך פאַרגעלט
איך פאַרשעלט
איך מעלד
ער טרעלט
ער קוועלט
ער קנעלט
ער שוועלט
ער שטעלט
ער באַשטעלט
ער פאַרשטעלט
ער שנעלט
מיר געפעלט
אים געשוועלט
עס העלט
געוועלט
פאַרוועלט
*ער פאַרגעלט
*ער פאַרמעלט
*ער באַזעלט
*ער פעלט
*ער באַפעלט
*ער פאַרפעלט
*ער קוועלט (זיך)
*ער פאַרשמעלט

(0) בעלט, ער וועלט, ער ספעלט, ער פעלט, ער צעקרעלט, איז געמעלט.

(פ.) ער היילט, ער ווײַלט, ער טײַלט, ער צײַלט, ער דערצײַלט, ער שײַלט, ער בײַלט, ער מעילט.

ע ל ט ע ר

געלטער
עלטער
קעלטער
שעלטער

(0) אַ פאַרשטעלט-ער, קנעלט ער א. א. וו. (זע: עלט).

ע ל י ע

סטעליע
קאַפעליע
אליה
געליע (נ.)

(0) דעליע, דרעליע, וועליע, (שטומע) ליעליע, סאַרדעליע, קאַטשעליע, וואַנעליע, איך בראַנדזעליע, איך פיעליע, איך פריטשמעליע.

(0) עוואַנגעליע, קאַרעליע (נ.), קאַמעליע (נ.). (פ.) פאַמיליע.

ע ל ן

האַרדאַנעלן
נאָוועלן
קערצענעלן
געשוועלן
קעלן (נ.)
גענעל-ן
שטעל-ן א. א. וו.
(זע: על).

ע ל ם (זע: ע ל ז)

ע ל ע

טאַבעלע
נאָוועלע
קוועלע
שטעלע
העלע
שנעלע
*זעלע
*געלע

(0) אַמברעלע, באַגאַטעלע, דיעלע, טאַראַנטעלע, פּאַרצעלע, פלאַנעלע, קאַרוזעלע, סוועלע, איך מעלע.

(*) הפלא ופלא, אמן סלה, אַפּיציעל-ע, אָריגינעל-ע א. א. וו. (גר. ע ל – ע).

טשעלאָ, אַטעלאָ (נ.), מיקעל אַנדזשעלאָ (נ.), בעלאַ (נ.), סטעלאַ (נ.), דזשעלי, נעלי (נ.)

(פּ.) גזילה, נבלה א. א. וו. (זע: יילע).

ע ל ע ם

בעלעם
נעלם
כעלעם (נ.)
קעלם (נ.)
ווילהעלם (נ.)

(0) העלם, שעלם, אַנזעלם (נ.), איך באַשטעל אים, איך געפּעל אים א. א. וו. (זע: על).

ע ל ע ף

עלעף
צוועלעף

*כלב
*אחד מאלף
(גר. ע ל – א ו י ף).
(פּ.) חלב.

ע ל ע ר

בעלער
וועלער (אָ)
טעלער
העלער
שנעלער
*געמעלער
*מעלער
*פעלער
*קעלער
*געלער
*ראַיעלער
*שמעלער
*איך פאַרשמעלער

(0) סעלער, ספּעלער, "פעלער„, קול'-ער, סוועלער, בריוון שטעלער, באַשטעל-ער, טרעל-ער א. א. וו.

(*) גענערעלער, זשורנעלער, שפּיטעלער, באַפעלער, קוועלער, אָפּיציעל-ער, אָריגינעל-ער א. א. וו. (גר. ע ל – ע ר).

(פּ.) ביִילער, דזשיילער, וויילער, דערציילער, טוילער, ציילער, שיילער, טויילאַר, פּיילור, סיילאָר.

ע ל ף

וועלף
עלף
צוועלף
איך העלף

(0) העלפּ יורסעלף. שעלוו.

ע ל פ ע ר

(באַ)העלפער
עלפער
צוועלפער
אלפ׳ער

(גר. ע ל ף – ע ר, אָדער ע ל – פ אַ ר, פּ אַ ר).

ע ל ץ

פּעלץ
שמעלץ
קיעלץ (נ.)
איך וועלץ

(0) די בעלטס, דעם העלד–ס, דער וועלט–ס א. א. וו. (גר. ע ל ט – ס).

ע ל צ ל

העלצל
פּעלצל
שמעלצל

ע ל צ ע ר

העלצער
וועלצער
זעלצער
מעלצער
שמעלצער
קיעלצער (נ.)

(0) באַשטעלט–ס איר, געפעלט–ס איר א. א. וו. (זע: עלט).

ע ל ק

עלק
איך וועלק
איך מעלק

ע ל ק ע

בעלקע
נעלקע
קאַמזעלקע
קאַרמעלקע
עלקע (נ.)
שמעלקע (נ.)

(0) שמח בחלקו. יעלקע, מיטעלקע, סטרעלקע, פּעטעלקע, צעלקע, האַ־רעלקע.
בוטעלקע, סאַרדעלקע, געלקע (נ.). זעלקע (נ.). (גר. ע ל – ק ע).

ע ל ק ע ר

פּעלקער

(גר. ע ל ק – ע ר, אָד. ע ל–ק ע ר).

ע ם

סיסטעם
פּראָבלעם
פאַרנעם (א)
קלעם
איך נעם
איך אונטערנעם
איך באַנעם
איך פאַרנעם
איך צענעם
איך פּלעם
איך קלעם (צו)
איך פאַרקעם
איך שם
*ברעם
*רעם
*אָנגענעם
*באַקוועם
*דעם

*דורכדעם
*איך פּאַרשעם
*(פּ.) אים

(0) בעל שם, חלול השם, אם ירצה השם, ברוך השם, למען השם, מוציא שם, קונה שם, קידוש השם, מם, אדוישעם, באָהעם, העם, קרעם, שלעם, עקסטרעם, וועם? יעם מעם! סעם (נ.), שכם (נ.), איך פּאַרצעם, איך שטרעם.

(פּ.) היים, ליים, געהיים, כבוד אם, גייִם, סייִם, פּרייִם, קלייִם, איך בלייִם.

עמד — עמט

העמד
פּרעמד
ער נעמט
ער אונטערנעמט
ער באַנעמט
ער פּאַרנעמט
ער צענעמט
ער צעפּלעמט
ער פּאַרקלעמט
ער פּאַרקעמט
ער שמ׳ט
*ער פּאַרברעמט
*ער רעמט (איין)
*ער פּאַרשעמט

(0) זעמד (די), ער פּאַרצעמט, ער שטרעמט.

(פּ.) ער פּריימט, ער קליימט, ער בליימט.

עמיע

אַקאַדעמיע
עפּידעמיע
פּרעמיע
נחמיה

(0) בערעמיע, אַנעמיע, כעמיע, באַ־העמיע. (גר. ע ם - י ע).

עמיש

אַנעמיש
אַקאַדעמיש
באָהעמיש
כעמיש
עפּידעמיש
פּאָלעמיש
פּלעמיש
*בעהמיש

(0) לעמיש. (*) ברה כשמש. (גר. ע ם, ע מ ע - י ש).

(פּ.) בהמה׳יש, היימיש.

עמל

געזעמל
זעמל
לעמל
קעמל
*דרעמל
*פּלעמל
*קרעמל
*רעמל
*שוועמל
*אברהמ׳ל

(0) ענעמל, קלעמל, חמ׳ל (נ.), מע־מעל (נ.).

(פּ.) ביימל, ליימל.

עמלאַך

נעמלאַך
קעמל־אַך
שוועמל־אַך א. א. וו.

(זע: עמל).

ע מ ל ט

דעמאָלט
געזעמלט
*ער דרעמלט

(0) ענעמלט. (זע: עמל).

ע מ ע

באָהעמע
דיאַדעמע
דילעמע
טאַנטיעמע
טעמע
כריזאַנטעמע
סיסטעמע
סכעמע
עמבלעמע
פּאָעמע
פּראָבלעמע
*באַקוועמע

(0) באַרעמע, אַנאַטעמע, די עקס־טרעמע, חמ׳ע (נ.), טעמע (נ.), איך פאַרשטשעמע, טרעמאָ, אַנגענעמע.

(פּ.) בהמה, געהיימע א. א. וו. (זע: ײמע).

ע מ ע ן

נעמען
אונטערנעמען
באַנעמען
פאַרנעמען
צענעמען
צעפּלעמען
פאַרקלעמען
פאַרקעמען
שמ׳ען
*נאמן
*נעמען (די)
*ווען
*פאַרברעמען
*איינרעמען
*פאַרשעמען
*בעהמען (נ.)

(0) סעמען, עקזעמען, פאַרצעמען, פאַרשטשעמען, שטרעמען, די באָהע־מען, טאַנטיעמען, כריזאַנטעמען, סיס־טעמען, פּראָבלעמען, קרעמען, חמ׳ען (נ.), טעמע׳ן (נ.), סעמ׳ען (נ.), דע־מאָן, לעמאָן, ניעמאָן (נ.), נעם אָן.

(*) די ברעמען, רעמען, דעם אנגענע־מען, דעם באַקוועמען, דעם עקסטרע־מען.

(פּ.) היימען, דעם געהיימען.

ע מ ע ס

אמת
*חכמת
*קרן קימת
*ווען
*רמז

(0) באמת, ברוך דיין אמת, עולם האמת, די פּאָעמע־ס, די סכעמע־ס א. א. וו. איך נעם עס, איך פאַר־שטשעמע עס א. א. וו. (גר. ע ם, ע מ ע - ס, ע ס).

(פּ.) אימות, שמ׳עס, בשלמות, איך ממית, איך בליים עס, איך קליים עס. (זע: ײמעס).

ע מ ע ר

באַלעמער
לעמער
עמער
*זמר
*קרעמער

(0) גרעמער, מם'ער, סעמער, די העמער. א נעמער, באַנעמער, פאַרנעמער, טעמער (נ.), שכם'ער (נ.).
(*) כלי זמר, צמר, אונטערנעמער, באַקוועמער, עקסטרעמער, בעהמער (נ.), אנגענעמער. (גר. עם – ע ר).
(פ.) ביימער, קליימער, לאמר.

ע מ פ

וועמפּ
טרעמפּ
סטעמפּ
קעמפּ
טעמפּ
איך דעמפּ
דעמב

ע מ פ ל

וועמפּל
טעמפּל
לעמפּל
שטעמפּל

(0) עקזעמפּל, סעמפּל.

ע מ פ ן

דעמפּן
קעמפּן
קרעמפּן

(גר. ע ם – פ ו ן).

ע ן

ברען (א)
פען
ווידען ?
וועץ ?
צען
איך פאַרברען

איך צעטרען
איך קען
איך אָנערקען
איך באַקען
איך דערקען
*גענוען
*געזען
*פאַרזען
*געשען
*איך גענען

(0) פדיון הבן, הצד השוה שבהן, באשר בכן, מילא בכן. בעזמען, דרען, טורקמען, טשלען, פלען, פענאָמען. קלען, שאַטען, סאָווערען, אַטען (נ.), קאַרמען (נ.), הען ! מען...
(פ.) געוויין, חן א. א. וו. (זע : ייִן).

ע נ ג (פגל. ע נ ק)

געדרענג
גענג
לענג
ענג
שטרענג
איך ברענג
איך פאַרברענג
איך פאַרדרענג
איך הענג
איך פאַרהענג

(0) די געזענג, געפענג, צווענג, קלענג, שלענג, איך זענג, איך שפּרענג, בענג !

ע נ ג ל

גענגל
דרענגל
צווענגל
שטענגל

(0) געזענגל, העגגל, לענגל, ענגל, קרענגל, שלענגל.

ע נ ג ע

מענגע
סטענגע
שערענגע
ענגע
שטרענגע

(פּ.) אַבצווייגגע, אַפּאַטיונגע.

ע נ ג ע ר

דרענגער
הענגער
לענגער
ענגער
שטרענגער
איך פֿאַרלענגער
איך שווענגער

(0) זענגער, פענגער, אויסברענגער, אַנהענגער, פֿאַרגענגער. (גר. ע נ ג ־ ע ר).

ע נ ד (פגל. ע נ ט)

ענד
רוק און לענד
איך פֿאַרבלענד
איך ווענד (זיך)
איך פֿאַרווענד
איך פֿאַרלענד
איך פֿאַרשווענד
איך שענד

(0) גלענד, סטענד, די בענד, איך אַטענד, איך פֿאַרספּענד, איך פּענד, דיווידענד, רעווערענד.

ע נ ד י ק

לעבעדיק
בלענדיק
שטענדיק
פֿאַרשטענדיק
איך בענדיק
איך ענדיק

(0) אייגנהענדיק, אַנשטענדיק, זעלבסטשטענדיק, פֿולשטענדיק, נויט־ווענדיק, מענדאַק, סענדאַק.

ע נ ד ל

בענדל
פענדל
קענדל
רענדל
גנענדל
מענדל
*הענדל
*פענדל
*שפענדל

(0) לענדל, פענדל, איך הענדל, איך טענדל. (*) טענדל, באַריטענדל, פערזענדל, פאַסענדל.

(פּ.) ביינדל, חנ׳דל, ציינדל, שטיינדל, קריינדל, שיינדל (נ.), געליינדל, ווייַנדל.

ע נ ד ל אַ ך

פֿאַרשטענדלאַך
ענדלאַך
שענדלאַך
בענדל־אַך
רענדל־אַך א. א וו.

(זע: ענדל).

ע נ ד ע

ארענדע
גרענדע (די)
לעגענדע
ענדע

(0) אגענדע, גאווענדע, גרזשענדע, טענדע־ווערענדע, קאליענדע, קאמענדע, יענטע טעלעבענדע, ברענדי, דענדי, עפענדי, קענדי, הענדי. ברעזדו, דערקען די א. א. וו. (גר. ע ז־ד ו, ד י).

ע נ ד ע ר

בענדער
לענדער
געלענדער
סטענדער
געשלענדער
איך פארענדער
סענדער
קאלענדאר

(0) ספענדער, פארשווענדער, שענדער, די געווענדער, רענדער, צילענדער. רעפערענדאר, רוסלענדער, קורלענדער א. א. וו. איך קען דיר, איך פארבלענד דיר, די הענט דיר א. א. וו. (גר. ע ז, ע נ ד, ע נ ט־ד י ר, ד ע ר).

ע נ ט (פגל. ע נ ד)

אינסטרומענט
אינצידענט
אקצענט
אריענט
דאקומענט
הענט
ווענט
טאלענט
טעמפעראמענט
מאמענט
מאנומענט
סענט
עלעמענט
פאטענט
פארלאמענט
פראצענט
פרעזענט
פונדאמענט
פראגמענט
צעמענט
קאמפלימענט
רעגימענט
רענט

אגענט
אינטעליגענט
דיריגענט
סטודענט
פאציענט
פרעזידענט
קאנקורענט
קארעספאנדענט
קליענט
זאלבע צענט
איר זענט
איר ברענט
איר צעטרענט
איר קענט
איר באקענט
איר דערקענט
ער פארבלענדט
ער פארווענדט
ער פארלענדט
ער פארספענדט

ער פאַרשוועוודט
ער שענדט
*ער גענענט

(0) אבאָנענט, אינסורגענט, אינספי־
ציענט, אַפּאָנענט, (פּריוואַט) דאָצענט,
דעקאַדענט, עקספּאָנענט, פּרעטענ־
דענט, קאָנוואַלעסצענט, קאָנסומענט,
רעגענט, רעזידענט, רעפערענט, רע־
צענזענט.

אַבאָנאַמענט, אנגאַזשמענט, אַפּאַר־
טאַמענט, אַפּלאָדיסמענט, אַקאָמפּאַני־
מענט, אַראַנזשעמענט, אַרגומענט,
אָרנאַמענט, דיווערטיסמענט, דע־
פּאַרטאַמענט, טעסטאַמענט, טראַקטאַ־
מענט, עטאַבליסעמענט, עקוויוואַלענט,
ַקסידענט, פּאָסטאַמענט, פּרענט,
ּרעצעדענט, קאָנווענט, קאָנטיגענט,
ָאנטינענט, קאָנטעקורענט, רעגלאַ־
מענט, רעמענט, רעמאַנענט.

אינדיפערענט, אימפּאָטענט, עמי־
ענט, פּערמאַנענט, קאָמפּעטענט,
ָאנטענט, קאָנסעקווענט, קאָרפּולענט,
זבסענט, אָקצידענט, ברעזענט, פּאָזו־
זענט, פּערגאַמענט, שאַרמענט, טאַש־
ענט (נ.).

ע נ ט ל

הענטל
וועגטל
ענטל
צענטל
מענטל (די)
יענטל (נ.)

0) פּאַטרענטל, קענטל, איך טענטל.
גענט־ל, סטודענט־ל א. א. וו. (גר.
נ ט – ל).

ע נ ט ן

אַלימענטן
מעדיקאַמענטן
אינטעליגענט־ן
סטודענט־ן א. א. וו.
(זע : ענט).

ע נ ט ע

לענטע
פּענטע
רענטע
יענטע

(0) מענטע, פּיענטע, פּרענטע, קור־
צענטע, שוויענטע, מיענטע, זאַזיענ־
טע, איך ספּאָמיענטע, שענטי, פּלענטי.

די צענטע, באַקענטע, דערקענטע,
פאַרברענטע, צעטרענטע, פאַרבלענד־
טע, פאַרווענדטע, פאַרלענדטע, פאַר־
ספּענדטע, פאַרשווענדטע, גֿעשענדטע,
נענטע, אינטעליגענט־ע, אינדיפע־
רענט־ע א. א. וו. (זע : ענט).

ע נ ט ע ר

צענטער
פּראָצענטער
פּרעזענטער
טאַשקענטער (נ)
*נענטער

(0) צמענטאַר, אינווענטאָר, אינטעלי־
גענט־ער, באַקענט־ער א. א. וו. ברענט
ער, שענדט ער א. א. וו. (זע : ענט).

ע נ ט ש

מענטש
איך בענטש

(0) בעלעבענטש, ברענטש, טרענטש,
רענדזש, טשענדזש.

ע נ י ע

אימעניע

גריזעניע

וואַרעניע

זשמעניע

ניירואַסטעניע

העניע (נ.)

געניע (נ.)

(0) וואָספּאַלעניע, סקלעפּעניע, פּאָרו־טשעניע, פּעניע, אוואַזשעניע, נאַ־סעניע, פּאָפּעטשעניע, יעווגעניע (נ.), מעניע (נ.). (*) אַרמעניע, רומעניע.

ע נ י ק

וואַרעניק

מאשעניק

פּלימעניק

פּעניג

*קעניג

(0) דעניק, וויעניק, כרעניק, ניבול פּה'ניק, נייראַסטעניק, פּיעניק, קלע־ניק, קעשעניק, רעטשעניק, שעניק, פּלענניק. (*) חנק, אָפּהעניק, אונ־טערטעניק, ווידערשפּעניק.

(פּ.) איניק, וויניק א. א. וו. (זע: ייניק).

ע נ י ש

היגיעניש

מעניש

סצעניש

*איטאַליעניש

*אַרמעניש

*דעניש

*סלאָווענִיש

*רומעניש

(0) היעניש, העלעניש, נייראַסטעניש, טורקמעניש, מוסולמעניש א. א. וו. (גר. ע ז, ע נ ע – י ש).

(פּ.) שכנ'יש, שליניש, ביינוש (נ.), גיי ניש(ט), וויין ניש(ט) א. א. וו. (גר. ׳׳, ׳ ׳ ז – נ י ש (ט).

ע נ לאַ ד

מענלאַד

*ענלאַד

*פּערזענלאַד

(גר. ע ז – ל אַ ד).

(פּ.) געוויינלאַד, קליינלאַד, ריינלאַד.

ע נ ס ט

געשפּענסט

ברענסט

טרענסט

קענסט

אָנערקענסט

באַקענסט

דערקענסט

*גענענסט

(0) דאָס שענסט(ע), עגעינסט.

ע נ ס ט ע ר

פּענסטער

געשפּענסטער

קלענסטער

שענסטער

*נענסטער

ע נ ע

אַרענע

היגיענע

היענע

פּענע

סצענע

יענע

העלענע

כיענע

*נהנה

(0) צאינה וראינה, הילד איננו, גאַנ־גרענע, מיגרענע, נאַסיענע, סירענע, סמיענע, פּאַליענע, פּיענע, צענע, וואָ־יעננע, שאַטענע, נאָטאָ בענע, אירענע (נ.), מאַגדאַלענע (נ.), מעלפּאָמענע (נ.), אין פּלענאָ, בעני (נ.), עני (נ.), פּעני (נ.), הענע (נ.).

ע נ ע ם

גיהנם

יענעם

(0) פּלענום, דעם וואָיענעם, דעם שאַ־טענעם, איך ברען אים, איך דערקען אים א. א. וו. (גר. ע ן, ע נ ע ־ א י ם).

ע נ ע ן

מיר זענען

ברענען

טרענען

קענען

אָנערקענען

באַקענען

דערקענען

*גענענען

(0) העלענע'ן, הענע'ן, כיענע'ן, אי־רענע'ן, בעני'ן, עני'ן, פּעני'ן.

ע נ ע ץ

*גענעץ

*גרענעץ

*פּענעץ

ע נ ע ר

מענער

קענער (אַ)

קלענער

שענער

יענער

*הענער

*טענער

*פּלענער

*פּענער

*צענער

*שפּענער

*איטאַליענער

*רומענער

*אַרמענער

(0) ברענער, שאַטענער, וואָיענער, פּלעננער, טורקמענער, מוסלמענער, אַטענער (נ.).

(*) פּאַסענער, דענער (נ.), סלאָוועּ־נער (נ.), געזע(ע)נער, געשע(ע)נער. (גר. ע ן, ע נ ע ־ ע ר, ר).

(פּ.) ביינער, שטיינער א. א. וו. (זע: יינער).

ע נ ץ

טענץ

קרעדענץ

קרענץ

אוידיענץ

אינטעליגענץ

טענדענץ

עקזיסטענץ

עקסעלענץ

קאָנפערענץ

קאָנקורענץ

קאָרעספּאָנדענץ

(0) טעלעבענץ, טרענץ, שווענץ, יענץ, איך דערגענץ, איך גלענץ.

אַבסטינענץ, אַגענץ, אימפּערטינענץ, אינטערווענץ, דעקאַדענץ, אימפּאָטענץ, יוריספּרודענץ, סענטענץ, עמינענץ, עסענץ, עקוויוואַלענץ, פּלעניפּאָטענץ, פּערמאַנענץ, קאַדענץ, קאָמפּעטענץ, קאָנסעקווענץ, קאָרפּולענץ, רעגענץ, רעפּערענץ, רעזידענץ.

די גענדז, פּרענדז, גלענדס, סטענדס, דעם סטודענט־ס, דעם פּאַציענט־ס א. א. וו. (גר. ע נ ד, ע נ ט – ס).

ע נ צ י ע

פּרעטענציע
אינטעליגענציע
אינטערווענציע
אינפלוענציע
יוריספּרודענציע
קאָנקורענציע
קאָרעספּאָנדענציע

(גר. ע נ ץ – י ע).

ע נ צ ל

טענצל
קרענצל
רענצל
איך צעטרענצל

(0) ווענצל, קרעדענצל, שווענצל. (גר. ע נ ץ – ל).

ע נ צ ע ר

טענצער
קרעדענצער
שפּענצער

(גר. ע נ ץ – ע ר).

ע נ ק (פּגל. ע נ ג)

בענק (די)
געשענק
קרענק
שענק (אַ)
איך בענק
איך דענק
איך באַדענק
איך גערענק
איך פּאַרדענק
איך שווענק
איך שענק
איך באַשרענק

(0) בלענק, בראַזדענק, געלענק, ובענק, סענק, פּענק, די געטרענק. שרענק. פּרענק (נ.), איך טרענק (זיך), איך לענק.

ע נ ק ל

בענקל
ענקל
שענקל
שפּרענקל
איך קווענקל (זיך)

(0) געטרענקל, געלענקל א. א. וו. (גר. ע נ ק – ל).

ע נ ק ע

דענקע
סצענקע
פּאַניענקע
שאַטענקע
הענקע (נ.)
כיענקע (נ.)
יענקי

(0) וואַניענקע, סוקיענקע, פּלאַטשענ־קע, פּענקע, די געטרענקע, געשענקע. אַסטראָלענקע (נ.), איך סטענקע, איך פּאַריענקע (זיך), איך צעזבענקע, איך צעפּענקע.

ע נ ק ע ן

געטרענקען
געלענקען
געשענקען
שענקען (די)
דענקען
באַדענקען
געדענקען
פאַרדענקען
בענקען
טרענקען (זיך)
לענקען
קרענקען (זיך)
פאַרקרענקען
שווענקען
פאַרשענקען
באַשרענקען

(0) סטענקען, פאַריענקען (זיך), צע־זבענקען, צעפּענקען, הענקע'ן (נ.), כיענקע'ן (נ.), אַנדענקען.

ע נ ק ע ר

דענקער
הענקער
שענקער

(0) אַסטראָלענקער (נ.), „ענקער". (גר. ע נ ק – ע ר).

ע ם (פגל. ע ז)

אדרעם
אינטערעם
מעת לעת
מת
נס
סוקסעם
פּראָגרעם
פּראָצעם
קאָמפּרעם
יעם
אָדעם
איך פאַרגעם
איך עם
איך פרעם
איך פּרעם
*געזעם
*געפעם

(0) בעם (די), דעם, דרעם, חית, טית, טרעם, טשערקעם, עקספּרעם, עקס־צעם, פּיעם, פּעם, קאַנגרעם, קלעם, נאַסטשעם, ר' מאיר בעל הנס, הער־קולעם (נ.), בעם(י) (נ.).
(פ.) שווייס, הייס א. א. וו. (זע: „ים).

ע ס אַ ד

*יין נסך
*קרבן פסח
*כעני בפתח

(0) עם איד, פרעם איד, פאַרגעם איד, פּרעם איד. (גר. ע ם – א י ד).
(פ. זע: „סאַד).

ע ס ט

געסט
וועסט
זשעסט
נעסט
פעסט
פּעסט (אַ)

פרעסט
קעסט
(דאָס) בעסט
(דאָס) גרעסט(ע)
פעסט
איך מעסט
ער פאַרגעסט
ער עסט
ער פרעסט
ער פרעסט
געוועזט
*ער לעזט

(0) וסת, אַסבעסט, אַרעסט, טעסט. טרעסט, מאַניפעסט, פּראָטעסט, קאָנ־טעסט, רעסט, איך אינוועסט, ער דרעסט (זיך), ברעסט (נ.), בוקאַרעסט (נ.), בודאַפעסט (נ.).

(פ.) דרייסט, טרייסט א. א. וו. (זע: ייִסט).

עסטיק

איך באַלעסטיק
איך פאַרפעסטיק
מאַדזשעסטיק (נ.)

(גר. ע ס ט – י ק).

עסטער

אָרקעסטער
סילוועסטער
סעמעסטער
שוועסטער
בעסטער
גרעסטער
פעסטער
אסתר
איך לעסטער

(0) מגילת אסתר, (פעלד) מעסטער, סעקוועסטער, די נעסטער, פּרעסטער, אינוועסטאָר, געדרעסטער, געפּרעס־טער, דניעסטער (נ.), ברעסטער (נ.), בודאַפעסטער (נ.), בוקאַרעסטער (נ.), מאַנטשעסטער (נ.), עסט ער, פאַר־געסט ער א. א. וו. (גר. ע ס ט – ע ר).

עסיע

סעסיע
פּראָפעסיע
פּראָצעסיע
קאָנצעסיע
פאָלעסיע (נ.)
בפרהסיה

(0) אימפּרעסיע, פּאָסעסיע, סעצעסיע, פּראָגרעסיע, עקספּרעסיע, רעפּרעסיע. (גר. עס – י ע).

עסל

געסל
פעסל
קעסל
שלעסל
פעסל (נ.)
*בעל הבית׳ל

(0) פּאַפּירעסל, איך רעסל, אַדרעס־ל, פּרעס־ל א. א. וו. (*) פּסל, געזעסל. (גר. ע ס – ל).

(פ.) איך טרייסל.

עסלאַך

העסלאַך
געסל־אַך
פעסל־אַך א. א. וו.
(זע: עסל).

עסן

באַראָנעסין
פּרינצעסין
דעליקאַטעסן
פּיעסן
פֿאַרגעסן
באַזעסן
געזעסן
פֿאַרזעסן
עסן
געגעסן
דערעסן
פֿאַרעסן
פּרעסן
פרעסן

(0) דעסן, לעסאָן, פּאַטראָנעסין, (די) קרעסן, דרעסן (זיך), מת'ן, העסען (נ.), די אַדרעס־ן, קאָמפּרעס־ן א. א. וו. (גר. עס – ן).

עסע

באַראָנעסע
מעטרעסע
מצות עשה
פּאַטעסע
פּיעסע
פּרעסע
גנעסע
פּעסע

(0) העסע, זאַוויעסע, טרעסע, מעסע, פּאַטראָנעסע, פּרינצעסע, איך טעסע, איך טרעסע, בעסי (נ.).

עסעס

*מיוחסת
*בית הכנסת

(0) די דרעסעס, יעס'עס, פּעסעס, איך פּרעס עס, איך פֿאַרגעס עס א. א. וו. (זע: עס). די באַראָנעסע־ס, פּעסע־ס א. א. וו. (זע: עסע).

(פֿ.) איך היים עס, איך ווייס עס א. א. וו. (זע: ײַס).

עסער

מעסער
עסער
פּעסער
פּרעסער
פּעסער
פרעסער
שלעסער
בעסער
גרעסער
איך פֿאַרבעסער
איך פֿאַרגרעסער
פּראָפֿעסאָר

(0) געוועסער, דרעסער, מעת לעת'ער, עקספּרעסער, אַדעסער (נ.), פּאָליעסער (נ.), שלמנאסר (נ.), יעס סער! אַסעסאָר, פּאַסעסאָר, סליעסאָר.

(*) כתר. (גר. עס, עסע – עז, ר).

עסק

אַראַבעסק
בורלעסק
בליעסק
גראָטעסק
פּליעסק
פּרעסק (די)

(0) דעסק, טרעסק, פּיקטאָרעסק.

עסקע

געסקע
דרעסקע
הומאָרעסקע
פרינצעסקע
פעסקע
בורלעסקע
גראָטעסקע
פּעסקע (נ.)
איך בליעסקע
איך פּליעסקע

(0) העסקע, זאַוויעסקע, טשעריקעסקע, פּאַפּירעסקע, פּיעסקע, פּרעסקע, פּיק־טאָרעסקע, יאַן סאָביעסקע (נ.), גנעס־קע (נ.), בעסי׳קע (נ.), איך טרעסקע.

עפּ (פגל. עב)

טשעפּ (אַ)
סטעפּ
שלעפּ (אַ)
טעפּ
טרעפּ
צעפּ
קלעפּ
קנעפּ
קעפּ
איך קעפּ
איך שטעפּ
איך שלעפּ
איך שעפּ
*איך קלעפּ

(0) סאַלעפּ, סקליעפּ, קרעפּ, פּעפּ, העפּ! איך וועפּ (אויס), איך פּלעפּ.

עפּט

ריצעפּט
ערשעפּט
ער קעפּט
ער שטעפּט
ער שלעפּט
ער שעפּט
פאַרגרעבט
*ער קלעפּט
*ער וועבט
*ער לעבט
*ער שוועבט
*ער שטרעבט

(0) קאָנצעפּט, עקסעפּט, ער וועפּט (זיך), ער פּלעפּט, ער סקעבט.
(פּ.) ער הייבט, ער גליבט.

עפּטער

סצעפּטער
געקעפּט-ער
ערשעפּט-ער א. א. וו.
(זע: עפּט).

עפּל

טעפּל
טרעפּל
עפּל
צעפּל
קנעפּל
קעפּל
קרעפּל
איך פּרעפּל
*נעפּל
*געפּל (די)

(0) וואָרטעפּל, לעפּל, שטעפּל, המן קלעפּל.

עפּס

גרעפּס
שעפּס

קרעבס

קרעבס
שב"ס

(0) די סטעפּס, קרעפּס, סקעבס, שפּינוועבס.

ע פּ ס ל

מעפּסל
שטעפּסל
שנעפּסל
שעפּסל (נ.)

ע פּ ע

שלעפּע
מאַזעפּע (נ.)
איך העפּע
איך טשעפּע

(0) פּריטשעפּע, קרעפּע, איך טאַלעפּע, איך טעפּע, איך טערעפּע, איך פּאַר־ליעפּע, איך סקליעפּע, איך שטשעפּע.

ע פּ ע ם

עפּעם

(0) עפּאַם, טרעפּעם, סטעפּ־עם, שלעפּ־עם, איך שלעפּ עם, איך טעפּע עם א. א. וו. (זע: עפּ, און עפּע).

ע פּ ע ר

טעפּער
שטעפּער
שלעפּער
שעפּער
דניעפּער
*קלעפּער

(0) וויעפּער, לעפּער, פּלעפּער. (גר. ע פּ, ע פּ ע – ע ר, ר).

ע ף

שעף
באַטרעף (א)
איך טרעף
*איך פֿאַרשלעף

(0) (באַ)רעליעף, איך פּלעף, שברות הלב, כליעוו, ליעוו (נ.), פּשאַקרעוו.

ע פּ ט

העפּט (א)
געהעפּט
געשעפּט
איך העפּט
איך באַהעפּט
ער טרעפּט
ער איבערטרעפּט
עס באַטרעפּט
ער פּלעפּט
*ער פֿאַרשלעפּט

(0) גרעפּט, דרעפּט, נעפּט, פּאַרמאַ־צעווט.

ע פּ ט י ק

העפּטיק
זעפּטיק
קרעפּטיק
איך באַשעפּטיק

(גר. ע פּ ט – י ק).

ע פּ ט ן

קרעפּטן
געשעפּט־ן
באַהעפּט־ן א. א. וו.

(זע: עפּט).

ע פ ל

לעפל
שעפל

(0) די פאַנטעפל, קאַרטעפל, קנעפל.

ע פ ן

טרעפן
איבערטרעפן
באַטרעפן
איך עפן
*גרעפין
*ייִן גפן
*פאַרשלעפן

(0) פלעפן, די באַרעליעפן, די שעפן.
(פ.) זייפן, סייפן א.א. וו. (זע: ייפן).

ע פ ע

נעפע
רעליעפע
*שפע

(פ.) מגפה, מכשפה א. א. וו. (זע: ״יפע).

ע פ ע ר

טרעפער
פעפער
באַשעפער
רעליעפער
*פעפער
*שעפער

(פ.) ספר, טריפה׳ר, עפר ואפר, חיפה׳ר.

ע ץ

געזעץ
זעץ (א)
ליץ
נעץ
קעץ
קץ
פעטם
איך העץ
איך זעץ (זיך)
איך איבערזעץ
איך באַזעץ
איך פאַרזעץ
איך פאַרלעץ
איך פאַרנעץ
איך שעץ
*שטעטם

(0) געץ, זשערעבעץ, טאַלעץ, טראַפעץ, טרעלעץ, כאַלאַדיעץ, מאַלאַדיעץ, „ספעץ“, פאַדליעץ, צעלעץ, קאַגאַניעץ, קאַניעץ, קופיעץ, קרילעץ, קרעץ, קוואַסעץ, שטיגלעץ. די בעץ, טעץ, פלעץ, „עץ“, איך פעץ,
בחור׳עץ, גאַנעפעץ, גוי׳עץ, חזיר׳עץ, מוידעץ, קליוועץ, תמ׳עץ. די העטם, סעטם, איך פאַרפעטם, דעם אַטלעט־ם, דעם פּאָעט־ם א. א. וו. דעם דאַרמאָיעד־ם, מחמד־ם א. א. וו. (גר. ע ד , ע ט – ם).

ע צ ט

יעצט
צולעצט
ער העצט
ער זעצט (זיך)
ער איבערזעצט
ער באַזעצט
ער פאַרזעצט
ער פאַרלעצט
ער לצ׳ט
ער פאַרנעצט
ער שעצט

(0) ער פּעצט, דו בעטסט (צו), דו גט'סט, דו גלעטסט, דו וועטסט (זיך), דו יעטסט, דו פּלעטסט, דו פאַרפּעטסט, דו באַרעדסט, דו שפּעטסט. (*) דו בעטסט, דו טרעטסט, דו פאַרטרעטסט, דו צע־טרעטסט, דו פאַרקנעטסט.

ע צ ל

טעצל
לעצל
פּלעצל
קלעצל
קעצל
געצל

(0) באַזעצל, זעצל, פּרעצל, קרעצל. (גר. ע ץ – ל).

ע צ ע ר

זעצער
איבערזעצער
פּלעצער
קלעצער
*יורש עצר
*נבוכדנאצר

(0) העצער, בעטס איר, קנעטס איר א. א. וו. (גר. ע ץ, ע ט ס – א י ר). (פּ.) מן המצר, הייצער. (זע: ייץ).

ע ק (פגל. ע ג)

געבעק
געפּעק
דעק (אַ)
טשעק
עק
פּלעק
צוועק
שנעק
שרעק
העק
זעק
רעק
שלעק
איך דעק
איך אַנטדעק
איך פאַרדעק
איך וועק
איך דערוועק
איך לעק
איך מעק
איך נעק
איך עק (זיך)
איך אַנטפּלעק
איך פאַרפּלעק
איך באַצוועק
איך שטעק
איך פאַרשטעק
איך שטרעק
איך שמעק
איך דערשרעק

(0) באַשטעק, ביבליאָטעק, גערעק, גרעק, דרעק, היפּאָטעק, טרעק, טשוועק, „עס־דעק“, פאַרדעק (אַ), פאַרשטעק (אַ), סלעק, קלעק, שעק, שפּעק, די בעק, גלעק, פּרעק, קעק, איך בעק, איך בלעק, איך טשעק (אַפּ), איך סעק, איך פאַרקלעק, איך קרעק (זיך).

ע ק אַ ד

*לעקאַד
*מקח

(0) פלעק איך, שמעק איך א. א. וו.
(זע : עק).

(פ.) ווייק איך, פייק איך א. א. וו.
(זע : ײַק).

ע ק ט

פראָיעקט
רעספּעקט
דירעקט
פּערפעקט
קאָרעקט
עס קלעקט
ער דעקט
ער אַנטדעקט
ער באַדעקט
ער פאַרדעקט
ער וועקט
ער דערוועקט
ער לעקט
ער מעקט
ער נעקט
ער עקט (זיך)
ער אַנטפּלעקט
ער פאַרפלעקט
ער באַצוועקט
ער שטעקט
ער פאַרשטעקט
ער שטרעקט
ער שמעקט
ער דערשרעקט
*איר מעגט
*ער וועגט
*ער באַוועגט
*ער דערוועגט (זיך)
*ער זעגט
*ער פרעגט
*ער פאַרמעגט
*ער פלעגט
*ער פּרעגט
*ער רעגט (זיך)

(0) אָביעקט, אינזעקט, אינטעלעקט, אַרכיטעקט, דיאַלעקט, דעפעקט, סוביעקט, עפעקט, פּראָספּעקט, קאָנספּעקט, קאָנפעקט, קאָמפּלעקט, עקזעקט. איך עקט, איך פּראָטעקט, איך קאָלעקט. ער בלעקט, ער בעקט, ער טשעקט, ער סעקט, ער פאַרקלעקט, ער קרעקט (זיך).

(פ.) ער ביגט, ער זייגט, ער לייגט, ער נייגט, ער ווײַקט, ער פײַקט.

ע ק ט אָ ר

אינספּעקטאָר
דירעקטאָר
לעקטאָר
פּראָזשעקטאָר
קאָלעקטאָר
קאָרעקטאָר
רעפלעקטאָר
רעקטאָר

(0) אַרכיטעקטאָר, דעזינפעקטאָר, סעקטאָר, עלעקטאָר, עקטאָר, פּראָטעקטאָר, נעקטאַר, דירעקטער, עקזעקטער, פּערפעקטער, קאָרעקטער, אַנטדעקט ער, מעקט ער א. א. וו. (גר. ע ק ט — ע ר).

ע ק ט ע

סעקטע
ספּעקטע
דירעקט-ע
פאַרפלעקט-ע א. א. וו.
(זע : עקט).

עקל

בעקל
ברעקל
גלעקל
דעקל
זעקל
טשוועקל
פעקל
פלעקל
רעקל
שטעקל
*עקל
*שקל
*יעקל

(0) העקל, לעקל, סעקל, פרעקל, געבעקל, גרעקל, דרעקל, טשעקל, עקל.
(*) איך העקל, איך מעקל, פארשטעק־ל, שנעק־ל א. א. וו. (גר׳ ע ק – ל).

(פ.) אפטייקל, סטייקל, קייקל, איז מקיל, דזשייקל (נ.).

עקס

געבעקס
עקס
סעקס
קאמפלעקס
רעפלעקס
טעקס
זעקס
מעקס (נ.)

(0) ביפשטעקס, קאדעקס, קלעקס, די טרעקס, טשעקס, איך וועקס, דעם גרעק־ס, דעם שנעק־ס א. א. וו. (גר. ע ק – ס).

(פ.) געווייקס.

עקסט

טעקסט
נעקסט
(זאלבע) זעקסט
דו אנטדעק־סט
דו דערוועק־סט א.א.וו.
(זע: עק).

עקסל

וועקסל
עקסל
קעקסל
מעקסל (נ.)
איך דרעקסל
(זע: עקס).

עקע

דעקע
שטרעקע
יעקע (נ.)
איך בעקע
איך מעקע
רעבעקע (נ.)

(0) אפיעקע, יורזדעקע, טעקע, נאסיעקע, ספעקע, קאליעקע, בדליבא, מעקא (נ.).

עקער

אנטדעקער
בעקער
וועקער
מעקער
גלעקער
פלעקער
*כזב ושקר
*יחפור בדקר

(0) העקער, טשעקער, לעקער, פּעקער, קלעקער, קרעקער, קעקער, (פּיין) שמעקער, ביבליאָטעקאַר.

(פּ.) אָפּטייקער, פּייקער, קווייקער, אָנדערטייקער.

ע ק צ י ע

אַפּאָפּלעקציע
דירעקציע
לעקציע
סעקציע
פּראָטעקציע
קאָלעקציע

(0) אינספּעקציע, אינפעקציע, דעזינפעקציע, סעלעקציע, עלעקציע, קאָמפּלעקציע, קאָנפעקציע, רעזורעקציע א. אנד.

ע ר

בער
געווער
גר
הער
טרער
טשער
ליקער
מאַניער
מיליאָנער
מיליטער
מעער
סער
קאַוואַליער
רעוואָלווער
רער
שאָפּער
שווער (אַ)
שער (אַ)
באַגער
געהער
פאַרהער
פאַרווער
קער (אַ)
פאַרקער
שטער (אַ)
אומגעפער
לער
מער
סקווער
פּאָפּולער
רעגולער
(זייער) שווער
דער
זוער
ער
אַהער

איך באַגער
איך הער
איך געהער
איך פאַרהער
איך ווער (זיך)
איך פאַרווער
איך פאַרמער
איך דערנער
איך באַער
איך פאַרער
איך פאַרצער
איך קלער
איך באַקלער
איך דערקלער
איך פאַרקלער
איך קער (אויס)
איך באַקער

איך פֿאַרקער
איך שווער
איך באַשווער
איך פֿאַרשווער
איך שטער
איך פֿאַרשטער
איך צעשטער
איך שער
איך באַשער

(0) (אין דער) לער, די דער, לאַמטער, מאַלער, נעסעסער, סקנער, פּאָרטיער, פֿאַרטער, פּער, צווער, קאַלאַנטער, קליסטער, שטשער, שפּאַלער, שפּער, פֿאַמיליער, קווער, איך באַווער, איך געווער, איך יער, איך עמפּער (זיך), איך שפּער (צו). פֿעיר, איי דאָנט קעיר.

אויקציאָנער, אימפּאָרטער, אינזשע־ניער, אָפּיצער, אַקושער, אַקציאָנער, גאָנדאָליער, גאַרדעראָבער, גואווערנער, דאָקטרינער, היפּנאָטיזער, וואָיאַזשער, וואָליער, וויזיאָנער, זשאָנגליער, לע־גיאָנער, מאַגאַזינער, מאַגנעטיזער, מאָראָדער, מיליאַרדער, מיליציאָנער, מיסיאָנער, סטאַראָוויער, סוטענער, סופלער, סעקרעטער, „עס־ער“, פּיאָ־נער, פּענסיאָנער, פּרעמיער, פּראָטער, פּריזיער, קאָמיסיאָנער, קאָלפּאָרטער, קאָנטראָליער, קאָנצעסיאָנער, קוריער, קלאַקער, רעאַקציאָנער, רעוואָלוציאָ־נער, רעזשיסער, שטוקאַטער, שפּילי־טער.

אימאַזשינער, עקסטראַ־אָרדינער, פּאָרס־מאַזשעור, אַ ליווער אווער, נאַ־פּרימער, בעלוועדער (נ.), גער (נ.), וואָלטער (נ.), פּאַסטער (נ.).

ע ר ב

העָרב
סערב
קערב (די)
איך דערוועָרב
איך ערב

(0) אדוועָרב, ווערב, שטשערב, סערפּ.

ע ר ב ל

הערבל
וועָרבל
קערבל
שערבל

(זע: ערב).

ע ר ב ס ט

הערבסט
דו דערוועָרבסט
דו ערבסט

ע ר ג (זע: ע ר ק)

ע ר ג ל

בעָרגל
קערגל
שמערגל
איך גערגל (זיך)

ע ר ג ע ר

בערגער
עָרגער

ע ר ד (זע: ע ר ט)

ע ר ד ע ר

מערדער

(0) פערטער, איך הער דיר, ער שווערט דיר א. א. וו. (גר. ע ר. ע ר ט - ד י ר, ד ע ר).

ע ר ו נ ג

דערנערונג
פֿאַרערונג
דערקלערונג
פֿאַרשווערונג
שטערונג
צעשטערונג
הערינג

(0) באקער־ונג, פארצער־ונג, פאר־מער־ונג א. א. וו. (זע : ער).

ע ר ט

ווערט (אַ)
קאָנצערט
פֿאַרטערערט
פֿאַרקערט
זאַלבע פּערט
בערד
ערד
פערד
שווערד

ער באַגערט
ער הערט
ער געהערט
ער דערהערט
ער פֿאַרהערט
ער ווערט
ער באַווערט
ער פֿאַרווערט
עס געווערט
ער לערט
ער פֿאַרמערט
ער דערנערט
ער באַערט
ער פֿאַרערט
ער פֿאַרצערט
ער קלערט
ער באַקלערט
ער דערקלערט
ער פֿאַרקלערט
ער קערט
ער באַקערט
ער פֿאַרקערט
ער שווערט
ער באַשווערט
ער פֿאַרשווערט
ער שטערט
ער פֿאַרשטערט
ער צעשטערט
ער שערט
ער באַשערט

(0) דעסערט, מאַלבערט, עקספערט, קאָנווערט, קואווערט, די טערט, קווערט. אינערט, ער יערט, ער עמ־פערט (זיד), ער שפערט (צו).

ע ר ט ל

גערטל
ווערטל
טערטל
ערטל
פערטל
קווערטל
קערטל
איך צערטל

(0) הערטל, טערטל מערטל, קאָנ־ווערט־ל. (גר. ע ר ט - ל).

ע ר ט ע ר

ווערטער
ערטער
פערטער

(0) דער באַשערט־ער, פאַרווערט ער א. א. וו. (זע: ערט).

ע ר י ם

געדערים
ווערים
איך באַשערים

(0) שערים, סערום, פערם, איד הער אים, איך באַשווער אים א. א. וו. (זע: ער).

ע ר י ע

אימפּעריע
אַרטילעריע
בוכהאַלטעריע
גאַלעריע
היסטעריע
מאַטעריע
מאַשינעריע
מיסטעריע
סעריע
קאַוואַלעריע
בריה

(0) אָראַנזשעריע, אַרטעריע, אינפאַנטעריע, באַקטעריע, ביזשוטעריע, גאַלאַנטעריע, דיפטעריע, דעזינטעריע, זשאַנדאַרמעריע, כאָלעריע, ליאַמפּעריע, מענאַזשעריע, פּאַנאַבעריע, פּאַפּעטעריע, פּאַרפומעריע, פּיקאַנטעריע, פּעדאַנטעריע, פּעריפעריע, קאַפּעטעריע, איד בעריע. (גר. ע ר – י ע).

ע ר י ק

היסטעריק
כאָלעריק
מאַטעריק
באַגעריק
געהעריק
פאַראַיעריק

(0) בעריק, טשעריק, מאַניעריק, יעריק, העריק, טרעריק, נעריק, רעריק, נהרג. (גר. ע ר – י ק).

ע ר י ק ע

היסטעריקע
געהעריקע
פאַראַיעריקע
אַמעריקע

(זע: עריק).

ע ר י ש

היסטעריש
וויזיאָנעריש
ווענעריש
כימעריש
עטעריש
מאַלעריש
מיליטעריש
בעריש (נ.)

(0) דעריש, אַטמאָספּעריש, אַרטילעריש, כאָלעריש, קערעש, זרש (נ.), רעאַקציאָנער־יש, רעוואָלוציאָנער־יש א. א. וו. (זע: ער).

ע ר ל

ערל (אָ)
פערל
קערל

רערל
שערל
שמערל

(0) סקווערל, שרה'ל (נ.), הערל, טענערל, לאַמטערל. (גר. ע ר – ל).

ע ר ל אַ ך

געפּערלאַך
הערלאַך
ערלאַך
שווערלאַך

(0) אומאויפהערלאַך, אונערקלערלאַך, איך פֿאַרהערלאַך. די קערל־אַך, די שערל־אַך א. א. וו. (זע: ערל).

ע ר ן

לאַמטערן
קערן
קרן
שטערן
טעאַטערן
כאַראַקטערן
גערן
מאָדערן
געווערן
איך לערן
איך דערצערן

(0) עקסטערן, ציסטערן, צווערן, בערן (נ.), די בער־ן, דעם שווער־ן, באַגער־ן, צעשטער־ן, דעם פּאָפּו־לער־ן א. א. וו. (גר. ע ר – ן).

ע ר נ ס ט

ערנסט
מאָדערנסט
דו לערנסט
דו דערצערנסט

ע ר נ ע ר

לערנער
דערנער
הערנער
קערנער
גערנער
מאָדערנער

(0) מיזערנער, בערנער (נ.), הער נאַר, שווער נאַר א. א. וו. (גר. ע ר־נ אַ ר).

ע ר ס

אוניווערס
פֿערס
סקווערס (די)
פֿערז
פֿערווערז

(0) די טשערס, דעם מיליאָנער־ס, דעם פּיאָנער־ס א. א. וו. (גר. ע ר־ס).

ע ר ע

אַטמאָספֿערע
באַריערע
כימערע
מאַניערע
ספֿערע
ערע
פֿרעמיערע
קאַריערע
בערע (נ.)
סערע (נ.)
*לערע
*זרע
*פרא
*שווערע
*פּוטיפֿרע

(0) אפערע, באיאדערע, באנבאניערע, דערע, טשערע, כאליערע, ליטערע, מיזערע, מיזערערע, מעגערע, סקנערע, עטאזשערע, פאנטערע, פארטיערע, פעשטשערע, מיטערע, איך טערע, איך זאטערע, איך זאמיערע, איך פערע, איך קערע, איך צעשטשערע.

זערא, ערא, נערא (נ.), ווענערא (נ.), מאדערא (נ.), טשערי, פערי, הערי (נ.), מערי (נ.), קרי, פאפו־לער־ע, רעוואלוציאנער־ע א. א. וו. (גר. ע ר – ע).

(פ.) ברירה, גזירה א. א. וו. (זע: ײַרע).

ע ר ע ך

*דרך

*ערך

*ים הקרח

*תרח

(0) כרך, עבודת פרך, פחותי ערך, הער איך, שווער איך א. א. וו. (גר. ע ר – א י ך).

(פ.) מי שברך, רב בירך, מעלה גירה איך. (זע: ײַרע).

ע ר ע ס

*גרגרת

*חזירת

*ממזרת

*מעוברת

*שמיני עצרת

*זרת (נ.)

(0) אינטערעס, כערעס, טערעס, די באריערע־ס, די כימערע־ס א. א. וו. איך הער עס, איך שווער עס א. א. וו. (זע: ער, און ערע).

(פ.) הפקרות, חברות א. א. וו. (זע: ײַרעס).

ע ר ע ץ

שריץ

תירוץ

דרך ארץ

פריץ

(גר. ע ר ע – ט ס).

ע ר ע ר

לערער

פארערער

פארשווערער

שטערער

צעשטערער

שערער

מערער

קלערער

שווערער

(0) (דער) גערער (נ.), (קוימען) קערער, באגער־ער, דערנער־ער, רעגו־לער־ער, פאפולער־ער א. א. וו. (גר. ע ר – ע ר).

ע ר פ ל

דערפל

ווערפל

פערפל

(גר. ע ר – פ ו ל).

ע ר ץ

שמערץ

מערץ

הערץ (נ.)

(0) עריץ, קאמערץ, די פעריץ, קעריץ, שטעריץ. דעם עקספערט־ס, דעם

פערד־ם א. א. וו. (גר. ע ר ד, ע ר ט – ם).
(פ.) שירץ.

ע ר צ י ק

באַרמהערציק
שמערציק
פערציק

(0) ענגהערציק, הערצאָג, (זע: ערץ).

ע ר צ ל

הערצל
קערצל
שטערצל
ווערצל (די)

(0) פערצל. (פ.) שירצל, מער צאָל. (גר. ע ר – צ אָ ל).

ע ר ק

ווערק
געווערק
טערק
מערק (די)
איך באַמערק
בערג
איך דערווערג

(0) צווערג, די סמערק, קערג.

ע ר ק ע

אַקושערקע
טאַבאַקערקע
עטאַזשערקע
צוקערקע
בערקע
מערקע
סערקע
שמערקע

(0) באַנבאָניערקע, גאַליערקע, דערקע, זאַציערקע, טשומערקע, טשערקע, סופלערקע, פאָדוויערקע, פאָוויערקע, פוסטערקע, פייערקע, שטשערקע, שיפאָניערקע, איך צעבערקע, איך צערקע, איך צעשטערקע.

גר'קע, מיליאָנער־קע, מיסיאָנער־קע א. א. וו. (גר. ע ר – ק ע).

ע ר ש ט

גערשט (אָ)
(צו) ערשט
ער הערשט
צעמערשט

ע ר ש ן

הערשן
גרשון (נ.)

(פ.) הירשן, קירשן. (גר. ער–ש ו י ן, ש י י ן).

ע ש

וועש
מעש
איך דרעש
איך לעש

(0) דעפעש, יש (אָ), טרעש, פעש, פרעש, קעש, בארעזש, מאַניעזש, מיאַטעזש, קאָרטעזש, נאַסטיעזש.

ע ש ט

רעשט (אָ)
ער דרעשט
ער לעשט
ער קעשט

ע ש ל

טעשל
פּעשל
פלעשל
העשל (נ.)

(0) קאַלעשל, ספּעשל.

ע ש ל אַ ך

תשליך
קאַלעשל־אַך
פּעשל־אַך א. א. וו.

(זע: עשל).

ע ש ע

בעקעשע
דעפּעשע
פּעשע
פּעשע (נ.)
גנעשע (נ.)
איך העשע

(0) פּרעשע, איך טשעשע, בגדי משי.

ע ש ע ר

וועשער
פּלעשער
קעשיר
*קשר

(0) דרעשער, (פּייער) לעשער, פּעשער, פּרעשער. (גר. ע ש, ע ש ע־ע ר).

ע ש ק ע

העשקע (נ.)
פּעשקע (נ.)
סטעזשקע

(0) בולדאַוועשקע, מאַלדאַוועשקע, בעקעשקע, שעשקע, מערעזשקע.

הוספה

(אין דער הוספה גייען אריין גראַמען־גרופּעס פון זעלטן־געברויכטע ווערטער, אָדער פון גרופּעס וואָס באַשטייען פון בלויז לאָקאַליזמען, באַרבאַריזמען און אַזוי ווייטער. די קלאַסיפיקאַציע איז די זעלבע ווי אין׳ם הויפּט־טייל.)

אַ

אַ ב י ע

כראַביע, אַראַביע (נ.), בעסאַראַביע (נ.). (גר. אַב—יע).

אַ ב י ק

טאַביק, גומי אַראַביק, מעבר יבוק, באַבוק, נאַבאַק! (פּ.) האַרטלייביק.

אַ ב ל י ע

גראַבליע, סאַבליע, שטאַבליע.

אַ ב נ ע

זגראַבנע, פּאַכאַבנע, יעדוואַבנע (נ.).

אַ ב ע ד

מכבד, להרוג ולאַבד, פאַרבאַבעט, ער שקראַבעט. (גר. אַב—האַט, היט).

אַ ב ע ו ו ע ן

האַבעוועז, ראַבעוועז, גבאַי'וועז.

אַ ב ר ע

זשאַברע, כראַברע, קאַנדעליאַברע, איפּכאַ מסתברא.

אַ ג י ד

מגיד, מתנגד, איז להגיד, שפּאַגאַט, צעגאַוויאַגעט. (גר. אַג—האַט). (פּ.) פאַר'דאַגה'ט, תנאַי־גט.

אַ ג י ק

טראַגיק, מאַגיק, זיגזאַגיק. (גר. אַג—יק).

אַ ג ל

זאַגל, מאַגל, מרגל. (גר. אַג—ל).

אַ ג ר ע

פּאַדאַגרע, יומאַ דפּגראַ, ניאַגראַ (נ.).

אַ ג ר ע ס

אַגרעס, בוגרת, יומאַ דפגראַ'ס, פּאַדאַגרע'ס. (גר. אַגער—עס).

אַ ד אַ ך

משדך, מה דאַך, שמד דיך, לאַד איך, כ'שאַד אייך א. א. וו. (גר. אַ, אַד—דאַך, דיך, איך, אייך). (פּ.) לייד איך, שנייד איך א. א. וו. (זע: ײַד).

אַ ד י ם

מאַדים, דדים, ועדים, בלעק באַטעם. איך לאַד אים, איך שאַד אים, איך שמד אים, איך טשאַדע אים, איך יאַדע אים. (גר. אַד, אַדע—אים). (פּ.) כ'לייד אים, שנייד אים א. א. וו. (זע: ײַד).

אַ ד י ע

חד גדיאַ, סעדיה (נ.), עובדיה (נ.), ליוואַדיע (נ.), אַלאַדיע, סטאַדיע, נאַדיע (נ.), איך פּאַטגאַדיע, ראַדיאָ. (גר. אַד—יע).

אַ ד כ ן

שרכן, בדחן, איך לאַטכן.

אַ ד ל ע

אַבעצאַדלע, וואַרצאַדלע, סיאַדלע, פּאַדלע, קאַוואַדלע, קראַדלע, שנוראַוואַדלע.

אַ ד ל ע ן

גדלן, שתדלן, אַדלען, טאַדלען, מאַדלען, פּראַדל'ען (נ.).

אַ ד נ י ק

אוריאַדניק. בעזלאַדניק, ווינאָגראַדניק. זאַדניק, זאַקלאַדניק, חב"ד'ניק, טשעליאַדניק, נע ונד'ניק, סאַדניק, סקלאַדניק, פּאַליסאַדניק, קורוואַדניק, קראַדניק, שמד'ניק. (גר. אַד–ניק).

אַ ד נ ע

בריגאַדנע, בעזלאַדנע, גראָמאַדנע, דאָסאַדנע, זגראַדנע, טשאַדנע, נאַגראַדנע, נע ונד'נע, נאַריאַדנע, סמראַדנע, סקלאַדנע, פּאַראַדנע, קאַסקאַדנע א. א. וו. (גר. אַד, אַדע–נע).

אַ ד ר ע

וויאַדרע, יאַדרע, עסקאַדרע.

אַ וו ל

קאַפּאַוול, איך באַ'נבל, איך באַ'עול. פּאַוועל (נ.). (גר. אַוו–ל). (פּ.) בייוול, טייוול, זײַוול (נ.), פּייוול (נ.).

אַ וו ל ע

עולה, תלמוד בבלי.

אַ וו נ ט

... דאַוונט, באַהאַוונט.

אַ וו נ י ק

איספּראַווניק, בעזרוקאַווניק, זאַבאַווניק, לאַווניק.

אַ וו נ ע

איספּראַוונע, גלאַוונע, זאַבאַוונע, יאַוונע, פּלאַוונע, פּראַוואָסלאַוונע, יבנה (נ.), כּלאַוונע (נ.).

אַ וו ע נ ע ז

דאַוועגעז, (זיך) יאַוועגעז. (גר. אַווע–נעז).

אַ וו ע ץ

מערזאַוועץ, סאַמאָדערזשאַוועץ, קראַסאַוועץ, אַטפּראַווע–טס, דאָבאַווע–טס א. א. וו. (גר. אַווע–טס).

אַ ז ד ע

גוויאַזדע, יאַזדע, כּי לעולם חסדו. (גר. אַז–דו, די).

אַ ז י ם

אשכּנזים, פּלאַזים, מגזם, ראַזעם! מיאַזם, סאַרקאַזם, ענטוזיאַזם, איז מבזה אים, איך דערקאַזע אים א. א. וו. (גר. אַז, אַזע–אים). (פּ.) ווייז אים א. א. וו. (זע: ײַז).

אַ ז י ק

מזיק, מחזק, גאַזיק. (גר. אַז, אַזע–יק). (פּ.) גרייזיק, אייזיק (נ.). (זע: ײַזיק).

אַ ז ע וו ק ע

סאַזעווקע, ראַזעווקע.

אַ ז ש נ י ק

בומאַזשניק, טריקאָטאַזשניק, סאַבאָטאַזשניק, סטראַזשניק. (גר. אַזש–ניק).

אַ ז ש נ ע

באַגאַזשנע, בומאַזשנע, וואַזשנע, וויראַזשנע, טראָד־עטאַזשנע, טריקאָטאַזשנע, דראַזשנע (נ.). (גר. אַזש–נע).

אַ ז ש ע

גאַזשע, לאַזשע, סאַזשע, סטראַזשע, פּאַלאַזשע, פּאָקלאַזשע, איך אָוואַזשע, איך דערקאַזשע, איך אַטוואַזשע (זיך),

איך מאזשע, איך פֿראזשע, נא זשע! (גר. א־זשע).

א ט אָ ר ג ע

קאטאָרגע, אגיטאטאָר־קע, אָרגאניזאטאָר־קע א. א. וו. (גר. אָטאָר־קע).

אָ ט ו ו ע

דראטווע, קארפּאטווע, לאָטוו(י)ע· (גר. אט־ווי)·

אָ ט ו נ ג

גאטונג, באראטונג, באשטאטונג, אויסשטאטונג.

אָ ט י ע ן

סמבטיון, סימפּאטיע־ן, קאטיע־ן א. א. וו. (גר. אטיע־ן)·

אָ ט ל ע ס

אטלעס, פּאטלעס, מאטלע׳ס (נ.), איך בטל עס, איך צעפּאַטל עס. (גר. אט־לאָז). (פּ.) בייטל עס, טייטל עס א. א· וו. (זע: ײַטל).

אָ ט נ י ק

אקוראטניק, בת׳ניק, דעסיאטניק, הארבאטניק, ראזווראטניק, ראטניק, שמאטניק.

אָ ט נ ע

פּיאטנע, אקוראטנע, אראמאטנע, דעליקאטנע, זדאטנע, מיאטנע, סעפּאַראטנע, פּלאטנע, פּעטשאטנע, פּאַרמאטנע, קוואדראטנע, ראזווראטנע, שאכמאטנע, שטאטנע. (גר. אט־נע).

אָ ט נ ע ס

שעטנז, פּיאטנעס, קטנות. (גר. אטן־עס, אָדער אט־נס).

א ט ע ו ו ע ן

באַלעבאטעווען, בליאטעווען, וואטעווען, זאראַבאטעווען, זאטראטעוועז, טשאטעווען, מאטעווען, פּאַרדראטעווען, פּארפּעטשאטעוועז, צעטראטעווען, צעקאטעוועז. (גר. אטע־ווען)·

אָ ט ר ע ק

וויאטרעק, שטן מקטרג. (גר. אטער־יק).

אָ ט ש י ק

האטשיק, הארלאטשיק, מיאטשיק, פּיסקאטשיק, פּלאָטשיק, קוואטשיק, דאַקלאדטשיק, סקלאדטשיק, פּאַדריאַדטשיק, ליאטשעק, מאטשעק (נ.). (גר. אטש־יק).

אָ ט ש נ ע

פּראטשנע, באַרדאטשנע, דאטשנע, זנאטשנע, טאבאטשנע, מראטשנע, סמאטשנע, פּארטאטשנע, פּידזשאַטשנע, פּראטשנע. (גר. אטש־נע).

אָ כ ו ו ע ס

רחבות, פּאכוועס. (גר· אך־וואָס).

אָ כ ז ע ר

אכזר, מחזור. (גר. אך־זייער).

אָ כ ל ע

מחלה, נחלה, דראכליע, קאָכליע, מאכליע (נ.), איך פּארטאכליע.

אָ כ ל ע ס

תכלית. (זע: אכלע)·

אָ כ מ ע

דראכמע, לחמא, שבת נחמו, איך יאכמע.

אַ כ מ ע ן

צעיאַכמען, נחמן, בעל רחמן, לאַכמאַן, רחמים. (גר. אַך־מען).

אַ כ נ ע

מחנה, יאַכנע (נ.), שכנא (נ.), איך טשאַכנע.

אַ כ ס ן

יחסן, אַלכסון.

אַ כ ע ד

פחד, מיחד, משחד, וקבצנו יחד, ער טראַכעט. (גר. אַך־האַט, היט).

אַ ל ו ו ע

כאַלווע, מלוה, שלום ושלוה. (גר. אַל־ווי).

אַ ל י ם

גבר אלים, גלגלים, עוזר דלים, קדשים קלים, מעלים, אלם, טשוואַליאַם, איך באַפאַל אים, איך קנאַל אים א. א. וו. (גר. אַל־אים). (פּ.) איך פאַרווייל אים, איך צעקייל אים א. א. וו. (זע: ײַל).

אַ ל י נ ע ם

מאַלינעם, סמאַלינעם. (גר. אַל־איז, עם).

אַ ל י ק

בינדאַליק, שקאַליק, גאַל־יק, שטראַל־יק א. א. וו. (גר. אַל־יק. זע: אַלעק). (פּ.) אייליק, גרייליק א. א. וו. (זע: ײַליק).

אַ ל כ ע ס

גלחות, בגדי מלכות, איך קאַלך עס.

אַ ל מ י ד

תלמיד, תלמוד, באַטשאַלמעט, פאַרהאַלמעט. (גר. אַל־מיט).

אַ ל מ ע

האַלמע, טאַלמע, טשאַלמע, פאַלמע, כל הון דעלמא, תלמוד ירושלמי.

אַ ל מ ע ם

איך פאַלמעס, קלמוס. (זע: אַלמע). (גר. אַל־מוז, מאוס).

אַ ל נ י ע

גאַטאַוואַלניע, גאַראַלניע, טשעקאַלניע, ספאַלניע, פראַלניע, קופאַלניע, שוואַלניע, שקאַלניע.

אַ ל נ י צ ע

זאַפאַלניצע, נאַכאַלניצע, קריוואַלניצע, שלימזל'ניצע, שמד'לניצע א. א. וו. (זע: אַלניק).

אַ ל נ י ק

גאַראַלניק, כּף הקל'ניק, מערידאַלניק, נאַטשאַלניק, נאַכאַלניק, סאַפאַלניק, ספר פראַלניק, סקאַנדאַלניק, סראַלניק, צימבאַלניק, קוואַרטאַלניק, קרימינאַלניק, שלימזל'ניק, שמד'אַלניק, שפּאַרגאַלניק, שקאַלניק.

באַריאַלניק, ביבראַלניק, זערקאַלניק, זשאַכאַלניק, טשעקאַלניק, כאַיאַלניק, מאַטעריאַלניק, סווידאַלניק, סקאַלניק, סקריפּאַלניק, קודראַלניק, קליסאַלניק, קעראַלניק (פון קלעזמער־זשאַרגאָן).

אַ ל נ ע

פראַלנע, קוואַרטאַלנע, סטאַלנע, פאַדעפאַלנע, פאַוואַלנע, פאַרמאַלנע,

קראָכמאַלנע (נ.), באַל-נע, נאָכאַל-נע א. א. וו. (גר. אַל-נע).

אַ ל ע ו ו ע ן

באַלעווען, דאַמאַלעווען, זשאַלעווען, טשוואַלעווען, צעפּראַלעווען. (גר. אַלע-ווען).

אַ ל ע ט

דלד, פּאַרוויאַלעט, ער מל'עט, ער צע־פּראַלעט, ער קראָכמאַלעט, באַלאַט, סאַליד. (גר. אַל-האַט, היט). (פּ.) ער יעלה'ט.

אַ ל ע ל

הלל, מחלל, מתפּלל, בצלאל (נ.).

אַ ל ע מ ע ן

אַלעמען, משלם'ען. (גר. אַלע-מען).

אַ ל ע ף

אלף, חלף. (גר. אַל-אויף).

אַ ל ע ץ

זאַקאַלעץ, פּאַסטאַיאַלעץ, אַ גע'מל'־עטס, אַ פּאַרוויאַלעט'ס. פּאַלאַץ.

אַ ל ע ק

אַנטאַלעק, וואַלעק, מאַרשאַלעק, פּיד־פּאַלעק, פּריקאַהאַלעק, מחלק, מסלק, נסתלק, באַליעק. (זע: אַליק).

אַ ל פּ ע

זאַלפּע, מאַלפּע.

אַ ל פּ ן

דלפן, חלפן. (גר. אַל-פון).

אַ ל ק ן

באַלקן, וואַלקן, די פּאַלקן, די קאַטאַ־פּאַלקן.

אַ ל ק ע ר

אַלקער, וואַלקער. (גר. אַלק-ער, אָדער אַל-קער).

אַ ל ש ע

פּאַלשע, גענעראַלשע.

אַ מ אַ ך

זאַמאַך, סמך, גראַם איך, טאַראַראַמע איך א. א. וו. (גר. אַם, אַמע-איך).

אַ מ ב ל

אַנסאַמבל, פּריאַמבל, סטאַמבול (נ.).

אַ מ ד ן

למדן, די זאַמדן.

אַ מ ע ו ו ע ן

טאַראַראַמעווען, ליאַמעווען, פּאַרהאַ־מעווען, פּאַרטאַמעווען, שטאַמעווען, שליאַמעווען. (גר. אַמע-ווען).

אַ מ ע ט

סאַמעט, למד, מלמד, ער טאַראַראַמעט, ער ליאַמעט, זאַמוט (נ.). (פּ.) מעמד.

אַ מ ע ט נ ע

האַמעטנע, גראַמאַטנע. (זע: אַמעט).

אַ מ פּ

וואַמפּ, שטאַמפּ.

אַ מ פּ ע

קאַמפּע, ראַמפּע, פּאַמפּאַ.

אַ מ פּ ע ר ט

לאַמפּערט, צעהאַמפּערט.

אַ מ ש

זאַמש, יאַמש, ראַמש.

א נ ד י ק

סנדיק, בראנד–יק, פארשטאנד–יק א. א. וו. (גר׳ אנד–יק, אדער אן–דיק).

א נ ד ר ע

סאלאמאנדרע, פאנדרע (נ.), אלעקסאנדרא (נ.), אנד(ע)רע.

א נ ו ו ע

קאנווע, איך גנב׳ע. (גר. אן–ווי).

א נ ט ו ך

האנטוך, לאנטוך. (גר׳ אנט–איך, אייך, אדער אן–טוך).

א נ ט י ע

גאראנטיע, כיראמאנטיע, ביזאנטיע (נ.). (גר. אנט–יע).

א נ ט ע ו ו ע ן

ברילִיאנטעווען, פלאנטעווען, פראנטעווען, קאמעדיאנטעווען, קאנטעווען. (גר. אנט–עווען).

א נ ט ש א פ ט

באקאנטשאפט, געוואנדשאפט, געזאנדשאפט, לאנדשאפט, פארוואנדשאפט. (גר. אנד, אנט–שאפט). (פ׳) פיינדשאפט, פריינדשאפט.

א נ ט ש י ק

באראנטשיק, דיוואנטשיק, טשולאנטשיק, טשעמאדאנטשיק, יאפאנטשיק, יונגערמאנטשיק, מיידאנטשיק, פאראוואנטשיק, קאבאנטשיק, קאנטשיק. (זע: אנשטשיק).

א נ ט ש ע

אפאנטשע, איך ניאנטשע, איך קליאנטשע, חנה׳טשע, דערמאנט זשע, פלאנט זשע א. א. וו. (גר. אנד, אנט–זשע).

א נ י ע ץ

אבאדראניעץ, אמעריקאניעץ, וויכאוואניעץ, פאווסטאניעץ, פאסלאניעץ, ראניעץ, קאניץ, (א) פארוויאניע–טס. (זע: אניע, און אנער).

א נ י ע ר

שאמפאניער, שפאניער. (גר. אניע–ער).

א נ י צ ע

דראניצע, וויכאוואניצע, פיאניצע, ראניצע, באראבאניע–ט זי, כליאניע–ט זי א. א. וו. (זע: אניע).

א נ י ק ע

חנוכה, אפטאניקע, דאנטאניקע, באטאניקע, מעכאניקע.

א נ ס ט ו ו ע

גראביאנסטווע, דוואריאנסטווע, כוליגאנסטווע, פיאנסטווע, שארלאטאנסטווע. (זע: אן).

א נ ס ק ע

באריאנסקע, גאלגאנסקע, כוליגאנסקע, לאפאצאנסקע, מארמאנסקע, אסטראכאנסקע, קובאנסקע א. א. וו. (גר. אן–סקע).

א נ ע ו ו

גנב, יאנעוו (נ.), באן הויף. (גר. אן–אויף).

א נ ע ו ו ע ן

אבמאנעווען, באלאגאנעווען, באראבאנעווען, בויאנעווען, טאראבאנעווען,

פּאַנעווען, פּיאַנעווען, פּלאַנעווען, פּאַר־סטאַנעווען, פּאַרשאַרלאַטאַנעווען, שאַ־נעווען. (גר׳ אַן־עווען).

אַ נ פּ ן

בראַנפּן, איך חנפּ׳ן. (גר. אַן־פּון).

אַ נ צ י ע

אינסטאַנציע, דיסטאַנציע, וואַקאַנציע, סטאַנציע, קוויטאַנציע. (גר. אַנץ־יע).

אַ נ צ י ק

בראַנציק, גלאַנציק, צוואַנציק, דאַנציג (נ.). (זע : אַנץ). (פּ.) ניינציק.

אַ נ ש ט ש י ק

אַבמאַנשטשיק, באַלאַגאַנשטשיק, באַנ־שטשיק, באַראַבאַנשטשיק, קאָמעדיאַנ־שטשיק, קאַרמאַנשטשיק, שאַרמאַנ־שטשיק. (זע : אַנטשיק).

אַ ס אַ ך

פּתח, האַס איך, שפּאַס איך א. א. וו. (זע : אַס).

אַ ס ט ו ך

פּאַסטוך, פּאַסט אייך, פּאַסט איך א. א. וו. (זע : אַסט).

אַ ס ט י ע

דינאַסטיע, נאַסטיע (נ.). (גר. אַסט־יע).

אַ ס ט ק ע

טשאַסטקע, ענטוזיאַסטקע, פּאַסטקע, שעסנאַסטקע.

אַ ס י ע

פּאַסיע, קוואַסיע, זאַסיע, באַסיע (נ.), כאַסיע (נ.), איך שת׳יע, אַפּאַנאַסיע (נ.). (גר. אַס־יע).

אַ ס ל

איך פּסל, דאָס ש״ס׳ל. (גר. אַס־ל).

אַ ס ל ע

האַסלע, יאַסלע.

אַ ס מ ע

טאַסמע, פּאַסמע, איך חתמ׳ע, אַס־(ט)מאַ.

אַ ס מ ע ד

מתמיד, פּאַרחת׳מעד. (גר. אַס־מיט).

אַ ס נ י ק

גרימאַסניק, פּוסט און פּאַסניק, קאָל־באַסניק, קאָליאַסניק, קוואַסניק.

אַ ס נ ע

גלאַסנע, גרימאַסנע, זאַפּאַסנע, יאַוונע ר־יאַסנע, לאַמפּאַסנע, פּוסט און פּאַס־נע, קלאַסנע, אסנה (נ.). (גר. אַס, אַסע־נע).

אַ ס ע ו ו ע ן

איסקאַסעווען, גרימאַסעווען, זאַפּאַסע־ווען, פּוסט און פּאַסעווען, צעטאַסע־ווען. (גר׳ אַס, אַסע־עווען).

אַ ס ע נ ע

חתונה, געלאַסענע, מאָרנעפּאַסענע, איך נתנ׳ע. (זע : אַסנע).

אַ ס ק י ם

מסכים, מתעסקים. (גר. אַסק־אים).

אַ ס ק ל

מוסר השכל, משכיל, חסקל (נ.), בת קול. (זע : אַסק).

אַ ס ק ן

עסקן, איך פּסק׳ן. (גר. אַסק־אַן).

אַ ס ר ע

מתרה, בבא בתרא, מרא דאתרא, תרתי דסתרי, בלאָס(ע)רע, נאָס(ע)רע.

אַ פּ אַ ך

זאַפּאַך, כאַפּ איך, קלאַפּ איך א. א. וו. (זע: אַפּ).

אַ פּ ט אָ ם

ראַפּטאָם, כאַפּט אים, קלאַפּט אים א. א. וו. (זע: אַפּ).

אַ פּ ט ש ע

לאַפּטשע, סטראַפּטשע, איך גראַפּטשע, איך דראַפּטשע, האַפּטשי! באַב־טשע, כאַפּט זשע, קלאַפּט זשע א· א. וו. (גר. אַפּט–זשע). (פּ.) טייבטשע (נ.), קנייפּט זשע.

אַ פּ נ י ק

אראַפּניק, קוראַלאַפּניק.

אַ פּ נ ע

וואַפּנע, עטאַפּנע.

אַ פּ ט ש י ק

טיפּאָגראַפּטשיק, ליטאָגראַפּטשיק, פאָ־טאָגראַפּטשיק, שקאַפּטשיק, מערזאַוו־טשיק, פּלאַוטשיק, קראַסאַוטשיק.

אַ פּ ל י ע

וואַפּליע, טאַפּליע, קאַפּליע, פּלא והפּלא.

אַ צ ל

מציל, מתנצל, קאַרנאַצל, מאַטראַצ–ל, פּאַיאַצ–ל א· א. וו. (זע: אַץ).

אַ צ ע ו ו

מצב, קצב, נציב, אמת ויציב. (גר. אַץ–אויף).

אַ ק ס ע

טאַקסע, פּראַקסע. (גר. אַקס–ס׳אי(ז).

אַ ק ע ו ו ע ז

אַפּבליאַקעווען, וואַקעווען, פּאַטאַקע־ווען, פּאַסמאַקעווען (זיך), פּאַקעווען, פּאַרבראַקעווען, פּאַרטשוואַקעווען. (זע: אַק)·

אַ ק ר ע ם

יקרות, שקרות. (גר. אַקער–איז, אָדער אַק–רים).

אַ ק ש ן

עקשן, מקשן. (גר. אַק–שווין, שיין).

אַ ר ב ל

אַרבל, מאַרבל. (גר. אַרב–ל).

אַ ר ב ע

ספּאַרבע, האַרבע. (גר. אַר–ביי).

אַ ר ב ע ם

אַרבעס, ספּאַרבעס, תרבות, איך פּאַרב עס, איך קאַרב עס א. א· וו. (גר. אַרב–עס, איז).

אַ ר ג ו ם

תרגום, איך הרג׳ע אים, איך זאַרגע אים א. א. וו. (גר. אַרג, אַרגע–אים)·

אַ ר ד י ע

גוואַרדיע, לאָמבאַרדיע (נ.) (גר. אַרד־יע).

אַ ר ד ע

באָמבאַרדע, האַלעבאַרדע, מושטאַרדע, פּעטאַרדע, קאַקאַרדע, ספרדי. (גר. אַר–דו, די).

אַ ר װ ע

באַרווע, ליאַרווע, פּאַר(ע)ווע. (גר. אַר־ווי).

אַ ר װ ע ר

סאַרווער, פּאַר(ע)ווער. (גר. אַר־ווער).

אַ ר ט ו ך

פּאַרטוך, וואַרט איך, שפּאַרט אייך א. א. וו. (גר. אַרט־איך, אייך).

אַ ר ט י ע

כאַרטיע, פּאַרטיע. (גר. אַרט־יע).

אַ ר ט ש י ק

לאַרטשיק, פּאַרטשיק, קאַרטשיק, אהר׳־טשיק (נ.), פּאַנאַר־טשיק, באַזאַר־טשיק. (זע: אַר).

אַ ר י ו ם

אַנטיקוואַריום, אַקוואַריום, סאַניטאַר־יום, סעמינאַריום, סצענאַריום א. אנד. (זע: אַריע).

אַ ר י ע ר

אַגראַריער, אַריער, הומאַניטאַריער, וועגעטאַריער, פּאַרלאַמענטאַריער, פּראָלעטאַריער א. אנד. (גר. אַריע־ער, אָדער אַר־יאַר).

אַ ר י ק

פּולוואַריק, קאַנאַריק, שאַריק. (גר. אַר־יק).

אַ ר כ ע

מאַנאַרכע, איך טרח׳ע, ארחי ופרחי. איך סרח׳ע.

אַ ר כ ע ט

באַרכעט, ער טרח׳עט, ער סרח׳עט. (גר. אַרד־האַט, היט).

אַ ר כ ע ס

באַרכעס, מאַנאַרכעס, פּאַרכעס, הצ־טרכות, איך שנאַרד עס. (גר. אַרד, אַרכע־עס, איז).

אַ ר מ ע

פּאַרמע, קאַזאַרמע, וואַר(י)מע, אַר־מ(י)ע.

אַ ר מ ע ט

פּאַרמעט, אַרמוט. (גר. אַר־מיט).

אַ ר מ ע ר

פּאַרמער, מאַרמאָר, וואַר(י)מער, גע־נאַר מיר א. א. וו. (גר. אַרם־ער, אָדער אַר־מיר, מער).

אַ ר נ י ע

גאַרבאַרניע, גיסאַרניע, האַמאַרניע, חסידאַרניע, טאַקאַרניע, לייבטאַרניע, מאַלאַטאַרניע, מליעטשאַרניע, סטאַ־ליאַרניע, סליעסאַרניע, סמאַליאַרניע, ספּיזשאַרניע, פּסאַרניע, פּעקאַרניע, פּראַטשקאַרניע, פּרעסאַרניע, קאַוויאַר־ניע, קיבעצאַרניע.

אַ ר נ י ק

בראַוואַרניק, גאַרבאַרניק, גענאַרניק, כאַבאַרניק, פּאַזשאַרניק. (גר. אַר־ניק).

אַ ר נ ע

באַרנע, סאַרנע, סטאַליאַרנע, סמאַ־ליאַרנע, באַזאַרנע, דיסציפּלינאַרנע, וואולגאַרנע, זמאַרנע, טאַוואַרנע, כמאַרנע, עלעמענטאַרנע, (עקסטרא)־אָרדינאַרנע, סאָלידאַרנע, סאַניטאַרנע, פּאַזשאַרנע, פּאַרטיקולאַרנע, פּאַרנע, פּאַמיליאַרנע, קאַשמאַרנע, קוסטאַרנע,

רעגולאַרנע, רעפּערטואַרנע, טשאַרנע (נ.), סאַראַנע(?). (גר. אַר, אַרע–נע).

אַ ר נ ע ם

פּרנס, מפרנס, די באַרנעם, סאַרנעם, סטאַליאַרנעם, סמאַליאַרנעם, טשאַר־נע׳ס (נ.), מיר שאַרן עס. (גר. אַר־נס, אָדער אַרן–עס).

אַ ר ס ק ע

אַפּטעקאַרסקע, באַיאַרסקע, בולגאַר־סקע, בונטאַרסקע, גאַרבאַרסקע, הו־זאַרסקע, זשאַנדאַרסקע, טאַטאַרסקע, טאַקאַרסקע, טעסליאַרסקע, מוליאַר־סקע, סטאַליאַרסקע, סליעסאַרסקע, סמאַליאַרסקע, צאַרסקע, רימאַרסקע, שווייצאַרסקע, איך פּאַרסקע. (גר. אַר–סקע).

אַ ר ע ו ו

מקרב, פּאַרעוו(ע), מצרף, חריף. (גר. אַר–אויף). (פּ.) מעריב.

אַ ר פּ ע

חרפּה, איך שאַרפּע.

אַ ר פּ ע ם

כרפּס, חרפּות, אַ קאַרפּ עס, איך שאַרפּע עס.

אַ ר ש ט

באַרשט, וואַרשט, מיד דאַרשט.

אַ ר ש ע

פּרשה, סטאַרשע, וואַרשע (נ.), נאַ־ר(י)שע, ליטעראַר(י)שע אַ. אַ. וו. (זע: אַריש).

אַ ש ט ע

כרכשתא, ראַשטע, ושתי (נ.), די איבערראַשטע, די צעטאַשטע, פּאַר־נאַש(ס)טו, וואַש(ס)טו, פּאַש(ס)טו, רעש(ס)טו.

אַ ש ט ש

מאַשטש, פּלאַשטש.

אַ ש ט ש י ק

יאַשטשיק, אוקאַזטשיק, זאַקאַזטשיק, פּריקאַזטשיק.

אַ ש ט ש ע ן

בליאַשטשען, טאַראַשטשען, טאַש־טשען, לאַשטשען, צעבראַשטשען, צע־פּלאַשטשען, צעשאַשטשען.

אַ ש י ק

דאַשיק, זאַשיק, יאַשיק, פּאַדאַשיק, אַשיק, נאַשיק, ראַשיק, רעש׳יק. (גר. אַש–יק).

אַ ש מ ע

טאַשמע, יאַשמע, משמע.

אַ ש נ י ק

האַרעפּאַשניק, קאַלאַשניק, קאַמאַש־ניק, קאַשניק, ראַספּאַשניק, שאַבאַש־ניק.

אַ ש ע ו ו

מישב, יש לישב, סטאַשעוו (נ.), מכשף. (גר. אַש–אויף).

אַ ש ק ן

משכון, שר המשקים. (גר. אַש–קען).

אַ ש ר ע ם

כשרות, עשרות, פּשרות. (גר. אַשער–עס, אָדער אַש–ריס).

אָ ב ו ס
גלאָבוס, לאָבוס, די אָסאָבע–ס, איך האָב עס א. א. וו. (זע: אָב, און אָבע).

אָ ב נ ע
אוראָבנע, דראָבנע, זשאַלאָבנע, ספּאָ־סאָבנע, פּאָדאָבנע, פּאָדראָבנע, פּראָב־נע, סדאָבנע. (גר. אָב, אָבע–נע).

אָ ג י ק
לאָגיק, פּעדאַגאָגיק· (*) וואָגיק, גוג ומגוג. (גר. אָג, אָגע–יק).

אָ ג י ש
לאָגיש, פּסיכאָלאָגיש א. א. וו. (זע: אָגיע).

אָ ד ז ש ע ן
באָדזשען, בראָדזשען, דאָגאָדזשען, פּלאָדזשען.

אָ ד י ק
אָדוק, צדוק (נ.), זאָדיק, שופּליאָדיק, סמראָדיק. (גר. אָד, אָדע–יק). (זע: אָדעק).

אָ ד ל ע
יאָדלע, פּאָדלע·

אָ ד ל ע ר
פּאָדלער. (*) אָדלער. (גר. אָדל–ער, אָדער אָד–לער). (פּ.) באָזודלער, דרוד־לער, שפּרודלער·

אָ ד נ י ע
באָרניע, זבראָדניע, זוואָדניע.

אָ ד נ י צ ע
אַגאָראָדניצע, נאַראָדניצע, שקאָדניצע. (*) מאָדניצע, ספּאָדניצע. (פּ.) בעז־ליודניצע.

אָ ד נ י ק
(זע: אָדניצע)·

אָ ד נ ע
ווזוואָדנע, בלאַגאָראָדנע, וויגאָדנע, לאַגאָדנע, מאָדנע, נאַראָדנע, סוואָ־באָדנע, סמראָדנע, פּלאָדנע, סאַמע־ראָדנע, גראָדנע (נ.). (גר. אָד, אָדע–נע).

אָ ד ע ו ו ע ן
באָדעווען, האָדעווען, פּלאָדעווען, ראָס־כאָדעווען. (*) לאָדעווען. (גר. אָד–עווען).

אָ ד ע ק
אָקאָלאָדעק, וויראָדעק, ספּאָדעק, פּושאָדעק, כאָדאָק. (זע: אָדיק)·

אָ ד ק ע ו ו ע
פּאָדקעווע, איך לאָדקעווע (זיך), איך פּליאָטקעווע·

אָ ד ר ע
יאָדרע, באָדרע.

אָ ד ר ע ס
יאָדרעס, טודרוס (נ.). (גר. אָדער–עס).

אָ ו ו י נ ע
נאָווינע, באָראַנקאָווענע, פּוכאָווענע. (גר. אָווע–נע).

אָ ו נ י ע

גלאָוניע, וואַזאָווניע, ליעדראָווניע, פּראַצאָווניע.

אָ ו נ ע

ברוקאָוונע, גוואַלדאָוונע, גראַנדאָוונע, גרונטאָוונע, דוכאָוונע, הורטאָוונע, פּאַקאָוונע, ראַפּטאָוונע, קאָוונע (נ.), ראָוונע (נ.). (גר. אָווע-נע).

אָ ו ע ט

ער כאָוועט, ער לאָוועט, ער מליאָוועט, ער פּאַרנאַראָוועט, ער קאָוועט, ער קליאָוועט, ער ראָוועט, דאָוואַד. (*) מגן דוד, פּחיתת הכבוד.

אָ ו ש ט ש י ק

בונטאָווּשטשיק, וואַנדראָווּשטשיק, זאַבאַסטאָווּשטשיק, סאָרטיראָווּשטשיק.

אָ ז אַ ק

קאָזאַק, בלאָז זאַק, ווימאָראָזעק. (גר. אָז-יק).

אָ ז י נ ק ע

ראָזינקע, בעריאָזינקע.

אָ ז ע ר ע

אָזערע. (זע: אָזער).

אָ ז ש י נ ק ע

ראָזשינקע, סעריאָזשינקע (נ.).

אָ ז ש נ י ק

בעזבאָזשניק, טאָמאָזשניק, קאָרטיאָזשניק, (סאָם) סאַפּאָזשניק, מאָראָזש(ע)ניק.

אָ ז ש נ ע

טאָמאָזשנע, סאַפּאָזשנע, בעזבאָזשנע, קאָרטיאָזשנע, מאָראָזש(ע)נע, קאָזש(ע)נע.

אָ ז ש ע

לאָזשע, קאָזשע, ראָזשע, קראָזשע, ראָגאָזשע, פּאָכאָזשע, אָ באָזשע! איך דאָלאָזשע, איך דראָזשע, איך פּאָרגראָזשע, סעריאָזשאָ (נ.), לאָז זשע! (גר. אָ, אָז-זשע).

אָ ט י ק

באָטיק, דלאָטיק, נאַרקאָטיק, עקזאָטיק, עראָטיק, קאָטיק, איך פּאַרבלאָטיק, מאָטעק (נ.). (*) דראָטיק, שטאָטיק. (גר. אָט, אָטע-יק).

אָ ט נ י ע

מאָטניע, סאָטניע, פּלאָטניע, קאָלעקאָטניע. (*) קלאָטניע.

אָ ט נ י ק

אָכאָטניק, זלאָטניק, לגאָטניק, סאָטניק, סובאָטניק, סוכאָטניק, פּלאָטניק.

אָ ט נ ע

ראָטנע, אָבאָראָטנע, אָטשאָטנע, אָכאָטנע, ווילגאָטנע, לגאָטנע, מאָרקאָטנע, נודאָטנע, סליאָכאָטנע, פּאָטשאָטנע, פּיעכאָטנע, פּיעשטשאָטנע, פּלאָטנע, ראַסטשאָטנע. (גר. אָט, אָטע-נע).

אָ ט ש ט

פּאָטשט, ער טאָטשט.

אָ ט ש י ק

באָטשיק, באַנקראָטשיק, ליאָטשיק, סטאָטשיק, פּולעמיאָטשיק, פּאַגאָטשיק, כאָטשיק, קליאָטשיק, אָטשעק, וואָראָטשעק. (גר. אָט-טשיק).

אָ ט ש נ ע

באָטשנע, טאָטשנע, מאַלאָטשנע, סאָטשנע, פּראָטשנע, אָפּאָטשנע (נ.).

אָ ט ש ק ע

באָטשקע, פּלאָטשקע, קוואָטשקע, שניאָטשקע, איך באַלעבאָטשקע, איך האָטשקע (זיך), איך טשאָטשקע (זיך). איך סמאָטשקע, איך קאַלעקאָטשקע.

אָ ט ש ק ע ס

פּראָטשקעס. (זע : אָטשקע).

אָ כ י ד

בן יחיד, גע'מלאכה'ט. (גר. אָכע–ט). (פּ.) ער איזניוכעט (זיך), ער בוכעט, ער סקרוכעט.

אָ כ ץ

איך אָכץ, איך שלאָכץ, געקאָכטס.

אָ כ ק ע

וואָכקע, מאָכקע, יאָכקע (נ.), איך אָכקע, איך טיאָכקע. (*) ברכה'קע, רח'קע (נ.).

אָ כ ר י ם

סוחרים, מוכרים, נכרים, עוכרים. (גר. אָכער–אים).

אָ ל אַ ך

וואָלאַך, הלך, גאָל איך, מאָל איך א. א. וו. (זע : אָל, און אָלע).

אָ ל ב

סטאָלב, באָלב.

אָ ל ב ע

איך באָלבע, איך דאָלבע, קאָלבע. (גר. אָל–ביי).

אָ ל י צ ע

פּאָליצע, פּאָזוואָליעט זי, כאָליעט זי. (זע : אָליע).

אָ ל נ י צ ע

באָלניצע, סאָלניצע, סאַמאָוואָלניצע. (זע : אָלניק).

אָ ל נ י ק

מאָנאָפּאָלניק, ניעוואָלניק, סאַמאָוואָלניק, סטאָלניק, פּאַראַסאָלניק, ראָלניק, ראַסקאָלניק.

אָ ל נ ע ר

קאָלנער, פּאָלנער, וואָל(ע)נער. (*) זדאָלנער, מעלאַנכאָלנער, סאַמאָוואָלנער, פּאַוואָלנער. (גר. אָל–נאָר).

אָ מ ב ע

באָמבע, טראָמבע, פּלאָמבע, קאַטאַקאָמבע. (גר. אָמ–ביי).

אָ מ י ע

אַגראָנאָמיע, אַווטאָנאָמיע, אַנאַטאָמיע, אַסטראָנאָמיע, גאַסטראָנאָמיע, עקאָנאָמיע, פיזיאָנאָמיע א. אַנד. (גר. אָם–יע).

אָ מ י ק

קאָמיק, אַנאַטאָמיק, פיזיאָנאָמיק, שוואָמיק, שטראָמיק. (פּ.) גערוימיק, שוימיק, תהומ'יק, באָמאַק, שליאָמאַק. (*) עמוק.

אָ מ י ש

קאָמיש, באָמיש. (גר. אָם–יש, זע : אָמיע).

אָ מ ע ט

כאָמעט, ער באָמעט, ער לאָמעט, ער

לאָקאָמעט (זיך). (*) עמוד, נר תמיד, (גר. אָם-היט). (פּ.) ער זומעט, ער לומעט.

אָ מ ע ל ע

פּאָמעלע. (זע: אָמע).

אָ מ ע ץ

קמיץ, חמיץ, אמוץ (נ.), דעם נר תמיד'ס, דעם עמוד'ס. (גר. אָמע-טס, אָדער אָם-היץ).

אָ מ פּ

גלאָמפּ, דאָמפּ, לאָמפּ, פּאָמפּ.

אָ מ פּ ע

ליאָמפּע, פּאָמפּע, איך פּאַרסטאָמפּ(י)ע.

אָ מ ק ע

טיאָמקע, סטראָמקע, עקאָנאָמקע, איך באָמקע, איך בראָמקע, איך קאָמקע, ניאָמקע (נ.), שליאָמקע (נ.). (*) גאָמקע, אברהם'קע, בנימ'קע, נחמה'קע, רחמה'קע. (גע. אָם-קע).

אָ מ ר י ם

כומרים, שומרים, יש אומרים. (גר. אָמער-אים).

אָ מ ש ט ש י ק

נאָיאָמשטשיק, פּאָגראָמשטשיק, פּאָראָמשטשיק, פּריאָמשטשיק.

אָ נ ד ז ש ע ן

בלאָנדזשען, סאָנדזשען, סוואָנדזשען, ראָנדזשען.

אָ נ ד י ק

דאָנדיק, סוואָנדיק, פּאַראָנדעק, שפּאָנדאָק. (גר. אָן-דיק).

אָ נ ד ר י ק

היפּאָכאָנדריק, יוסל פּאָנדריק.

אָ נ ד ר ע

באַלעבאָנדרע, פּליאָנדרע, שליאָנדרע, מאָנדרע, לאָנדרי, היפּאָכאָנדר(י)ע.

אָ נ ט י ק

זאָנטיק, קאָנטיק. (*) מאָנטיק. (זע: אָנטעק).

אָ נ ט ע ק

מאָיאָנטעק, פּאָטשאָנטעק, פּאָמיאָנטעק, פּיאָנטעק. (זע: אָנטיק).

אָ נ ט ש י ק

באַלקאָנטשיק, בוטאָנטשיק, יאַפּאָנטשיק, לימאָנטשיק, מיליאָנטשיק, מעדאַליאָנטשיק, פּאַעטאָנטשיק, פּלאַקאָנטשיק, קאָנטשיק, שפּראָנטשיק, מאָנטשיק, אַראָנטשיק (נ.), סאַלאָמאָנטשיק (נ.). (גר. אָן-טשיק).

אָ נ ט ש ע

איך מאָנטשע, איך פּריליאָנטשע, איך קאָנטשע, באָנטשע (נ.), בראָנטשע (נ.), באַקאָנט זשע. (גר. אָנט-זשע).

אָ נ ט ש ק ע

מאָנטשקע, פּאָנטשקע, ספּראָנטשקע.

אָ נ י צ ע

אָניצע, זאַקאָניצע, זוואָניצע, קלאָניצע. (גר. אָניע-ט זי).

אָ נ י ק

ארכיטעקטאָניק, וואַזאָניק, זאַקאָניק, טאָניק, כראָניק, מנעמאָניק, מעדאַליאָניק, נאָניק, סאַרדאָניק, סטאָניק, פּלאַטאָניק, פּאָלאָניק, פּאָסטראָניק,

סאַלאָניק (נ.), אַמאָניאַק, קאָניאַק, אַגאָנעק, האָניג. (*) אתה בחרתנו'יק, איינטאָניק.

אָ נ ץ

אָנץ, באָנץ, וואָנץ, מאָנץ, פֿאָנץ, יאָנץ, איך גלאָנץ, קסיאָנדז, די באָנדס, אַ בלאָנדס, באַקאָנט־ס, דערקאָנט־ס. (פֿ.) אַ פֿאַרברוינט־ס א. א. וו. (גר. אָנט־ס).

אָ נ צ ע

וואָנצע, שמאָנצע, סטאַיאָנצע, רזשאָנדצע, איר קאָנט זיי, דערמאָנט זי א. א. וו. (גר. אָנט־זי, זיי).

אָ נ ק

באָנק, טראָנק, דזשאָנק, דיפטאָנג, דראָנג, סאָנג, פּיליאָנג, ציאָנג, סאָו לאָנג.

אָ נ ק ע

אכראָנקע, אַמאָזאָנקע, דאַיאָנקע, לאָנקע, סעזאָנקע, פֿאַלאָנקע, קאַזיאָנקע, קאָנקע, קאַפּטשאָנקע, קאָראָנקע, קאַרדאָנקע, שפּאָנקע, איך באָנקע, איך בלאָנקע, טשעמפּיאָנקע, פֿאַטשטאַליאָנקע, קאָמפּאַניאָנקע, קלעיאָנקע, קרעטאָנקע, שפּיאָנקע, מאָנקי.

אַנטאָנקע, האַרמאָנקע, יאַפּאָנקע, ניאָנקע, פּאָנקע, בראָנקע (נ.), סאָנקע (נ.), ראָנקע (נ.). (גר. אָנ־קע).

אָ נ ק ע ן

בלאָנקען, געשאָנקען, די באָנקען, בראָנקע'ן, סאָנקע'ן, ראָנקע'ן.

אָ נ ק ע ס

אַגאָנקעס, אַנטאָנקעס, פֿאַראָנקעס, פֿאַסטראָנקעס, די אַמאָזאָנקע־ס, די לאָנקע־ס א. א. וו. (זע: אָנקע).

אָ ס י ע

דוואָסיע (נ.), יאָסיע (נ.), סאָסיע (נ.), פעאָדאָסיע (נ.), פֿאַטאַגאָסיע (נ.). (גר. אָס־יע).

אָ ס י ע ן

אָסיען. (זע: אָסיע).

אָ ס י ק

פֿאָרנאָסיק, נאָסיק, פֿאַרדראָסיק, יאָסעק (נ.), באַסאַק. (*) פּסוק, מתוק, דאָסיק... (גר. אָס־יק).

אָ ס נ ע

סאָסנע, האַלאָסנע, מלאָסנע, פֿאָסנע. (גר. אָס־נע).

אָ ס ע ט

ער קאָסעט, ער האַלאָסעט, פֿאָסאַד. (*) חסיד, עתיד. (גר. אָס־היט).

אָ ס ע ף

מכירת יוסף. (*) חג האסיף, ככתוב, לשנה טובה תכתב. (גר. אָס־אויף).

אָ ס ק ע

נאָסקע, סאָסקע, סנאָסקע, עסקימאָסקע, פּאַפּיראָסקע, קאָסקע, פּלאָסקע, גאָסקע (נ.), דוואָסקע (נ.), יאָסקע (נ.), מאַטראָזקע. (*) נת(נ)'קע.

אָ - ע ט

להוט, לעולם ועד.

אָ פּ ט ע

כאָפּטע, פֿאַרפּראָפּטע, פֿאַרשטאָפּטע, פֿאַרלאָבטע.

אָ פּ ט ש ע

איך דאָפּטשע, איך טאָפּטשע, איך כליאָפּטשע, איך לאָפּטשע, איך קאָפּטשע, פאַרפראָפּט זשע, פאַרשטאָפּט זשע, דאָבטשע (נ.), באַגראָבט זשע, שאָבט זשע.

אָ פּ י ע

אוטאָפּיע, מיזאַנטראָפּיע, פילאַנטראָפּיע, איך טאָפּיע, איך קאָפּיע, איך קראָפּיע. (גר. אָפּ–יע).

אָ פּ י ק

סנאָפּיק, פּידשאָפּיק, שקאָפּיק, טראָפּיק, שטאָפּיק, טשאָפּעק, כלאָפּאַק. (גר. אָפּ, אָפּע–יק).

אָ פּ י ש

אוטאָפּיש, טראָפּיש, מיזאַנטראָפּיש, מיקראָסקאָפּיש, פילאַנטראָפּיש. (גר. אָפּ, אָפּע–יש).

אָ פּ נ ע

איך צעלאָפּנע, שטאָפּנע. (גר. אָפּ–נע).

אָ פּ ס

מאָפּס, קליאָפּס, האָפּס! די קלאָב–ס, דעם פּאָפּ–ס, דעם יודאָפּאָב–ס. (גר. אָב, אָפּ–ס).

אָ פּ ע ט ע

לאָפּעטע, קאָפּיטע, כלאָפּאָטע, פּראָפּע(ר)טי, צעלאָפּעטע, פּאַרסאָפּעטע, פּאַרקאָפּעטע, פּאַרשליאָפּעטע. (גר. אָפּע–טע).

אָ פֿ י ע

טעאָזאָפיע, פילאָזאָפיע, סאָפיע (נ.). (גר. אָף–יע).

אָ צ י ק

סטאָציק, קאַמלאָציק, טראָציק, קלאָציק. (גר. אָץ–יק).

אָ צ ע

מעצאָצע, האָצע קלאָצע, איך סאַקאָצע, האָט זי, פאַרבאָט זיי א. א. וו. (*) חצי. הלצה, בראָט זי, באָד זיי א. א. וו. (גר. אָד, אָט–זי, זיי).

אָ צ ע ר

ראָצער. (*) אשר יצר, חצר, יום הקצר. (גר. אָץ–ער). (פּ.) שטוצער, שמוצער.

אָ צ ק ע

סטראָצקע, קליאָצקע, איך האָצקע, איך פאַרפאָצקע, איך קאַלעקאָצקע, איך שמאָצקע, סאָטסקע, אידיאָטסקע, טראָצקי (נ.), וויסאָצקי (נ.), בראָדסקי (נ.). (גר. אָט–סקע).

אָ ק ט ש ע ן

סמאָקטשען, קוואָקטשען. (גר. אָקט־שוין, שיין).

אָ ק י ש

יאָקיש (נ.), ריש לקיש (נ.). (גר. אָק–יש).

אָ ק ש ן

לאָקשן, אינסטראָקשן, אָקשן, פּראָדאָקשן, קאָנסטראָקשן, רעדאָקשן. (גר. אָק–שוין, שיין).

אָ ר ב ע

טאָרבע, קאָרבע. (גר. אָר–ביי).

אָ ר ג ע

מאַניפּאָרגע, מאָרגע, שפּאָרגע, אָרג(י)ע.

אָ ר ד ע
האָרדע, מאָרדע· (גר. אָר־דו, די).

אָ ר וו ע ס
באָרוועס, חרבות, ערבות, פאָר ווייז. (פ·) קורוועס.

אָ ר ט ש ע
איך וואָרטשע, איך קאָרטשע (זיך), אָהר׳טשע (נ.), שנאָרט זשע. (*) פאָרט זשע, פאַרשפּאָרט זשע, שרה׳טשע (נ.).

אָ ר י ק
היסטאָריק, רעטאָריק, אוזאָריק, יצר הרע׳יק, פאָספאָריק, באָרעק, זאַמאָ־רעק, קאָרעק. (*) הרוג, האָריק, פּאַראַ־יאָריק. (גר. אָר־יק).

אָ ר כ י ם
בורחים, הכנסת אורחים, שבת מברכים, איך האָרך אים. (פ.) דורך אים, איך שטורכע אים.

אָ ר כ ע
איך שאָרכע, איך שנאָרכע, ארחי ופרחי, בעל כרחו, הקדוש ברוך הוא, ברכו. (פ.) איך שטורכע, אגב אורחא.

אָ ר ל ע
גאָרלע, טשאָרלע, ערלה.

אָ ר מ ע
האָרמע, נאָרמע, ערמה, פלאַטפאָרמע, פאָרמע, רעפאָרמע, אַבנאָרמע, עד חרמה, איך קאָרמע.

אָ ר מ ע ץ
שקאָרמעץ, קאָרמעט׳ס!

אָ ר נ י ק
דוואָרניק, לאַזשאָרניק, מאַטשאָרניק, סקאָרניק, קאַמאָרניק, שאָרניק.

אָ ר נ ע
זשאָרנע, נאַדזאָרנע, קאַמאָרנע, מאַ־זשאָרנע, מינאָרנע, ספאָרנע, פאָקאָר־נע, טשאָרנע (נ.)· (פ.) כמורנע. (גר· אָר־נע).

אָ ר ס
גאָרס, טאָרס, פאָרס, די סטאָרס, פלאָרס, איך אינדאָרס, דעם אַקט־יאָר־ס, דעם פּראָקוראָר־ס א. א. וו. (זע: אָר).

אָ ר ס י ם
משרתים, אפּיקורסים, מפורסם, יש גורסים, איך אינדאָרס אים. (גר. אָרס־אים).

אָ ר ס ק ע
שאָרסקע, איך פאָרסקע, אַקושאָר־סקע, אַקטיאָר־סקע א. א. וו. (גר. אָר־סקע).

אָ ר ע וו ע ן
באָרעווען (זיך), האָרעווען. (גר. אָרע־ווען).

אָ ר ע ץ
עם הארץ, פריץ, המוציא לחם מן הארץ. (גר· אָרע־טס).

אָ ר ץ
פאָרץ, שטאָרץ, פאָרד׳ס (נ.)· (פ.) קורץ. דעם לאָרד־ס, דעם ספאָרט־ס א. א. וו. (גר. אָרד, אָרט־ס).

אָ ר צ י ע
פאָרציע, קאָנסאָרציע. (גר. אָרץ־יע).

אָ ר צ ע

דראָזאָרצע, אָרצה, שנאָרט זי. (גר. אָרט–זי, זיי).

אָ ר ש

מאָרש, איך פּאָרש, אָקאָרש(ט).

אָ ר ש ט ש

באָרשטש, גאָרשטש.

אָ ר ש ט ש י ק

איזבאָרשטשיק, אַקטיאָרשטשיק, נאָבאָרשטשיק, פּאָדבאָרשטשיק, קאָנטאָרשטשיק.

אָ ש ט ש

דראָשטש, כוואָשטש, טראָשטש, פלאָשטש.

אָ ש ט ש י ק

ניעבאָשטשיק, איזוואָשטשיק, דאָנאָסטשיק, ראָזנאָסטשיק.

אָ ש ט ש ע ן

דראָשטשען, טראָשטשען, כוואָשטשען, פלאָשטשען, איינמאָשטשען (זיך). (גר. אָסט–שוין).

אָ ש י ק

לאָשיק, קאָשיק, קליאָשיק, פּראָשעק. (פּ.) פּלוישיק, רוישיק, יאָשעק (נ.), מאָשעק (נ.). (זע: אָש, און אָשע).

אָ ש ל

קליאָשל. (*) משל. (זע: אָש). (פּ.) בושל, קונטושל.

אָ ש נ ע

גלאָשנע, מלאָשנע, ראָסקאָשנע.

אָ ש ע ט

ער טאַראַמאָשעט, ער פּאַרפּראָשעט, ער קאָשעט, ער ראָספּאַלאָשעט.

(*) פּשוט, חשוד.

ו

ו ב ט ש י ק

רובטשיק, גאָלובטשיק.

ו ב ל י ק

קובליק, רעפּובליק.

ו ב ע ק

דזיובעק, קובעק.

ו ד י נ ג

פּודינג, שטודינג. (פּ.) לאָדונג.

ו ד י ע

פּרעלודיע, סטודיע, איך בלודיע, איך סודיע (זיך). (*) איך ברודיע, איך הודיע, איך נודיע, איך פּאַסקודיע. (פּ. זע: ידיע).

ו ד ל ע

פּודלע, קודלע. (פּ. זע: ידלע).

ו ד ר ע

לאַכודרע, פּודרע, איך קודרע.

ו ז נ י ק

האַלאַפּוזניק, סאָיוזניק.

ו ז ש נ י ק

בינדיוזשניק, נוזשניק.

ו ז ש ע

בוזשע, זשוזשע, לוזשע, רוזשע (נ.), איך הוזשע, איך זשוזשע, איך סלוזשע, איך סקאַנפּוזשע, איך צעפּוזשע.

ו ז ש ע ל ע

פּוזשעלע. (זע: וזשע).

ו ט נ י ק

אינסטיטוטניק, ווירזשוטניק, לאַטוטניק, שוטניק. (*) מינוטניק. (פּ. זע: יטניק).

ו ט ע ף

שותף, מחזיר למוטב. (גר. וט–אויף).

ו ט ש

טאַלקוטש, ליגנוטש, פּאַרכוטש, הוטש! א יוטש!

ו ט ש י ק

טשוטשיק, פּאַרוטשיק, קרוטשיק. (גר. וטש, וטשע–יק).

ו ט ש נ י ק

מוטשניק, פּאַדרוטשניק, פּאַרוטשניק.

ו ט ש נ ע

סטוטשנע, סקוטשנע.

ו ט ש ע ל ע

טשוטשעלע. (זע: וטשע).

ו ט ש ע ר

בוטשער, קוטשער. (גר. וטש, וטשע–ער).

ו ט ש ק ע

טשוטשקע, סטרוטשקע, קוטשקע, קליוטשקע, קרוטשקע, שטוטשקע. (*) בלוטשקע.

ו - י ש

מבויש, עלוייש.

ו כ ל ע

פּוכלע, פּריטוכלע, קרוכלע, איך שמוכלע.

ו כ נ ע

פּרוכנע, עונג רוחני. (פּ. זע: יכנע).

ו כ ע נ ע ן

דוכענען, טשוכענען (זיך). (גר. וכענען).

ו כ ץ

בוכץ, איך שלוכץ, דעם צוכט–ס, פאַרזוכט–ס א. אי. וו. (גר. וכט–ס).

ו כ צ ע

בוכצע, זוכט זי, באַשוכט זי א. א. וו. (זע: וכט). (פּ.) רחצ׳ע (נ.).

ו כ ק ע

פּוכקע, מנוחה׳קע (נ.). (פּ.) מיכה׳קע (נ.).

ו ל אַ פּ

פּולאַפּ, טולופּ.

ו ל ב ע

בולבע, דולבע, קולבע. (גר. ול–ביי).

ו ל י אַ ש

גוליאַש, מוליאַרזש. (*) ערך המשולש.

ו ל י ע ר

מוליער, קאַפּוליער, שוליער, פּוליאַר. (גר. ול–ער).

ו ל י ק

זשוליק, שמואל׳יק. (זע: ולעק).

ו ל נ י ק

אַגולניק, נולניק, ציבולניק, צירולניק.

ו ל ם

אימפּולם, פּולם, די טולם, סקולם, דער שול־ם, שמואל־ם א. א. וו. (גר. ול־ם).

ו ל ע ו ו

לולב, שול הויף. (גר. ול־אויף). (פּ.) חילוף.

ו ל ע ד

בולעד, משולח. (גר. ול־איד). (פּ. זע: ילעד).

ו ל ע ק

זאַוואָלעק, פּשיטולעק, קולעק, מחולק, צולאָג. (זע: וליק).

ו מ ז ע ן

זומזען, ארום זען, אומזין. (גר. ומ־זען).

ו מ י ש

חומש, מומיש. (זע: ום, און ומע). (פּ. זע: ימיש).

ו מ נ ע

טרומנע, סומנע, שומנע.

ו מ נ ע ם

אומנות, טרומנעם. (גר. ומ־נם).

ו מ פּ ל

רומפּל, פּלומפּל. (זע: ומפּ).

ו מ פּ ע ר

טומפּער, פּלומפּער. (*) דומפּער, שטומפּער, שליומפּער. (גר. ומפּ־ער). (פּ. זע: ימפּער).

ו מ פּ ע ר ט

אומגעלומפּערט, פּאַרשליומפּערט. (פּ.) ער קלימפּערט.

ו מ ף

טריומף, שטרומף, טרונף.

ו מ ק ע

גומקע, סומקע, רומקע. (*) בלומקע (נ.), פּרומקע (נ.). (פּ. זע: ימקע).

א ו מ ר ע

חומרא, אומרו, מום רע.

ו נ ד ל

זונדל, פּונדל. (זע: ונד).

ו נ י ע

יוניע, קאַלדוניע, קלוניע. (*) נדוניה, קנוניה. (פּ. זע: יניע).

ו נ י צ ע

פּאָמוניצע, מפוניצע. (פּ. זע: יניצע).

ו נ י ק

טוניק, קאַרבוניק, זוניק, סליוניק. (גר. ון־יק. זע: ונעק).

ו נ ע ק

גאַטונעק, ריסונעק, קערונעק, ראַבונעק, ראַטונעק, סטראַשונעק, מפונק. (זע: וניק).

ו נ פּ ט

פּאַרנונפּט, איינקונפּט, צוזאַמענקונפּט, צוקונפּט.

ו נ ק ע

אַפּיעקונקע, בונקע, הונקע, זדונקע, טשוהונקע, ניונקע. (*) שפּאַרונקע, סטרונקע, בונקע (נ.), גרונקע (נ.),

כוואסטונ־קע, לאסונ־קע א. א. וו. (זע: וז).

ו נ ק צ י ע

אינטערפונקציע, פונקציע.

ו ס אַ ך

נוסח, הוס איך, שמועס איך א. א. וו. (גר. וס־איך).

ו ס ט ר ע

ליוסטרע, אינדוסטר(י)ע.

ו ס י ע

דיסקוסיע, זוסיע (נ.). (גר. וס־יע).

ו ס ק

איספּוסק, כּליוסק, פּליוסק, פּולטוסק (נ.), אַטפּוסק.

ו ס ק ע

זאַקוסקע, לוסקע, מענוסקע, פּריקוסקע, איך כּליוסקע, איך פּליוסקע.
(*) קליוסקע.

ו פּ ל

קאַרדופּל, שקרופּל, איך קופּל.
(*) מטופּל, שטופּל. (זע: ופּ).
(פּ. זע: ופּל).

ו פּ ל ע ר

קופּלער, שטשופּלער. (*) שטופּלער.
(גר. ופּל־ער).

ו פּ נ י ק

כּאַלופּניק, סופּניק, פּרעסטופּניק, פּשע־דופּניק, קרופּניק.

ו פּ ק ע

גרופּקע, הופּקע, כּאַלופּקע, פּאַקופּקע, פּופּקע, פּערעקופּקע, גובקע, טרובקע, יובקע, ליובקע, מאַלאַזובקע, קובקע, קלובקע, שובקע. (*) קופּקע.

ו פ י ע

כנופיה, פילוסופיה. (גר. וף־יע).

ו פ ל

קאַרטופל, שופל, קופל. (גר. וף־ל).

ו פ ל י ע

טופליע, טרופליע. (*) מופלא.

ו פ ל י ק

קופליק, שופליק. (*) מופלג.

ו פ ע ר

בופער, מופער. (*) קופער(ט), (אויס)־רופער, צופאָר, אָז או(י)פהער. (גר. וף, ופע־ער). (פּ. זע: ופער).

ו צ ט ו ו ע

פּריסוטסטווע, באַלאַמוצטווע, פּאַסקוד־סטווע.

ו צ י ק

שטוציק, שמוציק. (*) צוציק, איי־גענווציק, פּוציק. (זע: וץ). (פּ. זע: וציק).

ו צ ל אַ ך

מוצלח, נוצלאַך. לא יוצלח. (גר. וץ־לאַך. (פּ. זע: וצל).

ו צ ע ר ן

פּלוצערן, שמוצערן, אַ שטוצערין.
(*) אויסנוצעריין, פּוצעריין.

ו צ ק ע

בלוצקע, ברוצקע, קרוצקע, סטרוצקע, איך בוצקע, איך קאַלאַפּוצקע, באַכ־מוטסקע, יאַקוטסקע, קאַלאַקוטסקע.

ו ק ל

מיזוקל, סורטוקל, פיטיוקל, יוקל (נ.). (*) פּאַרוקל.

ו ק ל ע

קוקלע, פוקלע.

ו ק ס ו ס

לוקסוס, די דוכסות. (גר. וק—ס'איז, אָדער וקס—איז).

ו ק צ י ע

אינטראָדוקציע, דעדוקציע, פּראָדוק־ציע, רעפּראָדוקציע, רעדוקציע, אָב־סטרוקציע, אינסטרוקציע, קאָנסטרוק־ציע, רעקאָנסטרוקציע.

ו ר ג

דראַמאַטורג, כירורג, מעטאַלורג, בורג, מאַגדעבורג, פּעטערבורג א. א. וו.

ו ר ג י ע

ליטורגיע, דראַמאַטורגיע, כירורגיע, מעטאַלורגיע.

ו ר ד ע

בורדע, האַלעבורדע. (גר. ור—דו, די).

ו ר ו ו ע

חורבה, קורווע. (גר. ור—ווי).

ו ר ט ק ע

קורטקע, פורטקע.

ו ר י ע

פוריע, קוריע, יוריע (נ.), לוריע (נ.). (גר. ור—יע).

ו ר מ ע

הורמע, טורמע, פורמע.

ו ר נ ע

אורנע, דעזשורנע, גיבורנע, כמורנע, אַזשור—נע, קולטור—נע א. א. וו. (גר. ור—נע).

ו ר נ ע ם

בורנעם, אורנע—ם, דעזשורנע—ם. (גר. ורן—עם, אָדער ור—נם).

ו ר ם

קורס, רעסורס, דעם בור—ם, דעם סקנור—ם א. א. וו. (גר. ור—ם).

ו ר ס י ם

אפיקורסים, מפורסם. (גר. ור—ס אים).

ו ר ע ו ו

מקורב, מטורף, צורוף. (גר. ור—אויף).

ו ר ע ק

בורעק, לאַזורעק, שמוראַק.

ו ר ץ

קורץ, שטורץ. (גר. ור—טס).

ו ר צ ע

פורצע, קורצע. (גר. ורט—זי, זיי).

ו ש ט ש ע

הושטשע, איך לושטשע, איך כליוש־טשע.

ו ש ל

בושל, מושל, קונטושל. (זע: וש). (פ.) משל.

ו ש נ י ק

כאַליפושניק, קאַפּעליושניק.

ו ש נ ע

קאָניושנע, פּאָדושנע, פּאָסלושנע, דוש־נע.

וי

ו י ב ל
אויבל, סויבל, איך צעדרויבל. (גר. ויב-ל). (ל.) טייבל, סטייבל, קייבל, לייבל (נ.), מייבעל (נ.).

ו י ב ס
אויבס, דער טויב׳ס, דער פויפס(ט). (גר. ויב-ס).

ו י ג י ם
אתרוגים, וואס טויג אים, איך בויג אים א. א. וו. (זע: ויג).

ו י ג ע ר
טויגער, שמויגער, תוגר. (גר. ויג-ער). (ל.) זייגער, פגר א. א. וו. (זע: ײַגער).

ו י ט י ם
הדיוטים, חוטאים, שוטים, חוטם, איך טויט אים, איך נויט אים א. א. וו. (זע: ויט). (ל.) גרייט אים, באקלייט אים א. א. וו. (זע: ײַט).

ו י ט ש י ק
באַיטשיק, גוי׳טשיק, סלאַיטשיק, פּראַ־באַיטשיק, פּראַיטשיק (נ.), קויטשוק.

ו י ט ש ע ן
מלויטשען, פּאַרטאַיטשען, צעבאַי־טשען, צעקאַדאַיטשען. (גר. ויט-שוין, שוין).

ו י כ ע ט
ער כויכעט. (*) שוחד, שוחט, אוי־כעט. (גר. ויך-האַט).

ו י כ ע נ ע ן
רויכענינען, יוחנן (נ.). (ל.) צײַכענען. (זיך) מכינ׳ען.

ו י ל ע ט
טאַילעט. (*) מולד, בולט, נולד, ער קוילעט. (גר. ויל-האַט).

ו י מ ר י ם
כומרים, שומרים, יש אומרים. (גר. וימער-אים).

ו י נ י צ ע
פּאַמוינִיצע, דאַיניצע. (זע: ויניק).

ו י נ י ק
באַגעבאַיניק, סטראַיניק, ראַזבאַיניק. (*) ימח שמו׳ניק, כל בו׳ניק, עונג. (ל.) ווײַניק, איך רײַניק א. א. וו. (זע: ײַניק).

ו י ס י ק
עוסק, פּוסק, שותק, שמויסיק. (גר. וים, ויסע-יק). (ל.) עסק, שווייסיק.

ו י ס ל
שטויסל, אזנים לכותל. (גר. ויס-ל). (ל.) איך טרייסל.

ו י ס ע ט
ער גוס׳עט, ער כוסה׳ט, אויסעט, אַרויסעט. (גר. וים-האַט, היט).

ו י ס ע ף
איז מוסף, יוסף (נ.), במצוותיו. (גר. וים-אויף). (ל.) עשו.

ו י - ע ף
אוהב, נואף. (גר. וי-אויף).

ו י פ ע

סטויפע, איך פּאַטויפע.

ו י פ י ם

רופאים, שר האופים, איך קויף אים, איך פאַרלויף אים א. א. וו. (זע: ויף).

ו י פ ל

הויפל, חולי נופל, אַזוי פיל. (גר. וי־פיל). (ל.) זייפל, צווייפל א. א. וו. (זע: ויִפל).

ו י פ ע

רופא, מסוף עולם ועד סופו. (ל.) מגפה, מכשפה א. א. וו. (זע: ויִפע).

ו י ק י ם

זיך נוקם, איך פויק אים. (ל.) עמלקים, איך ווייק אים א. א. וו. (זע: ויִקים).

ו י ר י נ ג

אוירינג, יוירינג. (גר. וי־רינג).

ו י ר ל

גורל, גוירל, פוירל (נ.), קוירל.

ו י ר ע ט

יורד, פאר'מרה'שחורה'ט, צעווירעט, מורד, לא מעלה ולא מוריד. (גר. ויר־האַט). (ל.) ער מעלה גירה'ט, ער מיירעט, ער הייראַט.

יָ

יָ ב ו ך

טריבוך, ציבוך, ליב איך, פאַרגיב איך א. א. וו. (זע: יָב). (פ.) דלובע איך, הרי זה משובח.

יָ ב ו ק

דיבוק, (ליולקע)־ציבוק, צוויבאַק, רי־באַק, נאַכגיביק, פּריגיביק. (פ.) שטור־ביק, גרוביק.

יָ ב נ עַ

דריבנע, איך כיבנע. (פ.) דובנע (נ.).

יָ ב ע ט

כבוד, לאַבוד, זאַלבע זיבעט, טיבעט (נ.). (גר. יָב־האַט, היט).

(פ.) משעובד, יום זה מכובד, ער דלו־בעט.

יָ ב ע צ ן

זיבעצן, קיבעצן.

יָ ג ע ו ו ע ן

סטריגעווען, ציגעווען, ריגעווען. (גר. יָגע־ווען).

יָ ג ע ל ע

ניגעלע, וויגעלע, קריגעלע א. א. וו. (זע: יָגל, און יָגע).

יָ ד ז ש ע ן

ברידזשען (זיך), דאַברי־דזשען, לי־דזשאַן. (פ.) נודזשען, פּאַסקודזשען.

יָ ד י ע

האווידיע, סובסידיע, ידידיה (נ.), איך אַבידיע. (גר. יָד־יע). (פ.) איך ברודיע, איך הודיע, איך פאַסקודיע.

י ד י ע ן

פדיון, קאמידיען, מדין (נ.), ידידיה׳ן, אבידיען. (פ.) ברודיען, הודיען, פאס־קודיען.

י ד ל ע

בידלע, ביעלידלע, בראזידלע, ווידלע, טאטשידלע, סמאראווידלע, סטראשיד־לע, פאווידלע, קאזידלע. (פ.) פודלע, קודלע.

י ד נ י צ ע

מידניצע. (זע: יְדניק).

י ד נ י ק

זלידניק, יריד׳ניק, כלאמידניק, ספיד־ניאק. (פ.) מארודניק, נודניק, פאס־קודניק, פודניק.

י ד נ ע

אבידנע, בידנע, ווידנע, זלידנע, יע־כידנע, יריד׳נע, סאלידנע, פלידנע. (גר. יְד, יְדע–נע). (פ.) ברודנע, מאַ־רודנע, נודנע, פאסקודנע.

י ד ע ך

שידוך, באמי דיך, ס׳ציט דיך, זיך איך א. א. וו. (גר. יְ, יְד, יְט–איך, דיך). (פ.) הודע איך, ברודע איך, נודע איך.

י ד ר י ך

קאפידריך, פרידריך. (גר. יְדער–איך).

י ד ר ע

כל נדרי, ווידרע, הידרע.

י ו ו י ק

זיווג, ליוואק, סיוואק. (גר. יְוו–יק). (פ.) סימן מובהק.

י ו ו נ י ק

היווניק, פיווניק, פריזיווניק, גריוו(ע)־ניק, גוד איווני(נ)ג. (פ.) ישובניק.

י ו ו ע ץ

פאסטיוועץ, פארשיוועץ, (איז) ניוועץ. (גר. יְווע–טס).

י ו ו ר ע

ליוורע, לא היה ולא נברא, עברי.

י ז י ו ו

פריזיוו, שקר וכזב. (גר. יְז–אויף).

י ז י ם

זריזים, הר גריזים, פיזעם, וואס איז אים. (גר. יְז, יְזע–אים). (פ.) בוזים, כרוזים, איך מוז אים.

י ז י ס

קריזיס, איזי׳ס (נ.), איז עס, וויזע־ס א. א. וו. (זע: יְז, און יְזע). (פ.) כ׳מוז עס.

י ז י ע

דיוויזיע, וויזיע, פראוויזיע, קאליזיע, רעוויזיע. (גר. יְז–יע).

י ז מ ע

טשיזמע, סכיזמע, פיזמע, פריזמע, צינעפיזמע, קליזמע. (פ.) גוזמא.

י ז נ ע

אקציזנע, בליזנע, נעדיזנע, סטאריזנע, קאפריזנע, איך זאריזנע, שמאלעוויז־נע (נ.). (גר. יְז–נע).

י ז ש

גריזש, נעגליזש, פרעסטיזש, קריזש, נאבלעס אבליזש, פאריזש. (פ.) סטרוזש.

י ז ש י ק

טשיזשיק, קריזשיק, שוויזשיק, קי־זשאַק, פּיזשאַק. (גר. יזשע־יק).

י ז ש ע

איך גריזשע, איך נאַדליזשע, ריזשע, טשיזשע, פלי זשע, צי זשע א. א. וו. גר. י־זשע).

י ט ו ו ע

בריטווע, מאַליטווע. (גר. יט־ווי).

י ט י ם

מעות חטים, תכשיטים, פּטום, ריטם, איך פאַרביט אים, איך היט אים א. א. וו. (זע: יט, און יטע).

(פּ.) פּיוטים, ער טוט אים, איך צע־בלוט אים.

י ט י נ ג

מיטינג, קוויטונג.

י ט נ י צ ע

סיטניצע, פּאַביטניצע, קיטניצע.

י ט נ י ק

פּאַביטניק, פּליטניק. (פּ.) מינוטניק.

י ט נ ע

אמביטנע, אַפּעטיטנע, בלאַנקיטנע, סיטנע, ספּריטנע, פּאַזיטנע, וויזיט־נע, קאַלאַריט־נע. (גר. יט־נע).

(פּ.) מוטנע, קאַלאַמוטנע, קוטנע (נ.).

י ט ר ע

וויטרע, מיטרע, סאַליטרע, פּאַליטרע, פּולפּיטרע, ציטרע, כיטרע. (פּ.) צוטרוי.

י ט ש י ק

סמיטשיק, קריטשיק, גליטשיק, קווי־טשיק. (גר. יטש, יטשע־יק).

י ט ש נ ע

אַנטיטשנע, דיכאָוויטשנע, זאַגראַ־ניטשנע, יאַלעוויטשנע, כאַלעריטשנע, סקראָפּוליטשנע, פּאַליטיטשנע, פּאַב־ריטשנע. (גר. יטש, יטשע־נע).

(פּ.) סקוטשנע.

י ט ש ע ר

גענצוויטשער, טיטשער, פּיטשער, קווי־טשער, מעזוריטשער (נ.), פּיטשור. (זע: יטש, און יטשע). (פּ.) דאָקו־טשער, מוטשער.

י ט ש ק ע

בריטשקע, וויטיטשקע, זיטשקע, טאַב־ליטשקע, טיטשקע, מאַסקוויטשקע, סטיטשקע, סיטשקע, ספּיטשקע, פּאַ־זיטשקע, פּאַליטשקע, פּריוויטשקע, פּשעניטשקע, פּרעבעליטשקע, קיטשקע, ריטשקע, איטשקע (נ.). (פּ.) בלוטש־קע.

י - י ש

ביויש, יאויש, קיאויש, נביאיש, רביאיש.

(פּ.) מבוייש, עלוייש.

י כ ו ו ע

ליכווע, ריכווע, איך ניכווע. (גר. יך־ווי).

י כ י ע

מחיה, סטיכיע, יחיה, תחיה. (גר. יך־יע).

י כ נ ע

איך דריכנע, איך וויכנע, נכנע, וויכ־נע (נ.). (פּ.) פּרוכנע, עונג רוחני.

י כ ע ט

וויכעט, ער דיכעט, ער כיכעט, ער

סליכעט, יחוד, שיר היחוד. (גר. יִד־האַט). (פּ.) שליח מיוחד.

יִ ל ב ל

בלבול, מילבל. (פּ.) מבולבל.

יִ ל י צ ע

פּאַטיליצע, שפּיליעט זי, פּיליעט זי א. א. וו. (זע: יִליע).

יִ ל כ ן

הילכן, באַרילכן, שפּילכן. (פּ.) שולחן.

יִ ל מ ע

בילמע, פּילמע.

יִ ל נ י ק

מאָהילניק, בילניק, נאַשילניק, נעווילניק, פּוסטילניק, (פּורים) שפּילניק, שיפּעטילניק.

יִ ל ע ו ו ע ן

דרילעווען, סמילעווען, פּילעוווען, פּאַרשפּילעווען, צילעווען. ((גר. יִל, יִלע־עווען).

יִ ל ע ו ו ק ע

ווילעווקע, כתריאל'עווקע.

יִ מ ב ל

טימבל, צימבל, איך דרימבל, סימבאַל. (פּ.) איך ברומבל.

יִ מ י ק

בימיק, מימיק, גרימיק, סלימאַק, איינשטימיק. (פּ.) בלומיק, זשומיק, שרמיק, אַרומיק, טלומעק.

יִ מ י ש

בימיש, מימיש, קאַראַאימיש, שימוש. (פּ.) חומש, מומיש.

יִ מ כ ע

שמחה, תמחה, שישו ושמחו. (פּ.) מומחה.

יִ מ ס

גזימס, פּימס, די טימס, סקימס, סקרימס, דעם קאַראַאימ'ס, מאַקסימ'ס. (פּ.) דער בלומ'ס, אַ קרומ'ס, אַ פּרומ'ס, אַ שטומ'ס.

יִ מ ע ט

למוד, פּאַרשטשימעט, לימיט, קלימאַט. (גר. יִם־האַט). (פּ.) אומעט, ער זשומעט, ער שומעט, (ער גייט) אומעט, (ווי) אַרומעט, פּרומעט (נ.), מלומד, משומד.

יִ מ ע נ ט

דימענט, רימענט. (גר. יִם־הענט).

יִ מ ע נ ע

לימענע, זימענע. (פּ.) מזומענע, באַנומענע, גענומענע, פּאַרנומענע, צענומענע, געקומענע, צעשוואומענע.

יִ מ פּ

פּימפּ, שטימפּ, שימפּ, אָלימפּ (נ.). (פּ.) זומפּ, פּלומפּ, דומפּ, שטומפּ.

יִ מ פּ ל

פּימפּל, דימפּל, סימפּל, גימפּל (נ.), איך גרימפּל, איך טרימפּל, איך רימפּל. (פּ.) פּלומפּל.

יִ מ פּ ע ט

אימפּעט, קימפּעט. (גר. יִמפּ־האַט). (פּ.) פּאַרדומפּעט.

יִ מ פּ ע ר

ווימפּער, איך קלימפּער, אָלימפּ(י)ער.

(פּ.) דומפּער, פּלומפּער, שטומפּער, שליומפּער.

יִמפּערט

ער קלימפּערט. (פּ.) אומגעלומפּערט, פֿאַרשליומפּערט.

יִנז

לינז, צינז, איך גרינז. (פגל. יִנס).

יִנזיכט

הינזיכט, שווינדזוכט. (גר. יִן־זוכט).

יִנזל

אינזל, פּינזל. (גר. יִן־זאַל).

יִנטעווען

פֿאַרגווינטעווען, צינטעווען. (פּ.) דער־גרונטעווען, בונטעווען (זיך).

יִנטשיק

בלינטשיק, כינטשיק, פּאַדראַבינטשיק, פֿאַרינטשיק, קאַטערינטשיק, רינ־טשאַק, פּינטשיק (נ.), גראַפּין־טשיק, ציטרין־טשיק א. א. וו. (זע : יִן).

יִנטשן

ווינטשן, לינטשן, פּינטשן. (גר. יִנט־שוין, שיין).

יִנטשע

מילינטשע, פּאַדינטשע, בינטשע (נ.), גרינטשע (נ.), דינה'טשע (נ.), פּינ־טשע (נ.), רעגינטשע (נ.), דאַ ווינ־טשי (נ.), געפינט זשע, פֿאַרדינט זשע א. א. וו. (זע : יִנט).

יִניצע

דיניצע, וויניצע (נ.), היניעט זי, זאַ־וויניעט זי. (פּ.) פּאַמוניצע, מפּוניצע.

יִנסטיק

גינסטיק, דינסטיק. (פּ.) דונסטיק.

יִנעווען

איזרינעווען, מינעווען, פֿאַרצינעווען, פֿאַרקלינעווען, ציקלינעווען.

יִנעף

פינעף, תינוף. (גר. יִן־אויף).

יִנעץ

גאַסטינעץ, דזשעדזשינעץ, זוויערי־נעץ. (זע : יִנע).

יִנפּטיק

קינפּטיק, פֿאַרנינפּטיק.

יִנצע

בלינצע, מלינצע, קרעסטינצע, שפּרינ־צע (נ.), געפינט זי, פֿאַרדינט זיי א. א. וו. (זע : יִנט).

יִנקס

ספינקס, אַ לינק־ס, אַ גרינג־ס א. א. וו. (גר. יִנג, יִנק־ס). (פּ.) דעם יונג'ס, דער לונג'ס, דער צונג'ס.

יִנש

צינש, איך ווינש.

יִנשטאָק

בינשטאָק, רינשטאָק. (גר. יִן־שטאָק).

יִסטרע

ביסטרע, פּיסטרע.

יִסים

משחיתים, נסים, סריסים, איך באַ־גרים אים, איך פֿאַרשליס אים א. א. וו. (גר. יִס, יִסע־אים). (פּ.) אנוסים, יחוסים, סוסים, מבוסם.

יִ ס י ע

מיסיע, דעמיסיע, טראַנסמיסיע, קאָ־מיסיע. (גר. יִס־יע). (פּ.) זוסיע (נ.).

יִ ס כ ע ר

מסחר, פּשיסכער (נ.).

יִ ס ל ע ו ו

כסליו, סטאַניסלאַוו (נ.). (גר. יִסל־אויף).

יִ ס נ ע

פּיסנע, פּריסנע, איך טריסנע, איך קיסנע.

יִ ס ע נ ע

ליסענע, געביסענע, פאַרביסענע, פאַר־ריסענע, געשמיסענע, אָפּגעשליסענע.

יִ ס ק

אַבעליסק, אַדאַליסק, איסק, באַזיליסק, סציסק, פּיסק, ריסק, בריסק (נ.), וואַל־קאָוויסק (נ.). (פּ.) פּולטוסק (נ.).

יִ ס ק ע

גריסקע, היתר עיסקא, ליסקע, מיסקע, סאַסיסקע, פּערעפּיסקע, פּריזוויסקע, קליסקע, ראַספּיסקע, זיסקע (נ.), חיס־קע (נ.), ניסקע (נ.), ריסקע (נ.), איך בריסקע, איך דריסקע, וויסקי, סאַן פראַנציסקאָ (נ.), דיוויזקע, וואַליזקע, פּריזקע, קירגיזקע (נ.), ליז(ע)'קע (נ.).

יִ ס ק ע ר

יזכור, וויסקער, אַ בריסקער, אַ וואַל־קאָוויסקער, אַ סאַן פראַנציסקאָ'ר. (פּ.) אַ פּולטוסקער, מאמר המוסגר.

יִ - ע ף

חיוב, איוב, קיעוו (נ.). (פּ.) משה מחויב. (גר. יִ־אויף).

יִ - ע ק

ליעק, פּיאַק, בדיוק. (פּ.) רוהיק.

יִ פּ י ק

טשיפּיק, קניפּיק, סיפּאַק, סקריפּיק. (גר. יִפּ, יִפּע־יק). (פּ.) סטרופּיק, סלופּיק, פּופּיק, שופּיק.

יִ פּ י ש

טיפּיש, עיפּוש, טפּוש, איך חיפּוש. (גר. יִפּע־יש).

יִ פּ ע ץ

פּיפּעץ, זליפּעץ, ליפּעץ. (גר. יִפּע־טס).

יִ פּ ק ע

דריפּקע, כריפּקע, סיפּקע, סקריפּקע, פּיפּקע, שטשיפּקע, ליפּקע (נ.), ציפּקע (נ.), גיבקע, ליבקע (נ.). (פּ.) קופּקע.

יִ פ י ק

ליפיק, פיפיק, פּאַסיפיק (נ.). (גר. יִף, יִפע־יק).

יִ פ ל

גריפל, טריפל, ליפל, שיפל, וויפיל? (גר. יִף־ל). (פּ.) קופל.

יִ פּ ץ

זיפּץ, געשריפּטס. (גר. יִפּט־ס).

יִ פּ צ ן

זיפּצן, געשריפּטסן. (פּ.) פּופּצן.

יִ פּ ר ע

שפרה (נ.), ציפּרע. (פּ.) משופרי דשופרי.

יִ צ ו ו ע

מצוה, קצבה. (גר. יִץ־ווי).

יִ צ ק ע

וויצקע, טיצקע, מיצקע, קיצקע, שפּריצקע, ציצקע, איצקע (נ.), כמעל־ניצקע (נ.), איך פּיצקע, מוזשיצקע, באַנדיטסקע, יעזואיטסקע, פּערסיד־סקע. (גר. יִט־סקע).

יִ ק וו ע

מקוה, התקוה, פּתח תקוה (נ.). טיקווע. (פּ.) ברוקווע. (גר. יִק־ווי).

יִ ק ז אַ ל

שיקזאַל, קאַזאַק הנגזל. (גר. יִג, יִק־זאַל).

יִ ק ל ע

צוויקלע, פּריטיקלע, ריקלע (נ.), איך ציקלע (זיך).

יִ ק צ י ע

דיקציע, יוריסדיקציע, פּיקציע, רע־סטריקציע.

יִ ק ר ע

איקרע, פּריקרע, מקרה, שכחה.

יִ ר ז ש ע

בירזשע, איך הירזשע. (גר. יִר־זשע).

יִ ר י אָ ם

מרים, דעליריום. (גר. יִריע־אים).

יִ ר כ ע

אירכע, סירכה, קירכע, טירחה, איך פּירכע. (פּ.) איך שטורכע, אגב אורחא.

יִ ר מ ע

פּירמע, שירמע, אירמע (נ.). (פּ.) הורמע.

יִ ר נ י ק

חזירניק, מאַסירניק, סיבירניק, קוואַר־טירניק, שטירניק. (פּ.) שיכורניק.

יִ ר ע וו ע ן

ווירעווען, זשירעווען, צירעווען, קירע־ווען, פאַרשנירעווען.

יִ ר ע נ ע ן

דערצירענען, חקירה'נען, סטירענען, שטשירענען.

יִ ר ק ע

גאַרנירקע, טאַבאַקירקע, נירקע, סטיר־קע, סירקע, פּאַסאַזשירקע, פראַנצע־מירקע, קושענירקע, שטשירקע, מירקע (נ.), סטירקע (נ.), צירקע (נ.), איך פּירקע, איך פירקע. (גר. יִר־קע). (פּ.) צורה'קע.

יִ ש ט ו ך

ווישטוך, טישטוך, דערפרישט אייך, מישט אייך א. א. וו. (זע: יִשט). (פּ.) צעקושט אייך, צע'חוש'ט אייך.

יִ ש ט י ק

פרישטיק, נישטיק. (גר. יִ, יִש־שטיק).

יִ ש ט ש

בלישטש, כלישטש, סווישטש, פישטש, פרישטש.

יִ ש ט ש י ק

סישטשיק, פרישטשיק. (זע: יִשטש).

יִ ש ט ש ע ן

איזנישטשען, בלישטשען, טרישטשען, טשישטשען, כלישטשען, סווישטשען, פישטשען, ווישט שוין, גיסט שוין א. א. וו. (גר. יִסט, יִשט־שוין, שוין).

י ש מ ע
קריאת שמע, נעשה ונשמע.

י ש נ י ק
אשת איש'ניק, באַרישניק, ווישניק.

י ש נ ע
משנה, אומישנע, זאַטישנע, לישנע, פּאַספּישנע, קרישנע, כהאי לישנא. (פּ.) דושנע.

ײ

ײ ב ל
טייבל, סטייבל, קייבל, לייבל (נ.), מייבל (נ.). (פּ.) זעבל, נעבל, פעלד־פעבל, די שנעבל, מעבל, שוועבל. (ל.) אויבל, סויבל, איך צעדרויבל.

ײ ב ע
לייבע (נ.), בייבי, אייבי (נ.), מעי בי. (פּ.) וועבע. (ל.) דרויבע, די טויבע.

ײ ו ו ע ט
שבט, אַפּידייוויט, דייוויד (נ.). (פּ.) עבד, בדיעבד, יוכבד (נ.).

ײ ט נ י ק
קלייטניק, ריעל עסטייטניק. (*) טאַנ־דעטניק.

ײ ט ש
קנייטש, פּיידזש.

ײ ט ש י ק
וואָראַבייטשיק, סאָלאָווייטשיק, קנייטשיק. (גר. ײ־טשיק).

ײ ט ש ל
קנייטשל, רייטשל (נ.).

ײ נ י ק י י ט
קלייניקייט, אייניגקייט, מיין ווייניגקייט, רייניגקייט. (פּ.) אָפּהעניגקייט, אונטערטעניגקייט, ווידערשפּעניגקייט.

ײ נ י ק ל אַ ך
אייניקלאַך, ווייניגלאַך. (פּ.) קעניגלאַך.

ײ נ י ש
שכנ'יש, שלײניש, ביינוש (נ.), וויין ניש(ט), שטיי ניש(ט) א. א. וו. (גר. ײ, ײן־ניש(ט)). (פּ.) איטאַליעניש, אַרמעניש, דעניש, סלאָווועניש, רומע־ניש, איך זע ניש(ט).

ײ ס ע ס
אייסעס, ספּייסעס, פּלייסעס, פּייסעס, קייסעס, איך היים עס, איך ווייס עס א. א. וו. (זע: ײם). (פּ.) מיוחסת, בית הכנסת. (ל.) גוסס, כוסות, אותיות, חרוסת, חנינה בן דוסה'ס, יוסי'ס, פּאַרשטויס עס.

ײ ס ק ע
אַרמייסקע, גוואַרדייסקע, לאַקייסקע, פּאָליציייסקע, קונדייסקע, ראַסייסקע, דרייזקע (נ.), רייזקע (נ.). (גר. ײ־סקע).

ײ ר ע ט
ער מעלה גירה'ט, ער מיירעט, ער

הייראַט. (גר. ער־האַט). (ל.) יורד, פאַר'מרה'שחורה'ט, צעווירעט, מורד, לא מעלה ולא מוריד.

ייִ ש ע

קדישה, רישא, פישע פיישע. (פּ.) בגדי משי. (ל.) תורת משה, קהלה קדושה, שלשה.

ייִ ש ע ס

קדישות, עצמות היבשות, ראשית, בראשית. (גר. ייִש־עס, איז).
(פּ.) קשת, הרי את מקודשת.

ייִ ש ע ר

לייִשער, פלייִשער. (פּ.) קשר.
(ל.) מליץ יושר, עושר, שעת הכושר.

ייַ

ייַ ב אַ ק

בײַבאַק, רייבאַק, האַרטלייביק.

ייַ ב ע

שייבע, טייבע (נ.). (פּ. זע: אַבע).

ייַ ג ע ט

פאַר'דאגה'ט, תנאי־גט. (גר. ייַג־האַט). (פּ. זע: אַגיד).

ייַ ג ע ן

דאגה'ן, פאַרביי געהן. (גר. ייַג־אַן, אין). (פּ. זע: אַגע).

ייַ ד י ק

געשמיידיק, שנײַדיק, ליידאַק. (גר. ייַד־יק. (פּ. זע: אַדיק).

ייַ ו ו י ש

פּיוּוויש, תאווה'יש, גאווה'יש. (פּ. זע: אוויש).

ייַ ט ש י ק

אַקרייטשיק, זייטשיק, קיטייטשיק. (גר. ייַ־טשיק, אַדער ייַטש־יק).

ייַ - י ך

שייך, אַטחיה איך, שריי איך א. א. וו. (גר. יי, ייַע־איך).

ייַ כ ט ו ם

רייכטום, ווייכט אים, שטרייכט אים א. א. וו. (זע: ייַכט).

ייַ כ ל ע ר

הייכלער, שטרייכלער, שפּייכלער.

ייַ ל י נ ג

דרייִלינג, פאַרווייִלונג. (זע: ייַל).

ייַ מ ע ר

מאמר, פאַרציימער, רײַמער. (גר. ייַם־ער). (פּ. זע: אַמער).

ייַ מ פּ ע ר ל אַ ך

גריימפּערלאַך, ווײַמפּערלאַך, באַשיימ־פּערלאַך.

ייַ נ ע ט

ער טענה'ט, אַריינעט. (גר. ייַן־האַט).

ייַ נ ק ע ף

יעקב, איינקויף.

ייַ ס י ם

די מעשים, איך רייס אים, איך בייס אים א. א. וו. (זע: ייַס).

ײַ ס ק ע

הולטייסקע, כאַזיאַיסקע, הײַזקע. (זע: ײַ). (פּ. זע: אַסקע).

ײַ - ע ו ו

בעל חייב, זיך מתחייב, ניקאָלייעוו (נ.), פּאַטשייעוו (נ.), מזייף. (גר. ײַ־אויף).

ײַ - ע ט

דייעט, חייט, פּיוט, פּרייהייט, רייאַט, ער אַט'חיה־ט, ער שמייע־ט א. א. וו. (זע: ײַע. גר. ײַ־האַט).

ײַ - ע ל

אשת חיל, טרייעל, אביגיל.

ײַ ע ץ

אַקרייעץ, גייעץ, זייעץ, פּאַיאַץ, מתיעץ. (גר. ײַע־טס).

ײַ - ע ר ט ע

פּײַערטע, געזייער־טע, געשייער־טע א. א. וו. (זע: ײַער).

ײַ ע ר ל

מײַערל, פּײַערל, פרייער־ל א. א. וו. (זע: ײַער).

ײַ פּ ע ר

דייפּער, קנייפּער.

ײַ צ י ק

אַקרייציק, גייציק, איך קרייציק. (גר. ײַץ־יק).

ײַ ש ן

ביישן, טײַשן. (פּ. זע: אַש).

ײַ ש ע ר

נתעשר, באשר. (גר. ײַש־ער). (פּ. זע: אַשער).

ע

ע ב ל י ע

גרעבליע, דזשעבליע, איך העבליע.

ע ב ע ד

נעבעד, טרעבוד, לעב איד, שטרעב איד א. א. וו. (גר. עב־איד).

ע ב ע כ ע ם

בעבעכעם, נעבעכעם, טרעבוכעם, לעב איד עם, שטרעב איד עם א. א. וו. (גר. עב־איד עם).

ע ב ר ע

זעברע, זשעברע, אַלגעברע.

ע ב ר ע ם

צעברעם. (זע: עברע).

ע ג ד ע

שמעגדע, צד שכנגדו. (גר. עג־דו, די).

ע ג ע ט

בגד, צד שכנגד, צעפּיעגעט, ער נעגעט.

ע ד י ע

אינטערמעדיע, טראַגעדיע, ענציקלאָפּעדיע, קאָמעדיע, איך ברעדיע.

ע ד נ י ק

דאַרמאָיעדניק, נאַסליעדניק, פּערעדניק.

ע ד נ ע

פּאַסליעדנע, רעדנע, וורעדנע, זשעדנע. (גר. עד־נע).

ע ד נ ע ר

בערנער, רעדנער, וורעדנער, זשעדנער. רעד נאָר. (גר. עד–נאָר).

ע ד ר ע

בעדרע, יעדרע, סדרה, חוט השדרה, קלאַפּסעדרע, קעדרע, קאַטעדרע.

ע ו ו י ע ן

אביון, טביה'ן (נ.).

ע ו ו נ י ק

האַראַבעווניק, מאַטשעווניק, סטעפּעווניק, פּאַרעווניק, קאַטעווניק, קורעווניק, פּעווניאַק.

ע ו ו נ ע

קלונטעוונע, פּעוונע, פּלעוונע (נ.). (גר. עוו–נע).

ע ו ו ע ד

ריוח, רעווע איד. (גר. עוו–איד). (פּ.) שייוו איד, סייוו איד א. א. וו. (זע: ײַף).

ע ו ו ע ר

עווער, שעדעווער, זשענעווער (נ.). קלעווער, נעווער. (*) שבר. (פּ.) אבר, קבר. (זע: ײַווער).

ע ו ו ר ע

חברה, מאַניעוורע.

ע ז י ם

בעזים, איך לעז אים. (גר. עז, עזע–אים). (פּ.) איך דערלייז אים, איך רײַז אים. (זע: ײַז).

ע ז י ע

הערעזיע, פּאָעזיע, מאַגנעזיע, שלעזיע (נ.). (גר. עז–יע).

ע ז י ק

היזק, געזיק, מזג. (גר. עז, עזע–יק).

ע ז ע ם

פּרעזעם, טעזים, יעזום (נ.), קרעזום (נ.), בערעזע–ם, איך לעז עם א. א. וו. (זע: עז, און עזע).

ע ט נ י ק

באַלעטניק, ביעלאָ-בילעטניק, בעזדעטניק, לאַנקעטניק, ליעטניק, סטאַטסקי–סאָוויעטניק, סמיעטניק, ספּליעטניק, קאַרעטניק. (*) טאַנדעטניק. (פּ.) קלייטניק, ריעל עסטייטניק.

ע ט ע נ ע

סמעטענע, באַטרעטענע, גערעטענע, פּאַרבעטענע, צעטרעטענע, פּאַרקנעטענע.

ע ט ש י ק

בופעטשיק, גאַזעטשיק, סאָוויעטשיק, פּלעטשיק, קאָמיטעטשיק, מעטשיק, קעטשיק, וואָרעטשעק.

ע ט ש נ ע

אַפּטעטשנע, בעזפּעטשנע, סטאַטעטשנע.

ע ט ש ע

איך באַלאַבעטשע, איך בעטשע, איך טאַלאַמעטשע, איך סקאַליעטשע, איך צעפּליעטשע, בעט זשע, גלעט זשע א. א. וו. (גר. עט–זשע).

ע ט ש ע ר

גלעטשער, סטרעטשער, קוועטשער. (גר. עטש, עטשע–ער).

ע ט ש ע ר ע

וועטשערע, פּעטשערע.

ע ט ש ק ע

געטשקע, מיעסטעטשקע, פּאָרעטשקע, פּעטשקע, רעטשקע, פּאָפּערעטשקע, סעטשקע, איך קעטשקע.

ע כ נ ע

קעכנע, איך וועכנע, איך פּעכנע.

ע כ ע ו ו ע ז

טשעכעוועז, סטעכעוועז, סטרעכעוועז, פאַרשטעכעוועז, פּאַרשעכעוועז.

ע כ ע ם

בית לחם, איך ברעך אים, איך שטעך אים א. א. וו. (גר. עך–אים).

(פּ. זע: ײַכעם).

ע כ ע נ י ש

געדעכעניש, ברעכעניש, שטעכעניש, אָפּשפּרעכעניש.

ע כ ק ע

פּעכקע, נעכקע. (פּ.) מיכה׳קע (נ.).

ע ל אָ ז

וועלאָז, מעלאָז.

ע ל ג ע ר

איך וועלגער, אַ בעלגיער (נ.).

ע ל י צ ע

דעליצע, טעליצע, מיאַטעליצע, פּריטשמעליעט זי א. א. וו. (זע: עליע).

ע ל י ק

בעליק, קרעליק, עליק (נ.), געפּעליק, שוועליק, אונטערשטעליק, צופּעליק. (*) מעליק, פּעליק, זעליק (נ.). גלגול שלג. (גר. על–יק). (פּ.) ביילּיק, חלק, א. א. וו. (זע: ײַליק).

ע ל מ ע

בעלמע, סטעלמע.

ע ל נ י ע

באַגאַדעלניע, פּאַטעלניע, ציגעלניע, קודעלניע, קעלניע.

ע ל נ י ק

באָרדעלניק, בעזדעלניק, דזשעלניק, מעלניק, סטעלניק, ציגעלניק, קאַראַבעלניק, שמד׳עלניק, צעלניק, כמעלניק (נ.). (גר. על–ניק).

ע ל נ ע ר

זעלנער, קעלנער, כ׳וועל נאָר א. א. וו. (גר. על–נאָר).

ע ל ע ב ל

האָטעלעבל, מאַמזעלעבל, פּאַראַסעלעבל, פּעלעבל, קול׳עבל, שטעלעבל, שינעלעבל. (*) געלעבל, שעלעבל.

(פּ.) פּאַטשיילעבל. (זע: ײַלע).

ע ל ש

וועלש, איך פּעלש.

ע מ אַ ך

סמך, למך (נ.), צמח (נ.), פאַרשעמאיך, רעם איך א. א. וו. (גר. עמ–איך). (פּ.) בליים איך, קליים איך (זע: ײַם).

ע מ ב ע

געמבע, דעמבע, טרעמבע, שקרעמבע. (גר. עם–בע).

ע מ ב ע ר

מעמבער, עמבער, דעצעמבער, נאָוועמבער, פּעפּטעמבער, ווי אַ דעמבער. (גר. עם–בער).

ע מ י ק
אקאַדעמיק, בעמיק, פּאַלעמיק, קרע־מיק, ברעמיק.

ע מ ע ץ
שמיץ, עמיץ, פאַרשטשעמעט־ס.

ע מ פּ י ק
פּעמפּיק, דעמפּיק, וועמפּיק, טעמפּיק.

ע מ פּ ע
געמפּע, סטעמפּע, קלעמפּע, קעמפּע, די טעמפּע, טעמפּאַ.

ע מ ק ע
טאַשעמקע, לעמקע, פּאַזיעמקע, נחמה׳־קע, טעמקע (נ.).

ע נ ד ו ם
רעפערענדום, הענדום פּענדום, איך פאַרבלענד אים, איך שענד אים א. א. וו. (זע: ענד).

ע נ ד ז ע
גענדזע, פּשענדזע.

ע נ ד ז ש ע ן
גאַווענדזשען, סוויענדזשען, פּענדזשען.

ע נ ד ק ע
ווענדקע, מענדקע (נ.), אינטעליגענט־קע, פּאַציענט־קע א. א. וו. (זע: ענט).

ע נ ז י ע
פּרעטענזיע, רעצענזיע.

ע נ ז ל
גענזל, פּענזל, פּרענזל, כרעמזל.

ע נ ז ע
גענזע, אינפלוענזע, פּענזע. (ל.) ברען זע, קען זע א. א. וו. (זע: ען).

ע נ ז ע ר
גענזער, נענזער, פּענזער (נ.), צענ־זאַר. (גר. ען־זער).

ע נ ט ש ע
פּאַרענטשע, בענטשע (נ.), איך נאַ־סטרענטשע, איך באַשוויענטשע, איך יענטשע, איך פּאַרמענטשע, איך קאַ־ווענטשע, ברענט זשע, באַקענט זשע א. א. וו. (גר. ענט־זשע).

ע נ י מ ל
ענימל, פּנימ׳ל. (פּ.) שיין אַ מאָל א. א. וו. (גר. ײַן־אַ מאָל).

ע נ י צ ע
מאַשעניצע, נבול פּה׳ניצע, פּלימעני־צע, קרעניצע.

ע נ ע ם
די טשלענעם, ענעם, סענעם, דיאַגנע־נעם (נ.), איך אַנערקען עס, איך ברען עס א. א. וו. (זע: ען). וועגום (נ.), טענים, בעני׳ס, עני׳ס, פּעני׳ס.

(*) מחותנת, איך גענען עס, זיי זעען עס, די סירענע־ס, כיענע־ס א. א. וו. (זע: ענע).

ע נ ס
אדווענס, דענס, טשענס, סענס, עקס־פּענס, סיקספּענס, איך קאָנדענס, דעם טורקמענ־ס, קאַרמענ־ס א. א. וו. (גר. ען־ס).

ע נ ס י ע
דימענסיע, פּענסיע. (גר. ענס־יע).

ע נ ק אַ ר ט
בענקאַרט, דענקאַרט. (גר. ענק־האַרט).

ע ס ט י ע

אמנעסטיע, בעסטיע, סוגעסטיע, קוועסטיע. (גר. עסט–יע).

ע ס ט נ י ק

נאמיעסטניק, קעסטניק.

ע ס י ק

עסיק, דרעסיק. (*) מעסיק, צוועק־מעסיק, רעגלמעסיק, נאכלעסיק. (גר. עס, עסע–יק). (פ.) עסק, שוו״ַסיק. (זע: ״ַסיק).

ע ס ל ע

זועסלע, קאראמעסלע, קרעסלע, ברעס־לוי (נ.).

ע ס ל ע ר

טעסלער, רעסלער. (גר. עס–לער).

ע ס נ ע

וועסנע, פרעסנע, אינטערעסנע, איד טרעסנע.

ע ס ע ט

גמילת חסד, ער טעסעט, ער טרעסעט, עסיד. (גר. עס–האט).

ע פ א ק

טרעפאק, לעפאק, סליעפאק, קלעפאק, רעפאק, נאליעפעק. (זע: עפיק).

ע פ ט י ש

אנטיסעפטיש, סקעפטיש, עפילעפ־טיש, קאטאלעפטיש, וועב־טיש. (גר. עפ–טיש).

ע פ ט ש י כ ע

טשעפטשיכע, לעפטשיכע.

ע פ ט ש י ק

טשעפטשיק, זשערעבטשיק.

ע פ ט ש ע ן

דעפטשען, דרעפטשען, טאלעפטשען, כליעפטשען, שעפטשען, שעפט שוין, שטעפט שוין א. א. וו. (גר. עפט־שוין, ש״ן).

ע פ י ך

טעפיך, שטעפ איך, שלעפ איך א. א. וו. (גר. עפ–איך).

ע פ י ק

עפיק, טשעפיק, קליין קעפיק, קלעפיק. (זע: עפאק).

ע פ י ש

לעפיש, עפיש.

ע פ ק ע

דעפקע, העפקע, זאטשעפקע, סטעפקע, פעפקע, פערעקעפקע, קליעפקע, ליעפ־קע, קרעפקע, בעבקע.

ע פ ט ל

געשעפטל, העפטל, גרעפטל, שעפטל (נ.), רעפטל.

ע פ ע נ י ש

באשעפעניש, שלעפעניש, עפן ניש(ט) א. א. וו. (זע: עפן).

ע פ ע ש

(עגמת) נפש, גרעפיש.

ע צ א ך

מכות רצח, לנצח, העץ איך, בעט זיך א. א. וו. (גר. עץ–איך, אדער עט־זיך). (פ.) הייץ איך, רייץ איך א. א. וו. (זע: ״ַיץ).

ע צ ע

העצע, וועצע, פּאַצעצע, גראַנדעצע, פּרעפּעצע, אינטערמעצאָ, מעצאָ, אוהב בצע, פּאַרבעט זי, טרעט זי א. א. וו. (גר. עט-זי, זיי). (פּ.) עצה, פּלייצע א. א. וו. (זע : ייִצע).

ע צ ק ע

גנעצקע, דוואָרעצקע, פּאָרעצקע, קור־פּיעצקע, מלך סאָביעצקע, איך העצקע (זיך), סאָוויעטסקע. (גר. עט-סקע).

ע ק ד י ש

עקדיש, הקדש, שמעגדיש.

ע ק י ש

לעקיש, גרעקיש, דרעקיש, יעקיש, עס-דעקיש, שנעקיש. (גר. עק-יש).

ע ק י ש ע

בעקישע. (זע : עקיש).

ע ק ס י ע

אַנעקסיע, אַפּאָפּלעקסיע, פּלעקסיע, רעפּלעקסיע, טעקסי, מעקסי (נ.). (גר. עקס-יע).

ע ק ע וו ע ן

איזדיעקעווען (זיך), פּאַרטשוועקעווען.

ע ר ב ע

ווערבע, דערבע, איך צעשטשערבע.

ע ר ד ע

בערדע, דערדע, ווערדע, סטערדע, הער דו, ווערט דאָ א. א. וו. (גר. ער, ערט-די, דאָ, דו).

ע ר וו ו ן

נערוון, קאָנסערוון, רעזערוון. (גר. ער-ווען).

ע ר וו ע

ערוה, מינערוואַ (נ.), סטערווע. (גר. ער-ווי).

ע ר ז ע

בערזע, פּערוועזע, איך ווערזע. (ל.) הער זע. (גר. ער-זע).

ע ר ט נ ע ר

גערטנער, הערט נאָר, שווערט נאָר א. א. וו. (גר. ערט-נאָר).

ע ר ט ע

אָפּערטע, גר'טע, סטערטע, קופּערטע, די אינערטע, די פּערטע, איך טשער־טע, די באַגערט-ע, די באַשערט-ע א. א. וו. (זע : ערט).

ע ר ט ש ע

גוטאָפּערטשע, בערטשע (נ.), הערט זשע, שווערט זשע א. א. וו. (גר. ערט-זשע).

ע ר י ו ם

מיניסטעריום, קריטעריום. (גר. עריע-אים).

ע ר י ף

שעריף. (*) שתי וערב, תחת חרב. (ל.) חרוב. (פּ.) עירוב. (גר. הער-אויף).

ע ר ד

ווערד, שטערד, שערד.

ע ר כ ע

יערכע, איך צעטערכע, איך צעשטער־כע, איך שערכע.

ע ר ל י נ ג

שפּערלינג, שטערלינג.

ע ר נ י ע

גובערניע, צוקערניע.

ע ר נ י צ ע

חזיר'ניצע, צוקערניצע, קערניצע, שענ־
קערניצע.

ע ר נ ע

בערנע, זערנע, טערנע, לאמטערנע,
סערנע, גיבערנע, מאָדערנע, מיזערנע,
פּאָוטערנע, טשערנע (נ.).

ע ר ס י ע

ווערסיע, פּערסיע (נ.). (גר. ערס־יע).

ע ר ס ק ע

שערסקע, אימפּערסקע, ארטילערסקע,
מיליאָנער־סקע, מיסיאָנער־סקע א. א.
וו. (זע: ער).

ע ר ע ו ו ע

איך פּאַרצערעווע, איך פּאַרקערעווע.
איך פּאַרשנערעווע. (פּ.) חרוב'ע.

ע ר ע נ ע

פּערענע, פּאָווערענע, איך דערצערענע.

ע ר ע פּ

טשערעפּ, סערעפּ, זשערעב. (גר. ער־
אפּ).

ע ר פּ ע ר

קערפּער, טערפּער. (זע: ערפּ).

ע ר צ י ע

אינערציע, קאָמערציע. (גר. ערץ־יע).

ע ר צ ע

טערצע, סערדצע, הערצע (נ.), שערצאָ,
אהער צו, הערט זי, שווערט זיי א. א.
וו. (גר. ערט־זי, זיי).

ע ר ק ל

(גע)ווערקל, סמערקל, פּערקאָל.
(פּ.) צירקל.

ע ר ק ע ר

ערקער, שטערקער, קערקער, האנד־
ווערקער. (גר׳ ערק, ערקע־ער, אָדער
ער־קער).

ע ר ש ק ע

ווערשקע, פּערשקע, מערזשקע, הערש־
קע (נ.).

ע ש ט ע

מעשטע, רעשטע, געקעשטע, לעש(ס)־
טו, דרעש(ס)טו.

ע ש ט ש

דרעשטש, טרעשטש, כליעשטש,
ליעשטש.

ע ש ט ש י ק

פּאָמיעשטשיק, אָביעזדטשיק. (זע:
עשטש, און עשטשע).

ע ש ט ש ע ן

בליעשטשען, דרעשטשען, טערעפּעש־
טשען, טרעשטשען, כליעשטשען,
ליעשטשען, מערעשטשען, טערעפּעש־
טשען, פּיעשטשען, קרעשטשען. דרעשט
שוין, לעשט שוין, קעשט שוין, עסט
שוין, פּרעסט שוין א. א. וו. (גר.
עסט־שוין, שוין).

ע ש נ ע

וועשנע, טשערעשנע. ספּיעשנע.

ע ש ע ט ע

רעשעטע, צעטשעשעטע, צעהעשעטע.

רשימה

פון ווערטער, צו וועלכע עס זיינען קיין גראַמען נישטאָ.

א

1) אינגבער. 2) אינדיע. 3) אייניקל. 4) אכציק. אָלרייטניק. אָנקל.
5) אָפּיום. אָפּערע. אַפריקע. 6) אפשר. אָקרעפּ. 7) אַרבעט. 8) אתרוג.

ב

באַדערפטיק, באַמבלען. 9) באָקסער. 10) בויבעריק. 11) בורטשען.
12) ביזנעס. 13) בילכער. בראַדאווקע. 14) בראָנפן.

ג

גאַמלקע. 15) גוזמא. געמורמל. 16) געמיינדע.

ד

17) דערפער.

ה

האַצלקע. 18) הולטאַי. 19) הכשר. הספד. 20) הפקר. 21) הערש.

וו

22) וואַלגערן. 23) וואָלוול. 24) וואָרצל. 25) ווידמען. 26) וויסל.
27) וויינשל. 28) ווערליג. וועוויאָרקע. 29) ווערזוריק.

ז

זאַנפט. 30) זילבער. 31) זעלדע. זענעפט. 32) זשופיצע.

---

1) (גר. יִנג–בער). 2) (גר. יִנד–יע). 3) (זע: יִיניק). 4) (גר. אַך–ציג).
5) (גר. אָפּיע–אים). 6) (גר. עף–שער). 7) (גר. אַר–בעט, אָדער אַרב–האָט, היט).
8) (גר. עס–רוק). 9) (גר. אָקס–ער, אָדער אָק–סער). 10) (זע: ויבער. גר.
ויב–אַ רוק). 11) (גר. ורט–שוין). 12) (גר. יִז–נס, אָדער יזן–עס. 13) (גר.
יִלך–ער). 14) (גר. אָן–פון). 15) (פּ. זע: יִזמע). 16) (גר. יִין–דאָ, די, דו).
17) (גר. ער–פאַר). 18) (גר. ולט–איי!). 19) (בלעך–שער. גר. עך–שער).
20) (גר. עף–קער). 21) (פּ. הירש, קירש). 22) (גר. אל–גערן). 23) (גר. אָל–וויל).
24) (זע: אָריץ). 25) (גר. יד–מען). 26) (זע: יִים). 27) (פּ. אַנשל (נ.)).
28) (גר. עד–ליג). 29) (גר. עוו–רוק). 30) גר. יל–בער, אָדער ילב–ער).
31) (גר. על–דאָ, דו, די). 32) (גר. ופּעט–זי).

ח

חוצפה. 1) חורבן. 2) חושד. חכמה. 3) חלב. חצקל. 4) חשבון.
5) חשוב. 6) חשון.

ט

7) טרייסל. 8) טשערעדע.

י

9) יאָנטעוו. 10) יאַרמאָלקע. 11) ישובניק.

כ

12) כאָליעזוע.

ל

לאַקריץ. לאָקש. לומדים. ליטוואַק. 13) לייוונט. 14) לעמפּערט.
15) לעפּץ.

מ

מאַנסביל. מאָסקווע. מאַרשאַליק. 16) מדבר. מדרש. 17) מוסף.
18) מזמור. מזרח. 19) מחותנת׳טע. 20) מיטוואָך, מייטקעס. 21) מלבוש.
22) ממזר. 23) מנוול. מנחה. מעטריקע. מעקסיקאָ. מעקענע. 24) מעריב.
25) מרחץ. 26) משל.

נ

27) נגיד. 28) נייִנציק. ניכפּע. נמשל.

ס

29) סכסוך. 30) סערדעט. 31) ספק.

---

1) (פּ. זע: אָרבן). 2) (ל. ושט). 3) (פּ. זע. עלעוו). 4) (גר. עש-בין). 5) (גר. אָש-אויף). 6) (גר. עש-וועז). 7) (פּ. זע: עסל; ל. זע: ויסל). 8) (גר. ערע-דאָ, די דו). 9) (גר. אָנט-אויף, אָדער אָן-טוב). 10) (גר. אַר-מלכה). 11) (פּ. זע: יוזניק). 12) (גר. אָליע-ווע, ווי). 13) (פּ. זע: אַוונט). 14) (גר. עמפּ-הערט). 15) (פּ. שעפּץ. גר. עפּט-ס). 16) (גר. יד-בער). 17) גר. וס-אויף). 18) (גר. יז-מער, מיר). 19) (גר. ענעס-טו). 20) (פּ. גוט-וואָך. גר. יט-וואָך). 21) (זע: אַלב). 22) (גר. אַם-זעהר). 23) (פּ. זע: יוול). 24) (פּ. זע: אַרעוו). 25) (גר. ערכעט-ס). 26) (זע: אָש. פּ. זע: ושל). 27) טרעוואָגעט. פּ. וויגעט. גר. אָג-חיט). 28) (פּ. זע: אַנציק) 29) (גר. יך-זיך, זאַך). 30) (גר. ערד-האָט, היט). 31) (זע: אָף. פּ. בופּיק, שטופּיק).

ע

1) עגבער. ענגליש. 2) ענטפער. 3) ענערגיע. עקסטרע. 4) עשו.

פּ

5) פּאַדעשווע. פּאַדשיווקע. 6) פּאַכווע. 7) פּאָמעשאף. 8) פּאָמפּעשקע. פּאַפּעריק. 9) פּילנעווען. 10) פּינאַקל. 11) פּנימ׳ער. פּעטרושקע. פּענכער. פּעקעליק. פּריפּעטשיק. 12) פּרצוף.

פ

13) פאַלש. 14) פאַרוועדטס. פאַרשער. 15) פוילענצער. פורכט. 16) פלעגמע. פרוכפערן.

צ

17) צימרינג. 18) צירקל. 19 צערקווע.

ק

קאַזלע. קאַטאַרזשניק. קאַטשלקע. קאַטשערע. קאַפּעטש. קאַפּעליוש. קאַפּטל. קאָפּטל. 20) קאַרליק. 21) קבצן. קוטשמע. קוילעטש. קימפּעטאָרין. 22) קינסטלער. 23) קלאָמפּערשט. 24) קלעזמער. קעלישעק. קערמישל. 25) קריוודע. קרעטשמע.

ר

26) ראַסקאַש. רביצין. 27) רוצחים. 28) רייזע. 29) רעוואָלווער. רעליגיע.

ש

30) שאַלטיק. 31) שגץ. 32) שיקסע. 33) שמונה עשרה. שמעטערלינג. שקאַרפּעטקע.

ת

34) תיכף. 35) תכשיט.

---

1) (גר. עג–בער). 2) (גר. ענט–פאַר). 3) (גר. ערג–יע). 4) (פּ. שוה כסף. ל. זע: ויסעף). 5) (ל. חשוב׳ע. גר. עש–ווי). 6) (גר. אַד–ווי, וואו. 7) (גר. אָמע–שאַף). 8) (גר. אַם–פּעשקע). 9) (גר. ילנע–וועז). 10) (זע: יניק). 11) (גר. עז–אים מיר). 12) (גר. אַריץ–אויף). 23) (גר. אָר–וועדט׳ס). 14) (גר. אָר–שער). (15) (פּ. האָרכט, שנאָרכט). 16) (גר. עג–מי). 17) (גר. ים–רינג). 18) (פּ. זע: ערקל). 19) (גר. ערק–ווי). 20) (גר. אַר–ליג). 21) (זע: אַפּט). 22) (גר. ינסט–לער). 23) (גר. אָמפּ–ערשט). 24) (גר. עז–מיר. מער). 25) (פּ. עובדה. גר יוו–דאָ, די, דז). 26) (גר. אָץ–איך אים). 27) (גר. ײַז–אַ). 28) (גר. אָל–ווער). 29) (פּ. סוגיה. גר יג–יע). 30) (גר. ײַג–היץ). 31) (פּ. דוכסה. גר. יק–סאי(ז)). 32) בעס(ע)רע, גרעס(ע)רע. 33) (מעטערלינק (נ.). גר. עטער–לינק). 34) (פּ. דלתה נקף. ל. ונתנה תיקף. גר. ײַק–אויף). 35) (גר. אָך–שיט).

www.ingramcontent.com/pod-product-compliance
Lightning Source LLC
Chambersburg PA
CBHW060613290526
45793CB00001B/15